當二十世紀中國女性遇到媒體

游鑑明　著

五南圖書出版股份有限公司

張序

臺海兩岸以及世界其他國家學者對近代中國性別史的研究，約始於一九七〇年前後，此後漸成風氣，投入研究者以女性學者爲多。研究之初，以婦女史爲名，研究的主題偏重於婦女教育、婦女放足、婦女職業、婦女動員、婦女參政等方面。游鑑明女士即是在一九八〇年代開始投入婦女史研究的，以研究女子教育爲入手之方，算來已有三十多年。三十多年來，鑑明女士側身於研究性別史的學者群中，與同道之間有共同開拓的地方，亦有自己的苦心孤詣。這本《當二十世紀中國女性遇到媒體》，就是鑑明女士苦心孤詣的成果。

臺海兩岸的性別史研究，受三種因素的影響：一、西方史學界的研究動向，二、臺海兩岸的政治環境，三、誰來帶動研究風氣。臺海兩岸的性別史研究動向，像許多其他史學研究議題一樣，部分是受了西方學者的影響。大致說來，性別史研究初期，其重點是如何爲女人爭取男女平等，並看何時爭到那一種與男人同等的權利，譬如受教育的權利、就業的權利、參政的權利、繼承的權利等。到女人爭得所有權利，與男人平等以後，研究的重點轉向強調女性的特徵，譬如女性的妝扮、女性的生活方式、女性的身體保護等，並看男性是否對這些特性尊重。史學研究不僅受世界學術動向的影響，也受本國政治環境的影響。就臺海兩岸的性別史研究而論，在一九七〇年代前後的研究，有相當多的議題注重婦女工作或婦女動員，因爲當時革命史觀流行，一切要爲革命、一切要爲國家，將個人從家庭解放之後，又投入比家庭對個人制約更大的國家或民族之中。大概到一九九〇年代及以後，由於臺海兩岸在學術上漸獲自由，史學界才漸能擺脫革命史觀，把國民當作個人來研究，從而檢討新女性在歷史進程中，如何與男性建立平等的社會互動關係，臺灣學者更能在這一方面開拓新議題、帶動新風氣。鑑明女士這本書，對近代中國男女互動關係的逐漸建立，有非常細密而動人的描寫，這是值得讀者注意的嘗試。

近代中國婦女與男性建立社會互動關係，始於來自不同社區或地區的女生進入同一學校。如果此學校爲女校，幾十百千的女生形成一個新社會，需要建立互動關係；如果此學校爲男女同校，除女生與女生建立互動關係外，女生與男生也會建立比較自然的互動關係。鑑明女士這本新書，有專章以女球員爲例，探討女球員在什麼樣的狀況下，與學校眾多同學以及與校外社會大眾建立互動關係。在鑑明女士看來，她們的身體、她們的球技、她們的風采，都會吸引男女觀眾；女子球賽成爲社會上引人興趣的新活動，經報刊特意報導，更成爲轟動社會的新聞。在二十世紀初期的保守社會裡，無論女學生的一般活動，還是女球隊的活動，都會引起人們的興趣，自然成爲媒體捕捉的對象。當時記者以男性爲多，寫來更有不同的風趣。女球員活動只是女子教育發展中的一種現象，另一種更重要的現象是：女子受了教育，有謀生能力，會具有獨立的人格，不一定依靠家庭，也不一定需要組織家庭，這就會使新女性有選擇獨身的可能，社會也會對新女性有是否選擇獨身的聯想。這是新社會中的新議題，媒體樂於炒作，增加了社會對此一議題的關懷。鑑明女士在書中對此一議題有專章討論。

除了女學生和女球員與社會的互動外，鑑明女士在書中還探討了一九四九年前後，臺海兩岸的男性和女性的大量互動。這種互動，是因戰亂帶來大量移民所造成的。一九四九年前後從大陸地區來臺的移民以男性爲多，他們的注意力很容易投注到活躍於各學校、各職場、各角落的女性身上。同樣的，本地的女性，也會投注到外來的男性身上。她們與他們之間，在不同場合建立了同學關係、同事關係和一般社會關係。風俗習慣的差異、語言的隔閡，以及心理的捉摸不清，彼此的來往，難免需要許多調適。其中會產生許多不尋常的故事，也會產生許多問題，經媒體發掘，引起社會大眾的關懷。媒體發掘到了什麼？應該會引起讀者興趣的。

從媒體的反應來看近代中國的性別史，能使讀者了解兩性在不同場合、不同地區如何建立互動關係。但若從媒體對新女性的期盼來看近代中國的性別史，則會有不同方向的發現。大體說來，無論是一般媒體還是專業性的女性期刊，都很少鼓勵女性去追逐時髦，或做一些光怪陸離的事，而是將不同的資訊傳達給女性，希望她們成爲好學生、好女兒、好妻子、好母親、好國民，並能不斷追求新知，使自己能擁有健康的身體、快樂的生活和幸福的家庭。關於此點，鑑明女士分別從《婦女雜誌》、《豐年》半月刊和《婦友》月刊的內容，來看它們如何希望能塑造新時代的理想女性。

鑑明女士在性別史的研究上，建立了她的獨特風格，此一風格能使性別史的研究在多樣中有系統，比專門研究婦女放足、婦女教育、婦女留學、婦女職業、婦女從政等爲活潑。這能不能創造出一種新的研究方向，有待專研究性別史的學者在未來數年內作整體觀察。

二〇一七年六月於翠湖尾

張玉法

目次

圖像目次

導論

二十世紀中國女性開始拋頭露面後，人們對她們的行為舉止充滿好奇。女學生是最早受到注意的群體，因為在女學生出現之前，人們從未看過這麼多女性走向戶外，並在公共場所進行各種活動，無論演講、學藝表演、體能運動或郊遊旅行等，她們都以公開方式展現，毫不遮掩；面對女學生對中國過去歷史的顛覆，除接觸過西方文化的少數人之外，多數人感到不可思議，有人讚美、鼓勵，有人焦慮不安，甚至是遐想。隨著近代報刊媒體的興起，人們對女學生的反應全披露在報刊上，從報導到論評，無奇不有。事實上，媒體矚目的不只是女學生，凡是經常在大庭廣眾現身的女性都成為媒體捕捉的焦點。

人們不僅喜歡品頭論足與傳統社會截然不同的這群女性，也為當時代女性冠上各種新名稱，包括女國民、國民之母、新女性、新婦人、摩登女性，前四種是論者有意塑造的女性典範，而摩登女性則貶抑多於稱頌。有趣的是，新名稱一旦產生，論者便相率引用，並透過媒體炒作該名稱的時代意義；而讀者只要打開與女性相關的報刊，便看到這些名稱被不斷複製、再現。除此之外，論者也相當有興趣於論評與女性有關的議題，例如賢妻良母、獨身女性、健美女性等等，媒體同樣以鋪天蓋地的方式去呈現作者們的論述。還有論者不僅建構女性形象，更藉由各種知識去指導二十世紀中國女性的生活，形塑理想女性的生活樣貌。必須注意的是，提供女性新知的議題，往往來自報刊媒體的設計。

由於前述議題成爲公共論述，我們閱讀到的文章不只是來自一種報刊，而是多種報刊，想要更清楚明白當時的人是如何看待新女性，又是如何建構女性新知，必須經由多種報刊。而報刊又以不同專欄去討論女性議題，包括專論、一般短文、小說、戲劇、讀者信箱、漫畫、圖像、廣告等等。就因爲報刊提供豐富的史料，研究女性史或性別史學者，他們所運用的史料除來自文獻檔案等之外，絕大多數是期刊報紙，但研究者若要尋找所有的史料，就需要抽絲剝繭的蒐集，不能錯過任何的可能性。

我研究女性史迄今三十三年，從我就讀碩士班開始，我經常埋首於舊時報刊的廢紙堆中，我第一本書《日據時期臺灣的女子教育》的主要史料來自臺灣總督府的檔案和統計資料，而當時代出版的報刊也是這本書重要的參考史料。在翻閱日據時期的報刊時，我得到很大的感悟，因爲討論女學生和女子教育的議題，如果僅運用檔案資料，那便只是扁平的研究，看不到當時女學生受教育的實際情形與各種動態的場景，而從報刊，我挖掘到這方面的史料，深化了我的研究；還有一大發現是，若只運用一種報紙或期刊，評論或分析會不夠公允，因此我不但採用殖民政府出版的多種報刊，也採擷當時臺灣知識分子發行的各種報刊，經由交叉比較、歸納，較能還原當時代女子教育的問題，也呈現了官方、文人與記者眼中筆下的女學生形象。

此後，無論研究中國或臺灣女性史，我運用期刊報紙史料時，除非研究對象是特定刊物，基本上採多元蒐集，而且不限於與女性有關的報刊，本書特別選擇我從二〇〇一年迄今的個人研究，研究範圍涵括中國與臺灣，研究議題的斷限自清末到一九七〇年代。全書共六章，分成「媒體論述中的女性」和「媒體，知識建構與女性」兩部分。由於報刊媒體不時出現「獨身女性」和「女球員」的議題，第一部分的前兩章，掌握了不同報刊媒體的各種討論或報導，分別探究這兩個議題，試圖關注當女性發出「不婚」與「獨身」的聲音，媒體如何回應？新的女性群體「女球員」產生後，媒體又怎麼看待她們？與前兩章不同的是，一九四五到一九四九年間臺灣的報刊媒體沒有「當外省人遇到臺灣女性」的議題，但有不少外省人觀看臺灣女性的文章，論者透過各種角度品評臺灣女性，於是我歸納繽紛多元的報刊言論，建構出這個議題。

第一章〈千山我獨行？近代中國有關女性獨身言論（一九〇〇—一九四〇年代）〉，當前追求單身不婚的男女，比比皆是，甚至被冠上「單身貴族」的雅號；但廿世紀前半期的男女提出不婚的主張時，卻受到極度關切，特別是不婚女性，還被諷刺爲「老處女」。廿世紀前半期的報刊，對「獨身女性」的議題非常感興趣，以專論、散文、小說、故事、新聞報導、劇本、口述紀錄、回憶錄等多樣文本，探究女性不婚的原因、提出女子獨身的問題、臆測女子獨身的處境，還檢視獨身女性的心態。然而，論者勾勒出的女性不婚圖像，是否符合女性不婚的因素或處境？這些論述又是在爲誰說話？是爲男性或女性？論者的獨身言論背後是否關注到更大的問題？那是什麼樣的問題呢？是本章討論的焦點。

女性不婚的理由相當多樣而複雜，通常沒有標準答案，但由於獨身主義這個名詞來自西方，當時不少論者從西方世界找尋答案，他們大量移植西方的獨身論述，包括思想學說、醫學知識、統計資料、文學作品或新聞報導，甚至不管這些知識或報導是否正確，照單全收。其中有從身體、生理、心理或情緒等角度，認爲女性不婚會引發不當的行爲，包括自慰、同性愛等，於是一些荒誕無稽或不合邏輯的推論，不時出現在報刊中。

不過，有論者從中國的家庭、社會或獨身女性本人，探究中國女性獨身的因素，發現家庭制度、教育程度、經濟能力、生活價值觀、生育概念、宗教信仰、性道德、容貌、個性與感情問題等，都影響著女性不婚。更有論者把獨身的焦點放在中國的家庭結構與社會制度上，還提出家庭改革、兒童公育和保障已婚婦女工作等主張，試圖解決女性不婚問題。其中女性獨身所帶來的嗣續問題，尤其引發論者的焦慮，選擇不婚的知識女性更是備受指責，在國族論述無所不在的時代，論者把女性生育話題與優生學、國族觀念或母性天職等，緊密結合，認爲獨身女性推卸了傳播良種的責任。[1]

由於論者是從各種聽聞，建構不婚女性的形象及其生活，於是呈現堆疊的女子獨身圖像，甚至把西方文本中獨身女性的處境也複製在中國獨身女性的身上，如此一來，獨身女性的生活僅呈現部分眞實。這除了受論者的文化背景、論述目的與論述方法影響之外，更重要的是，獨身問題因牽涉私人的情感與抉擇，不是任何人所能體會或了解。事實上，部分獨身女性也透過媒體，陳述自己何以選擇不婚或獨居生活，雖然自我表述的獨身女性相當有限，大多是經由新聞報導、專論、故事或劇本等轉述，而且即使是由獨身女性自傳或口述的文本也可能出現含糊或虛構；然而，自述或他述的文本還是較能貼近當事人，因此本章鋪陳了這類文本，且與當時代不婚女性的實例相互參照，藉此呈現女性獨身的眞實與虛構。

值得注意的是，透過獨身言論，可以看到新文化運動的性別論述明顯地矛盾，這時期，不僅男性知識分子極力倡導自由獨立的觀念，受女權運動、社會改革思潮與解放運動的鼓吹，女性也追求獨立自主，但當女性既排斥婚姻又不願生養子女時，卻飽受各種撻伐與諷刺。[2]換言之，儘管女性的獨立自主受到多數人鼓勵，女性可以放足、讀書或就業，也能要求婚姻自由、戀愛自由，[3]選擇不婚卻不是一般人所樂見。

此外，女性不婚原本是私人的事，在公私領域沒有界線的近代中國，媒體讓女性的隱私權，攤開在眾人眼前；而從大量挪移、複製西方的獨身言論來看，同時期的西方對獨身問題也一樣缺乏清楚的公私界限。毋可否認的，女性不婚會影響另一性的生活或新生代的延續，因此這種會牽涉公私的私人行爲，使女性獨身的私權很難抗拒輿論的侵犯，也造成女性只能在婚與不婚中徘徊。

女性的不婚或獨身因爲不符合社會的期待，造成沸沸揚揚的討論，那深受媒體關注的新群體「女球員」，是體育政策與民族思潮下的產物，也算是典範人物，媒體是如何形塑她們？儘管一九二〇、三〇年代在公眾場域出現的新女性越來越多，人們對她們的好奇不再如前，但從事表演或競賽的新女性始終逃脫不了大眾的矚目。對女球員感興趣的除一般大眾之外，還包括記者、體育專家和學生等，他們抱持好奇、鼓勵、讚美、嫉妒、批評等各式心情觀看女球員，這些觀察不是由他們本人便是由其他人訴諸成文字，賦予不同的意義。在第二章〈近代華東地區的女球員（一九二七—一九三七）：以報刊雜誌爲主的討論〉，我特別以球類運動較活躍的華東地區做爲研究，透過報刊去分析女球員的產生、發展及其動向，並探究球賽如何影響女球員的生活，她們和社會大眾如何互動，也討論當時的女性形象與兩性問題。

中國近代的女子球類運動主要來自學校，因此，想了解女球員的歷史必須從校園開始，當時的報刊媒體在校園中挖掘了不少女球員的故事。令人好奇的是，打球是較費體力的活動，何以有女學生願意當球員？她們又如何成爲球員？早期女子球賽是非正式的活動，到一九二九年後，華東地區經常有定期的女子球賽，各項運動會也將女子球類運動列爲競賽項目，受這種氛圍的影響，有不少女學生熱衷球賽，再加上學生自治會對球隊成立的激勵，校園內興起組織球隊的風潮，女球員也因此成爲校園新貴。

女球隊的成立其實並不困難，只要找到志同道合的女同學，就可成軍；但在體育教師不足、聘不到專家指導的情況下，球技很難精進，女球員要怎麼克服困難？通過報刊媒體的記載，發現每個球隊都有各自辦法，除積極練球外，女球員經常與校內同學展開球賽，在男女同學的校園中，甚至可以看到男女學生一道練球的情景，還有球隊則向其他女校球隊下戰書，相約賽球。不過，賽球需要有充裕的場地，在球隊不斷增加、校地又有限的年代，球場很難讓所有校隊同時上場練球，儘管有的學校訂定各球隊練球，校園內仍爆發了男女同學爭奪球場的激動場面。

有意思的是，原本互不相干的男女學生，爲了練球而讓彼此關係不斷翻轉，他們既能相互切磋也能互不相讓，同時也改變女性形象，從女球員毫不退讓、搶占球場到向校方訴求正義，她們所展現的行動，把傳統的「三從四德」完全顚覆掉。不過，隨著媒體對女球員的追蹤報導，我們看到「女球員」這個角色，讓女性的改變不只於前述。

因爲參與各類型的球賽，女球員不斷挑戰自己，也走出校園，特別是從地方明星球員升爲名噪全國的女球員，經常南征北討，甚至受邀到國外賽球，她們很自然地成爲社會崇拜和模仿的對象。做爲社會新群體的女球員，她們的角色是多樣的，必須外顯自己、宣傳自己，透過公開表演、媒體報導向眾人展示球技，並經常進出社交圈，她們呈現的是都市新女性的形象，於是女球員既是摩登的化身，也是摩登的傳遞者。

而媒體更是竭盡所能地描繪女球員的各種形象，從她們的球技、容貌姿儀到行爲表現絲毫不輕忽，但其中不乏對女球員身體的偷窺，也因此除正面評價之外，也有不少負面批判。男性運動員一旦成名，便容易驕縱、放浪形骸、不求進步或追逐錦標，這種情形也同樣出現在部分女球員身上，由於她們的行爲辜負了學校與社會的期待，撻伐之聲充斥在報刊上。至於男女共賽，原本頗爲單純，因參賽者不是彼此相識便是同輩，有助女球員球藝的增長；但當有社會人士參加共賽，比球時又出現調戲女球員的動作，競賽過程變得複雜，反對共賽的聲浪隨之衍生，女球員也因此遭到責難。

儘管在大眾眼中女球員的表現毀譽參半，不過，她們的確是這個時代重要的社會新群體，她們也確曾在人爲塑造和時尚所趨下獨領風騷。

當時空轉到第二次中日戰爭結束後的臺灣，女性仍是媒體的寵兒，特別是在日本殖民政府統治後的五十一年，海峽兩岸的民眾再度相遇時，對彼此充滿好奇，讓許多外省人印象深刻的是「臺灣到處是女人」，於是臺灣女性成爲被品頭論足的對象。第三章〈當外省人遇到臺灣女性：戰後臺灣報刊中的女性論述（一九四五－一九四九）〉，取材這段期間在臺灣發行的二十五種報刊，由於戰後的文字傳媒遠較日治時期活潑而豐富，許多報刊讓不同省籍的作者進行交叉論辯，省內、外人士有機會藉此對話。其中女性作者群中，除以精通中文的知識女性居多之外，粗通中文的一般女性也不缺席，較特殊的是，臺灣底層女性也以自白方式發聲。

戰後關於女性議題的討論非常豐富，在這一章裡，我選擇當時備受矚目的四個議題作爲研究主軸，包括女性形象、娼妓、女傭與婚姻問題，這議題曾引起外省男／女和臺灣男／女之間的各種論辯，議題中的當事人還參與討論。儘管在戰前的中國或日據時期的臺灣，有的問題曾被關照過，但在戰後初期的臺灣，因爲省內外人士相遇時的互不了解，以及這時期的特殊歷史情境，導致這些議題變得敏感。在此起彼落的聲音中，外省人如何將祖國情懷投射在女性問題上？是否也把臺灣經驗反射回祖國？不同地域的外省人是否出現相異的認同問題？臺灣人如何解讀外省人的看法？他們之間出現什麼樣的對話？面對同一議題，男男或女女是否各有回應，抑或相互契合？這都是本章的關懷。另外，本章也將了解在這特殊歷史情境中，臺灣省內、外男／女和女／女之間的權力互動關係，並試圖關照這時期女性論述中的認同問題，是否有別於沸沸揚揚的政治認同論述。

海峽兩岸的長期分隔，讓外省人對臺灣的認識多半粗淺而生疏，其實受主觀價值判斷的影響，人類對他者的觀察沒有一定標準，就如第一章所提，論者以光怪陸離或荒腔走板的論調描繪「獨身女性」，同樣的，他們對臺灣女性外表、妝扮、性格與工作表現的論述，也不完全符合眞實，在一連串的評論中，看不到一幅完整、清楚的臺灣女性圖像，而是多樣的組合。受不同文化背景和反日情緒影響，其中不乏對臺灣女性的負面評價，但也有論者肯定臺灣女性，他們認爲臺灣女性在教育和就業上超越了中國，中國女性應該效法臺灣女性。這種既愛又恨的心理，致使外省人在描繪臺灣女性形象時不斷出現矛盾。

至於娼妓、女傭和婚姻問題，一直深受媒體關注，卻沒有解決辦法，戰後的臺灣也是一樣，但更加交錯紛雜，甚至陷於各說各話中。過去媒體討論這三個議題，大多站在評論的視角去分析問題；戰後的臺灣媒體，在婦運人士或知識女性的設計下，把這些議題變成公共論述，讓不同階層的當事人有發聲管道。就娼妓和女傭的論述來說，出現前所未有的女／女對話，外省籍家庭主婦、女雇主、臺灣的娼妓和下女都站出來爲自己辯解，且向社會公開個人的私密或特殊經驗。在相互控訴下，本章發現性別的權力關係在這些論述中改變位置，女雇主、家庭主婦與娼妓、女傭這兩組的權力關係，不完全是上對下，有時是下對上，誰是眞正的弱勢沒有確定答案。而婚姻問題也不乏個人的表白，戰後臺灣盛行省內、外男女通婚，原本是一樁有利族群融合的好事，卻因爲一些失敗的婚姻例子，造成臺灣女性、外省男性間的對立，也使一些無辜的外省男性失去與臺灣女性聯姻的機會，美滿的通婚例子也因此被掩蓋，人們看到的多半是曠男怨女的文章。

這幾個緊扣戰後臺灣社會、經濟、性欲、倫理問題的論述，除了受性別與階級影響之外，這時期國家、文化、地域的認同更複雜化這些議題，「反中國化」與「中國化」的論調在戰後的臺灣媒體論述中各據立場。嚴格來說，在這短短四年間，若非臺灣政經社會的大轉變以及媒體的活力四射，讀者很難看到如此多元的女性論述。

二十世紀的中國媒體不只是報導女性、討論女性問題，它們還扮演指導女性的角色，藉由報刊傳遞新知給女性。第二部分「媒體，知識建構與女性」共有三章，女子教育萌芽初期，家政課占課程中的很大部分，但不只是學校提供了家政教育，給婦女閱讀的報刊也都有家政版面或專欄，因此，在家政知識的傳播上，媒體扮演著不可輕忽的角色。這部分的前兩章，分別經由兩本不同時代發行的刊物《婦女雜誌》、《豐年》，探究這兩本刊物為何向女性建構家政知識？向哪些女性傳遞？且以何種方式建構家政知識？另一章，選擇一九五〇年代國民黨發行的婦女刊物《婦友》，試圖了解這本具黨國色彩的刊物怎麼建構女性知識？是否只是政黨的喉舌？

《婦女雜誌》創刊於一九一五年，起初該刊的走向較為保守，到一九二〇年代之後，開始注意婦女解放或家庭革新等問題，內容也趨向多元。《婦女雜誌》的六位主編中，除胡彬夏和楊潤餘是女性外，其餘全是男性，而撰稿者也以男性居多，但無論如何，該刊的目的是在推動女子教育，並提供家政知識，補充教材的不足。第四章〈《婦女雜誌》（一九一五—一九三一）對近代家政知識的建構：以食衣住為例〉，特別從食衣住這三方面進行探究，了解《婦女雜誌》的作者以何種方式讓女性關心家政？這本刊物為女性提供哪些家政訊息？在家政知識的選擇與建構上具有何種特色？同時，也推估該刊提供的近代家政知識對一般女性的可行性與適用性。

《婦女雜誌》的訂戶大多來自學校，且以女教師與女學生為主要讀者，在呼籲女性應有獨立人格的新文化運動時期，要讓這群知識女性把治理家政視為是女性責無旁貸的工作，並心悅誠服地處理家政，論者必須建構合理的說法。當時知識分子大力倡導家庭制度的改革，家政管理也是革新的一環，論者認為要組成一個完美的家庭，女性應該在家事上養成獨立思考的能力，用科學知識和科學方法去改進家政，且建立一個合乎衛生、經濟條件的家庭生活。

在「科學」掛帥的時代，《婦女雜誌》中有關食衣住的文章，充斥著科學理論、科學常識等。以食物而言，論者把「營養」這個觀念帶入女性的家政世界，不但讓讀者認識食物的營養成分、科學原理，還教導讀者注重烹調食物的器皿、烹調方式與烹調時間，以及如何採用西方人的觀念貯存食物。而衣服的討論也同樣引入科學觀念，從認識衣服的質料到清洗衣服，都套用科學概念，於是簡單的洗衣工作，成為了一門高深的學問。至於住宅，除注重房屋的建築結構、布局之外，也要懂得如何維護房屋的清潔。

建構科學知識之外，衛生清潔觀念也是不能忽視的。論者對飲食提出的衛生問題，好比細菌概念、水質潔淨、公箸與分食觀念等，到現在還是深受注意。在衣服方面，論者對如何貯藏衣服、防止衣服發霉、生蠹，提出不少建議，有的論者甚至指出衣服的穿著與衛生有關，他們反對女性束胸、兒童穿厚重衣服。此外，受當時反傳統、反迷信風氣影響，在住宅上，新知識分子不強調風水，而著眼於衛生、健康或實用的住屋觀念，這類概念多採自西方。

隨著消費意識的日漸升高、家庭開支的大幅升高，有系統、有計畫地管理家庭經濟，成爲家政管理另一必備的知識。有論者認爲食衣住這三方面的用費若分配適當，便能讓家庭經濟發揮最大效益，而主婦能以科學、衛生的概念去評估家用，就可以達到合理的節約。另外，儲蓄觀念的養成也受到關切，雖然中國傳統社會早有「貯蓄生利」的觀念，《婦女雜誌》的作者則以當時金融機構的存款方式和利率，吸引家庭主婦養成儲蓄行爲。

在《婦女雜誌》中，建構家政知識的作者，絕大多數是新知識分子，他們根據自己對食衣住知識的掌握，以權威的話語向人們傳輸知識。根據刻板說法，知識權力是掌握在男性手中，女性只是知識的接受者，但隨著具有專業知識女性的日益增加，爲女性建構知識的不完全是男性，女性也是其中之一，《婦女雜誌》的作者群便呈現這種現象。而這種由知識男女共同建構並經由媒體傳播的家政知識究竟有何種意義？

事實上，這類以科學化、衛生化、經濟化爲基本架構的家政知識，有的早出現在中國傳統時代，但對崇尚西化的知識分子，他們選擇的是西方的說法。而對家庭主婦來說，由知識分子建構的家政知識，固然讓她們增長不少新知，但有不少家政知識過於複雜又艱深，要女性處理家政的過程又費時，能接受新知的女性明顯是少數中上階層的知識女性。不過，從做為補充家政教材的角度來看，《婦女雜誌》在家政知識的建構上，是有不可抹殺的意義。

無疑的，家政知識可以透過親友傳授，但近代家政知識大多來自學校和報刊，直到當前，期刊報紙依然是傳遞新家政知識的重要管道。只不過，報刊的閱讀者多為知識女性，底層女性的家政資訊則來自長輩經驗的承傳。然而，農村女性並不是完全沒有機會與近代家政知識相遇，一九三〇年代前後，晏陽初、梁漱溟、陶知行等人推動鄉村建設教育，把清潔、衛生或科學概念帶入實驗區的農村，因此這些區域的農村婦女接受到近代家政知識。這種情形不僅出現在中國，臺灣也是一樣。日本殖民政府在中日戰爭時期，藉由保甲組織對全臺民眾進行皇民化政策，也進行家庭生活的改革。無疑的，中國的鄉村建設教育或臺灣的皇民化政策，都曾把近代家政觀念帶到農村，但宣傳或指導農村家政知識的期刊，直到中央政府遷臺後的一九五〇年代才在臺灣發行。

從一九四九年開始，中央政府在臺灣實施一連串的農政改革，農政單位也興起改革農村家庭的各種活動，把家政知識從學校推向農村家庭，一九五一年七月，美國援華組織與國內外新聞單位更合辦專門給農村民眾閱讀的《豐年》半月刊。第五章〈從《豐年》的家政圖像看戰後臺灣家庭生活的建構〉，便是經由《豐年》尋找有關家庭生活的建構，並以其中的圖像爲探討主軸。《豐年》創刊號的〈給女同胞們的信〉一文中，特別指出該刊之所以創設婦女家政版，是因爲婦女在農村占著極重要的地位，所以「婦女家庭」版有婦女應具的各種家庭常識，讓婦女在自己的職責內，改善自己的家庭環境和生活。除由編輯部自行編輯、撰寫外，也歡迎讀者投稿，讓農村女性就自己的家政經驗或問題，與編輯互動，這種跳脫單向知識建構的編輯方式，貼近了女性的實際家庭生活。

由於「婦女家庭」版提供不少圖片漫畫，本章根據一九五〇到一九六〇年代該版中的圖像，分成食衣住、生活用品、疾病與衛生以及養兒育女等專題，進行討論，探究給農村女性閱讀的家政圖像提供了何種家政知識？可曾符合這群女性的家庭生活？而向來以女性爲建構對象的家政知識，是否加入其他群體？另外，與同時期爲知識女性建構的家政知識是否不同？可有城鄉區隔？「婦女家庭」版的圖像大致是插畫和漫畫兩種，插畫又分成配合內文而畫的插畫，這類插畫經由有步驟的插圖說明，使不識字的女性也能心領神會，另一類是爲增加閱讀情趣而設計的小插圖。至於漫畫是以簡單的故事，指引讀者家政知識，特別是清潔衛生、生育控制、教養兒童等。

值得一提的，插圖、漫畫或文字敘述中，有很大部分是出自現實考量，而不是純粹的知識灌輸，好比，衣食住或生活用品等方面的製作或設計，有許多方面是廢物利用或是取自臺灣本地材料，在經濟不景氣的年代，這與民眾的實際生活若合符節。同時，爲讓農村女性提出家庭生活中的疑難雜症，「讀者信箱」的開闢，獲得不少迴響，也給了農村女性發聲的管道。此外，這時期因爲外省族群的移入，透過烹飪和裁縫的指導，省內外女性有交流機會，分享彼此在衣食上的特色。

與《婦女雜誌》一樣，《豐年》也試圖把西化、科學化、現代化帶入戰後的臺灣農村家庭，儘管其中的部分知識不夠切實，無法讓農村女性全盤接受，但相較於其他媒體，《豐年》以淺簡易懂的文字與圖像建構家政知識。一九五四年，爲讓節育觀念落實到每家每戶，當時中國家庭計劃協會曾派員到各鄉鎮村里，按戶勸說，《豐年》也配合宣導，由畫家楊英風根據〈林阿貴夫婦的故事〉，畫了十幅連環漫畫，讀者可以一目了然節育的重要。其實，該刊的家政知識不只是針對女性，男性或兒童也受到影響，在「兒童園地」、「農村兒童」版中，不時透過漫畫，向兒童宣導清潔、衛生的觀念。無疑的，結合文字與圖像的《豐年》，對改善農村家庭有相當意義。

《豐年》跳脫文人辦刊物的模式，爲農村女性建構各種家庭知識，而由政黨發行的刊物又如何建構婦女知識？第六章〈是爲黨國抑或是婦女？一九五〇年代的《婦友》月刊〉，探討一九五四年十月到一九六四年九月間，國民黨婦工會出版的《婦友》。受限於史料，研究報刊史的人多著眼文本分析，很少能對報刊的編輯群、審查方式、經費來源與流通情形，做全盤探究；而《婦友》留下不少這方面史料，讓本章得以討論《婦友》的生產過程，包括了解《婦友》是由哪個單位發行？出版經費是否充裕？編輯成員的背景如何？該刊物是否只贈送而不販賣？本章的另一部分則分析文本，分成「《婦友》呈現的婦女特寫與婦女工作」、「幸福家庭在《婦友》」與「《婦友》宣揚的反共思想」三組議題，觀察《婦友》是以何種文類呈現給讀者？再者，以婦女爲出發的國民黨刊物，究竟想呈現什麼？是傳播黨國思想？還是啓發婦女？如果是後者，是否兼顧不同族群？

爲爭取婦女讀者的青睞，該刊的創刊詞特別指出，刊物內容「採取綜合性」、形式則「重在藝術化」，主編王文漪也表明，該刊在態度上是嚴正的，情調卻是輕鬆的，顯示《婦友》是本嚴肅中不乏輕鬆的刊物，不是沉重的政治宣傳。從出刊十年的一二〇期看來，該刊是一本多元文化交會的場域，不但執筆者包括作家、專家學者、學生與婦工會幹部，也經常有華僑來稿。這十年間《婦友》曾刊登四十七種專欄，除介紹各界婦女生活、提供家政知識與理想的婚姻家庭觀、宣傳反共復國思想外，還有吸引兒童的童話故事、連環圖等。因此，《婦友》的讀者沒有性別區隔，也沒有年齡限制，是一本老少咸宜、男女不拘的刊物。

在臺灣人與外省人相遇的時代，爲了讓族群之間能深入認識，該刊的「特寫」專欄，報導不少各行各業的臺灣女性，特別是社會底層的女性，報導者不僅關心這群女性的工作情形、日常生活，也試圖爲她們解決困難或改變她們的形象。但嚴格來說，《婦友》對底層婦女的關心，大半站在社會大眾的角度，而不是婦女的立場；只不過，回到一九五〇年代的歷史情境去觀看《婦友》，會有較多的理解，因爲那是「婦女工作」重於「婦女運動」的時代。

《婦友》對女性知識的建構也頗爲重視，但和一般婦女刊物不同的是，該刊有時必須配合政黨政策，提供家庭改革的知識之外，《婦友》也針對女性建構反共思想。在家庭改革上，當婦工會發起「幸福家庭運動」時，《婦友》也桴鼓相應，舉凡「幸福生活」、「幸福家庭」、「幸福婚姻」這類語彙或概念，不時出現在各專欄的行文間；該刊還透過漫畫宣揚臺灣的幸福家庭，梁又銘的八幅漫畫，便把臺灣的幸福家庭和中共的人民公社，做了強烈對比。不過，要把幸福家庭的理念深植到各個家庭，必須讓讀者懂得如何造福家庭，《婦友》自創刊開始，就不曾在這方面缺席，就如《婦女雜誌》和《豐年》，該刊也藉由美化家庭、婦幼衛生、育兒知識，形塑理想的家庭。其中，由師大家政系教授們執筆的「家政之頁」推出後，更具體化該刊對家政的重視。在建構反共思想上，《婦友》透過論說、漫畫、小說，以淺簡易懂的方式進行宣揚。

儘管《婦友》對幸福家庭的建立與反共的宣傳，主要在回應政策，試圖培養婦女美德、建構和諧家庭，並形塑黨國理想婦女形象；但不可否認的是，這本以婦女爲主體的刊物，並沒有被黨國完全框架，不但編輯群以女作家而非黨工居多，更提供來自各界女性的創作空間。另外，除了社論、論著、特寫之外，刊載在《婦友》的文章，不一定與黨國政策勾連，女青年園地、家庭或兒童專欄的文章，便有很大的彈性，適合一般婦女閱讀。換言之，解讀《婦友》時，必須採取多元視角，不能完全從黨國角度，去認定這本由國民黨婦工會發行的刊物，是純粹為黨國發聲。

綜括來說，二十世紀中國女性在公共場所的曝光率不斷升高，引起社會大眾廣泛關注，於是媒體掌握了人們獵奇的心態，以公共論域的方式，讓女性被報導、被消費、被評論、被教育，且把偷窺轉為公開化。雖然到二十世紀媒體論述仍由男性把持，但不容忽視的是，女性知識分子陸續出現後，對女性的論述不再是男性的專利，女性也參與其中。另外，傳統中國主要透過《孝經》、《列女傳》等女教書來啓蒙女性，但女教書談的是道德規範，不是生活知識；而二十世紀的媒體為女性所建構的知識，則一反傳統時代，注重的是女性如何治理家庭，而且強調西化與科學知識。然而，不管是二十世紀初期或中葉、中國或臺灣，媒體中的女性論述或對女性知識的建構穿越了時空，這種情形在本書中處處可見。

注釋

【1】近代中國由於國事蜩螗，「保國強種」、「解救中國」的口號被凝聚成時代的主流話語，以致於引領著當前學者走入泛國族主義的思考裡。

【2】江勇振以出版十七年的《婦女雜誌》為例，認為該刊固然在編輯方針、論點和議題上有階段性的不同，仍是一份「在性別哲學上頗為保守」的雜誌，前後主編基本上沒有擺脫掉人文主義的盲點，他們把女性從傳統父權觀念下解脫出來，讓她們虛幻地以為自己已經爭得自由；但事實上，她們只是墮入另一個從語言、從認識論上，以男人是「人」，女人只是作為男人的「他者」的樊籠裡。江勇振，〈男人是「人」、女人只是「他者」：《婦女雜誌》的性別論述〉，《近代中國婦女史研究》，期十二（二〇〇四年十二月），頁四四、六一。

【3】對女性來說自由離婚也很不容易，許慧琦指出，當時凡是主張或反對自由離婚的人，紛紛以「婦女解放」為幌子，前者更拿自由離婚強化男性要求離婚的正當性；她認為自由離婚對多數中國女性而言，像把兩面刃，既賦予自由選擇的希望，又讓她們成為時代的犧牲者。許慧琦，〈《婦女雜誌》所反映的自由離婚思想及其實踐——從性別差異談起〉，《近代中國婦女史研究》，期十二（二〇〇四年十二月），頁一〇二—一〇三。

第一部分：媒體論述中的女性

第一章　千山我獨行？近代中國有關女性獨身言論（一九〇〇—一九四〇年代）

籠子外面的鳥想住進去，籠內的鳥想飛出來，
所以結而離，離而結，沒有了局[1]

——錢鍾書

婚姻包含許多痛苦，但獨身生活缺少了愉快[2]

——約翰遜（Samuel Johnson）

一、前言

婚姻在人類史上是一項相當重要的課題，不僅涉及男女兩人的生活，也與婚姻制度、法律、社會規範、醫療衛生及男女性愛等問題息息相關。婚姻的背後既然伴隨著這許多複雜的社會與文化面相，那麼男女兩性若不發生任何婚姻關係，各自選擇獨身的生活型態，是否可以讓人類的生活變得單純而平靜？很顯然的，這個答案是否定的。近代中國出現倡導獨身的聲音時，隨即遭到強烈的質疑和關切，特別是女子的獨身。

事實上，近代以前中國便有女性獨身，儘管各朝代對男女的成婚年齡有成文或不成文的規定，甚至將不婚者的父母處以重罪，以防範怨女曠夫的產生，仍無法禁絕女性不嫁。[3]較常見的是，因廢疾而不婚、爲當尼姑而出家；[4]另是出於孝順而不婚，戰國時代齊國北宮的女兒嬰兒子「徹其環瑱，至老不嫁」便是爲奉養父母。[5]較特殊的是，因才華過人不願婚嫁，最後被延攬入宮司教，以藝學揚名顯親，例如唐代的宋若昭；「憲、穆、敬三帝，皆呼爲先生，六宮嬪媛、諸王、公主、駙馬皆師之，爲之致敬」。[6]還有女性則是採「慕清」方式拒絕出嫁，也就是刻意嫁給已死的男子，讓自己過著沒有實際婚姻生活的清靜日子，廣東許氏女子和她的小姑便是以「慕清」名義，絕意于歸。[7]再是地方婚俗或不婚傳統造成的女性結伴獨身，華南地區便流傳不落夫家和自梳的風俗。其中不落夫家的部分，女性爲保持獨身，寧願替夫買妾，臨終時才落夫家；自梳女則終身不嫁，終老於姑婆屋。[8]由於女性獨身的例子在中國的傳統社會畢竟是少數，這些少數個案又多被合理化，因此未曾引起太多的爭議。[9]

不過，近代以來女子獨身問題卻備受關注，並以老處女、老姑娘或老小姐等辭彙稱呼不婚女性，甚至稱不婚是病態或變態的現象，與目前稱不婚者爲單身貴族，實大異其趣。[10]嚴格而言，在近代適婚人口中，不婚女性所占的比例有限。根據一九二〇—一九四〇年代對農家女性的調查顯示，這段時期女性平均初婚年齡爲十七—十八歲，以雲南呈貢縣爲例，二十歲以前結婚的女性高達百分之九十，陳達還特別指出，這地區的女性很少過了二十五歲以後才出嫁，而三十歲以後才結婚的女性幾乎不曾見。[11]但由於當時被視爲有獨身傾向的女性主要是受教育的城市女性，因此她們的人數才是觀察指標。首先必須界定的是，適婚而未婚的女性年齡標準，從陳達的說法可以看出，他將二十五—三十歲的不婚女性視爲遲婚，當時人的看法也大致如此，有人甚至稱這類年齡的不婚女性爲老處女。[12]其次是，這群被稱爲老處女或獨身的女性究竟有多少？但因迄至目前尚未有這方面的統計資料，此處僅能就一般人的調查或觀察進行說明，一九四三年一份對抗戰末期重慶沙磁地區女學生的調查，曾指出在二百七十二名學生中，主張不婚的女學生僅九人，占被調查者的百分之三·四。[13]另有論者也發現抗戰時期各文化機構或官署中鮮有女職員超過三十歲而不婚。[14]根據這些資料顯示，期望獨身的知識女性其實不多，但論者何以充滿焦慮與不安？基本上是因當時有不少女性將不婚當成口號；再加上贊成結婚的女性之中，不少人傾向晚婚，例如重慶沙磁地區的女學生便多主張二十五—三十歲才結婚。[15]由於這段年齡的女性是一般人界定的老處女，她們的遲婚有可能導致失婚或不婚，因此引發多種討論。[16]

結婚與否多半是一種隱私，鮮少有獨身者願意向大眾告白，論者究竟如何建構獨身者不婚的態度或行為？這不但引發我的興趣，也激起我成串的問題：不婚既不犯法，何以女性提出不婚的主張時，受到嚴重的關切？而論者究竟如何勾勒女性不婚的圖像？他們是否眞的了解婦女不婚的因素或處境？重要的是，這些論述是在為誰說話？獨身的論述是否僅是個引子？其背後是否有更大的問題受到注意？那是什麼樣的問題呢？另外，儘管獨身女性的聲音是微弱的，甚至有部分是試探性的提出，但我也想了解獨身女性是如何回應有關獨身的言論？並以何種態度接受獨身？這些問題都將在本文中進行研究。

必須說明的是，當時論者對獨身或獨身主義並沒有明確區別，但大多認為不娶或不嫁、過著獨身生活的就是獨身或獨身主義；本文所討論的獨身女性便是終身未曾婚嫁，至於與配偶離異或因配偶死亡而營單獨生活的女性則不列入討論。[17]在資料方面，有關近代中國家庭婚姻的二手研究相當豐碩，主要集中在新文化運動時期的婚姻議題，包括自由婚姻、自由戀愛、家庭改革與廢除婚姻等，至於女子獨身的討論，目前僅有徐建生和藍承菊的論文略有涉獄，但也僅限新文化運動時期，尚未有論者對女子獨身從事廣衰的研究。[18]至於一手史料，只有一九二二年上海的《婦女雜誌》、一九四三年北京的《婦女雜誌》及一九二五年的《京報》曾開闢專號討論女子獨身問題，其他論述不是散見於各專書、期刊報紙中，便是呈現在小說、故事、新聞報導、劇本、口述紀錄、回憶錄裡，於是這項議題的研究必須爬梳自多元的文本。值得一提的是，文本中有關獨身的討論大體上是男女兼論，但論者對女性的獨身著墨更多（詳見附錄）。更重要的是，由於獨身的言論多半是由他者對獨身者的觀念或行爲進行探究或描述，受論者自身的思想與文化背景的影響，不免產生偏見、選擇與虛構的論述；同時，獨身在當時被視爲是違反婚姻制度的行爲，所以有不少文本刻意將它誇大。再者，論者多半是匿名，因此無法得知這些聲音是出自已婚的男性或女性，還是未婚的男性或女性。儘管如此，這些文本或討論方式能幫助我了解近代中國女性獨身現象，並可藉此探討這些言論的背後所蘊含的意義。有關本文的時間斷限，獨身的言論主要集中在一九二〇─一九四〇年代，惟在一九〇八年胡漢民已注意到廣東「不落家」的問題，而其後有關獨身的討論也陸續不斷，所以本文以一九〇〇年代爲討論起點。

二、探尋女子獨身的原因

在中國的傳統宗法社會，兒女的婚姻大事是由家長決定，直到清末民初，西方的婚姻自主觀念傳入中國之後，開始有知識分子對傳統的婚姻制度不滿，而新文化運動時期討論婚姻的話題則普遍爲知識分子關切。其中婚姻自由的倡導更是風行，例如沈兼士提出「獨身、結婚、離婚、夫死兩嫁，或不嫁，可以絕對自由」的主張，使婚姻有自由的發展空間。[19]但事實上，不是所有婚姻的選擇方式都受到支持，獨身或不嫁便是爭議最多的一種，因此當女性發出獨身的聲音時，許多論者試圖阻止或防範獨身的事實，探索女子獨身的原因便成爲解決女子獨身的前提。論者不但從西方的獨身現象進行觀察，也反思與婚姻有密切關係的中國家庭制度、社會思潮，同時也關注獨身女性本人的不婚態度與觀念。值得一提的是，當時討論的內容不斷被重複引用，反映出論者對獨身因素的看法有部分是一致的（詳見附錄）。

（一）從西方說起

儘管女子獨身早在中國傳統社會便已存在，不少論者認爲獨身主義這個名詞是出自西方，與自由婚姻一同傳入中國。[20]基於此，論者從西方進行了解，例如有人根據魏斯脫馬克（Edward Westermarck）的研究，指出上古時期並沒有獨身的情形，直到近世獨身的人數才在歐美地區不斷增加，因此認爲獨身是文明社會的特有現象，這種現象包括生活程度的提高、精神文明的進步等。[21]但是論者也提及生活理想雖然提高，兩性的戀愛卻仍受社會束縛，於是歐美地區的青年男女唯有尋求獨身。[22]論者又發現男女人數的不平均是造成獨身的另一項因素，從人口調查顯示，一次大戰前歐洲的女性人數已超過男性甚多，而這種情形至戰後更是明顯，導致許多女性不得不獨身。[23]另有論者則認爲西方獨身主義是受「不自由毋寧死」的學說影響，一些女性因此主張不嫁男子、不育兒女；對於兩性之間，大抵「隨意的臨時行樂，全無正式婚姻的形跡，只有彼此淫亂的行爲」。[24]論者認爲這是因中國知識分子崇拜歐風，對外來學說不加選擇、盲目採用，造成有的女性將獨身主義視爲是「可喜的新名詞」，是「能高尚女子人格」的，反認爲嫁人是可恥的事，於是主張打破這種矯情的獨身主義。[25]

無疑的，上述說法多數來自報導或個人推想，但有人是出於自己的觀察。例如胡適以他所接觸到的美國婦女爲例，發現美國婦女之所以不嫁是與知識程度的提高有關，他指出因知識的提高，這些婦女的結婚對象便「可遇而不可求」，於是「往往寧可終身不嫁，不情願嫁平常的丈夫」。由於胡適從這群獨身的婦女身上看到自立的精神、「超於良妻賢母」的人生觀，因此他能認同她們的不婚。[26]不過胡適也承認這是美國的社會讓這群婦女無所顧忌：

「美國不嫁的女子，在社會上，在家庭中，並沒什麼不便，也不致損失什麼權利。他一樣的享受財產權，一樣的在社會上往來，一樣的替社會盡力。他既不怕人家笑他白頭『老處女』（old maidens），也不用慮著死後無人祭祀！」[27]

簡言之，根據胡適的了解，美國婦女的不婚，一則是教育的提高，另則是社會未給予壓力。

至於中國女性的獨身因與西方不完全相同，於是多數論者從中國社會究根，藉此檢視中國女性的獨身因素。討論最多的是與婚姻有關的家庭及其制度，一九〇八年胡漢民分析廣東「不落家」風俗的原因時，曾將矛頭指向家庭制度：

「夫粵俗男女之辨最嚴，可爲各省之冠，而順德等處，家庭之壓制尤甚。壓制既大，抵力旋生。其所以結爲團體力持不婚主義，甚或至于同時自殺者，乃眞野蠻惡風所生之反動力也。」[28]

至新文化運動時期，女性獨身是爲了擺脫家庭束縛的說法更被緊密扣合。署名健孟的，便推想女性不婚是出自於如下的一種反應：

「……不幸遇到不忠誠的丈夫，不承認她的愛情時，她沒有別的生活可以來慰藉她。與公婆本是陌生人，一有齟齬，感情更加隔膜，疏解也愈加爲難，她既不能經濟獨立，又沒有離婚或承受遺產的權利，即使在悍姑惡夫的家庭受虐待，也只好依然俯首聽命的生存著。……有些青年女子的主張不嫁大概便是這種原因的反響罷。」[29]

而這種尋找不幸女子的例子爲不婚女性代言的論調，成爲當時千篇一律的格式。周建人則明確地指出，當女子發出獨身的喊聲時，這是對男子專制舊家庭壓迫的反抗。[30]周甚至樂觀地表示：

「從來社會上存活不住的，一生只有從母家走到夫家一條路的女子，今日居然能夠高叫獨身，覺悟舊家庭的迫壓，在社會上獨起立來，這不能不說是思想、社會的進步，和一切奮鬥能力的進步；實在是女子有點覺悟，在社會上已經有一部份地位的表現。」[31]

這些言論明顯地指出中國傳統家庭制度是導致女性不婚的主要因素。

（二）既是因又是果：「獨立自主」的一刃兩面

傳統社會所衍生的各種束縛讓部分女性不願婚嫁，爲協助女性擺脫家庭束縛，清末以來的女權思潮及新文化運動不斷以西方的個人主義、自由主義與社會主義所倡導的觀念，鼓勵女性追求獨立自主。一九一六年之後，《新青年》雜誌刊載不少以鼓吹女性追求獨立自主的言論。從陳獨秀的「勿自居被征服地位」、「勿爲他人之附屬品」，到胡適的「他們（美國婦女）以爲男女同是『人類』，都該努力作一個自由獨立的『人』」，無不在提醒女性脫離附屬地位，走向獨立自主。[32]同時，爲落實女性的獨立自主，論者主張女性接受教育或追求經濟獨立。嚴格而言，這種爲對抗舊制度而產生的解放思潮是期待女性不再是家庭或男性的附屬品，甚至冀望女性能與男性一樣經營家庭，不成爲家累，還有論者以爲獨立自主能解決不婚問題。簡言之，獨立自主的言論未必鼓勵女性獨身，但其影響卻使部分女性在獨立自主後走向不婚，這種觀念從鼓勵女性獨立自主的內涵可以看出其間的矛盾。

就教育言，倡導女子教育基本上是顧及女性，使之能獨立自主，或者以教育女子來滿足男性對配偶的期待或避免男性獨身。根據陳鶴琴的調查，當時受新思潮影響的男學生多半期望自己的配偶有知識。[33]而〈獨身主義之研究〉一文也發現，男子獨身「大抵皆感於女性無學，致爲男子之累，因之抱獨身主義」。[34]因此女子教育的倡導其實是在達成不同的需求。

然而在受教育女性增加、晚婚與不婚女性日增之後，論者對女子受教育的結果感到懷疑，認爲教育女子反而造成她們不願結婚。〈老處女何其多〉一文以高等教育爲例，指稱女子教育的日益進步，就是婚姻失敗的最大主因。[35]該文甚至批評女子大學是老處女的製造廠，作者認爲學校教育讓女學生誤以爲運用腦筋和努力，來追求男性社會的名譽地位才是人生的最大幸福，同時也讓她們忽略了感官上合理的快樂，而產生肉體的禁制。[36]除此之外，有論者分別發現受高等教育的女性因容易有擇偶地位條件太高或不願吃苦耐勞等問題，導致男性寧可選擇年紀較輕、智能或身分地位較低的女性爲結婚對象，而她們本身也因此失婚，不得不過獨身生活。[37]

這種矛盾的說法，同樣出現在倡導女子經濟獨立的言論上，有的論者鼓動女性爭取就業是期待她們追求自身獨立，同時也認爲女性的經濟若得以獨立，便可以減輕男性在經濟上的負擔，甚至可以避免男性的壓迫。[38]後一項說法，在男性因經濟壓迫而致獨身的現象日趨增加時，更被視爲合情合理。田助特別就中日戰爭末期經濟景氣萎縮的情景爲例，強調經濟破產使一般人無力養活妻子，更不敢談結婚，而女性爲避免失婚，應該：

「從事於職業，求自身之獨立得到和男子同樣的機會，而努力於女性最適宜的活動，使婚姻完全建築於純潔的愛之基礎上，而毫無任何物質上之希圖，使男子再沒有物質供養上的嬌（驕）傲，亦使無產階級的男子，不復有供養困難之顧忌。」[39]

不過，與教育問題一樣，女性經濟獨立是否能改善男女兩性的失婚現象，都是難以取得共識的話題。從前述胡漢民對廣東「不落家女」的觀察，他強調這地區的女性能持續不墜的拒婚，是因爲她們靠著繅絲業自營生活。[40]換言之，經濟獨立反而助長女性不婚。當女性教育程度提高、就業能力日益增強之後，這種情形更加顯著，阮學文即表示，知識婦女的獨身問題就是在婚姻與事業衝突中產生，因爲愈是在事業上有成就的女性，愈是不願受家庭羈絆。[41]還有論者雖然不否認女性之社會服務是二十世紀覺悟女性的新要求，但卻提醒道：

「……以一般女性的天性而論，獲得他人的崇拜和愛戀，是比事業的成功更有意義，我們知道，任何事業的成功，都不如幫助丈夫事業成功那樣快樂。」[42]

論者甚至表明女性若僅在創造自己的獨立生活，將「失掉此生建設家庭做丈夫賢內助的特權」。[43]

就前述的討論得知，提升知識和倡導就業原本是用來激勵女性獨立自主，同時是女權運動與新思潮的主要內容，然而獨立自主的結果卻成爲促使女性遲婚或不婚的誘因。

（三）不同的人生觀與自我看待

由於獨身與本人的不婚態度或觀念有關，論者從各種情形進行了解。首先，胡宣南發現「自由」是獨身女性的主要口號，他提到有的女性高唱：「我願在我未死之前完全享受我的自由，我絕不願爲婚姻，失去自由」；也有女性表明：「最自由的婦女，就是抱著獨身主義的女子」，因爲獨身女性可以不受公婆、姑嫂、丈夫乃至兒女的壓迫或束縛，能隨心所欲地享受自由。[44]高希聖則明白地提出，這是與現代人傾向個人主義有關，爲了過自由獨立的生活，在兩性間逐漸形成迴避婚姻的風氣。[45]無疑的，這種人生觀的形成是深受獨立自主言論的影響。

其次，有論者提到有不少女性是因不願重蹈前人覆轍而拒婚，她們的理由是：「鑒於別人不良婚姻的苦痛，不敢嘗試」、「也有爲了想避免生產的痛苦而行獨身」[46]，其中，「避免生產」的不婚論調更是討論焦點。〈獨身主義之研究〉一文指出生產既危險又困苦：

> 「生產之事，危險之事也。性命寄於呼吸之間，固不待言矣。即產前之妊娠，產後之鞠育，亦爲生人（人生）最困苦之事。」

因此爲迴避生產，有女性投向獨身。[47]然而李宗武從另一個角度強調「孕妊確是苦事，但這是女子的天職」，他同時認爲，爲了避免孕妊而獨身的女性是持片面的人生觀，因爲她們以爲：

> 「我們做『人』，終不是專爲生殖而生的；生殖終不是人生的目的事件，人生終當以事業爲前提。與其留下肉體的子女，毋寧留下事業的功績。……所以做人，不應該把『婚姻』、『生殖』等事，當作大事體看，而拋棄那天賦能力所能做的偉大事業！雌雄相交，子孫繁殖這些事，是下等動物所共能，並不是人的特色。人之所以異於禽獸者，人之所有的本以得稱『萬物之靈』者，就是在能『獨身』。」[48]

明白地說，這些因害怕生產而排斥婚姻的女性，認爲生育是相當危險的事，加上照顧小孩會影響事業或學問，因此她們不願在結婚之後成爲生產和養育子女的工具。[49]

再者，論者從宗教信仰與性道德中探討女性不婚的因素，他們以宗教的獨身主義爲例，指出宗教界將兩性關係和結婚當作不潔，並主張苦行禁欲以取悅神，因此不但受戒的男女兩性抱持著終身不婚不嫁的信念，連帶著信徒也主張獨身。[50]根據李兆民的觀察，受宗教片面的暗示或誤解，一些人視「獨身爲貞靜高潔」，而小江也同意宗教的獨身觀對年輕女性具有潛移默化的作用。[51]爲抵制因聖潔觀念而獨身的論調，俊文指責爲了神而犧牲的獨身主義是不道德的禁欲行爲；而李宗武則嘲諷爲：「我以爲如結了婚，能有純潔的戀愛，能眞誠的保守貞操，那才可稱得『高潔』。」[52]然而儘管禁欲或聖潔的獨身理由不斷被反獨身者複製，有的論者認爲這是近世以前的觀念，對當代社會並無太大的影響。[53]有趣的是，另有論者也從性道德的角度，提出與聖潔完全相反的獨身觀，溫壽鏈以西方國家爲例，提出由於滿足性欲的地方很多，一些遊蕩青年寧可獨身而不婚；[54]但這個說法是專指男性，《談女人》一書則專就女性提出，有的女性獨身是「不願僅爲一個男子所占有」，她們的目的是「多玩弄幾個男人」，作者還進一步說，這種行爲在俗人眼中並不是獨身，而是多夫主義者，但作者也表示：「這是特種摩登女人的哲學」。[55]

此外，有部分論者是從容貌、性格、情感問題來觀察女性如何自我看待婚或不婚。賀玉波和胡宣南分別發現相貌醜陋或感情受挫的女性，多以獨身主義回拒婚姻；[56]但賀玉波又提到，相貌美麗的女子也容易失婚，主要是美麗使女性流於驕傲，不願輕易許人，致而錯失良緣。[57]而陸費逵則直率地指出良緣的錯失是與個性過於保守有關：

> 「不脫舊女界習氣，羞羞澀澀，對於婚姻，不但自己不好意思說；有時人家說了，還要佯羞假怒，以致弄僵。」[58]

這些獨身的理由是較普遍而不足爲奇，但有論者發現有些獨身者的不婚原因是千奇百怪，例如「小江」發現，有的女音樂家爲保持歌喉，必須獨身，她們的說法是「一旦與男性結婚，喉音多要敗壞，所以想保守美譽，情願壓抑性欲的衝動」[59]。另外，同性愛、厭世思想、「以結婚爲不祥」或「鑒於戰爭殺戮的情形，不願空費力製造國民，等到成年轉瞬化爲炮灰」等不婚的理由，也都異於一般。[60]

綜括上述，獨身主義這個名詞雖然來自西方，而部分論者也試圖從西方的獨身例子或失婚現象尋找對中國影響的程度；但事實上，從論者的分析可以看出，中國女性的不婚主要與中國的家庭、社會或獨身女性本人有關，包括家庭制度、教育程度、經濟能力、生活價値觀、生育概念、宗教信仰、性道德、容貌、個性與感情問題等方面的影響。由於這些影響有出於自發，也有來自外在影響，因此論者提出不同的看法。對於自發的獨身主義，論者多半能以理解的態度看待，周建人便表示：

「……獨身如純是出於自發的意志，無論爲了志在事業學問上的發展而無暇顧到結婚，或沒有相當的對手，或遭戀愛失敗的痛苦等，別人都不能加以非難或勸告。」[61]

周的理由是這種自發的獨身只出現在文明較高的社會中，因爲低文明國家的人很少專心於事業或學問，戀愛的藝術也不發達，自然不會發生因失戀而獨身的事。[62]李宗武也不否認「謀個人發展」是最有力的獨身理由。[63]另有論者則更釋懷地指出，如果抱獨身主義的人仍存著「兩性間的快活，是天性生成的」，同時獨身是爲了尋找適當的配偶、專心學業或考慮身體健康，這些人的獨身想法僅是一時，只要時機一到，便會結婚。[64]

至於對外在影響的獨身主義，論者多半不表贊同，特別是因宗教信仰而禁欲的獨身主義，周建人雖然對女性獨身頗爲同情，也認爲：

「但如其不純出於自己的意思，而別有神秘的教訓，引導他們守獨身的生活—即如以獨身爲清潔高尚之類—這卻有些不可。」[65]

不過除此之外，並非所有因外在因素而引致的獨身想法都被批駁，有的論者發現女子之所以獨身，是新舊衝突下的犧牲：

「一般處在舊禮教縛束（束縛）下的新女性，她們感到畸形社會背景下結婚的痛苦，又感到缺少新舊社會奮鬥的勇氣，於是在這種情形之下，產生消極的思想，在無抵抗中，探求孤獨之生活。」[66]

〈我的為了愛可以獨身〉一文也呼應，人類是為了愛而存在，社會是為了愛才組織，但是「處此新舊嬗替的現世，愛園裡橫生荊棘，塑隔鐵壁，舊道德偏阻其所好，投其所惡，……她的愛之信念，遂變成獨身的信念」[67]。作者甚至歌頌：「我覺世間愛最偉大，為了愛獨身更較偉大」。[68]另有論者則對這種現象作進一步分析，陸費逵直接了當地指出這完全是「社會害的」；[69]瑟盧也明白地說：

「這是我國女子對於他們地位的不滿足，這種舉動，可說是對社會的一種反抗，確係促社會改革的動機。」[70]

由是可知，論者認為女性不婚有自發與外在影響兩種，論者對自發的獨身主義較能理解，有人甚至認為這些人的獨身想法僅是一時而不會永久；但對因宗教信仰而不婚的外在影響，論者多不苟同。惟有出自家庭制度與社會不合理現象的外在影響，才能受到較多同情，因為不少論者將女性不婚的原因歸咎於此，也因此，改革家庭與社會成為如何解決女子獨身的重要議題。

三、解決女子獨身的問題：為誰說話？

根據論者對女子獨身原因的分析，他們不否認女子的不婚與新思潮和社會文明的演進有關，但更認爲傳統家庭制度的不合理、社會制度的缺乏保障，是造成女性無所適從、追求獨身的重要因素，因此論者試圖從這些方面尋求解決之道。由於他們發現不婚女性多半爲了事業或學問而獨身，於是提出化解兩難的方法，論者同時從家庭制度、婚姻形式與生兒育女等女性較關心的議題進行討論。但在論述的過程，論者有不少困惑與矛盾，於是出現不同論辯。

（一）家庭與事業孰重？

一九二七年《新女性》雜誌曾根據「爲妻爲母與盡力社會及學問是否並行不悖？」這個問題，以〈現代女子的苦悶問題〉爲題，向社會各界徵稿。據編者表示：

「現代女子，都抱有攻究學問，改造社會的大願望，但同時她們卻不能不盡天賦的爲妻爲母的責任。然照現在實際社會的情形，這兩種任務，常不免發生衝突，因此每易使她們感到絕大的苦悶，究竟女子應該拋棄了爲妻爲母的責任而專心攻究學問，改造社會？還是不妨把學問和社會事業暫時置爲緩圖而注重良妻賢母的責任？或者另有一種調和這衝突的方法？

這實在是目前最重大的問題」。【71】

二十二篇徵文中，多數人的意見是這兩種情形可以並行不悖，雖然有人不反對「如果學問興趣實在濃厚，絲毫不願他事妨礙」的人守獨身；但論者仍不希望所有女性拒婚，認爲委身學問或社會的不婚女性是特例，不足爲一般女性的模範，甚至指出「所有的女性都行獨身主義，恐怕世界將要起兩手動物滅亡的恐慌了」。【72】爲了不讓女性陷於家庭與學業或事業的衝突中，論者多半著眼於女性的自我建設，他們認爲目前的社會尚無法在短時間進行改造，以解決女性的苦悶。易言之，無論是「拋荒了爲妻爲母的責任而專心攻究學問改造社會」，或是「把學問和事業暫時置爲緩圖而注重良妻賢母的責任」，都沒有調和的辦法，於是有論者以消極或無奈的態度指出，在這種情形下，女性只能繼續處在衝突中，或者必須靠自己的力量去解決。【73】還有論者認爲女性不應有這種苦悶，這完全是出自男人的「越俎代庖」，伏園表示，有這種苦悶的人是因爲他們將這兩件事的範圍看得太大，事實上，隨著文明的進步，現代女性所需擔負的責任不如傳統女性。【74】樊仲雲則怪罪女性的苦悶是女性不夠努力、過於彷徨所致，甚至反問，男性一樣需要工作和照顧家庭，但何以男性鮮少爲此而苦悶？因此樊一再強調女性應勇敢地面對這些問題。【75】

爲鼓勵女性自我努力或自我解決，有人贊成女性做賢妻良母，周峻以羅蘭（Rolland）夫人和居禮（Marie Curie）夫人爲例，提出「注重良妻賢母的責任，並且要研究學問，改造社會也不難」的說法。[76]當然這種注重賢妻良母的說法並不被部分人接受，例如陳學昭即強烈反對，她認爲有些女性名爲賢妻良母，卻是過著享樂生活，反增加男性對女性的鄙視；同時，她也指出這群女性沒有自己的思想和行爲，一切都附屬於男性。[77]

針對賢妻良母會失去自我，有人建議女性在爲妻爲母的職權中實現自己，例如徐調孚認爲家庭事業，也是一種社會事業；[78]後覺則希望女性做良妻賢母，而且是「好比具有革命精神的教誨不倦的清苦教員」。根據後覺的解釋，所謂的「良妻賢母」不是「丈夫底忠順的奴隸」，也不是「兒女底義務的看護婦」，而是能經由家務，間接有利她的丈夫事業，並能爲社會撫養有爲的青年。[79]換言之，後覺並不同意女性委曲求全地過良妻賢母的生活，應該「在一生中既做著『女人』，也不失其爲一個『人』」，如此一來，便無須苦悶，也不會與攻求學問或改造社會背道而馳。[80]

然而有論者不同意這種看法，認爲女性不可能在爲妻爲母中發揮自己、實現自己，沈雁冰提出另一種建議，他認爲女性應從事婦女運動以自救：

「所以眞正要使女性爲妻爲母的忙裡發揮自己，實現自己，不處奴隸地位，重要的前提還是改革環境，結論於是就落到女性的一面要求自身利益奮鬥，一面爲改造環境而與同調的男性作政治運動了！」[81]

陳學昭則進一步強調這項問題是不能僅靠女性獨立解決，男性也應有所覺醒，她特別以倡導自由戀愛、主張與有學問、有才幹女性結合的新男性爲例：

「初初戀愛的時候，自然是男子尊敬女子，女子也欽仰男子，但一到有夫婦形式，一有了小孩，男子漸漸的不知不覺的成了他們兩者結合中的主權人物，一切都要受他們的指使，不能保持原來對於女子的尊敬。」[82]

陳學昭認爲這是由於女性需要照顧小孩和從事家政，無法工作營生，於是夫婦之間便有主婢之分，加以男性仍舊保持舊禮教遺傳奴性，致使知識女性婚後的境遇與一般女性並無不同。[83]陳還不平地表示，一般人勸勉女性作賢妻良母，何獨不教訓這群奴性男子做賢夫良父？因此她強調要解除現代女子的苦悶，惟要求女性受教育、能自立之外，「男子他也非得將他們根本禮教所遺的奴性連根拔起不可！」否則女性苦悶增進的結果，只有更不願意爲妻爲母。[84]同年十一月刊載在《青年婦女》的〈對於「英國婦女：獨身運動」的感受〉一文也感同身受地指出，改革人的心理比摘星還難，但作者仍希望眞正覺悟的男子，應該對婦女的獨身運動，有深切諒解；應該設法使婦女界不致有憎惡兩性同棲，而要獨身的觀念。[85]

嚴格言之，專盡爲妻爲母的責任或盡力於社會及學問，是可以由個人自由選擇，但爲避免女性走向獨身，第二項選擇通常是不被鼓勵的，如前所述。但又如前述論者的顧慮，純爲良妻賢母很可能會失去做一個「人」的地位，只是附屬於男性；更何況這是心懷大志女性不婚的主要因素。因此「盡爲妻爲母的責任，同時攻究學問、改造社會」是另一種選擇，但期望達成這兩全其美的境界並不容易，這既不能僅靠女性個人努力，也無法因男女兩性的共識而眞正落實，甚至如吳煦岵所說，這不是依靠一部分的男子或女子在思想上討論，就可以解決的事情；社會一日不改進，女性的苦悶是永無解除的一日。[86]換言之，從事兩性心理的改造不如致力社會觀念或社會制度的改革，是另一部分論者的期望。在〈現代女子的苦悶問題〉徵文中，有些論者即提出這方面的建議，包括主張廢除家庭制度、實施節制生育與兒童公育、設置公廚，也有建議保障已婚婦女職業，不過論者並未對這些辦法做進一步說明。[87]

（二）從改革家庭到自由戀愛

由於徵文中的建議是新文化運動時期廣受重視的議題，其他刊物也不乏這類論述。有不少討論是從家庭入手，周建人即強調：

「我們固不願家庭制度的壓迫，以致使人生畏懼，想逃避，但要救這等逃避家庭的苦心，當從改良家庭入手，須加上極無束縛的自由，卻不願由社會壓力來抵制婦女，使不能獨身生活。」[88]

同時，他也鼓勵高唱獨身的人應將反對婚姻的力量轉嫁於改造家庭。[89]

事實上，這種主張從改革家庭入手的論調，自清末民初以來便受到注意，當時已出現家庭革命、社交自由、戀愛自由、婚姻自由、廢止三綱等言論，至新文化運動時期這類討論更加廣泛而深入。[90]這個時期的言論大致包括從大家庭到小家庭、家庭成員的平等、從戀愛自由到婚姻自由、廢除婚姻及兒童公育等。[91]前兩項固然有助於女性地位的改變，進而避免女子獨身主義的倡導，但關心獨身問題的人並未對這兩項辦法做較多的討論，論者主要的關懷是從婚姻制度、戀愛自由及兒童養育來解決女子獨身。早在清末無政府主義者便提出「婦不屬於夫，夫不屬於婦」的廢除婚制和自由戀愛言論。[92]至新文化運動時期，由於知識分子普遍對家庭制度的存在缺乏信心，其中倡導無政府主義和共產主義的社會主義派更大張旗鼓地倡導毀婚廢家。[93]劉大白認爲「無家庭」才能讓人類眞正解放，他強調家庭是人類自由的「絕大障礙物」，只要家庭存在的一天，無論男女，都不能得到眞正的自由。[94]一九二〇年上海《民國日報》還展開「廢除婚制」的論戰，首先發起廢婚建議的馬哲民，是針對沒有自由戀愛又無法離婚的現象，提倡拒絕婚姻。

他的看法是婚姻制度一旦廢除，就可實行自由戀愛，甚至設置公產、兒童公育與公共養老院的制度。[95]而施存統的見解也與馬哲民無異，不過，他是主張暫時抱持獨身主義來實現廢婚及自由戀愛。[96]這種獨身的主張其實是將不婚當成手段，而不是目的，因此有論者固然視獨身主義是不合理的，卻支持把獨身當成改革的手段。[97]

值得注意的是，毀家廢婚的主張是奠基在追求自由戀愛、公育和公廚上，而當時在論戰中反對廢婚的人其實也同意藉自由社交、自由戀愛或自由婚姻來達成改革家庭的目的。[98]進一步說，主張自由戀愛是當時不同論派的共同指標。而自由戀愛其實也是解決女子獨身的要素，瑟廬指出由於多數人不重視戀愛，既不給青年男女戀愛的訓練，又加諸各種束縛，於是青年男女不是不敢輕言戀愛，便是誤用戀愛，終導致走向獨身，他譴責道：

「淺薄的社會學者，往往以獨身的增多，爲家庭衰滅社會破裂種族滅亡的預兆，因而歸咎於個人的不負責任，而對於男女的戀愛，卻以爲無關重要，甚至斥爲個人自私自利的行爲。」[99]

他甚至引用日本社會主義者賀川豐彥的看法，認爲爲減少獨身，應該讓「青年男女以充分戀愛的訓練，使戀愛有完全的獨立和十分的自由」。[100]而這種藉外國學說來支持自由戀愛，是新文化運動時期的時尚，其中愛倫凱（Helen Key）的戀愛觀更經常被引證，例如「無論怎麼樣的結婚，凡是有戀愛的，便是有道德。雖經過法律上種種手續而結婚，倘沒有戀愛，便是不道德。」這句話成爲論者引用愛倫凱戀愛觀的名言。[101]甚至有論者認爲因失戀而不婚是愚昧的，應在布滿荊棘的戀愛路上繼續前進。[102]

然而，這種極端崇拜自由戀愛的說法，引來部分論者反對。張東蓀即表明：

「現在歐美人通行的是戀愛的結婚，而不是自由戀愛，自由戀愛是極端社會主義者所夢想的。其實這種夢想毫無價值。若眞實行起來，必定恢復太古時代的亂交狀態，這是很危險的。」[103]

而田助在分析女性失婚的原因時，也歸咎已婚婦女之所以被棄，是出於自由戀愛。[104]針對田助的說法，賈林進一步指出，在新舊思想衝突下，從自由主義解放出來的男女並不了解戀愛，他們「不是來入精神至高的戀愛主義，便是走入肉體戀愛主義」，不以爲「戀愛是靈與肉的一致結合」。[105]而否定戀愛價值的人甚至強調，抱定不婚的人有不少是相信「戀愛是幸福之路，結婚是地獄之門」，這些人指責盲目戀愛是不利於結婚。[106]

嚴格言之，提出自由戀愛的人是否眞爲女性著想，頗令人懷疑。在傳統婚姻制度仍存在的時代，受到婚姻桎梏的應不限於女性，許多知識男性也面臨相同的處境，例如不少男性自幼便因指腹爲婚的約束，必須與性情不相和、才能不相稱的女子結合，因此當他們接受新觀念之後，沒有不想衝決網羅爲自己尋找自由婚姻的。由是觀之，如果說教育讓女性不願受傳統婚姻的束縛，但受教育的女性畢竟是少數，所以渴望透過自由戀愛擺脫包辦婚姻的應以知識男性居多，如此一來，鼓勵戀愛來取代女子不婚的言論，多半似在爲男性服務。

（三）生兒育女是女性天職？

除倡導自由戀愛來勸導女性結婚之外，論者更關心生兒育女的問題，其中生育問題因受生理上的限制，男性不能分勞，因此討論焦點完全針對女性（詳見附錄），基本上他們是透過母性天職（motherhood）、優生學及國族觀念進行規勸。論者不斷地呼籲生育兒女是女性的天職，他們強調女性擁有上天賦予的乳房、卵巢和子宮等生育機能，當然必須活用身體上的這些特質。[107]沙蘭還特別解釋「這決（絕）非把女人當爲生殖作用使用，這乃是女人底最高的任務，也可說是特權。」[108]基於此，有的論者提出母性愛，說明成爲母親是件光榮的事，既可獲得樂趣，又能得到子女的安慰。[109]有的則引用紀爾曼（Charlote.P.Gilman）與愛倫凱的話，強調母職的重要，認爲母親不僅在撫育子女，還包括子女精神的陶鑄，所以母職

應由女性去做。【110】甯蔆秋則要求女青年視養育子女、爲社會創造新生命爲應盡的責任。【111】

至於倡導優生學的專家則站在改善人種的立場呼籲，不結婚的女性多數從事大事業或盡力學問，他們若放棄生育的職務，也等於是斷絕優良的民族幼苗。【112】有人甚至指出耶穌（Jesus）曾說：「好的樹結好果子，不好的樹結不好的果子。」優秀的男女若都獨身絕嗣而由劣等男女生產繁殖，這世界將不堪設想。【113】其中以不利國家民族前途爲言論的，多半是民族主義的支持者。爲強調國族觀念，一九一二年便有論者指稱獨身會亡國滅種，當時反對女性參政的人，即對參政團體中倡導無夫主義的風氣深表不安，並提出一旦無夫，「吾國人種行將滅絕，安有參政權？」的警訊。【114】

大體而言，大多數論者的口徑是，女性不能逃避生育子女的天職。然而這種不斷強調生育重要而反對獨身的言論，引起部分論者不滿，周建人指出：

「……有些人雖然是女性的身體，可是她們並不適於爲妻爲母。這種事情醫學家知道的很明白，有些女子情欲極淡泊，並無做妻的欲望，又有些女子則體制（質）上天生的不適於爲母。」【115】

他同時提醒那些憂心人種會滅絕的論者「……小孩在自來的母職下，生存的還是夭折的多」[116]。惲代英更提到生殖是因性欲相引的自然結果，而不是「先有生殖之責任而生殖」，也不是「無生殖之責任而不生殖」，他特別反對「不孝有三，無後為大」這句話，並稱「西國未聞有此無後之不孝罪，未見其亡國滅種」，惲代英甚至諷刺「而吾國有此無後之不孝罪，仍有獨身者，不生殖者，蓋此非人力所得而干涉。」[117]但因生育的任務不是男性所可取代，論者大多認為任何女性都必須去接受這個事實，為此，有些論者提出折衷辦法，例如王光祈雖然表示，男子有種種權利，而女子卻沒有；應該打破「生育為女子義務」的觀念；不過，他卻反對因生育而抱獨身主義，於是他提出減育主義，因為：

「兩性相愛本出於天然，因相愛而有夫妻事實，亦是天然的趨勢，我們對於家庭束縛生育痛苦，均有法使之減少或消滅，又何必堅持『獨身主義』，違背天然呢？」[118]

一九二二年的減育觀念，在山額（Margaret Sanger）夫人來華倡導生育節制（birth control或譯產兒制限）的學說之後，更受到關注，也為害怕多產而拒婚的人提供解決之策。[119]但主張民族主義者卻不表贊同，他們以為「實行產兒制限，人口必將減少，種族及國家將因此衰弱以至滅亡」。[120]

無論如何，生育在多數人心中是女性責無旁貸的事，即使李宗武曾表示生育不是人生的唯一目的，但又矛盾地認爲，相當的生育是對人類本能的一種要求，也是人類應盡的義務，於是他提出有趣的建議，也就是抱獨身主義「應該盡過相當的生育義務後，才得實行」。[121]儘管如此，李對獨身的看法是相當悲觀：

「儘管決（絕）不是個人發展的捷徑，獨身決（絕）不是社會改造的良藥。假使我亦獨身，你亦獨身，則婚姻廢而嗣續絕；社會與家庭，可以霎時煙消雲散；熙來攘往的社會，進化不已的世界，從此可以破裂，從此可以沉淪。」[122]

由是顯示，論者所關心的不只是女性結不結婚，還包括結婚之後的生育問題，甚至擴及成爲攸關國家民族命脈之大事，而向來被認定是負責生育工作要角的女性，自然沒有逃避婚姻的權利；一旦有女性藉害怕生產而挑戰婚姻，便受到撻伐，或被貼上國家罪人的標籤。

生產既無法避免，那麼如何協助女性解決養育兒女的問題呢？倡導兒童公育、設置托兒所或公廚以及保障已婚婦女職業成爲主要言論。前三項提議有部分來自社會主義派，他們推出公廚和兒童公育的概念，其實是爲了達成無家庭的主張；另外受紀爾曼言論的影響，有部分人以維護女權、減輕女性的家務負擔，贊成公廚和兒童公育。[123]有關兒童公育的觀念，有論者提出設置托兒所或幼稚園的想法。例如阮學文爲糾正知識婦女走入獨身，即建議大量設置近代化托兒所。[124]至於保障已婚婦女職業的論述，除了是對已婚婦女工作不被保障的一項回應，同時是在解決工作女性不願進入家庭的難題，這種情形在新文化運動時期已開始討論，不過，此期的論述重點是在女性不願受傳統家庭束縛；而三〇年代之後的言論則針對少數機構限制任用女職員。[125]在拒用女職員的規定中，有些機構表明不用已婚女性或限未婚女性，這些規定是希望已婚婦女回歸家庭，但卻造成「結婚是罪惡」的恐懼。[126]從另一角度看，這也有鼓勵未婚職業女性不婚之嫌。基於此，阮學文建議各機構應不設未婚限制，應讓已婚職業婦女在生產期間有充分的假期和津貼。[127]

由是觀之，論述的最終目的是期望經由制度的改革排除女性對養兒育女的戒懼，阮學文即清楚地表示：

「知識婦女的獨身問題，乃是過渡時代的產物，若以後社會進化，兒童及家庭，不再是婦女的枷鎖，婦女可以從事於社會事業，可在經濟上獨立，而其他方面的自由亦可獲得，則一般知識婦女也不會對結婚具戒心了。」[128]

總之，爲解決女性獨身問題，論者著眼於觀念糾正與制度改革，有不少論者偏重女性思想的改造，對徘徊在家庭與學問或事業兩難的不婚女性，論者建議女性應自行解決或自我實現。對逃避生育的獨身女性要求她們明白母性天職、優生學及爲國家傳種的重要。不過，有部分論者致力男性的心理建設或社會觀念、社會制度的改革，包括主張男性自覺、參與婦女運動、從事家庭革命、倡導婚姻自由與戀愛自由、實施節育與兒童公育、保障已婚婦女職業等。嚴格而言，論者的反覆論辯，固然觸及當時女性不婚的基本問題，並試圖從制度或思想層面進行解決，惟有些解決方法顯然不完全針對女性，例如自由戀愛的倡導，其實也在處理男性的婚姻問題；再者，部分技術性的問題卻被偏忽，在討論生育問題時，只反覆提醒女性應善用身體的功能，而未替女性設想如何解決生兒育女可能帶來的危險或問題。

四、建構女子獨身的處境：是虛擬或真實？

論者除試圖透過女性的自我建設、社會觀念或社會制度的改革來解決獨身問題之外，同時還從不同視角建構女性獨身後將面臨的處境，這些言論有勸導，也有警告或諷刺，並著眼於生理與心理的觀察。由於近代以來有關家庭與婚姻的討論不乏性欲的論述，加以論者發現女性不婚部分是受禁欲觀念的影響，輿論因此多在性欲與禁欲問題中游離。

（二）禁欲是罪惡？

為糾正禁欲的獨身觀，論者提出各種性觀念或性知識，例如前述主張為廢婚而暫時獨身的施存統，即將性欲比附食欲，認為反對性欲是忘本，又強調性欲並不妨礙道德：

「性欲和食欲一樣，動物底一種自然的欲望——就是所謂獸性。我們要想得著幸福，總要滿足這兩種欲望。如果因為性欲是一種獸性，是卑鄙的，是齷齪的，便去抱獨身主義，那便叫做忘本。要曉得人是動物進化來的，我們自己就是性欲滿足的結果，是神聖不到哪裏去的。如果有人說滿足性欲，是和道德有妨礙的，那麼滿足食欲，為什麼就和道德沒有妨礙呢？」[129]

劉延陵則嚴厲地指責「獨身主義塞絕性覺，則更同於控目割耳」，他批評這種情形是「違逆自然」、「不善不德」。[130]至於神龍因發現禁欲主義者誤解性欲的原意，並以為性衝動不易駕馭，便堅持禁欲；於是神龍提醒他們，現代人的生活及人的性格大異於野蠻時代，性的衝動多少已昇華，應以「坦白的態度」去應對性生活。[131]

此外，古今中外有關性欲的言論更是論述的基調，論者除引用中國的「飲食男女，人之大欲存焉」、「孤陰不生，獨陽不長」的說法之外，對西方學者的論調特別重視，於是不斷地援引。[132]李寶梁在研究禁欲問題時，曾針對絕對禁欲「有益於吾人的思想、工作效益和創造能力」的這項說法提出反駁，他特別列舉西方學者的言論作爲證據，並說明生殖器官作用的發達和施用得宜，是與思想和創造效能有密切關係。[133]一九三五年刊載於《申報》上的〈獨身主義的檢討〉一文，則一方面解釋男女交合是自有人類以來便存在的事，另方面藉由康德（Kant）的話說明兩性結合的重要：

> 「男女相合才能成爲一個完全的人，人類健康的發達，以兩性的正當的結合爲基礎，性欲的滿足，是男女身體康健和精神發達的要素。」[134]

不過，該文作者也引用倍倍爾（August Bebel）的意見，指出人類不是禽獸，肉體的調和實不能滿足比欲望更高尚的要求，因此需要精神的調和，何況「假如沒有精神，性交只成爲機械的不道德的行爲而已」。[135]

前項論述基本上是環繞在性欲意義的闡明，讓獨身女性明白性欲是自然而非邪惡、不道德，但不少論著更進一步強調禁欲或沒有正常性生活將導致不幸。其中有論著根據女性的生理結構，強調禁欲不利身體健康。例如賓璋在〈性與老處女〉一文中，先引用柏拉圖（Plato）的話：

「子宮是希望受胎的猛獸，凡是女子發育完成，經久不得滿足，就要溢布全身，有因而阻塞氣道而窒息者。」【136】

接著又稱有人說：「子宮內有女神，因為禁欲而起腐敗，有使全身顯出中毒症狀。」【137】阮學文則以女性內分泌的活動說明獨身女性體弱多病是因為：

「在人體的生理機構方面，有所謂腺的作用，從各種腺內分泌的各種液體，流轉全身，人的一切生理發展、行為、性格，多受這些腺作用的支配。兩性結合後的腺體，都各有變化，這種變化，是正常發展上所必須的。」【138】

〈我們為什麼要結婚？〉一文也持同樣的看法，作者特別以女性為例，提出女性在思春期的時候，身心開始急速變化；而進入青年期之後，是女性生活中最旺盛的時期，因此女性應該在這時期結婚，以「宣洩生活上積聚的能力，圖自己悠久生命的連鎖」。【139】作者又進一步提出，結婚後的女性因內分泌常受到適當的刺激，於是體內器官的機能得以保持平衡，有利身心健康。【140】

其實這些言論多半毫無根據，甚至是危言聳聽，卻成為當時反對禁欲而不婚者的論據。

不過，也有論者根據醫學調查或人口統計提出證明，陸費逵既採西醫報導：「二十八歲以上的獨身女子，大半都有疾，甚至成癆瘵」，又取中醫說法：「癆病之因非一，總緣情志不舒。……室女、尼姑、婢女之年長者最多患之。」[141]麥惠庭則從德國斯密斯（Mayo Smith）的調查發現，未婚男女的死亡率高於已婚男女，於是他認為這是因獨身的人缺乏伴侶安慰和看護，所以「每病必死」。[142]

除此之外，論者更利用女性愛美的心理，強調禁欲會使女性容顏失色、身體老化。一九三八年五月《健康生活》刊載芝華的〈「老處女」的性欲問題〉一文時，特別在文前插置這樣的句子：

> 「日月似水般的進馳著，為了性的飢餓，在她的面角上早早露出了惱人的皺紋，丟掉了容顏的豐潤，消蝕了體態的苗條，枯乾的瘦骨，在這樣的年華，就做了她的身架。」[143]

這段話其實是芝華文中的一小段，但編者卻刻意強調；而芝華也將這種情境的釀成解釋為是女性不用腺體與器官所致，並認為這樣的年華如果是在一位快活的妻子或幸福的母親身上則截然不同，反而是「搖曳著傲人的豐姿，顧盼撩人的時節」。[144]藉此突顯已婚女性和不婚女性姿容上的強烈對比。

除認爲禁欲不利身體健康與容貌之外，論者又強調禁欲會造成心理偏差，例如論者指稱，獨身女性由於不能自然抑制或自然流露性欲，精神和身體都會呈現不愉快，無法保有女性圓滿的人格。[145]作者甚至還說：「在精神現象上，抑鬱、忌妒、幻想、偏見的程度增高，喜怒哀樂不能出於天然，性情亦非常激烈而怪異。」[146]阮學文的看法也不出其右，還認爲獨身會使人生缺乏樂趣，甚至妨礙工作效率。[147]至於署名「沙蘭」的論者，雖然不以爲獨身會影響身體健康，並指出獨身會使「卵巢萎縮」或「過剩賀爾蒙衝上頭部」的說法是無稽之談，但並不否認獨身會使心理起變化，他認爲「老處女底（的）乖戾或拗僻，煩惱者多數人」[148]。李兆民更根據一份「某著名專門研究精神病的醫生」的報告，稱「一種悲慘的瘋狂病爲高潔生活的老處女所獨有的，他們起初對於自己的境遇很滿意，但過多少年後，卻漸漸顯出不可抑制的煩惱與色情衝動」，李認爲這是因違反生理原則所導致。[149]

從這些論述可以看出，論者試圖透過專家或醫學報導，增強他們的說辭；同時不論報導是否屬實或過於武斷，他們主要的目的是使獨身女性放棄禁欲觀念，接受婚姻生活。

（二）移轉情欲

論者不但關心獨身女性的身心問題，也對她們如何移轉性欲做了各種揣測，這其中固有不少來自觀察所得，但卻不乏想像。麥惠庭認爲男女在未結婚以前，常犯一種手淫病，但結了婚以後，就不再犯，足見結婚可以減少一種性病。[150]另有論者視獨身和自慰，是青年人的兩種病態，指出手淫是不自然的替代法，僅能讓人得到實行的便利和暫時的快感。爲解除變態的性欲，論者主張用工作、運動及其他樂趣來轉移，並建議培養對異性的感情和興趣；[151]「志剛」雖認爲在強制禁欲下，女性偶而採自慰並非犯罪行爲，卻仍指出，女性自慰所產生的危害性儘管不及男性，惟經常實行會損害女性的道德品格，也是値得非難。[152]

論者除認爲獨身者會採用自慰方式滿足性欲之外，還擔心獨身者會選擇同性之愛。由於當時女學生群中流傳著相互崇拜、彼此鍾情有關的風氣，有些女學生遂產生與同性摯友共同生活的想法。[153]一位專爲人解答情感問題的「某夫人信箱」便曾收到「靜女士」的這麼一封信：

「我就這二十餘年的經驗觀察，世上的人心太險詐了，（我並沒有談過戀愛），所以我想以後我絕對過著獨身主義的生活，並且我還有位同學，她的主義也和我一樣，我想將來我們在一起，生活一定很美滿，（並不是什麼同性戀，不過是志同道合而已），憑我們的力量，自吃其力，眞是太舒適了。」[154]

由於「靜女士」僅提出想法，並未實際去做，於是「某夫人」只淺簡地回答：「至於女友，並不能代表異性伴侶，兩個不完全加在一塊，仍舊是不完全的。」【155】此外，有論者引用西人的說法提出，上帝造人並沒有獨身者，因此，只要沒有性交的欲望，同性戀愛是不能受指責的。【156】但當同性愛成爲事實或釀成悲劇時，輿論卻往往毫不留情，將一切歸咎於獨身主義。一九三二年陶思瑾慘殺劉夢瑩的女同性戀案件轟動各界時，署名「眉子」的論者，即對獨身主義大加撻伐，同時爲防範劉陶事件再度發生，再三強調：

> 「更須將具有宗教作用的『獨身主義』視爲洪水猛獸，而不任其一日之存在，才是滅火抽薪的辦法。……世有注意劉陶善後的，曷注意此最凶惡最殘忍的獨身主義！」【157】

對於爲了追求「高潔」而禁欲的不婚女性，論者也抱著強烈的懷疑，不認爲獨身者眞能守身如玉、保持貞操。【158】他們的理由是，阻遏性欲的衝動必是違背生理和自然的反常舉動，即使是教堂寺院中的修道者都很難嚴守清規，遑論一般男女。【159】而這種懷疑獨身者無法自制性欲的看法，還被延伸爲會傷風敗俗。【160】例如志剛以撰寫色情小說的未婚女作家爲例，譴責她們將色情思想傳播給讀者，並指出她們對異性不起反應，卻把性的欲念寄託在作品中，於是肉體或許是守貞，但精神上卻是放縱。【161】有論者甚至認爲娼妓或祕密賣淫者便是獨身主義的變相。【162】不過有的論者較悲天憫人：

「果能孑然一身自營生活詎不甚善，但人非聖賢不能毫無缺點，縱女子守身如玉，而誘惑之人沓來紛至，至限於不幸境遇，亦良可憫也。」[163]

由懷疑獨身女性能否守貞的言論中顯示，處女貞操受到相當的重視。例如五四新文化運動時期，反對貞操論甚囂塵上，但這時期所討論的多止於片面貞操，包括反對寡婦守節與要求已婚男性守貞，至於女性婚前應否守貞的問題並未多做論述，顯示未婚女性必須保持貞操是毋庸置喙的。而一九三二年一份對重慶、成都地區二百五十位大學男女學生的調查報告中固然反映出，這些學生對於貞操觀念和婚前性行爲已不若傳統保守，但明顯可以看出，女學生較男學生重視守貞觀念。[164]平心而論，這完全出於社會對同是獨身男女的性生活有不同的標準所致，原因是：

「查男子的獨身者，可依結婚以外的方法，即幾多社會的寬容與社會的設施，使他有接觸異性的機會，但女子獨身者，從極嚴肅的社會的批評，與特殊的道德慣例所限制，使她的性生活，不能如男子，有隨便可以發洩的特權，因此她們的心身，當然與異性不得不在嚴格隔離的境遇了。」[165]

無疑的，這種截然不同的兩套貞操說，讓獨身女性必須獨享「片面貞操」。無怪乎有論者規勸獨身女性爲保護自己的貞操，以早嫁爲上策，免落人口實。【166】

另有論者從另一種角度來觀看性欲移轉的問題，〈女子獨身生活的研究〉一文認爲戀愛可以使性欲「高級的醇化」，因爲獨身者不是沒有戀愛的意識，她們只是把激烈的愛轉移到別處，例如將愛戀的對象轉移至信仰宗教、熱心事業、寵愛動物或從事旅行等方面。【167】芝華也表示，老處女喜愛飼養寵物，是因爲他們以「母親」自居，而「此種撫愛與珍護小動物的原始衝動，是舒解潛伏本能的替代方式」；她同時指出「在那裡可以調理一切不可救助的性的衝動」【168】。值得注意的是，論者之所以有這樣的聯想，多半來自西方，梅子即曾舉英國一位老處女與貓同桌共食的例證。【169】其中有不少說法出於西方小說，芝華不諱言地指出，法國小說家巴爾札克（Honoré de Balzac）的作品中便曾有生動的描述。【170】

很明顯的，上述的言論都是以負面、譏諷的方式勾勒女性不婚後的形象或處境，甚至將已婚和不婚女性的形象作強烈的對比，以讓有意獨身的女性放棄不婚的想法。但也有論者爲已獨身或不得不獨身的女性建構另一種圖像，建議他們以積極態度面對獨身生活。例如有人提出「獨身女性不可孤單的生活，當慎擇品德優良的同性相往來，這樣可使那無處發洩的潛力有所發洩，且可學知愛的秘密就是施」。【171】這個說法與前述的同性愛並不相同，提議者的目的在鼓勵獨身者主動去排解他人的孤寂，如此一來，自己的孤寂也能解除。[172]此外，論者又認爲最有效的排遣方法是利用生命力服務社會，藉此代替教養子女的責任，而其中樂趣也可代替異性的安慰。[173]至於前述的芝華雖指出沒有性生活的女性，容顏與身體會變樣，但也認爲一個四十歲的女性能透出少女的活態、春風得意的倩容，是因她的性的本能用在不斷地工作上；芝華甚至表示，這樣的女性在生理的意義上，不算是禁欲，而且能保持體質康健、精神飽滿。[174]她進一步表明，工作讓內分泌或精神方面有關的疾病無法在這些女性的體內立足；她又說從創造工作中，不婚女性找到解除性苦悶的方法。[175]

雖然上述論述試圖從正面、樂觀的方式顚覆其他人或自己的說法，爲獨身女性展開健康的生活圖像，但多數論者基本上認爲悲觀、孤獨、缺乏活力是獨身女性的寫照。有論者甚至以國外女性爲例，隱喻女性不婚會遭政府處分、社會遺棄的窘境，例如甯蓤秋指出，美國的羅斯福（Roosevelt）總統主張對獨身者課稅。[176]而〈處女夢〉一文則根據倫敦八百名老處女要求英國政府發給養老金的一則新聞，虛構英政府的處理方式：一則規定「英國女子有及時出嫁的義務」；另則規定「凡現年四十以下，非以不能人道或其他不可抗力之原因而繼續獨身至於無人過問之年齡者，屆時政府不負給養義務」。[177]儘管這些規定全是作者憑空揑造，但這背後卻在暗示老處女會走向無人奉養的處境。

五、獨身女性的態度：妥協乎？堅持乎？

論者提出各種推論來探尋女性獨身的原因、建構女性獨身的處境，甚至試圖爲她們解決獨身問題，但所有的設想只有獨身女性本人能夠解答，包括走向獨身是個人選擇、家庭促使、社會造成或另有他因？以及獨身之後的處境是孤寂或快樂？不過，由獨身女性自我表述的文本其實相當有限，多半是經由他者的轉述，包括新聞報導、專論、故事或劇本等。同時，無論是自述或他述都無法證明是否確實發自獨身女性的肺腑之言，因爲從自述的文本中，很難辨識陳述者的身分或性別眞僞，而他述的文本則易出現陳述者的動機、被敘述對象的虛實等問題。儘管如此，爲掌握女性本人的獨身態度，自述或他述的文本是較能貼近的一種。

（一）妥協乎？

由於矢志獨身並不容易，有不少女性於中途變卦而走入家庭，因此要了解獨身女性選擇不婚的理由以及獨身後的處境，從她們對現實的妥協以及獨身的堅持中可略窺一斑。就妥協言，據孔襄我觀察，五四時期固然有不少青年男女因環境的壓迫，立志要抱獨身主義，但能抱徹底獨身主義的僅有十分之六七，他特別舉五四運動之後，由男女學生組成的天津學生會聯合會爲例：

「當時有許多青年男女，他們深恨一般人假借社交公開的美名，實行他們的折白式的戀愛主義；於是便立下終身的志願，要抱獨身主義。可是到了現在，便不然了；當時抱獨身志願極其堅決的男女，今日許多都成了夫婦了。」【178】

這種無法堅持獨身主張的例子，深受反對獨身者青睞，成爲他們反獨身的有力證據。極力主張打破獨身主義的李劍儔便指出，長沙第一女子師範畢業的一位女學生向來崇拜獨身主義，不屑與任何男性結婚，後來卻與一位留洋學生發生關係，經這位留學生的勸說，放棄獨身主義，但寫下懺悔文：

「我從二十歲講獨身主義講到三十歲爲止，辜負好些青春的心事，消受了如許清苦孤棲。我的五官百骸，我的知覺聰明，本來是同普通女子一樣，爲什麼我這樣好奇？仔細一想何尚不是中了獨身主義的毒？

我的姻緣，幸喜現在還是不差。祇是那個從前我守那個不該守的寡（因爲我本來不是寡婦），白白地苦了十年，誰還嘆惜（息）我呢？

我因爲這個獨身主義既犧牲我的人生幸福，又幾乎弄得身敗名裂，清夜自思，眞是心痛！希望青年姊妹們，大家把我爲前車之鑒。那麼我雖辱猶榮了！」【179】

文末還附上「一個獨身主義試驗失敗者對於女同胞的忠告」。[180]

清水則在〈獨身主義〉這齣諷刺短劇中，透過M君和F女士的對話，呈現F女士如何由堅持不婚到結婚生子的尷尬過程。從第一景可以看到F女士是獨身主義者，因此對M君的媒妁，她堅決地婉拒：

「不，我曾仔細想過，不嫁總比較自由，無論爲讀書計，爲事業計，總是獨身佔便宜。」[181]

當時M君頗爲失望。但其後四景卻有顯著變化，經編者的安排，F女士在短短一年間既交男友，又訂婚、結婚和生子，於是引來M君的調侃。劇中的F女士雖以否認戀愛、準備晚婚、延後生育及節育等堅持她的主張，不過至最終，作者卻以諷刺性的對白落幕：「M：『但是未必依你的心罷，而且我總希望……哈哈哈』」、「F：『聽到他（指M君）的哈哈哈……』的聲音便默然了」。[182]

至於一九四三年九月出刊的《婦女雜誌》爲鼓勵尚無意結婚的老處女走入婚姻生活，更以「老處女變態生活談」爲專欄，記述一些老處女的生活百態。在李可來的〈老處女的故事〉一文中，便以他女友的姑母劉蓮蕊爲例，道出這位三十七歲老處女的行爲舉止。據李可來描述，劉女是一個自稱終身不結婚的老處女，獨自住在樓上，很少與外界接觸，每天只是不斷地思索，總以爲別人輕視她，而且有自卑、易怒、懷疑的毛病。例如她寫給李可來的兩封信，信中除希望李可來和他的姪女眞誠熱愛之外，更對李可來對他姪女的感情充滿疑惑，她甚至表明：「我爲著生活而思索、不安。在夢中，我爲許多我所不知道的幻象所追迫著。」[183]。此外，劉女躲避男人，卻經常談男人，也不時數落男人的缺點，李可來認爲那是因「有一種愛在她的心里（裡）燃燒著」、「孤獨的愛使她生出了孤獨感的內在的嫉恨，於是對於一切都很熱烈的憎厭著」。[184]不過，讓李可來驚異的是，劉蓮蕊最後並不是選擇孤獨過一生，而是和她的十七歲男僕同居。[185]〈事實如此〉一文也報導，一位年過四十的未婚知名女校長原本皈依上帝，擔任傳福音的工作，卻因通貨膨脹的逼迫，而打算透過媒妁之言尋找歸宿。[186]無疑的，「老處女變態生活談」專欄中，所選擇的都是向現實妥協的老處女，主要是在達成編者的目的：「希望生活於這種不入正軌的變態生活的婦女們，能振作起來」，編者甚至呼籲已被稱爲老處女的女性，仍應去「抓住」身邊的機會。[187]

雖然上述故事的可信度值得懷疑，但仍不乏眞實的例子，例如女權運動者張若名與抗戰時期的國民參政會參政員史良便是明顯的個案。童年時的張若名曾因父親娶妾影響母親地位，而有長大後將削髮爲尼、永不依附男人的心志。[188]當她就讀天津直隸第一女子師範學校之後，不但積極參與五四愛國運動與婦女運動，一九一九年更在〈「急先鋒」的女子〉一文中提出「要打算做『女子解放』的急先鋒的人，最合式（適）的還是抱獨身主義」的主張。[189]其後，她個人爲了逃避父母代辦婚姻，於一九二〇年離家出走，轉赴法國勤工儉學。[190]這段期間，張對獨身的觀念相當堅持，而這顯然是與解放女子的理想有關；然而，最後張還是走入家庭，一九三〇年嫁給同是留法的楊堃。[191]至於張若名何以放棄當年振振有辭的不婚論調，是否就同前述施存統的倡導，爲了實現主張，獨身僅是暫時的；還是如陳衡哲的說法，解放的女性是不會變成獨身的。[192]但這個答案不是任何人可以代張若名回答的。

史良的故事也相當有趣，據鄒韜奮表示，他與史良有一面之緣，當時他對這位口若懸河又做男性化裝扮的史良充滿好奇，於是向史良的同學打探，得知史良是個抱獨身主義的書記官。史良的同學告訴鄒，在上海法科大學讀書期間，史良便不談戀愛，決定終身從事法律事業；雖然曾有仰慕者窮追不捨，她不但明白地表態，還將自己的妹妹介紹給對方，擺脫對方的苦追。[193]針對史良的不願嫁人，他以〈一位不嫁的女書記官〉爲題，在《生活週刊》述說這段故事，雖然在文中表明「嫁」是「常道」，「不嫁」不足爲訓，是不値得提倡，但他也認爲嫁不嫁是個人的自由，並指出：

「我們以爲得到願嫁的人就嫁，未得到願嫁的人就不嫁，倒也是很正常的態度，不過要能自立，才能如此自由。」[194]

而史良學有專精又具有獨立工作的能力正符合鄒的看法。[195]然而，有趣的是，十一年後，重慶的《中央日報》的一則啓事，不但推翻史良自己原來的結婚態度，也使鄒韜奮的這篇文章成爲歷史，因爲這則啓事醒目地登載著：「史良、陸昭華宣佈結婚」。[196]

前述的女性曾清楚地表明不婚不嫁；但另有女性則是無意不婚，卻因某些因素才走向遲婚，因此她們也對被列爲老處女、老姑娘，發出悔恨、無奈的聲音。胡宣南曾自雜誌中轉述一位女性追悔錯失婚姻的經過，胡指出這位年近半百的老處女自稱出身世家大族，曾受過高等教育，年輕時無論相貌、學問、人品都十分出眾，卻因眼光太高、擇偶條件過苛，拒絕不少追求者，於是始終待字閨中，過著寂寞的獨身生活。[197]有人則是向「某夫人信箱」投書，道出自己對遲婚的害怕和無助，一位自稱「芰芳」的女性悲切地寫道：

> 「我有無限底熱淚，因爲我已走入遲婚途。那催人老的歲月，將來要使我變爲老處女，我害怕，我要哭，我要自殺。」[198]

芰芳在信末還特別希望「某夫人」爲她解決婚姻困難的問題。[199]

（二）堅持乎？

就堅持言，爲了不受婚姻束縛，這群女性採用各種方式堅持獨身，不是消極對抗便是積極挑戰。採消極對抗的不外是出家或自殺，其中選擇出家的例子最多，在民間傳唱的歌謠中不乏這類聲音，例如河南衛輝便流傳著一個七歲女童要出家的歌謠，歌謠的內容是，女童的父母因留不住女童，請了對門大娘來勸她，但大娘雖以「大了尋個好婆家」遊說，女童仍執意出家，並唱道：

「也不要騾，也不要馬，也不要樓來也不要瓦，也不要綠紗配紅紗，也不要相公配奴家，也不要轎車走娘家。俺一則不受公婆氣；二則不受丈夫打；三則不領孩子叫抓抓（按：此處指小兒哭聲）；四則不受小姑罵，開開廟門活菩薩。」[200]

這種寧可出家、不願有家累的歌謠應不是出自七歲女童之口，但卻流傳甚廣，包括河北的唐縣和安徽的旌德都出現類似的歌謠。[201]

不但民間婦女以出家來逃婚，不少知識女性也做這樣的選擇，根據一九三三年《上海時報》的報導，蘇州有姊妹二人，姊姊李曼倩曾就讀上海女中，妹妹李曼蘋在婦孺醫院當看護，由於兩人都抱獨身主義，堅拒媒妁或親友說親，因此有天曼倩得知父親有意爲她訂親後，便協同妹妹離家出走，並從杭州發信給他父親，信中清楚地說明她們對婚姻的迷惑，決定出家以了終身：

「社會齷齪，人心奸惡，今朝結婚，明日離婚，時有新聞，是以抱獨身主義，不與齷齪社會為，阿父不諒，強以婚事說合，咄咄逼人，不得已出去杭州，即日落髮為尼，以了終身，幸阿父勿以兒等為念。」【202】

不過，比出家更為執著的是自殺，一九二〇年畢業於上海城東女學校的趙瑛因家人不允許她出家，精神因此錯亂，終致跳井自盡。趙自殺的事件當時轟動上海，沈定一還為趙作傳，記述她的生平並分析她自殺的原因，沈定一發現趙的輕生是與宗教有關，因為趙生前的師長蕭退公、楊白民都帶有佛教色彩，而李叔同的皈依佛門、丁寶琳的傳授佛經也對她不無影響。【203】此外，沈定一還發現趙曾為了堂姐的出閣，有意抱獨身主義。【204】不過，沈定一固然不否認這些因素都是罪魁禍首，他更認為這完全出於「因襲的社會制度」，因此他強調趙瑛是「死在全社會面前」。【205】姑不論趙瑛輕生的真正原因，但顯然趙對女性的歸宿充滿徬徨，不婚或出家雖曾是她的選擇，自殺卻讓她的徬徨有了著落。

嚴格而言，趙瑛固然有不婚和出家的傾向，也曾向親友表示她的意願，但這些獨身思想不曾出現在她的遺稿中；反觀，同樣採自殺方式的陳賜端則清楚地留下文字。據陳賜端友人的兄長彭有方記述，陳向來抱持獨身，雖曾向父母表白，但父親不僅不允許，還暗自爲她訂親，當她獲知此事之後，便投海自殺；並留下遺書，說明她的心志：

> 「……苟目睹養兒育女之婦人，蓬首垢面，終日忙忙碌碌；及觀乎爲人妻媳，常時兢兢業業之種種作婦難處，則心不刺而痛；甚至悲從中來，而爲世之人灑淚者屢矣。嗟乎！吾於今猶如此，若他日身歷其境，尚能自遣乎？不外亦積鬱而死耳！嗚呼！死於他日蒙垢積鬱，不如死於今日潔身保貞之爲爽快也。吁！……」【206】

事實上，消極的對抗畢竟是少數，較多的女性則是以積極的態度接受獨身或爭取不婚。〈她爲什麼不嫁〉一文中的毓秀女校校長何若蘭便是代表之一，就憶紅女士敘述，何若蘭之所以抱「不嫁主義」，是鑒於她兩個姊姊和一個同學的不幸婚姻：她的大姊守著七歲時的婚約出嫁，竟因丈夫早逝不得不守寡，最後抑鬱而終；二姊雖是自由戀愛結婚，但難產而死，而姊夫則旋即再娶；她的同學則遇人不淑，嫁給了紈袴子弟，只能自怨自艾。由於這三個故事讓何若蘭「視男性如蛇蝎（蠍），以獨身爲榮幸」，即使有人認爲她的拒婚只不過是「留得青山在」，或是猜測她是情場失意、聊自懺悔，但何始終堅持她的宗旨，不予置理。【207】

最有趣的例子是廣東香山的何順姑，何畢業自師範學校，自幼和唐聯輝訂有婚約，其後唐出洋失蹤，何仍執意過門守節，引起親友不解；但當唐無恙歸來，何卻又拒婚，並寫信告訴唐，表明自己是主張獨身主義者。[208]信中還解釋何以願意爲唐守節：

「我到你家過門守節並非束縛於舊禮教，乃是借（藉）此實行我的主義，這五年以來，我覺得非常安適，我以爲這便是我的幸福。」[209]

同時，她指出唐的出現打亂了她的獨身主張；何甚至堅決地指出，唐若逼婚，她將宣告她的宗旨，以毀棄婚約。[210]

何若蘭和何順姑堅持不婚的故事是出於他述，而浙江女師的魏瑞芝則以自撰方式寫下〈吾之獨身主義觀〉一文，她提到自己既反對舊式婚姻，也不贊成自由戀愛，寧可效法終生未嫁的嬰兒子和宋若昭，於是寫了一首詩以誌景仰：「卻笑他人鬥畫眉，自慚寡學每傷悲，若昭何幸逢知己，典掌六宮作帝師。」並將這首詩當做向父母要求不婚的請願書。[211]魏不否認服務家庭或組織家庭的重要，不過，她將家庭的定義擴大爲「凡吾所托足之地，皆吾之家庭」，因此認爲「勉強服從習慣風俗，組織新家庭，以消磨其一生有限之光陰，珍貴之精力」是愚蠢的。[212]她進一步表示：

> 「吾以爲家庭爲小組織，社會爲連（聯）絡家庭之大組織。社會之主持無人，而社會力分散矣；各顧一己，而社會之幸福亡矣。吾既有鑒於此，故極願犧牲一切，委身社會。社會即吾家族也。」【213】

另外，魏解釋她反對戀愛是「有戀愛者，必有所懸掛，以致兩地分心，不能專於研究上進」，所以她抱持「吾不願受人之戀愛，人即不爲吾而有所懸掛」的心志。【214】當魏發表這項獨身意見後，有人指出不願婚嫁僅是她個人想法，其他人不會追隨她不婚不嫁。但魏接獲友人致函呼應時，她滿足地表示，有志求進或願擺脫苦惱的青年男女並非無其人。【215】爲堅持她獨身的理念，她強調「不自由，毋寧死，不得志，毋寧死，此則吾之所不肯屈撓者也」。【216】

從上述獨身的例子可以看出這群女性有明確的獨身信念，同時，她們的不願婚嫁是基於對傳統婚姻、社會制度的不滿與懷疑。但有人則雖持獨身信念，卻另有他因，或者未曾刻意不婚，卻終生未嫁。例如一位自稱「秉芬」的女性在向《晨報》請教如何拒婚時，曾表明自己因幼時慘遭狼爪失身，只好走拒婚獨身一途；【217】另有人獨身是同伴的相互援引，這種情形多出現在女學生群中。據丁丁回憶，在讀書期間，他們一群十四、五歲的女孩最喜歡提倡獨身主義，如果有人附議便視之爲同志。【218】不過，有不少例子是爲了國家而未婚，據載，名醫張竹君之所以持不嫁主義，是因張常說「當捨此身，擔當國家的義務，若嫁了人，兒女牽累，必不能一切自由」【219】。而這種為國家而不嫁的女性以獻身戰場的女性最多，一九三二年《申報》曾報導有七位女子與骷髏團的團員一同加入東北十九軍麾下，她們的表現因無異於男子，深為師長區壽年感動，《申報》形容道：

「諸女子日夕寢處沙場，此身已早許國，故無暇整理其服飾，亦不願留其美容，迄乎今日，莫不科頭洗足，易旗袍為戰袍矣。」【220】

《女兵自傳》也寫著女兵是不談戀愛的，好比她們學會〈奮鬥歌〉之後，每個人的嘴上都哼著：

「快快學習，快快操練，努力為民先鋒。推翻封建制，打破戀愛夢；完成國民革命，偉大的女性！」【221】

即使有人談戀愛，也必須以眞正願為革命犧牲的男性為首要條件。謝冰瑩表示，對女兵而言，戀愛是個人的私事、是有錢有階級的小姐少爺們的玩意，她們寧願把生命獻給國家民族。【222】

此外，有女性是因獻身教育而不婚，例如曾寶蓀（一八九三—一九七八）曾表明她立志獨身是因：

「一個人結婚，頂多只能教育三、五個子女。……如果獻身教育，卻可以教育千千百百人。」[223]

還有是熱愛宗教而不嫁，但他們不走向出世，而是從事宣教工作，汪佩眞便是以逃婚來達成獻身宗教的宿願，終成爲終生未婚的傳教士。[224]至於呂碧城（一八八三—一九四三）的不願嫁人則有不同看法，多數人認爲是與被夫家退婚有關，再加上家事和世變給她的刺激，使她最後寄情山水，並以宣揚佛學爲志向，撰寫不少佛書。[225]

（三）孤寂一生或熱鬧一場？

上述所提的女性，雖不是完全主張獨身主義者，但其中部分人和堅持獨身者一樣不曾結婚，始終過著獨身生活。在獨身生活中，有人孤寂一生，例如〈我的姑母〉一文中的姑母靠信奉道教度日，每天念經茹素、靜坐修煉，最後枯槁而亡。據作者描述，他的姑母是個讀過書的女性，而且家境優渥，但生性傲慢，又未覓得合意對象，也不曾擁有事業，因此原先還會與親友打牌或與孩子們說笑，卻因精神缺乏寄託，虛擲了生命。[226]但有人則熱鬧一場，前述的魏瑞芝便爲她自己建構幸福快樂的未來：

「吾當善養吾氣，善修吾志，以地球之大，何患無吾托足之地，以事業之多，何患無吾立身之處。吾之貢獻苟有補於人，吾之言行倘有用於世，則不愧爲人類之一分子，而吾之幸福與快樂亦在於此矣，至於甘食美衣，嬉遊消遣，吾所不取也。萬一不得償吾宏願，即爲一小學教師，亦無不可。」[227]

魏還提到，雖然有人認爲女子嫁人，老時有人奉養、死後有人祭祀，但她反駁這種說法，因爲「嫁人者未必皆有子，有子者亦未必皆能孝養」；她甚至表明自己死後「或委諸山野，或投之水火，或供醫院之解剖，均無不可」。[228]

不過，魏瑞芝爲自己獨身所勾勒出的幸福遠景多少存著想像，而吳詩眞的〈老小姐〉一文卻清晰地呈現這樣的圖像。吳以素描的手筆將老小姐的形象、獨身經過及生活情景一幕幕地呈現，首先出現在讀者眼前的老小姐是「……短短的個兒，圓圓的臉，加上一對近視眼，從來沒燙過頭髮，也沒有穿過高跟鞋」[229]，吳特別指出這位老小姐雖然像是一個靠微薄薪水度日的職業婦女，卻不能以同情、憐憫或輕蔑的眼光看待她，因爲在另一種場合，她是深受愛戴：

「一大圈衣著不整，既不時髦，更不高貴的女孩子們正笑嘻嘻的凝神聽她的話，她告訴她們爲什麼該識字讀書，更進一步的該求更多的知識。她又告訴了她們很多現實的知識，然後又教她們唱歌，玩遊戲，女孩子們不但很感興緻（致）的聽，而且眼睛也跟著她的動作轉動。」[230]

據吳的描述，老小姐在中學時代曾參加罷課，大學畢業後，又積極地抗拒媒妁之言的婚姻，最後反抗成功，從事作育英才的工作。[231]吳認爲老小姐的能幹、缺乏女人的柔弱，處處表現反抗和挑戰，固然讓男性生畏；不過對老小姐而言，「事業是她的安慰，青年是她的愛人」，她既不悲嘆命運也不懷著報復心理，生活中充滿歡樂和希望，還不斷地汲取新知，向青年人請益。[232]

爲強調獨身生活的自在與快樂，除如吳詩眞採素描方式之外，還有人套用西方獨身女性的自白，張丏尊的〈一個未婚女子的獨身生活〉一文，便是將伍緯彝譯作中的「我」轉變成她自己。[233]這篇文章中的「我」是不反對婚姻，但也不爲結婚而結婚，因此是以愉快的心情過獨身生活。[234]她指出儘管通俗小說認爲結婚女子的精神安定、壽命較長，而電影或無線電臺的廣播也經常教導女性如何與異性交往，但她無動於衷。[235]她強調人們不了解老處女的生活，是因爲他們是以電影或小說中的意見下評論，而不是從婚姻本身的價値下結論，因此她以已婚夫婦的生活爲例提出反駁。[236]例如她發現已婚女性常處在孤寂的生活中，甚至同床異夢；而未婚的她固然也有孤寂的時候，不過，已學會如何排遣寂寞，因此寂寞的時間遠少於結婚的女性。[237]她又指出，她過著處女生活，經濟卻是獨立的，同時，清靜的生活讓她無須醋海興波；反觀，結婚的女性不但需要仰賴丈夫過活，還經常對丈夫吃醋。[238]她還表示，自己沒有親生的孩子，而學校中學生帶給她的快樂多過她們的父母。有趣的是，她不否認年輕時，看到戴眼鏡、挾手袋匆忙行走的老處女，會興起草率結婚的念頭，但此刻的她，寧可找尋她所鍾情的男子，過著目前舒適的生活，即使錯過適婚年齡，而致戴眼鏡、挾手袋也並不在乎。[239]

無疑的，張丏尊轉化成的「我」與吳詩眞描繪的中國老小姐差別不大，同時，辯證的內容也是當時中國反獨身者經常提出的問題，因此，張的抄襲顯然有特殊的意涵；也可看出西方獨身女性如何被中國化。而更重要的，這種經由轉述或複製所呈現的獨身女性形象，確實可在一些眞實的人物身上看到類似身影，從事教育事業而終生未婚的江學珠（一九一一－一九八八）便是個子不高、戴著眼鏡，始終穿著素色旗袍、平底鞋，並梳著「清湯掛麵」式短髮。[240]此外，凡是因學有專精、事業有成而獨身的女性，多半懂得排遣生活。除前述的張竹君（一八七九—一九四六）、汪佩眞（一八九九—一九六九）、曾寶蓀、江學珠、呂碧城之外，另如作家李曼瑰（一九〇六—一九七五）、學者冼玉清（一八九五—一九六五）、教育家俞鈺（一八九八—一九六八）、護理人員周美玉（一九一〇—二〇〇一）與婦女運動者談社英（一八九一—一九七八）等都曾在各自的專業領域展現長才，從資料中顯示，她們的獨身生活是忙碌而多采多姿。[241]例如冼玉清致函給楊果庵時，曾揭示她個人的治學樂趣：

> 「小姑居處，寢饋之書一床，龜甲古文，蠅頭小楷。秋燈夜雨，搦管伸縑。一卷偶成，寸心自喻，人皆以爲枯寂者，以正樂其清淨耳。」[242]

但進一步觀察，這些女性是否從不寂寞或也鼓吹獨身，從江學珠對婚姻觀念的轉變可略窺一斑。據江的同僚與學生的轉述和回憶，江與其姊妹三人都是受過高等教育的獨身女性，江本人是爲專心事業而拒婚。[243]年輕時，她曾鼓勵女學生保持獨身，爲國家社會貢獻力量；也曾因不准女學生交男友，被學生視爲心理不正常；同時，她對已婚女教師能否專業頗有異議。[244]中、晚年以後，她逐漸體會獨身是一條漫長而寂寞的道路，自己固然可以堅持獨身，卻不能要求別人同樣的付出；此外，江曾表示，當年拒婚是異常心態，結婚才是正常的人生之路，並稱「如果人人獨身，人類豈不滅絕？」[245]因此，她曾透過學校導師轉知學生不要效法她的不婚，甚至親口鼓勵女學生進入大學之後，應結交異性，尋覓好的歸宿。[246]儘管江學珠提供給學生的僅是交友之道，並未闡述結婚的價值，但可以看出江的婚姻觀念至晚年有極大的轉變，而這種轉變究竟因寂寞所致或恐學生步其後塵，抑或另有它因，誠非他人能解。嚴格而言，上述僅是江學珠的個人案例，其他人的獨身態度是否也曾起伏變化，則不得而知。

從獨身女性的態度顯示，有部分獨身女性不婚的理由是與前節論者的推測相一致，不過，其中有不少複雜的因素未能爲論者掌握。事實上，女性具有獨立自主的意識後，容易將婚姻的抉擇擺盪在妥協與堅持中，因此，她們的婚姻態度往往是捉摸不定的。再者，論者所建構的獨身處境多半是負面的，雖然有部分是反映自眞實的例子，卻有不少虛構或附會，當然獨身女性的自述使眞相得以浮現。最明顯的例子是，有論者認爲獨身女性易短命，而實際上本文所列出的獨身女性絕大多數是高壽。惟值得一提的是，獨身女性的自白僅代表個人，不能涵蓋全部；同時，隨著時空的轉換，追憶的文本不一定是獨身者當時的想法或處境；更何況獨身女性所陳述的仍不免參雜虛構，因此，此處所呈現的也僅是部分眞實。

六、結論

在近代中國的芸芸眾生中，獨身女性的人數只是蕞爾小群，但由於部分女性將獨身化成一種口號，加以可能走入獨身的晚婚女性有日益加增的傾向，於是引起諸多的討論與想像。獨身者的不婚理由各有萬千，而關心獨身問題的論者卻試圖從他們的所見所聞尋找答案，其中不乏想像建構；不過，也有與獨身女性的自述相契合的。無論論者的看法是誇大附會或符合眞實，是反對不婚或支持獨身，他們的目的都是在解決女性的不婚問題，有的論者甚至藉由女子獨身的話題來彰顯當時不合理的家庭婚姻問題，於是解決的方式除針對獨身女性本人之外，也包括家庭與社會制度的改革。為使他們的觀點合理化或有所依據，論者不但觀察西方女性的獨身現象、援引西方的論述，更在中國社會尋找答案。因此在討論近代中國女子獨身的文本中呈現既多樣又複雜的言論。

綜括本文得到三項觀察，首先女性的自主性在女子獨身的言論中面臨挑戰，近代以來因女權運動、社會改革思潮與解放運動的鼓吹，女性獨立自主意識甚囂塵上，致使部分女性在接受教育或獲得就業能力之後，渴望獨立自主，既不願意受家庭的束縛，也不肯生養子女。而自由婚姻、自由戀愛言論的此起彼落，更使不少女性與男性一樣憧憬自主的婚姻，遲婚或不婚便是自主婚姻下的產物。但儘管女性的獨立自主受到多數人鼓勵，女性可以放足、讀書或就業，也能要求婚姻自由、離婚自由或戀愛自由，自由的選擇不婚卻不是一般人所樂見。可以理解的是，婚姻是兩性的結合，女性獨身有可能阻絕女性個人對性愛的追求，也會影響男性在這方面的期待，因此不少言論不斷強調性欲的重要，顯示在婚姻的路上，女性是不能踽踽獨行的。

然而，論者更關懷的是，女性不婚撼動了中國的家庭結構與傳宗接代的根基，加以這群不婚女性多數是知識分子，她們更不能輕易跳脫爲家庭或國家民族傳播良種的責任，於是論者分別從優生學、國族觀念或母性天職等角度，告誡女性不能放棄生育責任。雖然有論者提出節制生育或主張盡過生育義務之後才實行獨身的建議，甚至指出不是每個女性都能擔當母職，但由於生育的任務不是男性所可取代，一旦有女性藉不願生育而拒絕婚姻，便受嚴厲指責，並被貼上國家罪人的標籤。值得注意的是，這種將國族論述扣緊女性生育文化的話題在當時相當普遍，而女性不婚所帶來的嗣續問題尤其引發論者的焦慮。因此爲了滿足性欲與人種繁衍，這時期的女性不容易自主地選擇獨身，只有極少數的女性能在譏諷或同情的聲浪中堅持不婚信念，但這其中有人是以自殺、出家等消極方式換取獨身自由；有人則須抱持堅定意志、克服社會壓力，並具備獨立生活的經濟能力與健康的身心才能走向不婚。進言之，儘管自新文化運動以來不斷倡導自由獨立的觀念，然而在兩性尚未平等的時代，這種以個人爲出發的自主概念更不易落實在女性身上，因爲女性在追求獨身之前或獨身之後都不能忽略對家庭、社會或國家的責任。[247]由是可知，何以近代中國知識分子在討論女性獨立自主時是如此矛盾，而女性本身也在妥協與堅持中徘徊。

其次，在中國的傳統社會，婚姻是屬公領域的範疇，個人鮮有權利選擇自己的配偶，連婚嫁年齡也受規範；然而當西方的個人主義、自由思潮傳入中國之後，人們的婚姻抉擇一樣無法私有化，反而因新舊思潮的衝突、公私領域的混沌更受到矚目。這時期婚姻論述普見於各類傳媒中，有論者認爲女性拒婚是向不合理的傳統社會觀念與家庭制度挑戰，所以他們將女子獨身問題放在公領域的範疇中討論，提出自由戀愛、自由婚姻、家庭改革、兒童公育和保障已婚婦女工作等主張，以解決不婚問題；但也有論者毫無保留地深入到極私密的個人身體、生理、心理或情緒等領域，於是自慰、同性愛或貞操等問題一一呈現在眾人眼中。無可否認的，由於傳媒的流通，以及這時期傳媒對有別於舊傳統的新女性作風特別有興趣，女學生、女球員或女演員的報導處處可見，報導的內容更是深及她們的隱私，根據這種現象不難了解女性的獨身問題爲何會成爲公領域的一環。

不過，值得注意的是，女性獨身問題的公開化固然與論者或傳媒的刻意炒作或挖掘有關，而這時期部分獨身女性對個人的不婚觀念或獨居生活似乎也毫無顧忌，甚至公開陳述。且不論獨身的敘說是來自第三者或獨身者本人，這是否爲近代中國女性進入公領域的一種方式？或也是女性自主的表現？但這種不懂得尊重女性隱私，或當事者本人也不明白如何保護個人私密的情形，究竟對近代中國的社會或女性帶來何種影響？均有待深入討論。

另外，如果這是因中國近代以來公私領域的相互滲透，導致女性沒有隱私權，但從論者大量挪移、複製西方的獨身言論來看，何以同時期的西方對獨身問題也一樣缺乏清楚的公私界限？當然，誠如前述所言，女性不婚會影響另一性的生活或新生代的延續，因此這種會牽涉公私的私人行為，使女性獨身的私權很難抗拒輿論的侵犯；不過，儘管在公私概念上，中西方對女子獨身問題都相當模糊，中西方在這個議題上的表述內容或方法是否有程度上差異，這顯然可以進行比較分析。[248]

其三，論者討論女性的不願婚嫁以及解決不婚問題多從中國傳統制度進行檢討；但獨身主義這個名詞傳自西方，加以近代以來，知識分子對西方思想與文化的飢渴，不斷選譯並引介外國的學說與知識，西方的獨身論述自然被大量移植。[249]無論西人的思想學說、醫學知識、統計資料、文學作品或新聞報導都成為支持他們的論據，其中與婚姻生活有關的性欲觀念，更是援引自西方。由於有的論者不管西方的知識或報導是否正確，幾乎照單全收，於是在今人眼中，這時期有關女子獨身的言論呈現不少荒誕或不合邏輯的語彙、觀念或推論。事實上，這種書寫方式不但普遍存在當時的各種文本中，同時不限於女子獨身的討論，在我研究近代中國女子體育也有同樣發現。[250]由是觀之，近代中國女性走向獨立自主或近代化的過程中，這樣的書寫方式應有一定的意涵，它究竟想為讀者呈現何種訊息？所帶來的影響又如何？這些都值得持續探討。

總之，由於論者是從各種聽聞，建構不婚女性的形象及其生活，於是呈現多樣、重疊的女子獨身圖像，甚至將西方文本中獨身女性的處境也複製在中國獨身女性的身上，導致反對女性獨身者所勾勒出的獨身女性生活，僅呈現部分眞實，或是西方樣板。這除了受論者的文化背景、論述目的與論述方法影響之外，更重要的是，獨身問題因牽涉私人的情感與抉擇，不是任何人所能體會或了解，即使是由獨身女性自傳或口述的文本也可能出現含糊或虛構。[251]因此嚴格言之，這些不同型式的文本固然讓我了解這段時期中國女性獨身的原因及其複雜面，並觀察到獨身女性的生活型態，但我所觸及的也僅是一部分。具體而言，在探究與個人情感有關的議題時，不能遽下定論，否則眞相更難以大白。

附錄：近代中國關於獨身原因的分析（一九一九－一九四一）

作者	篇名	內容	資料來源	備註
波羅奢館	獨身主義之研究	1.無妻子之相累而易於謀生也 2.無妻子之分其愛情而便於研究學問也 3.無所牽慮而能盡瘁社會公益且能以身許國也 4.無色欲伐性而利於衛身也 5.避生產是也 6.畏束縛是也	《婦女雜誌》卷五號二（上海：一九一九年二月），頁一－五	5、6項是專指女子；但作者指出1、4項雖專就男子而言，但女子的獨身理由大抵與男子相同。
李宗武	獨身問題之研究	1.得不到滿足自己理想的配偶 2.有鑒於別人的惡婚姻的苦處，恐自己也入此漩渦 3.恐怕受經濟的壓迫，恐結婚後家庭負擔過重	《婦女雜誌》卷七號八（上海：一九二一年八月），頁二	包括女性

作者	篇名	內容	資料來源	備註
		4. 以獨身當作高潔者 5. 爲避孕妊之苦 6. 要努力發展自己的能力，不願受婚姻之累		
瑟廬	文明與獨身	1. 宗教的禁欲主義，把兩性關係和結婚當作不潔及有罪的觀念 2. 生活程度的提高 3. 文明人類精神力的進步，性的感情因而減殺 4. 男女人數的不平均	《婦女雜誌》卷八號十（上海：一九二二年十月），頁三－六	同右
孔襄我	獨身的我見	1. 信仰宗教，服從教規的獨身者 2. 因厭世思想而抱獨身主義者 3. 因受經濟上的限制，不得不始終獨身者	同右，頁十	同右

作者	篇名	內容	資料來源	備註
開明	是一種辦法	1.因生活程度提高，一時尚無贍養妻兒的實力 2.因爲智識程度提高，一時找不到適合的配偶 3.因爲怕結婚後不自由，離婚不容易 4.如有些人所說，要做政治及社會運動，或研究學問藝術，怕家累分心，故不婚嫁	《婦女雜誌》卷八號十（上海：一九二二年十月），頁五七－五八	包括女性
溫壽鏈	獨身主義的因果及其補救的方法	1.受宗教家禁欲主義的影響 2.生活程度的提高，使一般青年男女不敢輕易結婚以重纍負擔 3.文明人精神力進步，性的感情，因而減少 4.精神力進步，故理想的生活標準亦提高，一般青年男女，當沒有找著他或她的理想配偶時，絕不肯冒昧結婚	「獨身主義專號」，《京報》號八（民國十一年二月四日），頁五九－六一	同右

作者	篇名	內容	資料來源	備註
		5.因輿論法律風俗道德等束縛，使其不能實行自由戀愛 6.性道德的頹廢 7.男女數目的不平均		
符致遠	獨身主義研究	1.社會上一般生活的困難 2.婚姻制度的不良	同右，頁七五－七六	專指西方
李劍儔	打破獨身主義	1.要保全身體的清潔 2.抱最高的希望，想成仙成佛	同右，頁七八	專指女性
李兆民		1.富於高尚清潔的思想而爲高尚清潔的服務 2.得不著自己理想的配偶，或自己心驕氣傲，過於選擇，致失結婚時機 3.鑒於別人不良婚姻的苦痛而不敢嘗試，或鑑於戰爭殺戮的慘酷，不願空費力製造國民，等到成年轉瞬化爲炮灰	《中國過渡時代的家庭》（廣學會，一九二五年），頁三〇－三一	包括女性

作者	篇名	內容	資料來源	備註
		4. 怕受經濟的壓迫 5. 避孕妊生產的苦楚 6. 視獨身爲貞靜高潔 7. 立志努力發展個人的能力，不願受婚姻的連累		
小江	女子獨身生活的研究	1. 思想的變遷 2. 抱大志的新女性 3. 職業女子的經濟獨立 4. 怕生育 5. 環境的感化與模仿 6. 其他	《婦女雜誌》卷十二號十一（上海：一九二六年十一月），頁二三—二四	專指女性
陳既明		1. 找不著滿足自己理想的配偶 2. 有鑒別人的罪惡婚姻，恐自己蹈其覆轍 3. 怕受經濟壓迫 4. 以獨身當作高潔者 5. 有特殊的心理	《革命的婦女問題》（上海：三民書店，一九三〇年），頁一四〇—一四四	包括女性

作者	篇名	內容	資料來源	備註
		6. 避孕妊之苦 7. 要努力發展自己的能力 8. 因容貌醜陋恐無人愛		
萍君　編		1. 還沒有找著情人 2. 避免自己所看不起的男子求婚 3. 發生了同性愛 4. 不願僅爲一個男子所占有	《談女人》（上海：益華書局，一九三三年）頁七〇	專指女性
麥惠庭		1. 經濟困難，不能結婚，所以不得不獨身 2. 教育程度愈高，擇配愈難；有時因爲得不到自己理想的配偶，而年齡也已過大，所以不得不獨身 3. 有許多人因爲信了某種宗教，如佛教、道教等，所以不得不實行獨身 4. 也有爲了想避免生產的痛苦而行獨身的（專指女子而言）	《中國家庭改造問題》（商務印書館，一九三五年），頁二三五—二三六	包括女性

作者	篇名	內容	資料來源	備註
		5.有許多是爲了戰爭，也有不能結婚，而不得不獨身的 6.有了廢疾，或性病或惡性遺傳體質的人，不能結婚，所以要獨身（這是應該的） 7.有些人是看見別人所受惡婚姻的痛苦，而起了厭世的心，才實行獨身		
月心	獨身主義之錯誤（上）—獻給獨身思想的姊妹們—	1.受到失戀或婚姻上的困難 2.爲了完成自己的事業 3.看破世情以爲人生不過如此	《申報》「婦女專刊」期二十二（一九三六年六月二十日）	專指婦女
漪蘋	女子獨身的檢討	1.自願獨身 2.爲遇合意人	《婦女雜誌》卷一期四（北京：一九四〇年十二月），頁一二	同右

作者	篇名	內容	資料來源	備註
阮學文	知識婦女的獨身問題	1. 事業心重 2. 自由心重 3. 社會上對女子貞操的觀念	《婦女新運週刊》號八十九《中央日報》（一九四一年一月二十日）	同右
潘予且	不嫁論	1. 母親的境遇太悲慘 2. 「La Garconne（獨身主義）」思想之作祟 3. 進攻的困難 4. 性情的偏僻	《女聲》卷三期六（一九四四年十月十五日）	同右

注釋

【1】引自錢鍾書，《圍城》（臺北：書林出版公司，一九四七年上海初版，一九九九年重印八刷），頁九六—九七。

【2】引自伍緯彝譯，〈未婚女子的自白〉，《西風》，期四三（一九四〇年三月），頁六〇。

【3】詳見陳顧遠，《中國婚姻史》（臺北：臺灣商務印書館，一九八七年六月臺六版），頁一二五—一二九；郭松義，《倫理與生活——清代的婚姻關係》（北京：商務印書館，二〇〇〇年八月），頁一八〇—一八四。

【4】李兆民，《中國過渡時代的家庭》（廣學會，一九二五），頁三〇；麥惠庭，《中國家庭改造問題》（商務印書館，一九三五），頁二二六；鏡明女士，〈我的獨身主義研究〉，「獨身主義專號」，《京報》，號八，一九二五年二月四日，頁六三。

【5】〈齊王使使者問趙威后〉，劉向集錄，《戰國策》（上海：上海古籍出版社，一九七八年重印），卷一一，頁四一八。

【6】宋若昭為宋庭芬之次女，家中姊妹五人，皆聰慧能詩文，其中若莘、若昭「文尤清麗，性復貞素閑雅，不尚紛華之飾，嘗白父母，誓不從人，願以藝學揚名顯親。」〈女學士尚宮宋氏〉，劉昫撰（新校本）《舊唐書》，卷五二，列傳第二，后妃下，頁二一九八—二一九九。

【7】廣東的風俗中有「未婚夫死不嫁曰守清」，而「未許嫁而締婚於已死之男子，往而守節曰慕清」。根據俞樾記載，廣東許女以她的姊姊遇人不淑，要求父母讓她當慕清女，巧遇「陳氏子將婚而大，所聘之婦不能守清，…乃訪求慕清者」，於是許女嫁入陳家。她的小姑因欽羨嫂嫂的清閒生活，雖然已許嫁他人，也要求慕清，最後終能如願以償，姑嫂同住一屋，至於白首。俞樾，《右臺仙館筆記十六卷》，卷一，收入《筆記小說大觀》，第一六編（臺北：新興書局，一九七六），頁三七五八—三七六〇。

【8】這曾是廣東順德、番禺、南海、中山、新會、廣州等地的舊習俗，葉漢明，〈妥協與要求：華南特殊風俗形成假說〉，熊秉真、呂妙芬主編，《禮教與情欲：前近代中國文化中的後/現代性》（臺北：中央研究院近代史研究所，一九九九），頁二五一。有關這方面的討論另可詳見Marjorie Topley, "Marriage Resistance in Rural Kwangtung", Margery Wolf and Roxane Witke, eds, Women in Chinese Society（Stanford, California: Stanford University Press, 1975）; Janice F. Stockard, Daughters of the Canton Delta: Marriage Patterns and Economic and Strategies in South China, 1860-1930（Stanford ,California: Stanford University Press, 1989）.

【9】例如「慕清」其實不為禮法所容，但據俞樾表示，出於人情，許女和她小姑的「慕清」是「親族中或頗稱焉，真所謂非禮之禮矣。」俞樾，《右臺仙館筆記十六卷》，卷一，收入《筆記小說大觀》，第一六編，頁三七六〇。

【10】有人認為聽到老處女這個名詞便不由產生悲哀的感覺；但吳詩真認為「假使這是一個不敬的名稱，那基督頭上的荊棘圈，豈不曾變為榮耀的冠冕？假使這是一個不幸的名稱，那荊棘冠冕所刺出的血，豈不曾凝為萬人的傷痕？」吳詩真，〈老小姐〉，《婦女》，卷二期九（北平：一九四七年十二月），頁九；一九四三年北平出版的《婦女雜誌》曾以「變態生活」來討論老處女的問題；此外，應中、月心的文章中也有這種說法，〈寫在前面〉，「老處女變態生活談」，《婦女雜誌》，卷四期九（北平：一九四三年九月），頁三二；應中，〈獨身主義的看法〉，「婦女園地」，期五二，《申報》，一九三五年二月十七日，頁二〇；月心，〈獨身主義之錯誤（下）〉，「婦女專刊」，期二三（一九三六年六月二十七日），頁一八。

【11】一九二八－一九三三年，金陵大學農經系對農家調查發現，鄉村女子的平均初婚年齡是十七．七歲；並發現「三十歲以後，曠夫殊少，處女絕無，此南北通有之現象也」。一九四〇－一九四六年，陳達在雲南呈貢等縣進行的婚姻登記，也指出當地女子初婚年齡約為十八．三歲。以上參見吳濤，《中國近代人

口史》（杭州：浙江人民出版社，一九九三），頁三〇八—三〇九；陳達著，廖寶昀譯，《現代中國人口》（天津：天津人民出版社，一九八一），頁六二；卜凱（J. Lossing Buck）主編，《中國土地利用》（臺北：臺灣學生書局重印，一九七一），收入「中國史學叢書」續編，頁五二七。

【12】〈寫在前面〉，「老處女戀愛生活談」，《婦女雜誌》，卷四期九，頁三二〇。

【13】本刊資料室，〈重慶沙磁區戰時女生生活調查〉，《婦女新運》，卷五期六（一九四三年六月），頁三四—三五。

【14】梅子，〈事實如是〉，「老處女變態生活談」，《婦女雜誌》，卷四期九（北平：一九四三年九月），頁三三。

【15】瑟廬，〈文明與獨身〉，《婦女雜誌》，卷八號十（一九二二年十月），頁七；孔襄我，〈獨身的我見〉，《上海：婦女雜誌》，卷八號十（一九二二年十月），頁一一；據調查重慶沙磁區的女學生大多贊成晚婚，她們認為應在學業結束並具社會經驗後才論婚嫁。本刊資料室，〈重慶沙磁區戰時女生生活調查〉，頁三五。

【16】潘予且即指出很多女子不嫁是超過「及婚年齡」，潘予且，〈不嫁論〉，《女聲》，卷三期六（一九四一年十月），頁四。

【17】孔襄我，〈獨身的我見〉，頁一〇；符致遠，〈獨身主義研究〉，「獨身主義專號」，《京報》，號八，一九二五年二月四日，頁七四。

【18】相關研究可參見徐建生，〈近代中國婚姻家庭變革思潮論述〉，《近代史研究》，期六三（一九九一年三月），頁一三九—一六七；藍承菊，〈五四新思潮衝擊下的婚姻觀（一九一五—一九二三）〉（國立臺灣師範大學歷史學研究所碩士論文，一九九三年六月）。

【19】沈兼士，〈兒童公育〉，《新青年》，卷六期六（一九一九年六月），頁五六五。

【20】波羅奢館，〈獨身主義之研究〉，《婦女雜誌》，卷五號二（上海：一九一九年二月），頁一。

【21】論者認為「生活程度的提高，使一般青年男女不敢輕易結婚以加重負擔」、「文明人精神力進步，性的感情因而減少」、「精神力既進步，故理想的生活亦高，一般青年男女，當沒有找著他或她的理想的對偶時，絕不肯冒昧結婚」，以上參見，瑟廬，〈文明與獨身〉，頁四—五；溫壽鏈，〈獨身主義的因果及其補救的方法〉，「獨身主義專號」，《京報》，號八，一九二五年二月四日，頁六〇。

【22】瑟廬，〈文明與獨身〉，頁四—五；溫壽鏈，〈獨身主義的因果及其補救的方法〉，「獨身主義專號」，《京報》，號八，頁六〇。

【23】據調查，一次大戰前，歐洲有十五個國家出現女多於男的情形，這十五個國家的女性人口合計超過男性約八，〇六二，〇〇〇人。瑟廬，〈文明與獨身〉，頁六；溫壽鏈〈獨身主義的因果及其補救的方法〉，「獨身主義專號」，《京報》，號八，頁六〇—六一。

【24】李劍儔，〈打破獨身主義〉，「獨身主義專號」，《京報》，號八，一九二五年二月四日，頁七八。

【25】李劍儔，〈打破獨身主義〉，「獨身主義專號」，頁七九。

【26】胡適，〈美國的婦女〉，《新青年》，卷五號三，頁二一三、二二一。

【27】胡適，〈美國的婦女〉，頁二二〇。

【28】胡漢民，〈粵中女子之不嫁者〉，《新世紀》，號六〇（一九〇八年八月），頁一〇。

【29】健孟，〈新舊家庭的代謝〉，《婦女雜誌》，卷九號九（上海：一九二三年九月），頁一四。

【30】周建人，〈中國女子的覺醒與獨身〉，《婦女雜誌》，卷八號十（上海：一九二二年十月），頁九。

【31】周建人，〈中國女子的覺醒與獨身〉，頁九。

【32】陳獨秀，〈一九一六〉，《新青年》，卷一號五（一九一六年一月），頁二；胡適，〈美國的婦人〉，《新青年》，卷五號三（一九一八年九月），頁二一四。

【33】在已婚的男學生中，不滿意妻子缺乏知識的人最多，約計有57.71%；而未婚的男學生不願未婚妻不學無術的也高達43.95%。陳鶴琴，〈學生婚姻問題之研究〉，《東方雜誌》，卷十八號四（一九二一

年二月），頁一〇八—一〇九；陳鶴琴，〈學生婚姻問題之研究（續）〉《東方雜誌》，卷十八號五（一九二一年三月），頁一〇五。

【34】波羅奢館，〈獨身主義之研究〉，《新青年》，卷五號三，頁四—五。

【35】甯華，〈老處女何其多〉，《婦女雜誌》，卷四期五（北平：一九四三年五月），頁三八。

【36】甯華，〈老處女何其多〉，頁三八。

【37】書琴，〈上等社會女子的悲哀〉，《婦女雜誌》，卷四期五（北平：一九四三年五月），頁三九；田助，〈婦女失婚的原因和心理〉，《婦女雜誌》，卷五期五（北平：一九四四年五月），頁三。

【38】華林，〈社會與婦女解放問題〉，《新青年》，卷五號二（一九一八年八月），頁一六一；王會吾，〈中國婦女問題－圈套－解放〉，《少年中國》，卷一期四（一九一九年十月），頁一〇—一二；根髮，〈現代女子的苦悶問題〉，《新女性》，卷二號一（一九二七年一月），頁一七—一八。

【39】田助，〈婦女失婚的原因和心理〉，頁四。

【40】胡漢民，〈粵中女子之不嫁者〉，頁一〇。

【41】阮學文，〈知識婦女的獨身問題〉，《婦女新運週刊》，號八九，收入《中央日報》，一九四一年一月二十日，第四版。

【42】瓊，〈結婚生活與育兒〉，《婦女雜誌》，卷四期一〇，頁三八。

【43】王柏天也說：「小姐，不要常說你們坐在室內，實在不平等，對國家、社會都太無用，其實你能作能安慰一個男人，使他快樂從事，豈不是間接造福社會，造福國家？」瓊，〈結婚生活與育兒〉，頁三八；王柏天，〈家庭問題的複雜〉，《方舟》，期一〇（一九三五年三月），頁三八。

【44】胡宣南，〈婦女對於婚姻問題〉，《婦女雜誌》，卷一期二（北平：一九四〇年十月），頁一九。另外，孟真也高唱：「奉勸沒有掉在網裡的人須理會得獨身主義是最高尚最自由的生活，是最大事業的根本。」孟真，〈萬惡之原（一）〉，《新潮》，卷一號一（一九一九年十二月），頁一一七。

【45】高希聖，《家族制度ABC》（上海：ABC叢書社，一九二九），頁九九。

【46】李兆民，《中國過渡時代的家庭》，頁三一；麥惠庭，《中國家庭改造問題》，頁二三五。

【47】波羅奢館，〈獨身主義之研究〉，頁五。

【48】李宗武，〈獨身問題之研究〉，《婦女雜誌》，卷七號八（上海：一九二一年八月），頁三。

【49】小江即指出：「雖然現在像山格夫人一流人，有任何可以制限產兒的方法發明，但此尚在『靠不住』與『不安全』的程度。」小江，〈女子獨身生活的研究〉，《婦女雜誌》，卷十二號一一（上海：一九二六年十一月），頁二四。

【50】李兆民引用聖經中的一段話為例：「沒有娶妻的，是上帝的事罣慮，想怎樣叫上帝喜悅；沒有出嫁的是為上帝的事罣慮，要身體靈魂都聖潔。」李兆民，《中國過渡時代的家庭》，頁三一—三二；瑟廬，〈文明與獨身〉，頁四；俊文，〈獨身主義的檢討〉，《申報》，一九三五年四月十四日，本埠增刊一版；小江，〈女子獨身生活的研究〉，頁二〇—二一；陳既明，《革命的婦女問題》（上海：三民書局，一九三〇），頁一四二。

【51】李兆民，《中國過渡時代的家庭》，頁三三—三四；小江，〈女子獨身生活的研究〉，頁二四。

【52】俊文，〈獨身主義的檢討〉，《申報》，本埠增刊一版；李宗武，〈獨身問題之研究〉，頁二。

【53】例如開明稱：「現代的男女對於童貞的獨身主義當不會有多大信仰，似可以付之不論」；瑟廬認為「一到了科學昌明知識進步以後，便沒有存立的餘地」；而俊文也指出：「除了足以表現出那時代人類智識的低淺外，實在更沒有其他的意義存在。」以上分別參見開明，〈是一種辦法〉，《京報》，一九二五年二月四日，頁五七；瑟廬，〈文明與獨身〉，頁四；俊文，〈獨身主義的檢討〉，《申報》，本埠增刊一版。

【54】溫壽鏈，〈獨身主義的因果及其補救的方法〉，「獨身主義專號」，《京報》，號八，頁六〇。

【55】薛君編，《談女人》（上海：益華書局，一九三三），頁七〇—七一。

【56】賀玉波，〈獨身主義的女子〉，婦女問題研究室編，《新女性》，卷四號二（一九二九年二月），頁二二三；胡宣南，〈婦女對於婚姻問題〉，頁二〇。

【57】賀玉波，〈獨身主義的女子〉，頁二二三。

【58】陸費逵，《婦女問題雜談》（上海：中華書局，一九二六），頁一一—一二。

【59】小江，〈女子獨身生活的研究〉，頁二四。

【60】薛君編，《談女人》，頁七〇；孔襄我，〈獨身之我見〉，頁一〇；陳既明，《革命的婦女問題》，頁一四二；李兆民，《中國過渡時代的家庭》，頁三一。

【61】周建人，〈中國女子的覺醒與獨身〉，頁八。

【62】周建人，〈中國女子的覺醒與獨身〉，頁八。

【63】李宗武，〈獨身問題之研究〉，頁二。

【64】鏡明稱這些型態的獨身主義為「相對的獨身主義」，鏡明女士，〈我的獨身主義研究〉，「獨身主義專號」，《京報》，號八，頁六三。

【65】周建人，〈中國女子的覺醒與獨身〉，頁八。

【66】梅子，〈獨身的觀念〉，《婦女雜誌》，卷四期九（北平：一九四三年九月），頁三四。

【67】冰天，〈我的為了愛可以獨身〉，「獨身主義專號」，《京報》，號八，頁六二。

【68】冰天，〈我的為了愛可以獨身〉，頁六二。

【69】陸費逵，《婦女問題雜談》，頁一一。

【70】瑟廬，〈文明與獨身〉，頁七。

【71】編者，〈現代女子的苦悶問題〉，《新女性》，卷二號一（一九二七年一月），頁二二。

【72】潘家洵，〈現代女子的苦悶問題〉，《新女性》，卷二號一，頁六〇；蔡孑民，〈現代女子的苦悶問題〉，《新女性》，卷二號一，頁五三；周寸中，〈現代女子的苦悶問題〉，《新女性》，卷二號一，

頁四九。

【73】論者的看法包括「只能這樣衝突地做去」、「是在太太小姐們的努力而已」、「請各人自己去謀解決」，以上參見周作人，〈現代女子的苦悶問題〉，《新女性》，卷二號一，頁二五；伏園，〈現代女子的苦悶問題〉，《新女性》，卷二號一，頁二六；覺農，〈現代女子的苦悶問題〉，《新女性》，卷二號一，頁三一。

【74】伏園，〈現代女子的苦悶問題〉，頁二五—二六。

【75】樊仲雲，〈現代女子的苦悶問題〉，《新女性》，卷二號一，頁三一—三一。

【76】周峻，〈現代女子的苦悶問題〉，《新女性》，卷二號一，頁五四。

【77】陳學昭，〈現代女性苦悶的尾聲〉，《新女性》，卷二號三（一九二七年三月），頁三五四—三五五。

【78】徐調孚，〈現代女子的苦悶問題〉，《新女性》，卷二號一，頁五七。

【79】後覺，〈現代女子的苦悶問題〉，《新女性》，卷二號一，頁四七。

【80】後覺，〈現代女子的苦悶問題〉，頁四八。

【81】雁冰，〈現代女子的苦悶問題〉，《新女性》，卷二號一，頁四四。

【82】陳學昭，〈現代女子的苦悶問題〉，《新女性》，卷二號一，頁三七。

【83】陳學昭，〈現代女子的苦悶問題〉，頁三六—三七。

【84】陳學昭，〈現代女子的苦悶問題〉，頁三九。

【85】呵梅，〈對於「英國婦女之獨身運動」的感想〉，「青年婦女」，《民國日報》（上海），一九二七年十一月十五日），第一版。

【86】吳煦岵，〈現代女子的苦悶問題〉，《新女性》，卷二號一，頁四〇—四一。

【87】根髮，〈現代女子的苦悶問題〉，頁二八；陳宣昭，〈現代女子的苦悶問題〉，《新女性》，卷二號一，頁二九—三〇；樊仲雲，〈現代女子的苦悶問題〉，頁三一；蔡子民，〈現代女子的苦悶問題〉，

頁五三；顧頡剛，〈現代女子的苦悶問題〉，《新女性》，卷二號一，頁五八。

【88】周建人，〈中國女子的覺醒與獨身〉，頁九。

【89】周建人，〈中國女子的覺醒與獨身〉，頁九。

【90】張玉法，〈新文化運動時期對中國家庭問題的討論，一九一五—一九二三〉，《近世家族與政治比較歷史論文集》（臺北：中央研究院近代史研究所，一九九二），頁九〇二。

【91】此處說法部分來自張玉法的分析，張玉法，〈新文化運動時期對中國家庭問題的討論，一九一五—一九二三〉，頁九一二。

【92】真，〈三綱革命〉，《新世紀》，號一一（一九〇七年八月），頁二。

【93】張玉法，〈新文化運動時期對中國家庭問題的討論，一九一五—一九二三〉，頁九一六—九一七。

【94】〈婦女解放從那裡做起〉，《星期評論》，號八（一九一九年七月二十七日）。

【95】馬哲民，〈關於廢除婚制〉，《民國日報》（上海），一九二〇年五月八日，頁一。

【96】存統，〈青年所應受的兩重苦痛〉，「覺悟」，《民國日報》（上海），一九二〇年五月二十二日，第四張。

【97】應中即指出：「那種把獨身當作一種手段而奉行的人，反而是為了根本埋葬這種『不合理』的現象，正如有的人的死是為了別的人的生一樣。」他否認這種意義下的獨身主義不是「不抵抗主義」，應是「堅壁清野」，應中，〈獨身主義的看法〉，「婦女園地」，期五二，《申報》，頁二〇。

【98】張玉法，〈新文化運動時期對中國家庭問題的討論，一九一五—一九二三〉，頁九一八；藍承菊，〈五四新思潮衝擊下的婚姻觀（一九一五—一九二三）〉，頁七六。

【99】瑟廬，〈文明與獨身〉，頁五。

【100】瑟廬，〈文明與獨身〉，頁六。

【101】藍承菊，〈五四新思潮衝擊下的婚姻觀（一九一五—一九二三）〉，頁八四。

【102】胡宣南，〈婦女對於婚姻問題〉，頁二〇；金滿成，〈沒有所謂獨身主義〉，「獨身主義專號」，《京報》，號八，頁五九。

【103】東蓀，〈婦女問題雜評〉，《解放與改造》，卷一號八（一九一九年十二月），頁四。

【104】田助，〈婦女失婚的原因和心理〉，頁二。

【105】賈林，〈對婦女失婚的一點檢討〉，《婦女雜誌》，卷五號四（北平：一九四四年八月），頁四七。

【106】媛，〈向智識女性進一言〉，《婦女雜誌》，卷五號四（北平：一九四四年四月），頁一三。

【107】沙蘭，〈戀愛與結婚〉，《婦女雜誌》，卷六號三、四（北平：一九四五年四月），頁一一；周建人也提及許多人認為「女子既為女性，又分明有著乳房和子宮，不為妻子為母做什麼呢？」，周建人，〈現代女子的苦悶問題〉，《新女性》，卷二號一，頁三三。

【108】沙蘭，〈戀愛與結婚〉，頁一一。

【109】萍，〈青年人的兩種病態〉，《婦女雜誌》，卷一期二（北平：一九四〇年十月），頁五七。

【110】例如紀爾曼表示為母的責任是「一方能發育子女生理到完全，一方能發展子女精神到完全」；而愛倫凱也說：「婦女撫育子女，在生理一方，已經對社會盡了極重要的母職，還有精神點一方更重要」，參見雁冰，〈評兒童公育問題〉，《解放與改造》，卷二號一五（一九二〇年八月），頁一一—三。

【111】甯蓤秋，〈我國女青年的傾向〉，《婦女雜誌》，卷十五號五（上海：一九二九年五月），頁一〇。

【112】周建人，〈中國女子的覺醒與獨身〉，頁一〇。

【113】李兆民，《中國過渡時代的家庭》，頁三五—三六。阮學文也認為優秀兒童的減少，對未來的民族前途是一大損失，阮學文，〈知識婦女的獨身問題〉，《婦女新運週刊》，號八九，收入《中央日報》。

【114】張孝芬曾指出參政同盟中有人倡導無夫主義，因此她引用張紉蘭的說法「……頗有倡無夫主義者，果爾，則數十年以往，吾中華民族行將滅絕，又安用參政權為耶？」，〈投函：張紉蘭女士來函〉，《民立報》，號五〇二，一九一二年三月九日，頁二；〈女子參政之討論：張孝芬女子來函〉，《民立

報》，號五一，一九一二年三月十八日，頁一二。

【115】周建人，〈現代女子的苦悶問題〉，頁三三。

【116】周建人，〈現代女子的苦悶問題〉，頁三四。

【117】惲代英，〈結婚問題之研究〉，《東方雜誌》，卷十四號七（一九一七年七月），頁八。

【118】王光祈，〈答A.Y.G女士〉，「與本月刊記者論婦女問題書」，《少年中國》，卷一期六，頁五〇—五八。

【119】根據李伯重的研究，早在南宋後期江浙地區便開始採各種節育方式控制生育。李伯重，〈墮胎、避孕與絕育：宋元明清時期江浙地區的節育方法及其運用與傳播〉，李中清等編，《婚姻家庭與人口行為》（北京：北京大學出版社，二〇〇〇年一月），頁一七二—一九六。

【120】瑟廬，〈產兒制限與中國〉，《婦女雜誌》，卷八號六（上海：一九二二年六月），頁一二。

【121】李宗武，〈獨身問題之研究〉，頁五。

【122】李宗武，〈獨身問題之研究〉，頁四。

【123】張玉法，〈新文化運動時期對中國家庭問題的討論，一九一五—一九二三〉，頁九一八。

【124】阮學文，〈知識女性的獨身問題〉，《婦女新運週刊》，號八九，收入《中央日報》。

【125】這項問題曾引發激烈論爭，詳見呂方上，〈抗戰時期的女權論辯〉，《近代中國婦女史研究》，期二（一九九四年六月）頁八二—九九。

【126】蕪清，〈結婚是罪惡嗎？〉，《益友月刊》，卷四期三—四（一九四〇年九月），頁一六。

【127】阮學文，〈知識女性的獨身問題〉，《婦女新運週刊》，號八九，收入《中央日報》。

【128】阮學文，〈知識女性的獨身問題〉，《婦女新運週刊》，號八九，收入《中央日報》。

【129】〈廢除婚制問題的討論〉，「覺悟」，《民國日報》（上海），一九二〇年五月二十三日，頁四。

【130】劉延陵，〈婚制之過去現在未來〉，《新青年》，卷三號六（一九一七年八月），頁九。

【131】神龍，〈「性」的禁與弛〉，《血湯》，卷一期二〇（一九三一年三月）頁一二—一三。

【132】陸費逵，《婦女問題雜談》，頁二七；麥惠庭，《中國家庭改造問題》，頁二二六。

【133】李寶梁，〈禁欲的研究〉，《新女性》，卷一號七（一九二六年七月），頁五三五—五三六。

【134】俊文，〈獨身主義的檢討〉，《申報》。

【135】俊文，〈獨身主義的檢討〉，《申報》。

【136】賓璋，〈性與老處女〉，「老處女變態生活談」，《婦女雜誌》，卷四期九（北平：一九四三年九月），頁三四。

【137】賓璋，〈性與老處女〉，頁三四。

【138】阮學文，〈知識女性的獨身問題〉，《婦女新運週刊》，號八九，收入《中央日報》。

【139】梅，〈我們為什麼要結婚？〉，《健康生活》，期三（一九四四年九月），頁一一五。

【140】梅，〈我們為什麼要結婚？〉，頁一一六。

【141】陸費逵，《婦女問題雜談》，頁二七—二八。

【142】麥惠庭，《中國家庭改造問題》，頁二二七—二二八；李兆民，《中國過渡時代的家庭》，頁三四。

【143】芝華，〈「老處女」的性欲問題〉，《健康生活》，卷十二期三（一九三八年五月），頁七三。

【144】芝華，〈「老處女」的性欲問題〉，頁七五。

【145】梅，〈我們為什麼要結婚〉，《健康生活》，期三，頁一一六。

【146】小江也說：「性情偏執，行為怪特，亦為女子獨身者的通病」；梅，〈我們為什麼要結婚〉，頁一一六；小江，〈女子獨身生活的研究〉，頁二六。

【147】阮學文，〈知識婦女的獨身問題〉，引自《婦女新運週刊》，號八九，收入《中央日報》。

【148】沙蘭，〈戀愛與結婚〉，頁一〇。

【149】這份報告事實上引自英國學者藹理斯（H.Ellis）的書，除李兆民之外，另有論者也引用這些論述。李

兆民，《中國過渡時代的家庭》，頁三四—三五：天廬，〈生活的藝術與獨身主義〉，「獨身主義專號」，《京報》，號八，頁六七。

【150】麥惠庭，《中國家庭改造問題》，頁二二三。

【151】萍，〈青年人的兩種病態〉，頁五七。

【152】志剛，〈「女作家」性的苦悶〉，《健康生活》，卷十二期三（一九三八年五月），頁七〇。

【153】當時女校盛行「拖朋友」或「吵朋友」的風氣，校園中不時出現兩個形影不離的同姓伴侶。SY〈一年前的生活〉，《婦女雜誌》，卷十一號六（上海：一九二五年六月），頁九四三：周瑞珍，〈女校中「崇拜同學」的風氣〉，《婦女》，卷二期三（一九四七年六月），頁二八。

【154】靜、王娟娟，〈獨身主義與急於出嫁〉，某夫人編，《某夫人信箱》（上海：萬象書局，一九四四），頁一三五。

【155】靜、王娟娟，〈獨身主義與急於出嫁〉，頁一三七。

【156】金滿成，〈沒有所謂獨身主義〉，「獨身主義專號」，《京報》，號九，頁五九。

【157】眉子，〈從同性戀愛說到異性戀愛〉，《星期評論》，卷一期八（一九三二年六月），頁三。

【158】陳既民認為「保守貞操」純是一種迷信和封建思想。陳既民，《革命的婦女問題》，頁一四二。

【159】俊文以十一世紀的歐洲為例，指出「在那時許多名為修道的庵堂寺院中的生活，比了妓院中的生活更要富於浪漫性：而十字軍東征時，不少女性因結婚困難，組織娘子軍到戰場上當士兵的安慰者」。俊文，〈獨身主義的檢討〉，《申報》。此處的論述尚可見溫壽鏈，〈獨身主義的因果及其補救的方法〉，「獨身主義專號」，《京報》，號八，頁六一。

【160】〈禁早婚議〉一文即稱：「……則單身獨居，非常人之情所能久堪，其間能自節制者少，男女皆釀種種惡德，因此以傷害健康，敗壞風俗也。」，〈禁早婚議〉，《新民叢報》，號二三，一九〇二年十二月一日，頁一〇。

【161】志剛，〈「女作家」性的苦悶〉，頁七一—七二。

【162】李兆民，《中國過渡時代的家庭》，頁三八。

【163】盧壽籛、陸黃逵等撰，《婚姻訓》（上海：中華書局，一九一七），頁一二。

【164】呂芳上，〈另一種「偽組織」：抗戰時期婚姻與家庭問題初探〉，《近代中國婦女史研究》，期三（一九九五年八月），頁一〇二。

【165】小江，〈女子獨身生活的研究〉，頁二六。

【166】徐宗澤指出：「吾國社會習俗，受外教思想的影響，見有不嫁的婦女，往往多持異議，加以猜疑：她們的一舉一動，受人監視；凡與異性會談，就以為有暗昧的事情了！為穩妥起見，倘無特殊理由，自然女子以嫁人為妙。」：徐宗澤，《婦女問題雜評》（上海：土山灣印書館，一九三二），頁三九—四〇。

【167】小江，〈女子獨身生活的研究〉，頁二四—二五。

【168】芝華，〈「老處女」的性欲問題〉，頁七五。

【169】梅子，〈事實如是〉，頁三四。

【170】芝華，〈「老處女」的性欲問題〉，頁七五。

【171】漪蘋，〈女子獨身的檢討〉，《婦女雜誌》，卷一期四（上海：一九三〇年十二月），頁一三。

【172】漪蘋，〈女子獨身的檢討〉，頁一三。

【173】漪蘋，〈女子獨身的檢討〉，頁一三。

【174】芝華，〈「老處女」的性欲問題〉，頁七六。

【175】芝華，〈「老處女」的性欲問題〉，頁七六—七七。

【176】甯淩秋，〈我國女青年的傾向〉，頁一〇。

【177】燕曼人，〈處女夢〉，「姑妄言之」，《宇宙風》，集二（一九三五），頁四九一—四九二。

【178】孔襄我，〈獨身的我見〉，頁一一。

【179】李劍儔，〈打破獨身主義〉，「獨身主義專號」，《京報》，號九，頁七九。

【180】李劍儔，〈打破獨身主義〉，《京報》，號九，頁七九。

【181】清水，〈獨身主義〉，《新女性》，卷一號一二（一九二六年十二月），頁八九二。

【182】在第二～五景中，女士的回應是：「你真能講笑話，也不瞞你說，我和他們倆近來的確常常碰著，而且常常通信。但自己覺得這不過是一種Friendship，並沒到達Love的程度。」、「不，因為我在學校，要再過兩年半畢業，而且畢業後，想再到美國去入哥倫比亞大學，結婚終須待留美歸國以後。」、「嘎唷！M先生，這次結婚，還是因特別事故提早的，如果再生了小孩，那是非但讀不了書，怕連人也做不明白了。我預備五年以內絕對不生育。」、「謝謝罷，生了一個夠了，想此後不再生了，只少是五年以內不再生，昨晚我還和靜郇商量呢。」，清水，〈獨身主義〉，頁八九二－八九五。

【183】李可來，〈老處女的故事〉，「老處女變態生活談」，《婦女雜誌》，期九（北平：一九四三年九月），頁三三。

【184】李可來，〈老處女的故事〉，頁三三。

【185】李可來，〈老處女的故事〉，頁三三。

【186】梅子，〈事實如此〉，「老處女變態生活談」，《婦女雜誌》，期九（北平：一九四三年九月），頁三三－三四。

【187】〈寫在前面〉，頁三一。

【188】黃嫣梨編著，《張若名研究及資料輯集》（香港大學亞洲研究中心，一九九七），頁四五。

【189】張若名認為沒有婚姻問題的人可以精神貫注的做女子解放的工作，並視之為終身事業；她又指出「『能實行正當婚姻結合的人，固然可以加一種模範力量去引導別人去實行『女子解放』，但是無所謂『婚姻』問題的人，去提倡『女子解放』也萬不會不發生效力；並且還容易在現在社會上得到一種信用，信用力同模範力比較起來，還是信用力在引導方面占合式（適）的地位。」，三六，〈「急先鋒」的女

子〉，《覺悟》，期一（一九二〇年一月），頁五－九。

【190】黃嫣梨編著，《張若名研究及資料輯集》，頁五三－五四。

【191】黃嫣梨編著，《張若名研究及資料輯集》，頁六七。

【192】陳衡哲指出解放女子的生活仍與家庭分不開，但她們不做家庭的奴才，而是站在家庭之上，做指揮牠的主人翁。陳衡哲，《新生活與婦女解放》（南京：正中書局，一九三四），頁一三。

【193】鄒韜奮，〈一位不嫁的女書記官〉，《生活週刊》，卷四期二（一九二八年十一月）頁一一。

【194】鄒韜奮，〈一位不嫁的女書記官〉，頁一一。

【195】鄒韜奮，〈一位不嫁的女書記官〉，頁一一。

【196】《中央日報》，一九四〇年一月一日，第四版。

【197】胡宣南，〈婦女對於婚姻問題〉，頁二〇。

【198】芰芳．賈淑文，〈老姑娘們的悲哀〉，某夫人編，《某夫人信箱》，頁一三三。

【199】芰芳．賈淑文，〈老姑娘們的悲哀〉，頁一三三。

【200】劉經菴編，《歌謠與婦女》（上海：商務印書館，一九二八年再版），頁二二六。

【201】在直隸唐縣的歌謠中女童回唱道：「我也不使騾子不使馬，我也不住高樓瓦屋並大廈，我也不要珍珠瑪瑙點翠花，我也不要針線笸籮兒坑上拉，我也不要坑上的孩子ㄓㄨㄚ、ㄓㄨㄚ、ㄓㄨㄚ（按：此處指小兒哭聲）⋯一心要出家。」安徽旌德則是：「紅娘子，子紅娘，五個大姊遊花園：大姊嫁給開茶館，二姊嫁給開染坊，三姊嫁給做買賣，四姊嫁給個武官；惟有五姊不肯嫁，剃頭削髮要出家。大姊勸你不要出家，留著烏雲戴紅花。二姊勸你不要出家，冬穿綸羅夏穿紗。三姊勸你不要出家，又戴金釧又戴釵。四姊勸你不要出家，留雙小腳走娘家，惟有五姊一定要出家：一來不受公婆氣，二來不受丈夫敲，三來懷中不抱子，四來散蕩又逍遙。」劉經菴編，《歌謠與婦女》，頁二二七－二二八。

【202】〈獨身主義不願嫁人．姊妹倆出走〉，《上海時報》，一九三三年十月二十九日，頁六。

【203】玄廬，〈評論：死在社會面前的一個女子趙瑛〉，「覺悟」，《民國日報》（上海），一九二〇年十一月十五日，頁二。

【204】玄廬，〈評論：死在社會面前的一個女子趙瑛〉，「覺悟」，《民國日報》，頁一－二。

【205】沈定一還表示：「但看現實社會，哪里【裡】有一個青年女子不依不傍的立腳地。全社會底空氣，被男子『盜領』盡了，男子之中，又被資本階級『盜領』盡了」。玄廬，〈評論：死在社會面前的一個女子趙瑛〉，「覺悟」，《民國日報》，頁二。

【206】紫湖，〈兩個自殺的處女〉，《婦女雜誌》，卷八號二（上海：一九二二年二月），頁四五－四六。

【207】憶紅女士筆述、謝豹潤詞，〈她為什麼不嫁〉，《快活》，期九，頁一－七。

【208】天笑，〈獨身主義者〉，《星期》，號一四（一九二二年六月），頁一－八。

【209】天笑，〈獨身主義者〉，頁八。

【210】天笑，〈獨身主義者〉，頁八。

【211】魏瑞芝，〈吾之獨身主義觀〉，《婦女雜誌》，卷九號二（上海：一九二三年二月），頁二五－二六。

【212】魏瑞芝，〈吾之獨身主義觀〉，頁二六。

【213】魏瑞芝，〈吾之獨身主義觀〉，頁二七。

【214】魏瑞芝，〈吾之獨身主義觀〉，頁二七。

【215】魏稱：「幾月前，接冠兄來書，略謂『日前某友來此，談及妹品學舉止，擬為妹相攸。兄告以妹之志願，某友終於贊善而罷。』日來又接遠姊來書云：『令姊身體大弱，而洪水為災後，家務益繁，遠頗憐之，但愛莫能助，為之奈何？於此亦可知家累之苦，恐天下之勞勞者，正不止令姊一人已也。前聞吾妹鑒於時勢之不良，抱獨身主義以行素志，遠不勝佩服，望堅持之！』」，魏瑞芝，〈吾之獨身主義觀〉，頁二七。

【216】魏瑞芝，〈吾之獨身主義觀〉，頁二八。

【217】〈時代的反映〉，《晨報》，一九三二年六月十一日，頁一〇。

【218】丁丁指出她們有四個同班同學，住在同一間寢室中，毓曾問她：「『你會出嫁嗎』，我說，『不論如何不出嫁』，於是毓興高彩烈地說：『真的嗎？那我們是同志呀！』同房間的華也就說：『我何嘗不是你們的同志呢？我們女人出嫁真沒有意思，像我們這樣多麼開心呀！…』」，以上見自丁丁，〈為了「獨身主義」〉，《申報》，一九三三年十二月八日，頁一。

【219】〈張竹君女士歷史〉，《順天時報》，號一一四〇，一九〇五年十一月十六日，第一版。

【220】石顏也，〈骷髏團之七女子〉，「自由談」，《申報》，一九三二年四月十八日，頁九。

【221】謝冰瑩，《女兵自傳》（臺北：東大圖書公司，一九八五年再版），頁七六。

【222】謝冰瑩，《女兵自傳》，頁七七。

【223】李又寧，《近代中華婦女自敘詩文選》，第一輯（臺北：聯經出版事業公司，一九八〇），頁六三〇。

【224】薛伊君，〈中國基督教婦女生活的研究（一九〇〇－一九三七）〉（國立中正大學歷史研究所碩士論文，一九九九年七月），頁三八。

【225】有關這些說法來自方豪、李又寧，而呂碧城在〈予之宗教觀〉一文中也指出，她曾為婚事占卜，得示道：「兩地家居共一山，如何似隔鬼門關？日月如梭人易老，許多勞碌不如閒」，這項啟示堅決了她的獨立志向。不過，黃克武認為呂與嚴復之間一直存著公、私、情、禮的交戰，導致呂終生未嫁。以上參見方豪，〈英斂之筆下的呂碧城四姊妹（上）〉，《傳記文學》，卷六期六（一九六五年六月），頁四五；李又寧，《近代中華婦女自敘詩文選》，頁一九六、二三〇；黃克武，〈嚴復的異性情緣與思想境界〉，黃克武編，《思想、政權與社會力量：第三屆漢學會議論文集》（臺北：中央研究院近代史研究所，二〇〇二），頁一二二。

【226】〈我的姑母〉，《中央日報》，一九四一年二月三日，第四版。

【227】魏瑞芝，〈吾之獨身主義觀〉，頁二八。

【228】魏瑞芝，〈吾之獨身主義觀〉，頁二八。

【229】吳詩真，〈老小姐〉，頁九。

【230】吳詩真，〈老小姐〉，頁九－一〇。

【231】吳詩真，〈老小姐〉，頁一〇。

【232】吳詩真，〈老小姐〉，頁一〇。

【233】吳緯彝的這篇譯文〈未婚女子的自白〉是節譯自一九三九年Caroline Fuhn的原著，並於一九四〇年三月刊載於《西風》；筆者發現，同年十一月張丏尊於《婦女雜誌》發表的〈一個未婚女子的獨身生活〉一文，與伍的譯文幾乎雷同，故斷定張文是抄襲之作。這兩篇文章分別刊登於《西風》，期四三，頁五七－六一；《婦女雜誌》，卷一號三（北平：一九四〇年十一月），頁七八－八〇。

【234】張丏尊，〈一個未婚女子的獨身生活〉，《婦女雜誌》，卷一號三，頁八〇。

【235】張丏尊，〈一個未婚女子的獨身生活〉，頁七八。

【236】張丏尊，〈一個未婚女子的獨身生活〉，頁七八。

【237】張丏尊，〈一個未婚女子的獨身生活〉，頁七九。

【238】張丏尊，〈一個未婚女子的獨身生活〉，頁七九－八〇。

【239】張丏尊，〈一個未婚女子的獨身生活〉，頁八〇。

【240】曾永莉，〈教育、是她完全的生命〉、汪其楣，〈送校長〉、歐陽子，〈江校長與北一女〉，以上見殷正慈編，《江學珠校長紀念集》（臺北，一九八九），頁二三九、三〇五、三〇九。

【241】她們的生平事蹟詳見《民國人物小傳》（臺北：傳記文學出版社，一九七五），第三冊，頁六三－六五；李又寧，《近代中華婦女自敘詩文選》，頁七一三－七四一、五五九－五六六；曾寶蓀，《曾寶蓀回憶錄》，收入張玉法、張瑞德主編，「中國現代自傳叢書」，第一輯（臺北：龍文出版社，一九八九）；劉秀麟等，〈懷念俞鈺校長〉，《蘇州史志資料選輯》，第二四輯（蘇州：一九九九），

頁三二一—三七；張朋園訪問、羅久蓉記錄，《周美玉先生訪問紀錄》，「口述歷史叢書」（四七）（臺北：中央研究院近代史研究所，一九九三）。

【242】李又寧，《近代中華婦女自敘詩文選》，頁七二九。

【243】殷正慈，〈長留遺愛在人間〉、曾永莉，〈教育、是她完全的生命〉、陳艾妮，〈江校長，生日快樂！〉，以上收錄殷正慈編《江學珠校長紀念集》，頁二一八、二四四、二六九。

【244】曾永莉，〈教育、是她完全的生命〉、巢珂卓，〈為教育而終身奉獻的——江校長〉，以上收錄殷正慈編《江學珠校長紀念集》，頁二四四。

【245】曾永莉，〈教育、是她完全的生命〉、殷正慈，〈長留遺愛在人間〉，以上收錄殷正慈編《江學珠校長紀念集》，頁二一八、二四四。

【246】根據殷正慈轉述江學珠的話：「你們作導師的，應該隨時轉告在學女生，將來在婚姻道上，千萬不要學習江校長，以免重蹈覆轍。」官麗嘉也回憶，江學珠曾對她們說：「……上了大學之後不要繼續作書呆子，要懂得多讀課外書，參與各種活動，也要結交異性朋友，不要過度矜持，才能夠有好的婚姻。」這些話也同樣出現在曾永莉文中。殷正慈，〈長留遺愛在人間〉、曾永莉，〈教育、是她完全的生命〉、〈學生說當年〉，以上收錄殷正慈編《江學珠校長紀念集》，頁二一八、二四四。

【247】黃克武指出西方的「自主之權」或「權利」等觀念傳入中國之始就不單純是屬於個人的，而是與群體目標糾結為一；同時，他也表示，在中國沒有出現Steven Lukes所描寫的西方的「個人主義」。黃克武，〈從追求正道到認同國族：明末至清末中國公私觀念的重整〉，收入黃克武、張哲嘉主編，《公與私：近代中國個體與群體之重建》（臺北：中央研究院近代史研究所，二〇〇〇年六月），頁八四—八五、一一一。

【248】一九八八年七月至一九九九年六月內，中央研究院近代史研究所文化思想史組曾以「公與私：近代中國個體與群體的重建（一六〇〇年迄今）」為議題，舉辦系列演講及研討會，論者多認為中國「公與私」

的概念與西方的public、private是無法「互訓」。許多學者也同意：「對中國近代史之演變過程持一長時期眼光之考慮，將公領域與私領域之活動內容，視為不斷互動、相互審定，永遠流動而非僵化對執的範疇，對於了解數百年來個體與群體之重建，頗有助益」。張哲嘉、黃克武，〈學術會議：「公與私：近代中國個體與群體之重建（一六〇〇迄今）」系列活動報導〉，《近代中國史研究通訊》，期二八（一九九九年九月），頁一二一。有關中國公、私領域的討論可參見黃克武、張哲嘉主編，《公與私：近代中國個體與群體之重建》，（臺北：中央研究院近代史研究所，二〇〇〇年六月）：王泛森，〈近代中國私人領域的政治化〉，《當代》，期一二五（一九九八年一月），頁一一〇－一二九：李淑珍，〈私領域中的梁啓超〉，《當代》，期一五七（二〇〇〇年九月），頁一〇〇－一一三。

【249】呂芳上指出，五四時期的知識分子患了知識飢渴症，其症狀一方面是不加選擇的譯介外國的思想和學說，另一方面則囫圇吞棗似的吸收西方知識。因此當時國內的期刊有四百種以上，引介的學說流派實難以估計。呂芳上，〈五四時期的婦女運動〉，收入鮑家麟等著，《近代中國婦女運動史》（臺北：近代中國出版社，二〇〇〇），頁二一七。

【250】〈近代中國女子體育觀初探〉，《新史學》，卷七期四（一九九六年十二月），頁一一九－一五六：〈近代華東地區的女球員（一九二七－一九三七）：以報刊雜誌為主的討論〉，《中央研究院近代史研究所集刊》，期三二（一九九九年十二月），頁五七－一二二。

【251】游鑑明，《她們的聲音：從近代中國女性的歷史記憶談起》（臺北：五南出版股份有限公司，二〇一四年十一月增訂版），頁一〇〇。

第二章　近代華東地區的女球員（一九二七—一九三七）：以報刊雜誌爲主的討論

一、前言

中國的球類運動始於上古時期，當時的球類活動是踢足球（即蹴鞠或踢鞠），主要用在軍事訓練上，其後才逐漸流傳至民間，成爲社會的娛樂活動，也因此有女性加入了這項活動。除了踢足球之外，傳統女性喜愛的球類還包括馬球、步打球和捶丸等。[1]至於喜愛球類運動的女性有閨閣女性，也有宮女和妓女，從歷代文人的詩詞或戲曲小說中即可看到這群女性戲球的場景，而一般文物圖像也不乏女子玩球的刻畫。[2]儘管傳統時代便有女性熱愛球類活動，與近代女子球類運動相較實大異其趣，傳統女性打球純爲消遣或逗趣，近代女性打球不僅具娛樂意味，且充滿競爭氣氛，同時，球技精良的女性有機會被選爲球員參加球賽。因此近代女子球類運動的複雜性不言而喻。

近代球類運動於十九世紀末期由西洋傳教士引進，並在校園中流傳。起初僅有少部分男學生利用課餘進行這項運動，迨球類運動成爲體育正課，加以球賽及大型運動會中列有賽球項目之後，有興趣打球的學生漸增，校園中也出現專務球賽的學生，「球員」一詞遂不脛而走。至於女子球類運動因發展較遲，其推動的過程遠不及男子球運。儘管民初已有女學生從事球運，也有校內與校際間的女子球賽，但這類球賽多以聯誼與表演方式呈現，即使大型運動會也不曾有女子球類競賽，例如一九二三—一九二四年間，遠東運動會（以下簡稱「遠運」）與全國運動會（以下簡稱「全運」）設有這項賽程，卻列在表演項目內。[3]

二〇年代後期以降，由於國民政府對體育活動的大力倡導，加以此期受日本侵華事件的刺激，清末以來主導著近代體育發展的「體育救國」觀念不斷被體育界強調，運動競賽顯著倍增，而女子球賽也達到前所未見的頻繁；再者，此期的女子球賽採錦標競賽，促使原是球場邊緣的女學生球員得以大顯身手，也帶動更多的女學生投入球賽。[4]無疑的，這個時代的體育風氣使女球員成爲頗具吸引力的角色，而這也是觸發我研究這群女性的原因所在，本文並擬以四個方向進行分析。由於球員的產生不是僅憑藉個人球技，尚需有各種條件的配合，本文首先要從組織女子球隊與訓練女球員這兩方面著手探討，藉此了解成爲女球員的歷程；其次就各類型球賽，綜觀女球員如何馳騁球場展開球員生涯。

對女學生球員而言，球員生涯相當短暫，但意義卻非凡，女球員除從球賽中改進球技之外，道德規範與生活等連帶受到影響。此外，球賽是公開演出的活動，女球員與觀眾形成互動關係，球賽的過程與女球員的表現也衝擊著觀眾。更重要的是，儘管女球員這個新的社會群體是在體育政策與民族思潮激盪下建構而出，並以運動員的形象出現在大眾眼前，但社會大眾的觀賞角度並不一致，經由報刊雜誌再現的女球員形象自然多樣而複雜；有趣的是，這種由媒體塑造的女球員形象也引導觀眾的態度和對她們的觀看。爲了解這層層現象，本文接著要探討的是，球賽對女球員公、私領域的影響，並進一步觀照大眾的反應，尤其是在觀眾中占多數的學生；最後將透過不同觀眾心目中的女球員形象，展現女球員的多種面貌。

根據上述四個方向，本文試圖揭示這個時期女球員的活動，以塡補這段空白的歷史，並期望爲性別議題與女性研究提供思考方向。以性別議題言，分從球員、體育專家與觀眾三者進行檢視，一方面審視男女兩性各以何種態度看待女子球賽與女球員，也觀察女球員如何看待男球員與大眾。另一方面討論兩性關係是否因球賽活動而變化？若有變化，兩者的關係是衝突抑是和諧？不過，本文僅論述球賽所帶來的兩性互動，而不比較二者的個別差異。以女性研究言，女球員是以球技出眾而成爲風頭人物，有別於傳統的才女，其間的差別何在？女球員是代表學校、地方或國家爭取錦標，她們必須棄私爲公，不僅在公領域活動，也須爲公眾團體負責任。然而處在女權思潮蓬勃、自主解放意識高漲以及都市新女性當道的二、三〇年代，女球員顯然不會限於運動員的角色，僅關懷球賽勝敗，她們是否藉這個角色更突顯自我以回應時代，並以她們的形象爲社會塑造另類新女性，是另一值得探究的課題。

總之，本文是透過近代女子體育了解女球員的產生、發展及其動向，不強調女子體能教育與女球員的關係，而是重視球賽對成爲女球員或已是女球員的影響，還有社會大眾與女球員的互動，並呈現其間的社會與文化意涵；同時兼論當時的女性形象與兩性問題。爲確實掌握此期女球員的活動，我選擇華東地區[5]的女球員爲論題，蓋因這段時期重要的球賽大致集中在華東，而上海女球隊的表現又是全國之冠。不過必須釐清的是，籃、排球運動是當時較普及的球類運動，我所著眼的便是從事這兩項運動的球員；另外，此期的女球員主要來自學校，儘管有學制與學級之別，但因普通學校與體育專科學校的球員區隔不大，同時球賽也多半無這類限制，本文擬合併論述，並偏重球運風氣較盛、明星女球員較多的上海。

至於時間的斷限，始自一九二七年，係因這一年之後華東地區的女子球賽開始轉型，迄於一九三七年，則與中日戰起、球賽活動不同往昔有關。有關資料的運用，本文是以報紙、校刊、婦女雜誌和體育期刊爲主體，另參閱其他相關的書籍。需要說明的是，爲引起大眾對球賽與球員的關注，報紙對這部分的記載不免誇張，其中女學生賽球又是眾所矚目的新聞，渲染程度更加深化；但這也體現當時球賽報導文化的特性，因此本文不擬對這類敘述添加過多修飾。另外，呈現女球員的聲音原是本文另一探討重點，但因這個時期女球員的生涯有限，目前未能覓得適當的受訪人，惟有從文獻資料採證並略爲著墨。由於本文是開拓性工作，尚有不少相關課題待探索，例如球場的興建、規模、票價，以及球賽與學校體育、學生健康、國族思想的關係等，這些問題擬另文處理，並與其他運動合併討論。

二、女球員的產生

近代中國體育建立初期，採非正規的教學方式，以課外遊戲或課外活動的形式逐步引導學生運動。[6]而女學生因多數纏足，行動欠便，體育教學更難推動，因此學校多採輕便的運動方式，如體操、遊戲或舞蹈等吸引女學生。[7]此外，校舍幅地不廣，也造成體育教學的不便，以上海聖瑪利亞女校爲例，早期該校的設施相當簡陋，除教室、寢室之外，其他均付諸闕如，天晴時學生還可在堂前草地運動；天雨時因無運動場地，只有蜷居室內。[8]不過，隨著體育活動漸受重視，有的學校於體育課程中增列田徑或球類運動，部分女校也以放足女學生日增以及校舍擴充，開始設置這兩項運動，以改進體育教學的內容。[9]其中籃、排球運動較能爲學校和學生所接受，一方面是這兩項運動是合於經濟原則的運動，既無需太多的設備，占地又不廣，大多數學校能開闢場地供學生使用；另一方面是與其他運動相較，無論在技術或配備上，籃、排球是男女老少咸宜的運動。另外，爲倡導女子體育，這種適合女性的運動得到不少女校的支持，有的學校鼓勵學生在課餘打球，也有學校舉辦班際或師生球賽，藉此提高女學生打球的興趣。更重要的是，打球的風氣在三〇年代達到高潮，有的地區有「打體育」的說法。[10]

華東地區的女子球運是由教會學校首開其端，一九一六年上海女青年會體育師範學校最早有女子籃球活動，其後這項運動逐漸在女校流傳。[11]當學校興起球類比賽後，有意參加球賽的女學生便相約組隊練球，這些球隊多半產生自一個班級或由數個班級學生混合而成，有的球隊更排定練球時間，讓練球活動正規化。一九一八年上海中西女塾即有三支以這種方式組成的籃球隊，這些球隊還自訂每週一至週三午後四點半到五點爲練球時間。[12]此外，上海啓明女校則鼓勵學生課後打球，將學生分甲、乙二組，以交相角逐。[13]嚴格而言，此期華東地區具規模的球隊並不多，即使有球隊已粗具規模，比賽的對象多限於校內同學與教職員，若外出比賽，也屬表演性質或友誼賽。一九一六年上海女子蠶業學校和愛國女校在江蘇省校際聯合運動會中表演網球和籃球，是華東地區最早的女子球類公開表演賽。[14]一九二三年上海裨文和民立兩女校曾以華東區代表爲名，與華南隊一道參加「遠運」的女排表演賽；一九二六年，該二隊復受邀於華東運動會中示範表演；爲了參加表演賽，這兩所女校經常舉行友誼比賽，互相切磋。[15]

這種情形至一九二七年之後明顯改變，一則是這一年列有女子排球表演賽的「遠運」於上海舉行，再則一九二八年江蘇大學區中等學校聯合運動會首開女籃與女排比賽。[16]更重要的是，國民政府定都南京之後，十分重視體育，不僅加強學校的體育措施，也竭力推展全民體育，並擴大舉辦「全運」。[17]爲配合政府政策，學校的體育活動明顯地比以前頻繁，體育課之外，有的學校又安排早操和課外活動。儘管一九三七年一月國民政府始對課外活動訂定強硬實施的規定，但事實上，早在九一八事變之後，已有學校受「體育救國」觀念的影響，自行強迫學生進行課餘運動。[18]浙江處州中學曾規定每週一、二、五下午課後爲學生運動時間，全體學生務必投身操場，不准逗留於教室中。[19]浙江省立第四中學則強迫男女學生每學期至少須選習一至二種的課外運動項目；選定之後，一學期內不得隨意更改，由體育部編隊分組，排定練習日程，並分配場地練習。[20]

課外活動的項目是根據學校現有的設備和人力而編排，各校所列的項目因此不一，但籃、排球運動是每個學校必有的活動項目，致使有興趣打球的女學生人數逐漸增多。此外，學生自治會的成立也利於體育的推動，由於多數自治會設有體育股或體育會，不僅與學校的體育部互通有無，且因該組織產生自學生間，能依據同學的興趣舉辦體育活動，對校內的體育發展貢獻不小。[21]聖瑪利亞女校的課外活動便是由體育會和學校共同合辦；蘇州振華女校的體育股則設有各種運動錦標比賽，其中球類競賽以級爲單位，分網球、排球和籃球三種；同時體育股也舉辦校際間的球類友誼賽。[22]

且不論是否每個學校都能照章行事或主動倡導體育，毋可否認的，這種自上而下大力推動體育的政策，確實爲一些學校助長運動風氣。尤其重要的是，一九二九年以來華東地區經常有體育組織定期發起女子球賽，各種運動會也將女子球類運動列爲競賽項目，不再以表演方式演出，使沉寂的女子體育轉趨活躍，向來不重視體育的學校，開始競相注重女子體育。[23]組織球隊一時成爲校園的時尚活動。

其中一九二九年「上海中華女子籃球會」（又稱「上海女子籃球聯合會」，以下簡稱「上海女籃會」）的成立，曾將此一盛況帶入高潮。該會是由上海女子籃球界的霸主崇德女校所發起、中華全國體育協進會（以下簡稱「體協會」）主辦，有鑑於體育事業偏重男性以及上海女界對體育活動缺乏熱忱，上海崇德女校提出組織女子籃球會的構想，並邀請上海數十所中學女校與設有女子部的大學共襄盛舉，期藉此「收觀摩切磋之益，互求進步於他日」。[24]由於這是上海女子體育界的空前創舉，引起廣泛的關注，不少學校或女學生視加入「上海女籃會」爲一大光榮，紛紛厲兵秣馬，展開整頓或成立籃球隊的工作。[25]此後因球會組織的次第成立，加以有規模球賽的不斷發起，校園球隊的組成在三〇年代上半葉相當普遍，同時擁有多支球隊的學校也日益增加，特別是女學生較多、球技出名以及以體育教學爲主的學校。一九三四年，啓秀女中便瀰漫著組球隊的熱潮，幾乎每級都成立球隊，一時蓬蓬球聲傳遍全校。[26]儘管各校球隊日增，一般學校的校隊代表只有一隊，啓秀的校隊即是來自各級隊的精銳。[27]但參戰頻率較高的學校則有一支以上的球隊，如大夏大學有兩隊，兩江女子體育多達四隊。[28]

此一時期，校隊的成立不是來自學校的倡導便是學生的自願。凡受到學校眷顧的校隊較能得天獨厚，以東南女子體專爲例，該校一向雖力倡籃球，卻不曾正式組織球隊外出比賽，迨加入「上海女籃會」之後，該校遂挑選健將組織強東籃球隊（以下簡稱「強東隊」），同時聘請交通大學的體育主任擔任指導。[29]另如大夏大學不但在女生體育會中成立各種球類校隊和田徑校隊，同時特爲女學生開闢球場，增加她們練球的機會。[30]這些有利因素，確實助長球隊的表現，東南女體專的「強東隊」經由一個月的正式訓練，球藝大爲精進，不但所向無敵，甚至打敗崇德奪得錦標，成爲上海籃球界的霸主。[31]大夏也在「江南大學體育協會」（以下簡稱「江大」）舉辦的球賽中時有捷報。

反之，無法獲得學校支援的球隊則面臨不少問題。上海大同大學自成立體育委員會後，由學生自組球隊，結果因球隊達五十多隊，學校的體育指導無法兼顧，新成立的女子排球隊惟有請四名擅長排球的男同學指點。[32]三〇年代名聞全國的兩江女子體專的籃球隊（以下簡稱「兩江隊」）於一九二五年成立，卻至一九二九年始聘專家指導，署名「女俠」的論者曾針對此事指出，該校有不少體育人才，但因未成立校隊，又乏人指導，因此埋沒不少「巾幗英雄」。[33]事實上，球隊聘不到專家指導固然與學校的態度有關，體育教師的缺乏亦是另一項不可忽視的因素，導致多數球員的球技是來自相互切磋或男球員的指導。此外，體育設備的不足也帶給球員困擾，一九二九年，上海中學女子部爲參加上海市第一體育場舉辦的排球賽，積極成軍，並向學校要求津貼球衣，詎料學校以經費拮据回絕，球隊爲此喪失一場比賽權；直至校方同意補助，該隊方以正式成立的名義，加入這場球賽。[34]

至於球場的不敷使用，更是問題重重，經常造成學生間的衝突。一九二九年上海勞動中學的校園便曾爆發男女同學爭奪球場的激動場面。據報導，自該校球隊與日俱增以來，學校的運動場所和運動設備並未相對增加，為爭取練球的機會，球隊間爭端時起，這場衝突即肇因於此。當日原是女子球隊的練球時間，不料有兩支男子隊擬作比賽，竟請求女同學退場，以便他們獻技，但這支球隊已因男子隊賽球犧牲多次擲籃機會，因此拒不退讓。為圖報復，一名男同學故意將女同學失手的球踢入水田中，而女同學也不甘示弱，奪走男同學的球，同樣丟入水田中。在雙方情緒都失控下，有一名男同學下水撿起他們的球，卻將女同學的球丟得更遠，女同學見此情形備感受辱，於是：

> 也有一個密斯發義憤，連鞋襪也沒有脫，踏下水田去，拾取這球，而且把男同學的一個也劫來，送交訓育課。[35]

其後雙方雖各派代表談判，卻互不相讓，爭辯達兩個小時，直到訓育主任再三規勸，這場爭執始告平息。[36]

由這段記載可以看出，勞中學生的不睦是基於球場不足，但此中又有兩性問題的存在。從男球員霸占球場再至羞辱女球員的舉動顯示，當女性進入原由男性操控的場域時，兩性間的緊張關係從而形成；不過，女性一旦有機會進入這個場域，或這個場域中的公平性被破壞時，她們並不完全退讓，會設法進入核心或訴求正義。由於球場問題嚴重影響球員練球機會，有的學校訂有練球時間以防範衝突，例如交大的籃球部便爲籃球隊安排練習時間，方便男女學生分開練球。[37]浙江鄞縣私立效實中學甚至頒布「球隊練習登記簡章」，簡章上註明：「每隊練習日期登記一星期暫以三次爲限」、「練習日期場地如數隊相同則以登記先後爲去取」以及「如登記後繼續在一星期並不練習則作解散論」。[38]

除了外在條件之外，內在條件也影響球隊的成長。學校球隊的成立是緣於球類人才的參與，早期因這方面人才有限，加以多數球賽未對球員資格訂定規則，球隊的成員十分複雜，有的以在校生爲主，有的則向外調兵遣將，致有本校校友和他校校友混合而成的球隊；一九二九年，「上海女籃會」的會員有七隊，其中崇德是集崇德校友及南洋大學、暨南大學等離校健將而成。[39]其後賽規日嚴，球員多數來自本校，即使有校友加入，也必須以業餘身分參賽。

一般而言，大學的女子球員主要來自訓練有素的中學球員，較易糾集精銳成軍。一九二八年交大成立排球隊，隊中的陶莼、吳澍、張純蓀和吳鳳珠均曾是中學時期代表華東出席遠運的排球校隊高手。[40]由於這批人才的加入，使球隊深具朝氣，而她們也受到高度期許。另如持志大學的女排自有排球女將朱友蘭入隊之後，該校同學冀予厚望，期望朱能領導隊友在女排球隊爭一席之地。[41]但是靈魂球員通常無法常駐於球隊中，隨著學業結束或其他事由，校隊球員經常更迭，在人才青黃不接下，校隊惟有暫停活動或宣告解散。一九二九年交大的女排即因陶蒓生病離校、吳鳳珠因事退學而停頓半年，直至陶復學以及擅長排球的新生加入，球隊始重新組成。[42]

另外，此期愛好球運的學生固然不少，精通某類球技的人才卻有限，因此組織球隊時，常有一人二用的考慮。一九二九年兩江在預選女子籃、排球隊員時，有感於排球人才鮮少，決定從喜愛運動的學生中挑選，結果有十五名學生被認爲可能獲選。而這十五人中，五名是籃球隊員，另六名則是籃球隊極力吸收的人選。[43]再自浙江省立高級中學（以下簡稱「浙中」）也看到此類現象，該校女子排球隊的隊員計有十三人，但其中包括隊長等八人均是籃球隊員。[44]這種一人身兼數隊的情形，令球員疲於奔命，且影響球隊素質。浙中女排隊隊長王華貞曾因女排戰果欠佳而喟歎：

> 成績談不到，練習時又不能全體出席。同時我們女同學又少，這樣要求，那樣要求，一個人兼著數差，實在使我們感著精力方面難以應付了！[45]

但也有學校禁止球員跨隊，崇德於一九三三年首次成立排球隊時，即規定籃球隊員不准加入，俾使該項運動普及全校。[46]

不過，儘管球隊積極布署並排除萬難，卻無法防範一些不可預測事件的發生。例如一九三二年爆發一二八戰役之後，由於不少學校被迫停課，加以體育活動的暫停，一時活躍於校園中的球員都消聲匿跡，球隊也隨之解散。啓秀女中即曾停課半年，迨至復課，球員卻已星散大半，有意打球的同學惟有另起爐灶，重新組軍。[47]

無論校隊或球員本身面臨多大困境，一旦選爲校隊球員，無不認眞練球，從來自三所學校校園的報導可以看到：

自女子籃球隊加入籃球會以後，練習不懈，每日無間，每日黎明即有無數女英雄，馳騁於球場，冀異日奪標之預備。[48]

……每當晨曦初放，男同學正尚在黑甜鄉大做好夢的時候，那班女英雄已在健身房裡大施其好身手。[49]

當午後六時至七時，夕陽已落，月色初明之後（案：原作「候」），輒見健身房中，女英雄角逐盛況。[50]

由是顯示，女球員對練球的執著，而這種態度甚至不讓鬚眉。

爲了增加球藝，球員經常與校內同學展開球賽，在男女同學的校園中，甚至可以看到兩性一道練球的情景，浙中女籃球隊曾指出，她們球藝之能猛進便是受益於有機會和男同學練球。[51]另外，球員常抱著初生之犢不畏虎的精神，邀請其他學校做友誼賽，一九二九年中國公學的女子籃球隊（以下簡稱「中公女籃」）於成軍不久，即向上海各女校下戰書，充分表現該校的雄心。[52]至於提出友誼賽的球隊，不是僅向實力相當的球隊挑戰，也對冠軍球隊邀戰，上海江南體育學校女籃球隊曾致函崇德女校，表明道：

> 素仰貴隊技術優良，聲譽卓著。敝隊同人不勝欣羨之至。茲爲尋求技術上之進步起見，渴望貴隊指教，俯允與敝隊作友誼比賽一次。[53]

無疑的，技術懸殊的球隊會師時，勝敗立見。例如中公女籃面對強手復旦時，曾出現「茫無頭緒，常常把球傳給敵方」的窘態。[54]惟這種挫敗對甫成軍的球隊而言，是一種經驗的累積，無礙球隊的發展。

由於校隊代表學校，有的學校訂有對外比賽規程，以規範球員。例如浙江嘉興女中不僅要求校隊名稱、隊旗、隊長、校隊訓練和組隊參賽需根據校方規定或獲校方許可，同時球員的學業成績及品德也需合乎校方標準，凡「學業成績三分之一不及格者及操行劣等者」與

「不尊重運動規則及運動道德者」均不得爲該校代表。[55]儘管目前尚未有其他學校的資料，但從嘉興女中的規定可以看出，在成爲公眾人物之前，該校期待的球員必須是球藝與學養兼備者。

此期的球員一方面產生自校園，另一方面則出於體育單位的培訓，儘管後一類球員的人數極少，卻是代表地方或國家參加全國性或國際性球賽的精英，因此有一定的遴選和培訓過程。以出席「遠運」的中華隊代表爲例，球員必須先接受地區選拔，再以區域代表的身分參加全國預選；凡由地區選拔出的球員主要來自各校校隊的精銳，在女子球隊尚未蔚爲風氣之前，因僅有少數球隊參加遴選，競爭性並不大。例如一九二七年因華東地區有能力組織排球女隊的學校僅有褘文、民立和中西三所女校，這一年「遠運」華東區的十六名球員代表即選自褘文和民立；其中六名在全國預選時入選爲中華隊代表。[56]

理論上預選的方式應隨著競爭球隊日增而愈趨嚴格。實際上卻不然，一九三〇年首次舉辦的萬國女籃賽因參賽者來自世界各地，中華代表隊的人選備受重視，但代表人選並未產生自預選，籌備委員會係從兩江、強南和六星[57]等勁旅中挑選精英成軍。[58]一九三四年「遠運」的女排代表也未舉行預選，僅對具精良技術的球員進行篩選，在十五名代表中，上海的球員占了八名。[59]

這些球員不是代表地方便是國家，因此主辦單位給予嚴格的訓練，並聘有專家指導。從一九三五年上海女籃隊員的「全運」會前訓練辦法略窺一斑，受訓球員有十六人，分前後兩期，前期的訓練期限是一個半月，每週三次，三週後開始作友誼賽，以期增加球員間互助合作的精神，訓練完畢正式選出十人代表上海市參賽，並進行後期訓練，直至大會開幕始結束訓練。[60]後期訓練每週四次，若經濟寬裕擬採合宿辦法，讓球員在規律的生活下受科學化的嚴格訓練，俾便球員的技能體力或精神均可達佳境。此外，又訂有訓練規約，要求球員切實遵守，包括服從指導員的命令、按時到場練球、不得無故缺席以及注意個人健康、日常生活與學習精神等。[61]

總之，校園球隊的組成有來自學校支持也有學生自願，得助於學校的球隊較能順利成軍，而由學生自組的球隊在技術指導或經費上易陷入窘境，並有場地不敷使用的困擾，球員間甚至爲此而衝突。不過這些問題尚能克服，有的情況則非球隊所能控制，例如球類人才的難求、球隊壽命的有限以及突如其來的戰爭等。惟儘管如此，女球員熱衷組隊參賽的熱情並未稍減，經常無分晝夜地練球，這種精神顯現女球員對球類運動的執著，也呈現他們對球賽戰果的重視。除校園球員之外，另有由體育單位培訓的球員，這些球員主要代表地區和國家出賽，故選自各精銳校隊，再加以嚴格訓練，培養她們的過程明顯與校隊不同。

三、女球員馳騁球場

正式球賽展開之初並未有組織性的比賽，迨至有女子運動團體，球類競賽始進入規劃。這類團體主要產生在大城市，一九二九年三月在東吳大學體育教員許輝業發起下，蘇州成立了「蘇州女子體育會」；同年，上海也成立前述的「上海女籃會」。[62]各女子體育會成立後，遂積極展開體育活動，「蘇州女子體育會」於組成當日即舉行女子籃球會，安排當地四所女中進行比賽；其後又舉辦女子排球賽。「上海女籃會」於募得六隊會員之後，也編排賽程，展開十五場比賽，其中「上海女籃會」的活動尤受重視，該會因首開上海女籃比賽的先河，最初幾屆的比賽，不僅參賽球隊踴躍，競爭更為激烈，籃壇霸主因此不斷易主，由崇德隊轉為東南女體專的強東隊、強南隊，再是兩江隊，此後兩江一直擁有后座。[63]

由女子運動團體舉辦的球賽不完全限於國人，比賽對象也包括租界地的西僑，上海即常有國人與西僑的籃球賽。早期與西僑比球的主要是教會女校，一九二七－一九二八年間，金陵女子大學、復旦和崇德會以友誼賽的名義，各自邀請西僑青年會的女子籃球隊（以下簡稱「西青女隊」）賽球。[64]由於西僑實力雄厚，這種比賽除有助於球藝的增長之外，並具有提倡女子籃球的用意。[65]

一九二八年以降，因上海西僑青年會體育館的落成以及「西青籃球會」、「西青女子籃球會」（以下簡稱「西青女籃會」）、「西青排球會」的陸續成立，西僑開始定期舉辦籃、排球邀請賽。[66]其中女籃賽因由「西青女籃會」單獨發起，規模或活動遠較女排賽受到注意。「西青女籃會」成立後也訂有會規，並固定比賽時間，定期比賽方式使國人與西僑賽球的機會大為增加。[67]該會發起之初，崇德女校是唯一的華人球隊，儘管該隊出戰期間均未獲勝，但因與「西青隊」旗鼓相當，雙方交手不時出現精采局面，仍贏得觀眾的讚美。[68]一九二九年十二月，強南隊也加入「西青女籃會」，該隊入會不久即以二十比十五的戰績挫敗「西青女隊」，由於這是該會成立以來，華人球隊首次得勝，各大報紙紛紛報導這項喜訊，例如《申報》出現「中國女子尚武可慶」的標題。[69]顯而可見的是，與西人賽球不僅在表現球技，同時也展露中華女性在體能方面不落西人。

一九三一年之後，入會的中華球隊略增，而且表現優異，特別是譽滿上海的兩江隊曾在「西青女籃會」中蟬聯三屆錦標，令西僑刮目相看，贏得「常勝軍」的美名。[70]不過，至一九三五年時，因「西青女籃會」試用男子比賽規則，導致不少球隊裹足不前，中華學生代表隊僅兩江甲、乙二組報名。[71]對兩江言，該隊固曾採男子規則與外界比賽，但因國內正式的女籃賽向來採女子規則，因此在不諳男規的情況下，兩江的表現大為失色，致而喪失錦標。[72]一九三六年，「西青女籃會」雖宣布歡迎中華女子隊參加，卻因報名者寥寥，再採女子規則，惟仍無法吸引較多球隊參與。[73]

從上海中華籃球隊與西僑的球賽可以看出，由於西僑球藝精湛，加以人高馬大，有能力與她們應戰的中華球隊相當有限，迎戰者主要是當地實力雄厚的球隊，崇德、東南和兩江等校的球隊便是一時之選，其中兩江曾身經百戰，頗具職業球隊的水準。透過這類比賽，中華球隊不僅有機會炫技，同時也獲得磨練球技的機會，有助於她們參與大型的球類競賽，例如強南於打敗西青後，曾乘勝追擊，以六戰六勝的佳績於稍後舉辦的「上海女籃會」中贏得冠軍。[74]

除有女子運動團體主辦的女子籃球賽之外，為提倡女子體育，一般社團或體育團體也於此期召開女子籃、排球賽，並訂有比賽規程，使球隊能依規定參賽。其中在上海展開的女子籃、排賽尤其多樣，有世界性、地方性及校際間等類比賽。例如由「體協會」發起的上海萬國女子籃球賽、上海青年會設置的女子組籃、排球賽以及上海市體育協進會主辦的「鐵城盃籃球賽」女子組等。此外，以中學和大學女學生為主的女子籃、排賽也應運而生，與其他比賽不同的是，多數球賽無學制限定，舉凡中學、大學或體育專門學校均可報名參加，並混合對打，獲勝或參賽者最終多流為訓練有素的體專校隊，如兩江、強南等隊；但這項比賽純以中等女校為主，使中學女生得以和實力較接近的隊友競爭。大體上言，女排的冠軍多為啓秀所得，女籃錦標則歸崇德。至於大學女子籃、排賽，較著名的是「江大」舉辦的女子組球賽，每次參賽的大學女生隊主要來自金陵、暨南、中央、大夏、光華和復旦等校。[75]各類型運動會中也都設有籃、排球賽，大型運動會如「遠運」和「全運」，小型運動會則由江蘇、浙江兩省以及南京、蘇州、上海、杭州等市所舉辦。參與大型運動會的球員選自各球隊的精銳，能雀屏中選的球員主要來自明星球隊，如暨南、兩江、東南、民立、務本、崇德和金陵等校的球隊。由於這些球員的傑出表現，使她們從地方明星球員升為名噪全國的女球員，甚至享譽國外，從〈附錄一〉即可看到當時的部分明星球員，如排球健將關柳珠、劉瑪琍、張璧如、黃杏芬、蕭俊英、陶莼、朱民寶；籃球精英潘月英、陳白雪、陳榮明、楊森、陳聚才、陳婉卿、陳金釵、許沅。

正式球賽之外，友誼賽也在會外展開，有的友誼賽是應觀眾盛情而舉辦，一九三一年東光隊因隊員不足，致使由「西青女籃賽」安排的一場「兩江對東光」的正式比賽無法上場，但因觀眾甚多，東光遂向兩江借兵，改作友誼賽，以饗觀眾。[76]有的友誼賽則純為練習球技而召開，由於這些球員多為球場老將，極重視各自的表現。一九三三年，兩江準備至歐美等地遠征，為求經驗和技術的精進，曾與西僑各勁隊舉行多次友誼練習賽，其間雖有小挫，該隊毫不退讓，繼續各場比賽；而西僑也集合明星球員迎戰，致使每場球賽均有不凡的演出，仿如正式球賽。[77]賽前的友誼賽在大型運動會召開前尤其常見，同時頗受關注。[78]

明星球隊也常受邀出席其他機關、學校舉辦的友誼賽，如慶賀校慶、賑濟災荒等，一九二九年爲籌募陝甘豫賑款，「上海女籃」的冠軍強東隊和亞軍崇德隊曾受邀進行女子籃球慈善賽，券資所得悉數賑濟災荒。[79]不過，這類比賽多係表演性質，較無競賽意涵。

由於友誼賽不是正規的比賽，競賽對象不受限制，球隊不僅和同性較勁，也與異性球隊量力。這種場面是正式球賽所不曾見，因此相當引人注目，有趣的是，交戰雙方互不相讓，全無性別差異。《上海時報》曾對一幕男女排賽做了如下報導：

> 對壘者爲晨鐘及東燕，前者屬娥眉倒豎之娘子軍，後者係威風凜凜的少爺兵，交綏之下，娘子軍非同凡響，以三比一擊退偉男子東燕隊，爲婦女體育界生色不少。[80]

儘管這場比賽是在酷暑下進行，雙方球隊仍認眞出戰。[81]

事實上，勇於接受異性邀戰的女球隊多半實力雄厚，而邀戰的男生球隊則是抱著好奇的心態。一九二九年五月爲吸引觀眾，並使球賽具新鮮感，在上海男子排球界素負盛名的大夏大學男子隊曾邀戰勇敢善戰的民立女中排球隊。由於該隊未於挑戰書中說明與賽者是女生還是男生，導致民立隊的不悅，堅稱女隊應戰方肯出馬，但因女生召集不易，只好臨時組成男女混合隊出戰。比賽三局後，民立隊又與男隊交戰二局，這五局比賽歷時三小時之久，雖然民立隊的戰果不佳，卻毫無倦態，深受觀眾欽佩，該校記者視這項比賽爲女界罕有、空前未見的劇戰。[82]

此期有男女對打的球賽主要是排球賽，但籃球賽也曾有男女隊交戰的局面，出戰的球隊大多是首屈一指的球隊，例如兩江隊即有和男隊比賽的多次經驗。兩江之所以迎戰男隊，一則是為增進球技，另則是試用男籃規則，一九三〇年該隊與童子籃球隊、交大籃球隊和上海體育新聞記者團的比賽便是採男籃規則，而這幾場比賽互有勝負。[83]異性間的籃球賽不完全是嚴肅的演出，有時以輕鬆方式進行，一九三三年杭州「浙江建設運動會」閉幕後，上海各報特派記者應廳長之約，與廳長組成一球隊，對抗東南、兩江隊，由於這場比賽純係餘興表演，因此比賽時笑料百出，與一般球賽大異其趣。[84]

無論正式或非正式的球賽均使女球員展現球藝的機會大為增加，她們走出校園，到校外的體育館和運動場表演。有的球隊甚至遠征其他省市，乃至國外，兩江籃球隊便因盛名遠播，經常出訪。一九三〇年十月，該隊首度展開至外省的系列友誼賽，這也是全國第一支與外省市球隊聯誼的女子籃球隊。行前該校特別宴請新聞界，表明該隊擬於不久赴日本比賽，但在赴日之前，期望與平津地區的球隊切磋球藝，並提倡體育。[85]由於兩江隊是乘船前往，沿途風浪頗大，致使球員飽受暈船之苦。[86]抵津不久，該隊即展開連續三天的密集式友誼賽，在四場球賽中兩江均告捷；而觀眾更不顧天氣寒冷，仍相率前往觀賞。[87]接著兩江又赴北平比賽，賽後原預計續往遼寧比賽，但因有兩名隊員生病，加以天氣酷寒，因而中止赴寧的賽程。[88]這段期間，為再度一飽天津觀眾的眼福，兩江特地折返天津做兩場友誼賽。[89]

此後兩年，兩江實力不斷增強，遠征各地莫不載譽而歸，因此不少地區特邀該隊前往表演。一九三三—一九三六年間，兩江曾先後出師華南、華中等地，與廈門、香港、集美、漢口、安慶、蕪湖和青浦的球隊進行友誼賽。[90]其中在青浦的兩場比賽曾轟動全城，因該地尚無女子籃球隊，兩江的對手是兩支男子球隊；為一睹球員風姿，觀者人山人海，各娛樂場所也因此停止營業。[91]此外，為倡導國內女子體育，兩江曾主動集合該校童訓班和師範科三年級學生組隊至京滬等地做友誼賽，使蘇州、無錫、鎮江和南京等校的校隊、教師聯隊有機會與該隊較量。[92]

同此時期，兩江球隊又遠赴國外訪問，首先於一九三一年至日本、朝鮮進行多場友誼賽。[93]在日本的比賽僅有一場採女子規則，因此出戰十場未能全勝，而是六勝四負。[94]其間又因旅途疲乏與不適室外比賽而中途棄權。[95]但此係兩江首度出國，有此成績已相當不錯。其後赴朝鮮則是每場均勝。一九三五年該校復至東南亞等地比賽，東南亞之行是應岷里拉（案：岷里拉即馬尼拉）華僑體育協會之邀，參加嘉年華會的球類比賽；賽後再轉東南亞其他大城市觀光，並與當地球隊進行友誼賽。[96]在近兩個半月間，該隊一共出賽三十八場，雖僅有七場是採女子規則，成績仍十分可觀，勝三十二場敗六場，這六場的挫敗係因與男子隊作戰，競爭過於激烈，導致體力不勝而小挫。[97]基於兩江隊的盛名，該隊所到之處，當地留學生或華僑名流無不竭誠歡迎，給予熱情的支持與招待。此外，遠征不僅有助國人女籃聲名的遠播，同時，也對女子體育較不發達的地區有激勵的作用。[98]值得一提的是，女子球賽雖然較男子球賽起步的晚，海外出訪卻不落男子球隊之後，兩江的首次出訪僅較男隊遲五年。[99]

然而類此遠征並非每次都能順利成行。一九三三年正值日本侵華、國難方殷之際，兩江提出環遊歐美的空前計畫，擬藉此行發揚民族精神、觀摩世界體育及聯絡各國國民感情。[100]該校並強調：

> 爲使世界明瞭我國之進步，認識東方行將復興之民族。敝隊擬於遍遊他鄉，參觀其體育設施之前，更將歷年刻苦修成之球藝，與世界士女一較身手，……使知我國婦女，已非自甘雌伏，而欲顯身於世界婦女……。[101]

此一計畫經披露後，引起各界不同的回響，例如美國紐約業餘體育會、中華體育協會名譽幹事沈嗣良及上海市長吳鐵城等相繼支持；[102]但也有持反對言論者，不贊成的理由來自對耗費鉅資遠行的不滿。籃球健將潘月英指出帶領少數籃球人才遠征「是以虛榮爲先急之務，而以學校本身無足輕重之事」，因此潘建議爲普及體育教育，該校應將募得的出國經費，撥交學校建設。[103]另外署名「現人」的作者在《大公報》爲文諷刺，兩江西征係在聯絡中美感情，但兩江早年曾到過日本，並和日本建立情誼，而今卻未有日人相助；「現人」又認爲出國鉅款不應平白浪費，應該用在軍事或體育的設備上。[104]由於反對的聲浪較大，加以經費籌措不易，兩江遂放棄這項計畫。

毋可否認的，兩江的傑出表現，使她們有機會南征北討，於三〇年代前期出盡風頭。不過，隨著其他精英球隊的相繼產生以及邀請賽的盛行，三〇年代的中期，至他省市賽球的球隊日增，例如上海的華東女中、東南女體校和東亞體專等校隊曾先後外征。[105]其中東南女體專更受各界矚目，因該校辦學認眞，無論田徑或球類運動均脫穎而出，因此當兩江的籃球隊應邀赴東南亞賽球之際，該校的田徑隊和籃球隊也受馬來西亞、新加坡等地華僑邀請，前往表演兩個月，這期間籃球隊的表現相當優異。[106]一九三七年四月，爲切磋球藝，東亞體專的女子籃、排球隊，也有港粵之遊，比賽成果甚爲可觀；較爲遺憾的是，女排球員因旅外甚久，體力不支，竟敗於實力不及粵隊的香港隊。[107]

總之，球員產生後的任務是參賽，因此女球員的活動場所不限於學校，校外的球場、運動場都是她們演出的空間，此期的球賽有正式與非正式兩種，正式球賽分由不同的運動組織舉辦，包括國際性、全國性、地方性及校際間的各種競賽，因此女球員賽球的對象相當廣泛，有本國人也有外國人。非正式的球賽不是友誼賽便是邀請賽或表演賽，友誼賽主要在切磋球藝以截長補短，邀請賽含有傳遞球技的用意，表演賽則多半屬應酬性質。此外，聲名遠播的球隊更遠征至異域，例如兩江女籃隊在三〇年代前期曾在國內南征北討，同時也出征至日本、朝鮮、東南亞等地。值得一提的是，此期有不少球賽是採混合對打的方式，既無性別之分也無學制之別，惟男女對打的球賽多半出現在非正式場合。紛至沓來的球賽讓女球員展現球技的機會大為增加，其中精英女球員更是身負重任，備受各界矚目，致使女球員的生活充滿緊張、刺激。

四、球賽對女球員與大衆的影響

球賽讓球員有機會馳騁球場、展現球技，並從中改進技術，而隨著球賽產生的規程及相關活動，進而影響球員的行為舉止和知識見聞。二、三〇年代陸續設立的運動團體幾乎都訂有比賽規則，詳細規定會制、會費、賽規、服裝、球員資格及球隊人數，這些規範不僅有助於球賽的進行，且具有制約球隊和球員的作用。其中球隊的出席與否因攸關賽程，每個組織團體為此訂有嚴格的規定，一九二九年「上海女籃會」曾要求球隊「如遇特別事故不能如期比賽時，須徵得對隊之同意，先一日繕具理由書，派人向主席委員申請改期，否則作棄權論」，再者「棄權一次，扣除保証金五元，棄權兩次，保証金沒收」。一九三三年，該會將此項規定進一步修訂爲「球隊棄權一次，沒收保証金；棄權兩次，即取消其會員資格」。[108]至於在規定時間內不出場比賽的球隊，每個組織都視之爲棄權，鮮少寬待。[109]早期確實有球隊無法墨守成規，怯場或無故缺席的球隊時有所聞，但至三〇年代，這種現象大幅改進，球隊在萬非得已下才會宣告棄權。在一九三三年的「上海女籃會」中，兩江的兩隊曾棄權一次，棄權的原因是路程遙遠，加以沿路車行遲緩以及交通號誌阻梗，致使該隊以遲到一刻鐘退出比賽。[110]

另外，有的團體尚規定「球員中有未報名及未繳照片者，不得參加比賽，違者取消該球員所屬球隊之比賽資格；再如中途退出或被罰出會者，保証金不發還，且所得之比賽分數，亦同時取消」、「比賽用球，採用國貨」、「比賽後洗澡應用毛巾，均須自備」。[111]而第五屆「全運」對包括球員在內的全體運動員訂出〈運動員十不要與十要〉的標語：（一）不要晏起晏睡，要早起早睡而又有定時；（二）不要貪口腹，要少吃而多嚼；（三）不要始勤終惰，要到底不懈；（四）不要畏難，要百折不回；（五）不要爭勝，要有眞正工夫與實在力量；（六）不要欲速，要漸進不已；（七）不要飲酒抽煙，要淡泊；（八）不要好色縱欲，要寧靜；（九）不要貪財好貨，要廉潔；（十）不要僥倖犯規，要遵守運動員之道德及比賽時之規則。[112]値得一提的是，上述各類規定，並無性別差異，易言之，身爲球員無論男女都必須有守時、守紀、講究衛生、遵守道德與具備愛國的觀念。儘管很難確知每位女球員所受到的影響程度，但爲配合團隊行事，女球員的生活習慣或認知多少會因此而改變。

女球員經由會規不但學習規範，也從中懂得如何挑戰並爭取權益，而這種情形多半出現在冠亞軍賽。爲贏得錦標榮譽，雙方球隊嚴密監視對手是否有違規情事，其中球員資格便深受關注。屬業餘性質的球會通常禁止非業餘球員加入比賽，惟儘管有這類規定，仍無法防範資格不符的球員入會。[113]有鑑於此，大會必須主動調查或接受球隊的質詢。一九三〇年，兩江隊曾在上海市運動會中拱手讓出錦標，便是因球員席均曾任體育教員而不符大會規定，經大會質問，兩江惟有宣布棄權。[114]一九三三年上海市運動會的女排賽中也曾發生同樣情形，在海星隊與務本隊的比賽中，民立隊發現海星的球員郭筱萍違反業餘資格，隨即向大會反映，雖然民立的抗議未果，但顯示球員對權益的重視。[115]

裁判的公平與否更是受到矚目，也因此球場上常出現球員與裁判員（或稱公正人）的對立鏡頭，致而衍生違規事件，甚至毆打裁判的暴力行爲。[116]雖然女球員的表現未曾粗暴至此，仍可看到劍拔弩張的場面，或全體退場、提出抗議。[117]在諸多爭端中，以和外國人的比賽問題最多，一九三〇年的「西青女籃會」曾發生兩起中華隊憤而離場的事件。[118]事實上根據球會規定，球隊可以採書面抗議方式，惟這段期間，球隊多半未訴諸大會給予合理解決。[119]直到球場經驗日漸豐富，遇到不公平的裁判時，始不再主動棄權，而是據理以爭，例如一九三三年兩江隊曾因西僑裁判裁奪不公，正式向大會提出抗議，要求撤換裁判。[120]對已是沙場老將的兩江隊言，長期的球場經驗讓該隊不願輕易俯首稱臣，即使這幾場比賽僅是純友誼賽。一九三四年，「遠運」舉辦中菲女排賽時，中華隊也曾因裁判不公正，檢具兩點理由，以書面方式向大會提出抗議。[121]

會規之外，球賽的實際活動讓球員的人際網絡、知識見聞或西化程度跟著起伏變化。以人際網絡言，藉由球賽可以促進球藝，又能增長友誼。大者如建立校際與班際間的關係，小者是與三兩知己結爲莫逆。[122]崇德的籃球名將甘福和葉福基便有深厚的姐妹情誼，據描述，她們結識多年，自小便是同級同學，不僅座位相鄰，無論在校內、外均可見其二人同進同出。[123]女球員既和同性相交往，也與異性球友相往來，人際關係較其他女同學寬廣。有時球員還得參加各式交際應酬，特別是由「全運」或「遠運」舉辦的球賽，以及與外地或國外球隊進行的友誼賽，球賽主辦單位通常會在球賽之後宴請球員，由於這類應酬是男女不拘，女球員一樣受到邀請。此外，球員也參加與球賽無關的活動，例如協助體育影片的拍攝，一九三四年轟動上海的電影〈健美運動〉，便有東南和兩江學生表演運動的鏡頭。[124]無疑的，社交活動讓女球員世面大開，日常生活連帶著多樣而複雜，致有球員梁麗芳流連社交場所，不再參加球賽的例子。[125]

以知識見聞言，經常至外地賽球的球員，因交際面廣，知識見聞無形增長，而至國外賽球的球員更是得天獨厚。東亞女體專赴港粵賽球時，該球隊負責人即表示，香港之行讓她們印象深刻，由於與西方人多所接觸，無論在運動精神或技術上都得到深切的認識。[126]同時，從旅途中，球員可以參觀到各地的名勝古蹟、民情風俗或新奇事物。隨兩江隊外訪的《申報》記者黃寄萍在〈兩江女校籃球東征記〉一文中，曾將球隊沿途所見的日韓風情及兩國的社會、經濟、文化等一一記載，儘管這些觀察不是來自兩江球員，但從該文可以得知，此次出訪讓兩江球員體驗到不同國家的文化差異。[127]另外，兩江隊南征時是乘豪華郵輪前往，該隊球員冷雪（案：應是陳白雪的筆名）將郵輪上參觀到的各種現代化設備一一記載。[128]這些活動讓女球員眼界大開，使她們較其他女性先一步獲得近代化的洗禮。

以西化程度言，籃、排球運動傳自西方國家，球員必須接受西方國家所制定的各種球規和賽球方式，並得嫻熟球賽所使用的英文術語，否則無法了解裁判員或其他球員的語言。前述民立與大夏會戰時，裁判員曾用英語高呼：「Once More Sir（再一次，先生）」，因聲調急促，在場觀眾誤聽爲「黃包車（One Bore Chow）」。[129]顯而可見的是，球員若不明其意，這場球賽必然無法進行。有趣的是，女球員除在球場上使用英語，也將英語帶入日常交談中，爲如實報導球員生活，有的專欄記者以中英雙語夾雜的方式呈現球員的話語，例如「搏九」記載一九二九年中國公學的健身房清晨的一幕：

> Ball, Here; Ball, Here的嫩嫩底鶯聲，……不斷地吹向我們的耳鼓來了。[130]

上海《時報》報導「江大籃球」比賽時場外球員的一段對話：

「……，她打籃球打得很好，跳center，你也是嗎？」

「我也是中鋒，不過腳傷了。」[131]

雖然一九三三年「全運」籌備委員會認爲，運動場中使用英語會降低民族自信力，應將術語譯爲中文，並規定無論職員、裁判員和運動員皆不准使用英語，但事實上仍有實行上的困難。[132]例如中國各地方言分歧不一，在「全運」會中，使用英語始能消除球員間或球員與裁判間的語言障礙，使球賽順利進行。而參與國際性球賽的球員更需要通曉英語，經常與西僑賽球並遠征國外的兩江球員便慣用英語，甚至將英語生活化，從冷雪的〈兩江籃球隊南征日記〉一文可以看到，述及專有名詞時，白雪似無法避用英文。[133]且不論女球員在語言上的西化程度是深或淺，可以理解的是，球員至少要能聽能說球場的英文術語；而在會講洋文是象徵摩登的三〇年代，女球員顯然隨著球賽登上摩登的行列。

球賽活動同時也讓女球員有機會示範球技，與其他地區的球隊交流。經常遠行的兩江隊便在這方面扮演相當重要的角色，一九三〇年該隊至平津比球時，張伯苓於閉幕會中曾致詞表示：

兩江隊技術優良，精神仁俠，可爲全國模範，並希本市得此番之觀摩之後，共起提倡女子體育。【134】

言畢又頒給該隊一面錦標，書著「倡體敦誼」四字，充分顯示該隊在球技傳遞上的貢獻。【135】該隊遠赴東南亞地區時，陸禮華也表示，該行程一則在視察該校畢業生於東南亞各地的服務情形，另則宣傳國人的體育精神並與當地球隊切磋球藝，以達成一九三三年歐美行的部分宿願。【136】

此外，有些球員還藉這些活動從事國民外交，據冷雪的表述，在前往東南亞的郵輪上，她曾與一位美籍乘客閒聊，卻發現對方眼中的中國女性是早婚的，白雪的反應是：

我告訴他關於我們這次的出征及近代女子的婚姻年齡，……至少要給他知道中國女子並不是他所想像的中國女子。【137】

白雪的目的不外是要扭轉西方人對中國女性的壞印象，並改變他們從舊禮教來認識中國近代文化的想法；無論「白雪」的解釋是否產生作用，就「白雪」觀察，對方很敬重地聽她陳述。【138】

值得一提的是，球賽是一種公開活動，爲贏得觀眾的好感，女球員不僅向觀眾展示球技，且講究外觀，甚至以摩登、新派的裝束引領風騷。以髮式言，在一九二七年的「遠運」會中，代表中華隊的華東女排球員是全體短髮，與束著髮辮的日本女選手截然不同，頗受觀眾注意，記者林澤蒼引胡適的話指出，日本各界反對剪髮，並取「摩登」（Modern）的諧音，諷刺短髮爲「毛斷」，林因而認爲中華球員梳短髮是新女性的標幟。[139]至於球員的服裝，早期女球員較爲保守，上穿運動衣、下著及膝的燈籠褲，而這時期漸有球員著短褲。一九三二年上海中央運動場參賽的女選手除蓄短髮之外，穿著白衣黑褲、軟底鞋和短統襪出場，儘管這是國際球賽中女運動員的一般打扮，但在國內尚屬新奇，因此即使生活在開風氣之先的上海觀眾，仍視之爲當年最摩登的式樣。[140]此外，有的球員則以濃妝艷抹亮相，從兩位女球員出賽前的一幕即見一斑：

> 球員的因和眉，一早就穿起特製的球衣，被褥只馬虎的清理一下，便抹著紅紅的脂粉，還畫著濃黑的眉。[141]

寥星在〈爲的什麼呢？〉一文也對一群在球場練籃球的球員做如下描述：

一隊是白色運動衣，白衣間著藍條子「燈籠褲」，每一個都具備著摩登女郎的條件：燙髮，塗上一層厚厚的脂粉，波狀的黑髮上一律紮著一條鮮赤的紅絲帶。另外一隊除了運動褲是黑色以外，就幾乎沒有什麼大不同的地方，不過紮絲帶的比較少點。[142]

球賽形勢加上球員的妝扮使觀眾目不暇給。[143]一九三三年上海《時報》的記者參觀江蘇省第三屆省運會的女運動員宿舍時，發現牆隅地角堆滿運動員的化妝品，無不咋舌。[144]事實上，無論是短髮、燙髮、裸臂露腿或塗脂抹粉，都是三〇年代大都會新派女學生與新女性的時尚，女球員身上所反映的正是這種流行文化，同時她們也將時髦帶給觀眾。[145]

除了公領域之外，球員的角色使女球員在私領域中有寬闊的揮灑空間，彰顯球技之外的其他才華，從〈附錄一〉和〈附錄二〉中可以看到，多數女球員興趣廣泛，不僅喜愛的運動不止一項，甚至還擅長音樂、舞蹈、表演或書法等。例如東南體專的沈文英即文武兼備，既是籃球健將又精通田徑和網球，同時也能歌善舞。[146]其他如東南體專的孫仿倫、東吳大學的狄潤君、愛國女學的石水英以及滬江大學的酈文偉、張如怡等人都身懷絕技。無疑的，出色的球技讓她們更有機會表現，並成為球場或校園的焦點人物。

由是顯示，球員生涯帶給女球員不同的體驗，而且影響深遠，惟對這群來自校園的女球員言，這種生涯畢竟是要隨著學業結束而告終。儘管如此，有的球員並不因脫離球員生涯而減低對球賽的熱衷。有球員透過教學工作傳薪給下一代，其中以體專出身的球員居多數，據一九二九年八月的報導，東南女體專的當屆畢業生除許蘭英之外，其餘二十三名畢業生均先後獲得教職。[147]同時這些球員的教學成果卓著。如一九三五年上海市舉辦小學運動會，其中女子錦標分別爲務本和廣肇兩所小學獲得，而這兩校學生的體育教練均曾是東南女體專的籃球健將。[148]另如兩江名將邵錦英婚後隨夫婿至廣東省立體專，在該校教授韻律和柔軟體操，深受學生愛戴。[149]有的球員則繼續展現球技集結志同道合者組織球隊，參加非正式比賽，這些球隊有民立校友隊與黑鷹隊等。[150]其中民立校友隊的表現特別吸引大眾注意。

民立女排球隊一向在華東排球界享有盛譽，同時曾有球員入選爲「遠運」的代表，因此這群球員對排球賽相當執著，儘管畢業後各有所司，她們仍利用星期假日聚集練球。[151]即使是艷陽高照的酷暑，球員練球不斷，出席者尚比平常多，爲的是與暑假期間的各校留校生做友誼賽。[152]練球之外，球員也致力於經費的籌措，向校友會會員、校內的教職員乃至觀眾勸募，使球隊能夠順利發展。[153]有了經費後，民立校友隊賽球的對象更爲廣泛，該隊除與女子隊比球之外，又鑑於上海女子隊不足抗衡，而向男子隊挑戰，先後和六支球隊對戰，甚至北上南京，和金陵女大、金陵大學交鋒。在多次比賽中，迎戰男子隊最爲不易，惟儘管如此，民立並未全負，曾勝過南洋高商熊隊、南洋英專隊。[154]同時，該隊即使敗戰也保持不凡的演出，一九二九年與金陵大學的一場球賽，民立固然三局均敗北，卻能協力應戰，贏得觀眾的好評。[155]

從民立校友隊以在校時期的球賽成果繼續在畢業後施展球技，並再度在當時的球壇造成轟動觀之，球員生涯對部分球員具有極大的誘力，她們很難即時離開這片舞臺。但為不影響其他新興排球隊的球興，上海市第一體育場舉辦女排賽時，曾勸止該隊參與，使該隊失去問鼎錦標的機會。[156]不過，隨著球員先後結婚適人，這支球隊在不及半年內便解散。

事實上，球賽不僅影響球員個人，也對她們所代表的學校帶來衝擊，尤其是球賽的成績因攸關學校榮譽，因此不少學校視此為大事。以崇德女校為例，一九三二年該校校隊擬至南京，與當地幾所學校進行友誼球賽。校方以此行為該校創舉，於球隊出發前，特別由校長訓勉球員：「努力練習，勿徒然以勝敗為念。」並宣布各種規則，交由教員隊長及管理員執行。[157]迨至該球隊凱旋返校後，校方又召集全體學生舉行歡迎會，會場還高掛著匾額和對聯祝賀。[158]較特殊的是，由於該校是教會學校，這殊榮除歸給國家、學校之外，也歸給神，從對聯中足見一斑：「為神為國為崇德」、「盡心盡力盡忠誠」。[159]另外，學校和同學也相當重視球員士氣的鼓勵。在一封〈給籃球隊員的一封書〉中，曾呈現崇德女校校友對該校球隊的關懷：

你們把母校崇德的名，崇德的光，傳到各處去了。從前南京方面，不大認識崇德。但自昨天起，她們都羨慕崇德起來了。……希望你們多爲母校努力。[160]

不過，最直接而有效的鼓舞還是來自球場外啦啦隊的助陣，這些啦啦隊有來自學校的指派，也有出於同學的自願，對球賽的勝負產生極大的作用。[161]爲助長各自球隊的聲勢，每個啦啦隊無不費盡心思，採用各式技巧抑壓對隊，其中呼口號或吶喊最爲普遍。[162]值得一提的是，有的場合喜用女生啦啦隊出馬，例如一九三一年上海總商會幹員虞永谷認爲女性較能激勵運動健將，因此建議在比賽中組織女子啦啦隊。[163]但在男女同校日盛的三〇年代，男女同學常採相互助威的方式，這種情形不僅能激勵球隊士氣，且有利兩性關係的建立。復旦大學女籃隊即曾表示，一九二七年該隊與愛國女校進行友誼賽時，男同學曾經給予極大的助力，致使球隊振足軍容，不爲愛國攻破。[164]同時，從啦啦隊的助威可以看到球員受到的重視似無性別之分，一九三〇年的「全運」會上，南京啦啦隊鑑於該地男籃隊慘遭滑鐵盧，遂將希望轉寄於女籃隊，該項比賽雖僅是初賽，但啦啦隊仍呼喊甚力。[165]同樣情形也曾出現在一九三四年的萬國女籃賽中，在男籃隊挫敗後，觀眾對女籃隊抱持厚望，不斷爲女籃隊吶喊助威；終榮獲籃球錦標，而報紙也以「中華女兒果爲鬚眉吐氣」稱頌女籃隊。[166]漢公的〈體育外史〉更以故事手法描繪男啦啦隊對女球員的恭謹，該文雖屬虛構，卻充滿著女球員威風八面的暗喻。[167]

有趣的是隨著球賽的風起雲湧，加上明星球員角色的重要，會打球或當女球員成為社會時尚。向來走在時代尖端的女明星表現尤其積極，有的明星興起組織球隊的構想，一九三四年胡笳和胡萍兩位女明星曾在電影界發動組籃球隊的聯署活動；胡笳認為目前不少婦女都在提倡運動，電影界女性卻依舊沉醉在「病態美」中，因此登高一呼。[168]有的明星則喜做球員打扮。因〈體育皇后〉一片走紅的影星黎莉莉，曾穿著繡著「十號」的球衣和南洋高商的籃球隊一道出現在大夏大學的球場上，並以前鋒的角色在球場上跑跳，引起該校學生的圍觀。[169]無疑的，黎的表現純為噱頭，但可以理解的是，這種行為完全來自大眾對球員著迷所致。

較重要的是，女球員既然來自學校，球賽風氣究竟對一般學生帶來何種影響，儘管不喜歡球類運動的學生俯拾可見，愛好運動的學生也逐漸增加，特別是對球類運動的喜愛。根據一九三二年松江女中師範科學生的調查，該校的九十五名學生中有超過五成喜當籃球員。[170]而一九三四年嘉興地區學生的一份調查也顯示，嘉興、中山和明德三所女中學生最感興趣的功課，除國語、英語、算學之外，便是體育；至於最有興趣的運動則為籃球、排球。[171]影響所及的是，不少校園中充滿球賽的氛圍，每有大型運動會時，球員熱中練球，非球員則熱中看報紙消息，由於女學生對球員名字耳熟能詳，一旦在報上讀到她們的名字，不是驚歎就是狂呼，亢奮至極。[172]受學生影響，有的教師也忍不住技癢，組成球隊與學生比球，教師的這種行動無形中激勵更多學生投入活動。[173]不過，師生間的球賽偏重趣味，多半不重視成果。

一九三五年三月，聖瑪利亞女校的健身房曾舉辦一場逗趣十足的師生籃球友誼賽，當天教員刻意打扮成老人緩緩進場，令在場學生絕倒；然後再以矯健的身手出戰。雖然教員隊大敗，但那近一小時的比賽是在笑聲中進行，觀戰的每個人無不興奮。[174]顯見球員的活動不僅及於球員本身，並感染給她們周遭的群眾，特別是校內的師長和同學。

總之，女球員的生涯不但忙碌，受到的影響也是多元的。最直接的影響莫過於來自球場，爲遵守球賽規定，女球員必須接受各種規範，而且懂得如何挑戰和維護球隊權益，例如糾舉資格不符的球員、挑戰不公正的裁判。此外，經由球賽活動，女球員得以建立不同的人際關係、增長球技之外的其他知識見聞；特別是經常至異域賽球的女球員獲益尤多，這些球員甚至從事示範球技、傳遞中華文化的交流工作。公開的球賽活動讓女球員成爲公眾人物，勇於表現自我，除呈現球技之外，有的女球員還將時髦帶給觀眾，或展露其他才藝，得到更多的注意。儘管學業結束也是球員生涯的終止，仍有球員懷著球技在教壇或球場活動，繼續球員生涯。其實球賽不僅影響球員個人，並爲學校及社會大眾帶來衝擊，對學校言，球隊的勝敗攸關學校榮譽，女球員受到的重視自然無可言喻，比賽時有啦啦隊助陣，凱旋返校後復有同學爲之慶賀；同時，校園不時籠罩球賽的氛圍，班際比賽、師生競賽層出不窮。至於一般大眾也視打球和當球員爲時尚。

五、社會大衆心目中的女球員

當清末民初的女學生與職業婦女等新女性開始在公眾場域出現時，社會大眾無不投以極大的關注。迨至二、三〇年代因這類新女性已越來越多，她們的活動不再成爲焦點，但從事表演或競賽的新女性始終逃脫不了大眾的矚目，其中女演員、女運動員，如同櫥窗中的展示品呈現在公眾眼中，接受各界的品頭論足，活躍於球場的女球員便是深受注意的新女性，同時她們的風采比男球員更受到矚目。對女球員感興趣的除一般大眾之外，還包括記者、體育專家和學生等，他們抱持好奇、鼓勵、讚美、嫉妒、批評等各式心情觀看女球員，這些觀察不是由他們本人便是由其他人訴諸成文字，賦予不同的意義。

由於社會大眾不但關心女球員在球場上的球技和容貌儀態，並對女球員的現實生活充滿好奇，也觀照與女球員相關的事物，因此對女球員的形塑是多方面的。球員的重要活動是在賽球，被討論較多的是球員的球技以及與球賽有關的問題，從〈附錄一〉以及〈附錄二〉中可以看出，觀眾眼中筆下的女球員個個宛如戰場上的驍將，「勇敢善戰」、「神出鬼沒」、「百發百中」、「勇於攻守」、「矯若游龍」、「萬夫莫敵」是他們最常用的字詞。無疑的，在他們眼中有不少女球員的身手無異於男性，甚至超越常人。例如復旦有「三將軍」：何蕚梅、金靜虛、陳鼎如；東吳有「四大金剛」：俞楨、狄潤君、施惠愛、薛正；愛國女學

有「飛將軍」：劉孟慈。【175】至於暨南劉瑪俐、兩江陳榮明、勞大王昌信、國華顧菊林的球技則是不下男子。【176】

此外，觀者也以極傳神的方式描述球員的技術，復旦女籃隊長陳淑賢的球藝曾被形容爲：

攻守兼能，任前鋒與「鋼鑽」無異，針針見血，記記成功；任後衛與「鐵柿」相若，弄得敵人不能越雷池一步。……全校同學呼之爲『雌將軍』。【177】

動作矯捷、精於搶球的東南王志新，更是神奇：

每見其玉臂初展，球即如吸鐵石席捲而去，誠有如常山趙子龍在千萬馬中如囊中探物也。【178】

有趣的是，這種將球場當戰場並充滿陽剛之氣的球技，即連球員本身也感同深受，浙中女籃隊曾生動地描述該隊的球藝：

每次作戰，我隊員都具有堅決的應戰心，故愈戰愈起勁，有合作美妙的傳球，常以短傳推進，使敵方難以摸捉，在三傳五遞之後，即至敵人腹地，衝鋒陷陣，人到球隨，予觀者以難忘之回憶（按：原作「意」），馬不離鞍，隨來疾射，美妙的動作，時常活現在觀眾眼簾之前。[179]

振華女中的球員則以交戰和馬戲表演來看待該校女籃與蘇州慧靈女中的一場表演賽。[180]顯見無論觀眾或女球員都將球賽帶入戰場，因此球場上的球員各個成為戰士。

除了描繪球員的技術之外，觀者也對女球員的球技進行檢討，凡在與國家榮辱有關的中外球賽中的球技尤受關切。一九三三年萬國女籃形成中美英鼎足三分的緊張場面時，《體育評論》的記者曾訪問西青女籃健將白特那的父親，請白以外國觀眾的身分針對中華隊球員的優缺點進行分析，白指出陳榮明、王志新的表現最可觀，陳「身手敏捷，確是人才」、王「動作清晰，楚楚有致，皆合乎規矩方法」；至於黃淑華與陳白雪固然勇敢，但犯規太多，特別是一些未被裁判察覺的小動作。[181]儘管白不是體育專家，記者卻認為白的觀察值得作為球員借鏡。[182]

球賽不能端賴一、兩個球員的技術，必須配合整體演出，因此有的評論不偏重球員個人。一九三四年國人冀予厚望的男女排球於「遠運」會中雙雙落敗後，檢討球技的聲音此起彼落，出席「遠運」的南京代表劉玉蘭在接受北平《晨報》的專訪時曾表示，中華女排的球藝其實較菲隊勝出一籌，但因體力不如人致而慘敗。[183]排球名教練陳昺德也認爲女排球員的個人技術確實高過菲隊，不過和劉不同的是，陳指出女排的失敗是出於球員間不夠合作，他也強調球員不合作是中華球隊的通病。[184]無疑的，這些批評是居於「旁觀者清」的立場，試圖爲女球員尋找球技上的盲點，以利女球員進一步地衝刺。

儘管大眾對女球員的球技給予高度的期待，甚至將女球員的技術比擬男性或神格化，對於女球員的比球規則、裁判方法或球賽型態卻持不同的看法。就比賽規則言，其中男女籃球的賽規，有性別差異，爲不讓女球員的體力無法負荷，女籃規則有較多的限制，一九二一年以前球場分三區，每隊每區三人，女球員固定在三個區內活動，不得越出分區線；一九二一年以後改爲二區制，每隊每區二人，分別固定在前後半場活動，不得越過中線，這項規定直到一九四九年才改變。[185]但男籃卻不曾有限區活動的規定。另外，自有女子球類運動以來，體育單位即不贊成女球員在正式比賽中使用男子規則，因此不但國人舉辦的女子球賽一直採用女子規則，同時也禁止女球員參加使用男規的國際球賽。[186]但隨著國際間使用男規的趨勢日盛以及部分女籃球員在非正式場合運用男規得當，各界對女籃的規則問題不再一致。特別是一九三四年「西青女籃會」決定改用男子比賽規則時，曾引起論辯，其中溫懷玉和周文娟分別提出較具體的見解，溫認爲採男女有別的球規大致有兩項因素：

一則可免裁判上困難，因女子神經自制力較弱，如用男規則攜球跑犯規等，將占全局之半，可謂不勝其煩矣；二則適應女子之體格，因女規活動量小，可免罹心肺各病。[187]

溫進一步解釋，美國的籃球歷史悠久，其女性體格遠勝國人，同時，採用男規是經過長期演進，不似國人的女籃活動僅有十餘年歷史，因此國人遽然應用男規妥當與否值得考慮。[188]他又指出，女性的體力或機巧度遜於男性，採用男規是強其所難；加以女性好勝心強，比賽時常奮不顧身，而男規中爭搶跳躍的動作多過女規，易導致傷膚挫筋，進而裹足不前，視籃球爲畏途。[189]

無疑的，溫的論調是出於女球員進入男球員球場文化時的憂慮，但這種既關懷女球員卻又質疑女球員能力的看法，受到挑戰，周文娟就溫認爲男子比賽較女子比賽激烈的這一點，提出反駁：

蓋考激烈的來由，厥爲雙方加迫所造成，互相增力所致果，而其程度高低，以雙方體力爲準繩。……女子與女子賽，雖引用男子規則，其激烈程度與引用女子規則無異也，反之，男子賽倘引用女子規則，當其純熟後，其激烈程度仍有提高，而與男子規則無異也。[190]

關於女性爭強好勝的說法，周認爲是體育教育以外的事，與男規的弊病無關。她也對主張運用男規的理由做了說明：一是女子規則拖泥帶水，造成精彩球技常受制於規則而無從展現；另一是女籃攻守分區，致使球員間的聯絡不能一氣呵成。[191]同時，周以名聞全國的廈門集美中學女籃爲例，指出該隊球員私下練球便多採男規，不僅運用自如，甚至比使用女規更爲玲瓏活潑。[192]

周的觀察明顯是根據球規的癥結及運用方式，表抒她贊成採用男規的看法，而不是站在兩性有別的立場檢視女球員在球場上應享有何種對待。不過，這類聲浪並未改變體育單位的決定，正式的女籃比賽仍繼續延用女規，不希望女球員以激烈的方式進行球賽。

其實社會大眾不僅認爲在球規上應男女有別，裁判也應反映這種觀念，例如一九三三年大夏的女籃隊赴南京比球時不幸落敗，該校記者對女裁判員楊效讓的判決方式極爲不滿，除指責楊身爲裁判應具高尚聖潔的心，不可感情用事之外，並建議裁判不能專講理論枉顧實用，他堅持應以較寬容的態度來裁判女球員，因爲：

女子身體較弱，一舉一動，時常不克自制，裁判員應隨機應變，加以原諒，苟非出諸故意，不應隨便處罰。[193]

至於男女能否共賽的問題更受各界矚目。有論者認爲，爲誘導青年運動，應倡導男女共同運動，署名「亭」的青年學子就個人的觀察指出，一般青年都想接近異性，倘若實行男女共同運動，爲博得異性讚賞的一方自然會努力發展運動技能，技能一旦增長，運動興趣遂趨濃厚。[194]「亭」發現他所就讀學校的某班同學，每逢十分鐘下課時間必往操場打「隊球」（案：「隊球」即排球），爲的是有女同學參與其間。[195]事實上，有不少球賽是採男女共賽的方式，除正式的網球賽之外，在籃、排球友誼賽中，經常出現男女共賽，遠征東南亞的女子籃球隊也曾與當地的男子隊進行對抗。

這些活動雖非正式演出，卻引起各界重視，其中籃球的男女共賽曾因怪狀百出，致遭非議。[196]例如一九三〇年八月《大公報》的〈諍體育界〉短評，針對上海先後舉辦男女共泳及男女對比籃球而帶來轟動的新聞指出，籃球是一種劇烈運動，活動範圍又小，球員間衝突的機會甚多，稍一不愼便滑倒或跌在一處，容易造成觀眾與運動員的起鬨。[197]爲此該文作者向體育界進言「愼徒炫新奇，以斲喪青年學子之意志，並傳播壞影響於一般社會」。[198]「體協會」旋即公告，凡於中華籃球房舉行男女比賽概行謝絕，其理由是：

> 男女體格之構造強弱迥異，對於接觸劇烈之籃球比賽，勢無對敵之可能，既非女子生理上所許，更不符體育提倡之本意。[199]

由於男女共賽並未違法，在非正式的球賽中仍可看到男女共賽。一九三二年北平受上海影響曾出現這類比賽，署名「斯艾」（又作「艾斯」）的作者遂以〈一幕兩性肉搏記〉爲文題，描繪男女混合籃賽的尷尬場面。由於在這場比賽中男球員如同餓虎撲羊，而觀眾又極盡消遣之能事，因此「斯艾」從生理、規則與事實三方面批駁男女混合籃賽的弊病，他認爲籃賽是相當激烈的運動，加以男女的生理和體格不同、強弱不均，合賽時不但有害女性生理，也使男性不能切實發展球技；另外，男女球規原本就不同，混合比賽不宜僅用一種。再者，男女相互肉搏作戰，除不合體統之外，易出現輕薄或卑鄙行爲，「斯艾」指出姑且不論這種動作是否出於有意，卻會連累自愛的球員。[200]此外，前述「浙江建設運動會」之後的一場男女會外賽也引起非議，儘管這場比賽是餘興表演，在二十分鐘的比賽中廳長率領的男隊既未進一球，又延誤選手的公宴時間，因此引起與會者不滿，有記者更諷刺這場比賽不在比試球藝而是借此作樂。[201]

嚴格而言，男女共賽有單純的一面，在共賽的過程中，因參賽者不是彼此相識便是同輩，誠有助女球員球藝的增長；惟一旦有社會人士介入或涉及兩性有別的看法時，共賽方式便被複雜化，再加以比球時不乏調戲女球員的心態或動作，致使親睹這些場面的論者憤忿不平，爲聲援女球員並端正球場風氣，遂口誅筆伐以反對男女共賽。

事實上，大眾對女球員的關心不僅止前述；女球員呈現在大眾面前的容貌姿儀，因讓大眾得以一覽無遺，有的觀者還從環肥燕瘦等不同角度予以刻劃。[202]其中身材壯碩的女球員多半被視爲男性，例如觀者稱崇德的陳新元「氣力砍大，有如男子」，兩江名將陳榮明是一位「全無女子氣」的球員。[203]而球員中確實有喜扮男相者，從陳榮明、陳聚才在《女運動員》一書中的寫眞即見一斑，二陳無論髮型、衣服款式均仿自男性。[204]兩江的席均則喜著長褲、戴翻邊白帽上場打球，觀者認爲那種雄糾糾、氣昂昂的姿態無異於男性。[205]此外，身材魁梧的陳金釵在出席全運會時，曾妝扮成美少年，令人雌雄莫辨，鬧出被排拒於女球員宿舍外的趣聞。[206]

至於面貌娟秀的女球員不僅是記者筆下，更是記者照相機上的寵兒，家喻戶曉的關柳珠、陶蒓、孫毓秀便是眾人心目中的球場佳麗。[207]這群球員除了在球場上帶給大眾驚艷之外，有的還是校園中的「校花」，並爲男士爭相追逐。例如「三將軍」中的陳鼎如擁有「校花」和「皇后」雙重雅號，她的美麗與活潑吸引不少仰慕者，因此當陳與該校同學結婚時，記者以詼諧的口吻勸戒有心人士不要爲此寢食不安。[208]此外，球員的性格也盡入觀眾的眼中筆下，一般人對女球員的粗淺印象是天眞活潑，不過，有觀眾給予較深入的觀察，譬如民立的黃杏芬「性情豪爽、舉止大方，有名將之風」，兩江的劉守光「舉止溫文、玉立亭亭、宛似閨秀女郎」，東吳的狄潤君「爲人和藹可親、笑容可掬」；[209]而王志新在形勢險惡的球戰中能保持微笑，不露慌張之色的鎭靜工夫，更讓大眾印象深刻。[210]至於球員的情緒和習性，大眾也有入微的觀察，最常見的是，描述失意球員在球場上痛哭流涕的一幕。[211]另如東吳吳劍郡比賽時不戴眼鏡、勞大張素華打球時手繫紅帕都深印觀眾腦中。[212]

然而大眾對女球員的觀察不完全是正面的，體育界的異常現象、女球員本身的行爲以及觀者的心態，導致另類聲音的浮現。不少人認爲受錦標主義的影響，三〇年代的體育活動陷入畸形發展，何文信在〈我對於全國運動會的觀察〉一文指出：

學校養運動選手做招牌，一般人對女運動員特別注意，競爭錦標所起的鬥毆糾紛，運動選手養成不讀書的習慣等等現象的發生，更可見運動已成爲病態的、寡頭的、職業化、商品化了。[213]

何的論述點出女球員受到過度的注意是一種病態現象，此從男女籃球共賽中觀眾的故意起鬨已略見端倪。有趣的是，有的男性觀眾對這種現象百思不解，運動會場外便曾傳著這樣的話語：

「爲什麼娘兒們幹事，總叫人興奮？其間究竟含著什麼哲理？」

不知那位朋友在人叢中說的，可是這答案誰也沒有本領應承下來。

「乖乖！姑娘們眞好福氣！有這許多人花（案：原作「化」）了本錢來替她們拍照！」

這是校裡的汽車夫阿三說的；聽的人都笑了。[214]

儘管可能沒有答案或答案十分分歧，許欽文的說法顯然對這種現象提供部分解答：

在禁欲主義的舊禮教的環境中生長的男孩子，多少總有點色情狂，看了這樣的「女學生」，難免骨頭發鬆，魂不附體了。[215]

許所謂的「女學生」便是「有著兩條粗壯的腿，會拍網球、打排球，還會在水中游來游去，會高聳小嘴巴唱歌，又會驅動旗袍跳舞」。[216]足見觀眾對女球員的好奇是出自對女球員身體窺視的興趣。然而有部分女球員的表現確實帶來不安，甚至不滿，而有這種反映的不僅是男性，也包括女性。從外表言，女球員在球場上的過度妝扮便讓有些觀眾匪夷所思，前述的「寥星」質疑道：

她們似乎覺得虛榮比實際問題更爲重要，而每於比賽場上都要大出風頭一輪，裝扮得妖精似的，只要博得人們的一下注意。……她們簡直忘記了提倡體育爲的是什麼。[217]

「拾遺」則將女運動員的傅粉施朱諷刺爲在開服裝比賽會或賽美會，她舉例指出這類裝束曾遭強烈反彈：

記得去年秋季在某校有一場排球比賽，其中某隊的一位隊員，穿著白色的衣褲，上面綴著各色奇怪的人頭，頭髮是弄成一個小勾在額上。因爲這種修飾引來多少人的惡意的批評，甚至牽涉到私人的道德問題。[218]

「拾遺」因此建議運動衣要求輕便適體，運動員要注意「清潔便是美」，不要崇尚矛盾的裝飾而造成自己人格的低落。[219]

從態度言，有人認爲男性運動員一旦成名便易因驕傲、濫捧、生活不規則或不求進步而自毀前程。[220]例如「拾遺」發現最普遍的現象是開運動會時不守時，練習時又不到場，處處表示自己與眾不同；不過，她強調這種情形在女運動員中尤其常見。[221]陳碧雲則將女運動員與電影明星相提並論，指責她們惑於虛榮的引誘，專門以雕蟲小技博得吹捧，甚至爲提高地位，接受惡勢力的捧場，並聽憑對方驅遣。陳進一步嚴斥，以被人玩弄為得意的女運動員是「想準備作姨太太，以求顯達而已，這是如何可悲的一種墮落傾向啊！」[222]另外，「秋英」從一場女學生賽球時輕狂、笑鬧的賽況指出，賽球應抱持嚴肅的態度沉著應戰，在嚴肅的場合中撒嬌只會作賤自身的人格，並增加和證明「女性是男子玩物」的事實；「秋英」更藉女球員的例子，提醒女性不要因給予男子一時的滿足，失掉女性尊嚴，成為男性談話的資料或笑柄。[223]

女球員輕慢的態度不僅表現在球場，也呈現於課堂，前述何文信即提到畸形運動風氣造成選手不讀書，當然女球員中不乏勤學用功者，但也有輕忽學業、藐視師長的女球員，在曾迺敦筆下即出現惡行惡狀的一幕：

> 運動員一上課，書本擺在棹面上，卻從抽屜裡摸出「良友」或是「文華」書報，悄悄地翻、翻、翻完了，翻到疲倦了。她說：「χ先生時間快到了，早一點下課吧！下一課我們要練習排球呢！」教員繼續講，學生不睡著，便是竊竊私語，不是罵教員，便是講她的球經。[224]

曾也發現，面對趾高氣昂的女球員，女同學的心情是相當複雜，有的投以欣羨、崇拜、熱情的眼光，有的則以嫉妒、鄙夷和冷淡看待。[225]

值得注意的是，大眾對女球員的關注不僅是曾在球場叱吒風雲的那段時光，儘管球員的生涯相當短暫，令觀眾印象深刻的球員很難遽然消逝。爲使大眾了解她們的動向，記者如影隨形地跟蹤她們，讓她們再現於大眾眼前，從球員的出路、感情世界再至婚姻生活無所不包，如〈附錄一〉和〈附錄二〉所載。其中婚變的新聞更被大肆炒作，一九三四年四月《體育評論》曾以〈女籃球健將婚變記〉的醒目標題刊載邵錦英的情史，由於邵原與畢業於復旦的高兆烈訂婚，兩人形影不離，是眾人眼中的天成佳偶；詎料情海生變，邵另與之江大學體育主任劉雪松訂婚，因此震驚各界，也令部分人迷惑。[226]《體育評論》即轉引刊於《北洋畫報》的註語概歎：

……情場變幻，竟有如是莫測，亦可謂駭人聽聞矣，劉邵之愛情，成熟之速，亦非有特列快車所能及之嘆，古人云，朝秦暮楚，令人不寒而慄，噫！[227]

六、結論

近代女球員是在球類運動的興起下產生，其成員主要來自學校。其中籃、排球運動發展較早，且是多數學校的重點運動，因此投入這兩項運動的女球員人數遠多過其他球員。二、三〇年代的華東是全國體育活動最耀眼的地區，女子籃、排球的精英球員也多集中於此，這群女球員的重要性誠可想見。這段時期女子體育是國民政府積極推動的一項體育事業，又適逢女子籃、排球賽的陸續展開。校園中一時湧現組織球隊的熱潮，並增添了這群新貴。

組織球隊固然是一種時尚，成立的過程卻相當艱辛。受整個大環境的影響，此期女球員經常面臨無人指導、經費短絀、場地不足、球員人才難求等問題，再加上球隊壽命有限和戰爭的干擾都讓球隊無法順利成軍。儘管如此，各校的女子球隊仍接踵產生，其中球技出色的球員或球隊有機會出席全國或國際性的球賽，這類球隊是由體育單位負責培訓，其發展過程與校隊顯著不同。女球員參加的球賽有正式與非正式兩種，聲名遠播的女球隊更是頻繁演出，賽球的對象與地點相當廣泛，無疑的，球賽讓女球員得以展現球技，進而在這方面有所精進，球賽也同時改變了女球員的角色地位，使女球員有別於其他女學生或同時代的女性，且增加與男性互動的機會，甚至成爲社會大眾矚目的焦點。

與一般女學生或傳統女性比較，女球員呈現三種特性：一是女球員憑藉球技嶄露頭角，而非品德或知識；易言之，在四育兼備的教育目標下，女球員具備的是運動技能和健康美。此外，爲養成或展現球技，女球員必須在大庭廣眾下活動，並突顯自我；二是女球員不是代表學校便是代表地方或國家參加比賽，爲爭取錦標，她們的責任深重；三是此一時期賽球方式、球場術語或球規都傳自西方，加以女球員的賽球對象包括西人，因此女球員受到西化的機會大於其他女性。值得注意的是，這些特性讓女球員努力表現，同時影響她們的處世態度和日常生活。

首先，參與球賽必須有精湛的球技和充沛的體力，女球員投身球場後即日以繼夜不斷地練習，勤奮不懈的精神令男球員望塵莫及。她們也試圖超越性別藩籬，請精通此道的男同學充任指導，並與他們一同練球；甚至出戰男子球隊，透過男女共賽以增強實力。儘管男女共賽僅出現在非正式的場合，且未設置分數名次，女球員又經常落於敗陣，但她們不惜一戰。另外，爲保障權益，女球員曾在球場使用權與裁判公平與否等方面據理以爭、挑戰權威。此處固然無法論斷這是否爲女權思潮蓬勃所致，惟毋可否認的，女球員的毅力與堅持以及大環境的因勢利導，使原是球場邊緣的女性得以進入核心。

其次，賽球讓女球員嶄露頭角的機會大增，卻也令她們疲於奔命，飽受身心折磨，經常遠征異域的球員即嘗盡個中滋味，錦標殊榮顯然是維繫她們精神不墜的要素，蓋錦標既可以彰顯個人，又能榮耀學校、地方乃至國家，因此女球員立志奪標。惟這種雄心壯志，不免存有虛榮的心態，例如兩江隊遠征歐美計畫的受阻便被指爲是出於虛榮。此外，學校與社會大眾對女球員的禮遇也讓女球員樂於表現，面對觀眾的蜂湧圍觀、啦啦隊的鼓譟助陣、學校師生的熱切期待以及社會大眾的風靡崇拜，任何人都會爲此動容，遑論這群有心成名的女球員。故處在既實又虛的光環下，女球員之所以努力不懈是可以理解的；而這股力量甚至讓女球員對球員生涯充滿依戀，不願輕易退出。

其三，女球員對來自西方的球類運動不是僅被動地吸收，也主動、積極地運用或回應。從「西青女籃賽」中時見中華女球隊與西僑球隊交戰的精采局面，甚至以挫敗西僑來表現民族精神。重要的是，女球員除從中學到球技之外，同時也經由球賽進一步接觸到西洋文化，出征國外賽球的女球員更有機會看到新奇的西洋事物；此外，有的球員還將這些文化帶入日常生活中，例如在談話或書寫中夾帶英語，這在會講洋文便象徵摩登的時代，女球員顯然因球賽而登入摩登的行列。然而女球員不但接收西洋文化，且藉學得的英語及個人交際能力向西洋人宣揚中華文化。這種來自賽球的意外收獲，是一般女學生不易有的體驗。

其四，做爲社會新群體的女球員，她們的角色是多樣的。撇開學生的身分不論，女球員的運動員角色，使她們成爲推動女子體育的動力，並得以爲所代表的團體或組織爭光。此外，由於女球員的角色不能畏縮，必須外顯自己、宣傳自己，例如透過公開表演、媒體報導向眾人展示球技，並經常進出社交圈，因此女球員又有如電影明星或社會名媛這一類新女性。[228]至於女球員本身所呈現的形象也相當不一，有的女球員顯現英雌氣概，更有女球員以男子自許，予人雌雄莫辨、非男非女的模糊印象；但有女球員講究外表，藉由妝扮或流行的髮型、服裝緊扣觀眾；或有以出眾的才能，獲得明星或皇后的「美名」，成爲觀眾的偶像。另有女球員則狂傲不羈，不專心求學、流連社交場所。女球員的不同形象固然反映的是球員個人的性格或喜好，事實上，也是二、三〇年代都市新女性的形象，由於這些形象代表摩登、時髦，因此女球員成爲摩登的化身，也是摩登的傳遞者。

由上述可以看出，女球員的產生顛覆了傳統女性既有的角色。而女球員的產生也撼動男球員獨占的地位，對男女兩性不啻是一大衝擊，由於球員來自校園，受到衝擊的主要是學生。男球員的反應呈現兩極化，有的球員樂於和女球員和平共處，或充任女球員的指導、與女球員一同練球；有的球員則持針鋒相對的姿態向明星女球隊宣戰、與女球員爭奪球場。從這兩種反應可以看出，男球員不甘示弱、操弄霸權的心態，但在這種強者支配弱者的態勢之外，又呈現男女平權和男性眷顧女性的一面。嚴格而言，由於在正式球賽中，男女球員是分開比賽，任何一方都不會影響對方的勝者地位，因此這種衝突僅是一時而非長期。至於女球員之間因資料不足，僅看到相攜練球或敗者傷心落淚的場面，而未見彼此衝突。對非球員的男女學生而言，女球員帶給他們不小的影響，一則激起他們打球的興趣，另則組織啦啦隊爲女球員助陣，甚至有男同學迷戀女球員。不過並非所有的學生都認同女球員，也有學生對女球員充滿嫉妒和鄙視，其中不乏女同學。總之，女球員在兩性間引發緊張、衝突乃至矛盾，也在兩性間建立起和諧、互助的關係。

女球員進入球場核心，便引起觀眾的矚目，雖然與男球員具有同樣的身分地位，但她們是球場上的新貴，又是令觀眾好奇的新女性，受到的注意遠勝過男球員，這其中有關懷也有不安和不滿。較受注意的是女球員的球技，觀者分從各種角度觀看她們的球技，並提出批評與建議。另外，球賽方式也備受重視，基本上，大眾多半以去性別化的態度要求女球員，在規範上，男女球員所受的約束無所軒輊；在球賽中，女球員得到的助陣無異於男球員；而明星女球員還須爲國爭光。至於觀眾對球場上女球員的印象也是充滿陽剛之氣，視之爲戰場上的驍將。

儘管如此，女球員的女性角色仍是存在並被強調的，女球員只能運用女子規則賽球，即使有觀者就女子球規的癥結倡議改採男規，但基於女性體力不及男性，部分觀者與體育單位仍堅持使用兩性有別的球規；這種寬待女性球員的論調同樣出現在裁判判決上。其實，在非正式球賽中，女球員採男規比賽或與男性比球是被默許的，並有助於女球員球技的提升；然而部分觀者發現，男女共賽有戲弄女球員的意圖，遂大力反對。顯然性別是女球員無法比同或超越男球員的障礙，不過，性別似乎也是女球員得到包容的護身符。惟這是否說明女球員仍未擺脫弱勢的處境，是值得深思的。

除上述之外，球員的容貌風采、情緒習性因盡入觀眾眼簾，故也是大眾觀看的焦點，擅長交際或不讀書的女球員受到強烈指責，喜作時髦打扮的女球員一樣遭致指責，顯而可見的，受制於球員的角色地位，女球員成爲摩登女性是既容易又困難。無論如何，這類觀者是以正當而關懷的態度臧否女球員，但另有男性觀者僅著眼於女球員的容貌和身體，致而態度曖昧、輕狂。由於大眾不僅重視球場上的女球員，對明星女球員退出球場後的動向同樣留意，媒體尤其不錯失對她們的報導，這固然能使女球員的形象永烙人心，女球員卻要具備不畏人言及能勝其擾的風度，而這種現象顯然是公眾女性的共同問題。

綜括而言，一九二七—一九三七年間在華東地區舉辦的球賽彰顯了這個地區女球員的角色地位，與一般女性不同的是，女球員是憑藉個人球藝受到各界矚目，甚至成爲校園及社會的崇拜和模仿對象。由於女球員處在女權思潮蓬勃、自主解放意識高漲和都市新女性當道的時代，她們能超越性別界限，與異性分享和共爭球場；同時有機會藉球員的角色反映社會時尚。儘管在大眾眼中女球員的表現毀譽參半，不過，她們的確是這個時代重要的社會新群體，她們也確實曾在人爲塑造和時尚所趨下獨領風騷。

附錄一：全國女子籃、排球名將錄

姓名	籍貫	曾就讀學校	擅長運動	記者眼中的球技	記者眼中的風采	經歷	畢業後動向	資料來源
關柳珠	廣東	民立女中	排球	中排；擅長扣殺、攻守咸佳	貌尤娟麗	代表上海出席全運，也曾代表國家出席遠運		1、2
劉瑪琍	廣東	暨南大學	籃球、排球、游泳			代表國家出席遠運籃、排球賽，江大運動會游泳冠軍		1
潘月英		東南女體專	籃球、壘球	射籃之準，隨心所欲；壘球比賽個中良手		出席上海全市運動會、上海萬國運動會及全運籃球員		1、2

姓名	籍貫	曾就讀學校	擅長運動	記者眼中的球技	記者眼中的風采	經歷	畢業後動向	資料來源
張璧如			排球	精前排、善攔網		出席第十屆遠運		1
黃杏芬		民立女中	排球	中排；能殺能救、尤擅壓球	性情豪爽、舉止大方、有名將之風	代表上海出席全運；遠運臺柱		1、2
陳白雪		兩江女體專	籃球	屢建奇功		代表上海出席全運、萬國運動會		1
陳榮明	四川	兩江女體專	籃球、田徑、標槍		全無女子氣、身體健壯	代表上海出席萬國運動會籃球賽，第六屆全運上海女籃隊隊長，代表兩江至菲島		1、2

姓名	籍貫	曾就讀學校	擅長運動	記者眼中的球技	記者眼中的風采	經歷	畢業後動向	資料來源
向大威	湖南	兩江女體專	籃球			曾代表校隊至日本	湖南省立第二中學女校體育教師	1
鄒善德	蘇州	東南女體專	籃球、跳高			代表上海出席第五屆全運女子跳高第一；代表上海出席萬國籃球賽	服務大夏大學、江西省立體育場；已婚	1
楊森		兩江女體專	籃球			籃球隊長；代表上海出席第五屆全運及萬國運動會	籃球隊長、代表滬出席第五屆全運及萬國運動會籃球賽	1

姓名	籍貫	曾就讀學校	擅長運動	記者眼中的球技	記者眼中的風采	經歷	畢業後動向	資料來源
邵錦英	廈門	兩江女體專	籃球	前鋒；所向無敵		代表兩江至日本	嫁體育家劉雪松；任教廣東省立體專	1
陳聚才	廈門	兩江女體專	籃球	前鋒；技藝精進，鎮靜不亂		代表上海出席全運		1、2
石瑞霞		兩江女體專	籃球	技術經驗宏富		代表上海出席萬國籃球賽、全市運動會及全運		1
楊仁	湖南	兩江女體專	籃球、網球、田徑			隨籃球校隊出征日本、曾獲二〇度全滬網球女子單打冠軍、出席全運得女壘擲遠第一		2

姓名	籍貫	曾就讀學校	擅長運動	記者眼中的球技	記者眼中的風采	經歷	畢業後動向	資料來源
郭小萍		東南女體專	籃球	中鋒			婚後再復出；在黑鷹隊任後衛	2
席均		兩江女體專	籃球	中鋒			任教北平翊教女中	2
萬蓉		兩江女體專	籃球	中鋒		曾隨兩江赴日	任教務本女校	1
秦志學		東南女體專	籃球			第一屆女籃會強東隊老將	執教萬竹小學校	2
廖祝元		東南女體專	籃球	中鋒			服務黑鷹隊	2
蔣懷宣		東南女體專	籃球	後衛；與王志新有異曲同工之妙				2

姓名	籍貫	曾就讀學校	擅長運動	記者眼中的球技	記者眼中的風采	經歷	畢業後動向	資料來源
蕭傑英		務本女中	排球、短跑			排球錦標隊選手；代表上海出席第五屆全運		2
陶蒓		民立女中、交通大學（未畢業）	排球		面貌秀麗	創海星女子排球隊；出席遠運排球賽	嫁足球健將陳虞添	2、3
蘇祖琦		民立女中	排球				惠靈中學校長；嫁上海名律師鄒玉	2
郭彩芬		民立女中	排球					

姓名	籍貫	曾就讀學校	擅長運動	記者眼中的球技	記者眼中的風采	經歷	畢業後動向	資料來源
王志新		東南女體專	籃球	後衛；搶球百不失一，如龍捲球	笑臉常開、不慌不忙		婚後不復出	2
孫毓秀		東南女體專	籃球	中鋒	面目嬌秀		執教宣化	2
梁麗芳		培成女中	籃球				周旋交際場	2
章哲君		東南女體專	籃球		嬌小玲瓏			
李遂銀		崇德女中；東南女體專	籃球	與秦志學齊名			崇德主將	2

姓名	籍貫	曾就讀學校	擅長運動	記者眼中的球技	記者眼中的風采	經歷	畢業後動向	資料來源
郭彩芳		民立女中	排球					
朱民寶		民立女中；培成女中	排球、籃球	中鋒		代表上海參加第九屆遠運排球賽	一九三七年去世	2、4
陳英瑞		培成女中；金陵女大	籃球		威風凜凜	成立海星女子籃球隊，後爲黑鷹隊臺柱	成立海星女籃，復爲黑鷹隊臺柱	2
焦玉蓮	河南	兩江	籃球、排球、短跑、跳遠	右鋒	身材適中、天眞爛漫、活潑可喜			5

姓名	籍貫	曾就讀學校	擅長運動	記者眼中的球技	記者眼中的風采	經歷	畢業後動向	資料來源
劉守光	廣東	兩江女體專	籃球	左鋒；傳球迅速，尤長投籃	身材細長、舉止溫文、玉立亭亭、宛似閨秀女郎			5
陳榮棠	福建	兩江女體專	籃球、排球、鐵餅、鐵球	中鋒	面目黴黧、富健康美、活潑好動			5
陳婉卿	福建	兩江女體專	籃球	左衛；動作靈巧、奔馳迅速、搶球穩練、臨陣賣力	短小精悍	代表上海出席全運籃球賽		5

姓名	籍貫	曾就讀學校	擅長運動	記者眼中的球技	記者眼中的風采	經歷	畢業後動向	資料來源
陳金釵	福建	兩江女體專	籃球、排球	中衛	身材魁梧、性情亢爽	代表上海出席全運籃球賽		5
許沅		兩江女體專	籃球、標槍	右衛；看守敵人；對手難越雷池，搶球傳進、亦具功夫		代表上海出席全運籃球賽		5

備註：

1. 勤奮書局編譯所，《全國女運動員名將錄》（上海：勤奮書局，一九三六年六月）；
2. 裴順元、沈鎮潮編，《女運動員》（上海：上海體育書報社，一九三五年四月）；
3. 〈陶莼小姐已離交大〉，《申報》，一九二九年六月十三日，增刊，頁五；
4. 〈凋謝了凋謝了：朱民寶與湯姆遜〉，上海《時報》，一九三七年三月十三日，版七；
5. 〈東亞巾幗別傳〉，上海《時報》，一九三六年三月十四日，版七。

附錄二：一九二九年江蘇地區校園女子籃、排球名將錄

姓名	籍貫	就讀學校	擅長運動	記者眼中的球技	其他才能	記者眼中的風采	經歷及畢業後動向	資料來源
沈文英	無錫	東南女體專	籃球、長跑	中鋒；勇敢善戰、出沒全場，令人莫測、投籃準確、姿勢優美	歌舞、網球		強東隊健將；一九二九年受聘至安徽第五中學女子部	1
孫仿倫		東南女體專	籃球		田徑、鉛球、跳遠、擲鐵餅	嬌小玲瓏、天眞爛漫	一九二九年擲鐵餅冠軍	4
秦浩然		東南女體專	籃球		網球	身體魁梧	強東籃球隊主將；曾爲東南體專任舞蹈教師，現任教上海某校	4

姓名	籍貫	就讀學校	擅長運動	記者眼中的球技	其他才能	記者眼中的風采	經歷及畢業後動向	資料來源
陳鼎如		復旦大學	籃球	前鋒		似芙蓉的顏、牡丹的貌，復旦的「校花」		2
陳淑賢		復旦大學	籃球	攻守兼能			曾任籃球隊長	2
何萼梅		復旦大學	籃球	前鋒				2
劉慕賢		崇德女校	籃球	避後衛阻攔、神出鬼沒	網球			3
陳祝遐		崇德女校	籃球			身體健全、玉擘（案：應是「臂」）肥壯		3
梁慈如		崇德女校	籃球	前鋒；投籃準確			一九二九年八月去世	3

姓名	籍貫	就讀學校	擅長運動	記者眼中的球技	其他才能	記者眼中的風采	經歷及畢業後動向	資料來源
黃佩琅		崇德女校	籃球	守衛；投籃準確				3
楊榮基		崇德女校	籃球	守衛；投籃準確				3
吳劍郡		東吳大學	籃球	中鋒；勇敢、擅奪球				5
周芬		東吳大學	籃球	擅救球	演說	高大、態度鎮定		5
俞楨		中西女塾、東吳大學	籃球	中鋒；勇於攻守		身材高大		5、6
狄潤君		務本女校、東吳大學	籃球	前鋒；善投擲	書法、網球	爲人和藹可親、笑容可掬；氣力過人		5、6

姓名	籍貫	就讀學校	擅長運動	記者眼中的球技	其他才能	記者眼中的風采	經歷及畢業後動向	資料來源
薛正		聖瑪利女校、東吳大學	球類				曾任上海女青年幹事；籃球隊長	6
石水英	南洋華僑	愛國女學	球類	勇敢準確	音樂、拳術、舞蹈			7
劉孟慈	湖北	愛國女學	球類		舞蹈	口才佳	曾著武裝，度軍營生活	7
劉英舜	廣東	智仁勇女學	球類		音樂、舞蹈劇	身材高人一等		8
邱麗雯		湖郡女學、滬江大學	籃球	前鋒；擲籃十有九中		美麗風姿、溫文性情		9

姓名	籍貫	就讀學校	擅長運動	記者眼中的球技	其他才能	記者眼中的風采	經歷及畢業後動向	資料來源
誠恩慈		滬江大學	籃球	前鋒；傳遞擲籃均出色		瘦小靈活		9
酈文偉		中西女學、滬江大學	籃球	中鋒；左衝右突、退則抵禦有方	音樂、戲劇	身材魁偉、性情好、和顏悅色		9
倪天眞		滬江大學	籃球	中鋒；矯若游龍、跳蹤搶攔、滿場飛跑		身軀嬌小		9
俞大綵		滬江大學	籃球	後衛				9
張如怡		滬江大學	籃球	守衛	騎術、游泳			9
任慧		上海中學	排球	壓球巧而有勁、擅接球			曾任排球隊長	10

姓名	籍貫	就讀學校	擅長運動	記者眼中的球技	其他才能	記者眼中的風采	經歷及畢業後動向	資料來源
楊品珍		上海中學	排球	接球穩；惟氣力小，不能壓球		艷麗動人		10
黃煦	湖南	上海中學	排球	接球、壓球、發球均佳；缺點過於活潑，易搶拍				10
張建新		上海中學	排球	拍球姿勢佳、發球高而遠		僅十四歲，天眞		10
陳淑卿		勞動中學	籃球	前鋒；擲籃準確、敏捷、輕快		嬌小玲瓏、身材窈窕		11
詹一新	安徽	勞動中學	籃球	後衛；有一夫當關萬夫莫敵之勢		體態龐然、氣力很大		11

姓名	籍貫	就讀學校	擅長運動	記者眼中的球技	其他才能	記者眼中的風采	經歷及畢業後動向	資料來源
王萃彩		勞動中學	籃球	衝鋒守衛均佳		身材高大魁梧，似男子		11
劉靜芳		勞動中學	田徑、籃球			秀氣斯文		11
何志行		勞動中學	籃球	後衛；巧伶、輕快，擲籃有素		勞中「皇后」		11
鮮于愛		勞動中學	籃球	後衛				11
施順貞		勞動中學	籃球	後衛				11
龍在天	南洋華僑	勞動大學	籃球	後衛；一夫當關，萬人莫入		談吐文雅、爲人客氣；身體偉肥		12

姓名	籍貫	就讀學校	擅長運動	記者眼中的球技	其他才能	記者眼中的風采	經歷及畢業後動向	資料來源
王昌信	湖南	勞動大學	籃球	前鋒；投籃準確，拍球接球伶俐，男同學或有不及者		嬌小玲瓏、活潑善戰、所到之處無不披靡		12
邱富敏		勞動大學	籃球	勇敢善戰		美麗臉龐、窈窕身材		12
張素華		勞動大學	籃球			矮碩		12
應奮靈		國華中學女生部	籃球	衝鋒迅速、傳遞巧妙			曾任籃球隊長	13
盛淑荇		國華中學女生部	籃球	盤球靈捷、擲籃準確				13

姓名	籍貫	就讀學校	擅長運動	記者眼中的球技	其他才能	記者眼中的風采	經歷及畢業後動向	資料來源
張君直		國華中學女生部	籃球	姿態佳、投籃傳遞高人一等		活潑	曾任籃球幹事	13
顧菊林		國華中學女生部	籃球	後衛		神情似男孩		13
李志均		國華中學女生部	籃球	有高躍橫剪的技能、防衛強				13

備註：

1. 〈安徽五中新聘體育教員沈文英〉，《申報》，一九二九年八月十日，增刊，頁七；
2. 〈復旦的籃球女明星〉，《申報》，一九三〇年三月十六日，增刊，頁七－八；
3. 〈崇德女校籃球隊的後起者〉，《申報》，一九二九年八月十四日，增刊，頁三；
4. 〈東南女體專幾位運動健將〉，《申報》，一九二九年七月二日，增刊，頁七；
5. 〈評東吳大學女生籃球隊的球藝〉，《申報》，一九二九年七月二十七日，增刊，頁三；
6. 〈東吳大學的四大金剛〉，《申報》，一九二九年七月十一日，增刊，頁三；
7. 〈愛國女學體育科畢業生〉，《申報》，一九二九年七月十九日，增刊，頁三；
8. 〈智仁勇女學的人才〉，《申報》，一九二九年七月二十二日，增刊，頁五；
9. 〈滬江的籃球女將〉，《申報》，一九二九年七月二十九日，增刊，頁五；
10. 〈上中女生排球隊〉，《申報》，一九二九年十一月十三日，增刊，頁九－一〇；
11. 〈勞中的女生籃球隊〉，《申報》，一九二九年六月二十九日，增刊，頁八；
12. 〈勞大的女生籃球隊〉，《申報》，一九二九年六月十六日，增刊，頁七；
13. 〈國華女生籃球隊〉，《申報》，一九二九年十一月二十二日，增刊，頁五。

注釋

【1】馬球盛行於唐代，受身體條件限制，女子打球時多數是騎驢而不是騎馬；而步打球是從馬球演變而來的運動，直接拿著球桿徒步打球。步打球至宋朝發展成捶丸運動，亦即用棍打球，類似今日的高爾夫球。任海，《中國古代體育》（臺北：臺灣商務印書館，一九九五年二版），頁二五—三一；王其慧、李寧，《中外體育史》（湖北：湖北人民出版社，一九八八），頁八七—八八。

【2】劉秉果，《中國古代體育史話》（北京：文物出版社，一九八七），頁一五—一三；王其慧、李寧，《中外體育史》，頁八七—一一九。

【3】這段時期的三屆「全運」全在華東地區舉行，即在杭州（一九三〇年）、南京（一九三三年）和上海（一九三五年）等三地；除一九三〇年的籃、排球賽錦標未為華東區代表所獲之外，其餘兩屆的冠軍均屬華東，並由上海市球隊奪標。

【4】有關女子體育救國的論述詳見游鑑明，〈近代中國女子體育觀初探〉，《新史學》，卷七期四（一九九六年十二月），頁一三一—一四四。

【5】當時運動會分成東北、華北、華南、華中、華東等五區，本文指涉的「華東地區」即根據區域運動會的劃分方式。至於華東所涵蓋的省份是江蘇、浙江兩地。

【6】國家體委體育文史工作委員會、中國體育史學會編，《中國近代體育史》（北京：北京體育學院出版社，一九八九），頁六三。

【7】高梓、張匯蘭指出此期的體育是以「活動血脈強壯筋骨」為目標未對學生做太多的要求。高梓、張匯蘭，〈中國女子體育問題〉，《科學的中國》，卷二期八（一九三三年十月），頁二〇。

【8】上海市檔案館藏，Q135-3-138，張嫻如，〈十年前拾零〉，《聖瑪利亞女校五十週紀念特刊》（一九三一），頁九。

【9】游鑑明，〈近代中國女子體育觀初探〉，頁一二四—一二五。

【10】由於當時「體育即打球」的現象極為普遍，因此有此一說。成都體育學院體育史研究室編，《中國近代體育史簡編》（北京：人民體育出版社，一九八一），頁一一六。

【11】董怡和，〈舊中國的籃球運動〉，《體育史料》，第五輯（一九八一年十二月），頁九。

【12】一支是由不同年級學生組成的「雲雀隊」，另一是四年級學生發起的「畫眉隊」，再一支是由新生成立的「白頭翁隊」。不過，因前兩隊球員相繼畢業離校，最後僅存「白頭翁隊」。以上分別參見'How Mo Li '21, 'Athletics'，《墨梯》，期二（一九一八年六月），頁二九和Zee Yeu Yong, 'Athletics'，《墨梯》，期三（一九一九年六月），頁一四。

【13】蘇州市檔案館藏，檔號Q235-3-110，〈雜俎：運動必要〉，《啓明女學校校友會雜誌》，期一（一九二〇），頁一一四。

【14】張世鎏，〈特別記事：參觀江蘇省立各學校第二次聯合運動會〉，《教育雜誌》，卷七期一二（一九一五年十二月），頁九二；心宏，〈江蘇省立各校第三屆聯合運動會〉，《教育雜誌》，卷八期一二（一九一六年十二月），頁六五。

【15】〈女子隊球表演〉，《申報》，一九二六年六月十一日，頁一一。

【16】參賽者雖僅四所學校，但為破天荒之盛舉。〈女子球類比賽〉，《申報》，一九二八年四月三十日，頁一一；袁宗澤，〈江蘇省運動會史略〉，《體育研究與通訊》，卷一期二（一九三三年三月），頁八一。

【17】游鑑明，〈近代中國女子體育觀初探〉，頁一二八。

【18】教育部恐各校於課後擅加鐘點授課，妨礙學生體育活動，並影響青年身心健康，決定自一九三六年下學年度起，午後三點一律為課外運動時間，絕對不准授課；同時規定每個學生每天至少有二小時以上的課外運動。〈教育部規定各中學體育活動時間〉，《時報》（上海），一九三七年一月七日，第七版。

【19】葉楚，〈記處州中學〉，中國人民政治協商會議浙江麗水縣委員會文史資料委員會編，《麗水文史資料》（麗水：一九九〇），頁二九。

【20】〈浙江省立第四中學〉，《體育半月刊》，期三四—三五（一九三三年五月），頁一一六。

【21】上海工部局女子中學於一九三五年成立學生自治會，該會的體育股曾舉辦運動會，並設置各類球隊，增加學生對體育的興趣。上海市檔案館藏，Q235-3-85，〈自治會之歷史〉，《丁丑年刊》（一九三七），頁二八九。

【22】上海市檔案館藏，Q235-3-140，沈愛麗，〈課外運動〉，《鳳藻》（一九三七）；蘇州市檔案館藏，甲五—一—四一九，康蓮娟，〈球類比賽報告〉，《蘇州振華女學校校刊》（一九三三年四月），頁五〇。

【23】〈蘇州女運動會〉，《申報》，一九三〇年五月十日，頁一七。

【24】此一信函大致如下：「年來我國體育事業，蒸蒸日上，殊可欣幸，然所提倡者，皆偏重男子，我女界姐妹，仍少動靜，且尤以上海為最，敝校不揣冒昧，有上海中華女子籃球會之發起。」。〈上海空前之中華女子籃球會〉，《申報》，一九二九年三月十九日，頁一一。

【25】詳見這段期間申報的「學校生活」專欄。

【26】上海市檔案館藏，Q235-3-108，劉珍寶、嚴蔚雯，〈我校籃球隊小史〉，《啓秀年刊》（一九三九），無頁碼。

【27】劉珍寶、嚴蔚雯，〈我校籃球隊小史〉，無頁碼。

【28】大夏的籃球隊有二支：一為大學部及師專的混合隊；另一為幼稚師範隊。參見《大夏周報》，卷七期一五（一九三一年三月二十五日），頁三四二。

【29】〈強東籃球隊的健將畢業了〉，《申報》，一九二九年七月二日，增刊，頁八；這種聘專業指導的例子，尚可見於啓秀女中和勞動中學、南京中學的女子部，參見〈勞中女子籃球隊成立〉，《申報》，

一九二九年十月二十日，增刊，頁九；〈啓秀的籃球隊〉，《申報》，一九二九年十一月十七日，增刊，頁七；〈女子籃球賽：南中昨日戰勝遺族〉，《中央日報》，一九三一年四月十日，第三張，第二版。

【30】《大夏周報》，期六八（一九二九年十二月四日），頁一五、二三。

【31】〈強東籃球的健將畢業了〉，《申報》，增刊，頁八。

【32】〈大同大學之女子排球隊〉，《申報》，一九二九年六月十日，增刊，頁七。

【33】吳志明、呂權、吳健，〈陸禮華與中國女子體育運動〉，中國人民政治協商會議上海市委員會文史資料工作委員會編，《上海文史資料選輯》，第四二輯（上海：人民出版社，一九八三），頁一七五；女俠，〈預選〉，《申報》，一九二九年九月十八日，增刊，頁三。

【34】〈上中女生排球隊〉，《申報》，一九二九年十一月十三日，增刊，頁九—一〇。

【35】〈勞中男女籃球隊的小風波〉，《申報》，一九二九年六月三十日，增刊，頁五。

【36】〈勞中男女籃球隊的小風波〉，《申報》，增刊，頁五。

【37】〈交大女生最近的運動〉，《申報》，一九三〇年四月十二日，增刊，頁四。

【38】〈鄞縣私立效實中學〉，《體育半月刊》，期三一—三三（一九三三年五月），頁六八—六九。

【39】〈今日開幕之女子籃球賽〉，《申報》，一九二九年十二月十四日，頁一一。

【40】〈交大女生排球隊又將復興〉，《申報》，一九二九年十月八日，增刊，頁二。

【41】紅蓼，〈持志大學的排球女將〉，《申報》，一九三〇年三月二十八日，增刊，頁二。

【42】〈交大女生排球隊又將復興〉，《申報》，增刊，頁二。

【43】這五位分別是涂雲生、邵錦英、鍾益賢、尤靜與楊品剛；另則是莊前霞、莊淑玉、吳志宏、張華珍、龍競雄、胡令德和溫貫明。女俠，〈預選〉，《申報》，增刊，頁三。

【44】這八人分別是隊長鄭涵書、幹事錢愛琴以及隊員周燮香、王華貞、袁慰庭、黃亦新、萬紹文和陳福和。

〈浙江省立高級中學〉，《體育半月刊》，期三六—三七（一九三三年五月），頁六二—六四。

【45】〈浙江省立高級中學〉，頁六四。

【46】上海市檔案館藏，Q235-3-102，〈學生團體消息〉，《德音半月刊》，卷一期二（一九三二年九月三十日），頁一三。

【47】劉珍寶、嚴蔚雯，〈我校籃球隊小史〉，無頁碼。

【48】〈暨南女生愛籃球〉，《申報》，一九二九年四月十九日，增刊，頁七。

【49】〈中公女子籃球隊〉，《申報》，一九二九年六月十日，增刊，頁七。

【50】〈交大女生最近的運動〉，《申報》，增刊，頁四。

【51】〈浙江省立高級中學〉，頁六三。

【52】〈中公女子籃球兩大戰〉，《申報》，一九二九年六月十六日，增刊，頁七。

【53】〈學生團體消息〉，《德音半月刊》，卷一期一（一九三二年九月十五日），頁四。

【54】〈中公女子籃球兩大戰〉，《申報》，頁七。

【55】〈嘉興縣立女子中學〉，《體育半月刊》，期三二—三三（一九三三年五月），頁一四〇。

【56】在二十一名選手中，華東區計有王大樂、朱民寶、蘇祖琦、蕭家珍、陳彩鳳等六人。〈中國女子排球選手名單〉，《申報》，一九二七年八月二十四日，頁七。

【57】六星隊是由崇德、培成、暨南等校隊組成的。〈六星女籃球隊成立〉，《申報》，一九三〇年二月二日，頁一〇。

【58】共計有郭筱萍、吳佩華、錢奇珍、楊若青、陳英瑞、余啓英、蔣懷宣、吳雪英、秦浩然、邵錦英、朱民寶、康均、莊時玉、王蘭、陳新元、葉福基等十六名球員。〈籌備中之上海萬國男、女籃球賽〉，《申報》，一九三〇年三月十二日，頁一二。

【59】〈我國女排球代表已選定十五〉，《晨報》（北平），一九三四年四月二十二日，第九版。

【60】〈本市參加全運會〉，《時報》（上海），一九三五年七月二十四日，第七版。

【61】其規約如下：（一）各隊員須絕對服從指導員之命令及其採用之方法；（二）隊員於規定練習及特約比賽之有臨時通知者，均須按時到場練習；（三）各隊員之有特殊情形因故缺席，應於事前繕具正式請假書，向指導員請假不得無故缺席；（四）隊員中有無故缺席一次或一次以上者，指導員得審核其理由予以相當懲誡；（五）各隊員在受訓期間對於各人之健康以及日常生活均須深切注意；（六）隊員中之無上進精神者，初犯時指導員得予以警告，如屢戒不改，得逕行取消其資格，另選他人替補之。〈本市參加全運會〉，《時報》（上海），第七版。

【62】〈蘇州女體育會籃球賽開幕〉，《申報》，一九二九年三月二十日，頁一一。

【63】十五場比賽自四月十三日至五月五日，而入會會員計有東南體專的強東、強南隊以及崇德女校、暨南大學，南洋英專和大夏大學等四校校隊。〈蘇州女體育會籃球賽開幕〉，《申報》，頁一一；〈女子籃球會定期舉行〉，《申報》，一九二九年四月十日，頁一一。

【64】一九二七年元旦，金陵女大曾邀請西僑青年會的女子籃球隊至南京做友誼賽。以上參見〈金陵女大籃球隊勝上海西女士〉，《申報》，一九二七年一月四日，頁八。另見〈今日之籃球比賽〉，《申報》，一九二七年十二月十六日，頁八；〈今晚有女籃球賽〉，《申報》，一九二八年一月十七日，頁一〇。

【65】一九二八年一月，崇德女校約西青女籃賽球，乃是有鑑於籃球比賽多為男性，擬藉機為女界開倡風氣。〈今晚有女籃球賽〉，《申報》，頁一〇。

【66】這些籃球會分由青年會體育部發起，「西青籃球會」成立於一九二八年，翌年始有「西青女子籃球會」。上海體育志編輯委員會，《上海體育志》（上海：上海社會科學院，一九九六），頁一八四。

【67】有關規定參見〈西青女子籃球會：強南崇德加入〉，《申報》，一九二九年十二月十日，頁九。

【68】〈西青女籃球隊劇戰崇德〉，《申報》，一九二九年三月十二日，頁一一。

【69】〈中西女子籃球賽：強南戰勝西青〉，《申報》，一九二九年十二月八日，頁一一。

【70】〈常勝軍初逢敵手〉，《申報》，一九三二年二月八日，頁一一；另可詳見一九三二－一九三四年間，各報紙有關「西青女籃賽」的報導。

【71】這年有社會隊參賽，中華代表隊是黑鷹隊。〈西青女子籃球：兩江勝利雙收〉，《申報》，一九三五年一月二十二日，頁一六。

【72】〈西青女籃球：兩江甲昨受挫〉，《申報》，一九三五年一月三十一日，頁一八。

【73】〈西青女籃球賽：報名加入者仍寥寥〉，《申報》，一九三六年一月二十六日，頁一三。

【74】〈中華女子籃球賽：強南獲錦標〉，《申報》，一九二九年十二月二十九日，頁一七。

【75】詳見此期各報紙中有關江大籃球賽的報導。

【76】〈西青女籃昨賽結果〉，《申報》，一九三二年二月十五日，頁一三。

【77】〈最後二分鐘：兩江慘敗〉，《申報》，一九三三年二月二十一日，頁一一；〈今晚男女籃球賽〉，《申報》，一九三三年二月二十四日，頁一一；〈兩江女籃球隊〉，《申報》，一九三三年二月二十四日，頁一一；〈兩江女籃球隊戰划船綠隊〉，《申報》，一九三三年二月二十七日，頁一一。

【78】一九二〇年，參加「遠運」的女排選手隊曾邀請上海女排名隊民立隊比賽；一九三五年，參加「全運」的上海市女子籃球代表隊，雖然是由兩江、東亞和東南等精銳組成，且曾經過集訓，實力銳不可擋，仍邀請上海市的業餘女籃球隊綠蒂、黑鷹等做友誼賽。以上參見〈男女排球比賽〉，《申報》，一九三〇年五月一三日，頁一〇；〈上海市女子籃球小試手腳大勝綠蒂〉，《時報》（上海），一九三五年九月九日，第七版；〈上海市女籃球：陳家將初展身手〉，《時報》（上海），一九三五年九月二十一日，第七版。

【79】〈崇德女學籃球隊最後表演〉，《申報》，一九二九年六月二十九日，增刊，頁七－八；這類活動尚可見於〈交大校慶排球賽〉，《申報》，一九三六年四月十一日，頁一三；〈今晚七時男女六校〉，《申報》，一九三四年十二月十九日，頁一三；〈大同大學定期舉行賑災男女籃球賽〉，《申報》，

一九三四年十二月十六日，頁一八。

【80】〈一幕男女排球賽：晨鐘勝東燕〉，《時報》（上海），一九三四年六月二十六日，第八版。

【81】〈一幕男女排球賽：晨鐘勝東燕〉，《時報》（上海），第八版。

【82】〈民立女中與大夏混合隊之排球戰〉，《申報》，一九二九年六月五日，增刊，頁五。

【83】〈兩江女子籃球與男子戰〉，《申報》，一九三〇年五月十七日，頁一二；〈男女籃球戰童子勝兩江〉，《申報》，一九三〇年六月十七日，頁一一；〈籃球戰一分之差：女子勝男子〉，《申報》，一九三〇年六月十八日，頁一一；〈今日下午七時：男女籃球戰〉，《申報》，一九三〇年八月十四日，頁一〇。

【84】〈杭州浙江建設運動會開幕〉，《申報》，一九三三年一月七日，頁一八。

【85】另一說是兩江有鑑於上海女籃氣象消沉，擬赴日本賽球，但因日方要求緩行，該隊乃轉赴平津。〈兩江女體校籃球隊北征〉，《申報》，一九三〇年十月十八日，頁一二；〈兩江北征籃球隊獲勝紀〉，《申報》，一九三〇年十二月五日，頁九。

【86】船至黑水洋中，風浪大作，船身搖動不已，八位隊員無不作嘔，無法進食；次日夜晚亦復如是，隊員痛哭流涕，欲歸不得，迨抵天津已疲憊不堪。〈兩江女籃隊昨午始抵津〉，《大公報》（天津），一九三〇年十月二十四日，第八版。

【87】〈兩江女籃球隊在津獲勝〉，《申報》，一九三〇年十月二十九日，頁一〇；〈兩江籃球隊在津又勝〉，《申報》，一九三〇年十月三十日，頁八；〈兩江籃球隊又勝兩場〉，《申報》，一九三〇年十一月一日，頁一一。

【88】〈兩江北征籃球隊獲勝紀〉，《申報》，一九三〇年十二月五日，頁九。

【89】當兩江赴北平賽球時，有天津市民因未及觀賞該隊球技而特至北平觀賽，為此，該隊再度折天津賽球。此期，該隊先後與天津女子師大混合隊及兩江校友指導的小羊隊進行友誼賽。〈兩江北征籃球隊獲勝

紀〉，《申報》，頁九。

【90】在華中的十二天中，共計出賽十場。〈兩江籃球隊出征閩粵〉，《申報》，一九三三年六月二十二日，頁一四；〈兩江女校籃球隊凱旋〉，《申報》，一九三三年八月十一日，頁一四；〈兩江籃球隊奏凱：遠征華中戰績〉，《申報》，一九三六年十二月二十六日，頁八。

【91】首場觀眾約三、四千人，而第二場竟多達五千人之多。〈兩江籃球隊由青返滬〉，《申報》，一九三五年一月十九日，頁一六。

【92】〈兩江女籃球隊今晨遊京滬線〉，《申報》，一九三四年十二月十日，頁一三；〈兩江在錫三戰三勝〉，《申報》，一九三四年十二月十四日，頁一四；〈兩江籃球隊在鎮又勝〉，《申報》，一九三四年十二月十八日，頁一四；〈兩江女體師籃球隊在京三戰三勝〉，《申報》，一九三四年十二月二十一日，頁一四。

【93】〈兩江籃球隊將遠征東京〉，《中央日報》，一九三一年四月二十二日，第三張，第二版。

【94】另有一場是男女規則各半。〈兩江女校籃球隊東征記（五）〉，《申報》，一九三一年五月十九日，頁八。

【95】〈兩江女校籃球隊東征記（五）〉，《申報》，頁八。

【96】〈兩江籃球隊南遊經過〉，《申報》，一九三五年五月二十七日，頁一一。

【97】〈兩江籃球隊南遊經過〉，《申報》，頁一一。

【98】〈兩江女校籃球隊東征記（三）〉，《申報》，一九三一年五月十二日，頁一二；〈兩江籃球隊南遊經過〉，《申報》，頁一一。

【99】一九二六年上海聖約翰大學訪日，是國人首次出訪。上海體育志編輯委員會編，《上海體育志》，頁五二五。

【100】兩江環遊歐美計畫大綱的宗旨如下：一、發揚中國民族精神、聯絡世界婦女感情、增進我國之國際地

位；二、觀摩世界教育之狀況與體育之設施，以作國內體育實施之參考。〈兩江籃球隊——環游歐美計劃大綱〉，《申報》，一九三三年二月十日，頁一六。

【101】〈中國體育界之空前壯舉〉，《申報》，一九三三年二月八日，頁一七。

【102】〈赴歐美前之兩江籃球隊〉，《申報》，一九三三年二月九日，頁一九；〈兩江籃球隊補充實力〉，《申報》，一九三三年二月十二日，頁一五；〈兩江女籃球隊遠征〉，《申報》，一九三三年二月一三日，頁一三。

【103】〈潘月英上兩江校長陸禮華書〉，《申報》，一九三三年二月十六日，頁一四。

【104】現人，〈球場漫話：兩江與國難〉，《大公報》（天津），一九三三年二月二十六日，第一〇版。

【105】這些球隊以後來居上的姿態擊敗當地精銳之後，遂展開外征之旅。一九三四年以來，上海的東南體專曾至無錫、華東女中至蘇、杭，東亞體專則至江西、南京、廣州、香港等地比賽。以上參見〈華東女子中學籃球隊今日出征松江〉，《申報》，一九三四年十二月十六日，頁一八；〈東南女籃球隊挫敗〉，《申報》，一九三五年一月五日，頁二〇；〈華東女中：籃球隊征杭凱旋〉，《申報》，一九三五年五月二十一日，頁一三；〈華東女中籃球隊凱旋〉，《申報》，一九三五年五月二十九日，頁一三；〈東亞女田徑籃球隊南遊馬來亞〉，《申報》，一九三五年一月二十六日，頁一五；〈東亞女籃球隊在京二戰二勝〉，《申報》，一九三六年十二月二十四日，頁一〇；〈東亞女籃球隊敗於粵女中〉《申報》，一九三七年四月二十日，頁一三；〈轉戰港粵：東亞女球隊返滬〉，《申報》，一九三七年五月四日，頁一〇。

【106】九場比賽中，除曾受挫培風男子隊之外，其他各場無不獲勝。另有一說是籃球比賽有二十餘場，挫敗兩次。以上參見〈東亞女籃球田徑南游〉，《申報》，一九三五年三月二十一日，頁一五；〈東亞南遊成績〉，《申報》，一九三五年三月二十九日，頁一四。

【107】在八場比賽中，籃賽四勝一敗，排賽則二勝一敗。〈轉戰港粵：東亞女球隊返滬〉，《申報》，頁一〇。

【108】〈上海中華女子籃球會章程〉，《申報》，一九二九年三月十九日，頁一一。

【109】〈上海女子籃球會定本月十一日開幕〉，《申報》，一九三三年十一月六日，頁一三。

【110】其中除「中校體聯」曾對車輛中途發生事故者予以通融之外，其他會規通常規定超逾五或十分鐘即視為棄權。以上規定參見〈上海女子籃球會續訊〉，《申報》，一九二九年十一月二十三日，頁一七；〈中校體聯昨開臨時會議〉，《申報》，一九三五年十一月二十五日，頁一二；〈亞青女子籃球會強南崇德加入〉，《申報》，一九二九年十二月十日，頁九；〈上海女子籃球會定本月十一日開幕〉。

【111】〈女籃會閉幕〉，《申報》，一九三三年十一月二十八日，頁一二。

【112】《申報》，一九三三年十月十日，頁三五。

【113】「上海女籃會」曾規定：「凡上海各學校或其他業餘球隊之得本會承認者，均得為會員」、「本會組織係業餘性質，故凡球員之不合格者，不得加入比賽」。以上參見〈上海女子籃球會續訊〉，《申報》，一九二九年十一月二十三日，頁一七。

【114】〈昨籃球結果〉，《申報》，一九三〇年三月十五日，頁一五。

【115】經大會調查，郭固然任教小學。但未教授體育，故其資格並未抵觸大會規定。〈滬市運動會球賽〉，《申報》，一九三三年九月十九日，第一四版；〈務本得女子排球錦標〉，《申報》，一九三三年九月二十五日，頁一五。

【116】一九三四年，在「江大」足球比賽中，交大因敗北而遷怒裁判員，致有學生毆打裁判成重傷的不幸事件。宸，〈體育訴訟〉，《申報》，一九三四年三月八日，頁一。

【117】在一九三四年「遠運」會的中菲排球戰中，因裁判心存偏頗，導致我女球員氣憤填膺，忍不可遏，全體退場休戰。〈裁判不公忍不可遏〉，《申報》，一九三四年四月十六日，頁一五。

【118】〈女子籃球賽〉，《申報》，一九三〇年二月十五日，頁一七；〈昨日女子籃球賽：強南與麥令不歡而散〉，《申報》，一九三〇年二月二十日，頁一一。

【119】中青籃賽中，曾規定「如不幸遇有抗議事件，須用書面於事實發生後二十四小時內，送交本委員會，並隨繳保証金五元，如委員會認該抗議且有充分理由者，當將保証金發還，否則沒收，惟委員會之判決為終決，不得再有異議」。以上參見《申報》，一九三四年十二月六日，頁一五。

【120】據兩江校長陸禮華表示，兩江的失敗是裁判員偏私、不公平，對西僑隊應罰而不罰，遂使兩江英雄無用武之地。〈兩江敗於西聯〉，《申報》，一九三三年二月二十五日，頁一五；〈兩江女籃球隊戰划船綠隊〉，《申報》，一九三三年二月二十七日，第一一版。

【121】抗議理由：（一）末盤十五對十三時，敵球過來，裁判鳴笛，我隊員因而將球接住，裁判竟判我失分，時菲已得十五分，縱我失分，菲亦只應增加一分，而紀錄板竟加二分；（二）菲十九分時，來球已跌出界外，裁判反認為正球，判菲得分。〈中菲女排球賽：裁判員不公〉，《晨報》（北平），一九三四年五月十七日，第一一版。

【122】上海市檔案館藏，Q235-3-85，Chang Lee Chu, 'Sports Teams'，《丁丑年刊》（一九三七），頁二八六；〈初中二痛飲黃龍〉，《德音半月刊》，卷二期五（一九三三年四月），頁一二八。

【123】〈崇德籃球隊內的一對好友〉，《申報》，一九二九年八月十日，增刊，頁七。

【124】費念祖，〈「健美運動」我評〉，《申報》，一九三四年十一月二十二日，增刊，頁九。

【125】參見〈附錄一〉。

【126】〈轉戰港粵：東亞女球隊返滬〉，《申報》，頁一〇。

【127】黃記載道：「愚等留日，雖為時至暫，而耳目所及，千端萬緒，……簡括言之，如舟車交通之靈便，工商事業之興盛，教育體育之普及，社會秩序之安定，似可與歐美諸先進國家並駕齊驅，……日本西部鄉間農產物，就車中所及，則以稻麥桑茶為大宗，民間生活似甚安樂，……路旁學校，每行三四里，必有一所，校舍甚簡樸，而運動場之設置，較吾國城市學校尚完備，工廠不限於城市，鄉間亦所在多有，日本工業之發達，於此可見一斑。……韓人男女老幼，皆衣素服，冬夏不變，城鄉所見者，大半勞工，頂

負巨物，或肩荷重載，淒涼景象，滿目皆然，同一鄉村，而彼此判若天壤，此殆國家強弱所使然歟。」

【128】黃寄萍，〈兩江女校籃球隊東征記〉，《申報》，一九三一年五月二十二日，頁八。

【129】冷雪，〈兩江籃球隊南征日記〉，《時報》（上海），第七版。

【130】〈民立女中與大夏混合隊之排球戰〉，《申報》，增刊，頁五。

【131】〈中公女子籃球隊〉，《申報》，增刊，頁七。

【132】〈江大籃球：復旦中央金陵〉，《時報》（上海），一九三四年三月二十日，第七版。

【133】〈全運會術語不准用英語〉，《申報》，一九三四年八月二十三日，頁一六。這些名詞諸如交際室（Social Hall）、送別會（Farewell party），及演員約翰保傑斯（John Bojes），參見冷雪，〈兩江籃球隊南征日記〉，《時報》（上海），一九三五年二月十八日，第七版。

【134】〈戰女師：兩江再獲勝〉，《大公報》（天津），一九三〇年十月三十一日，第八版。

【135】〈戰女師：兩江再獲勝〉，《大公報》（天津），第八版。

【136】陸禮華，〈陸禮華南遊觀感錄〉，《時報》（上海），一九三五年六月六日，第八版。

【137】冷雪，〈兩江籃球隊南征日記〉，《時報》（上海），第七版。

【138】冷雪，〈兩江籃球隊南征日記〉，《時報》（上海），第七版。

【139】林澤倉，〈余之會場見聞〉，《申報》，一九二七年八月二十八日，頁一二。

【140】葉華女士，〈體育表演記〉，《申報》，一九三一年六月二十一日，頁一三。

【141】曾迺敦，〈第八章：競賽與表演〉，《女學生生活素描》（上海：女子書店，一九三六），頁四六。

【142】寥星，〈為的什麼呢？〉，《女青年月刊》，卷十三期六（一九三四年六月），頁三三。另外，「拾遺」也發現每次開運動會或球類比賽時，「多數女運動員的臉上是染著脂粉的，細細的眉，是用黑色描上的！更致把頭髮弄得捲曲，身上穿著艷色的服裝，手腕上戴眩目的手鐲！」參見拾遺，〈今日女運動員的病態〉，《國民體育匯刊》，期一（一九三六年一月），頁三一。

【143】寥星表示，球場上「急喘之聲時有所聞，形勢煞是好看，在我眼前閃來躍去的，只是飛揚著的長長的黑髮，紅的，黃的，黑的，各色絲帶的末梢，就只這些便足夠人們的喝彩了。」寥星，〈為的什麼呢？〉，頁三三。

【144】〈參觀女運動員宿舍〉，《時報》（上海），一九三三年九月二十日，第八版。

【145】根據陶希聖先生的觀察，一九二八年上海的女性傾向剪髮；而三〇年上海女性時興裸臂露足，引自陶希聖，《中國社會現象拾零》（上海：新生命書局，一九三一），頁三四〇—三四一。另外，莊啓英指出修飾、美容是當時大學生的一種生活，特別是女同學「差不多終日沈迷塗脂抹粉中」。莊啓英，〈大學生活〉，《滬大周刊》，卷二一期六（一九三三年十二月十五日），頁一五。

【146】〈安徽五中新聘體育教員沈文英〉，《申報》，一九二九年八月十日，增刊，頁七。

【147】根據東南女體專一九二九年八月的資料，首屆畢業生計二十四位，其中僅一位尚未覓得教職，其餘均分配至各學校任教。〈一人獨留〉，《申報》，一九二九年八月十七日，增刊，頁七。

【148】李賢彰，〈體育雜話〉，《時報》（上海），一九三五年六月十三日，第八版。

【149】向勤，〈舊中國廣東的兩間體育學校〉，廣州市政協文史資料研究委員會、廣州市荔灣區政協文史資料研究委員會合編，《廣州文史資料》，二四輯（廣州：廣東人民出版社，一九八一），頁一六〇。

【150】黑鷹隊是由東南、崇德兩校校友組成。〈上海市女籃球〉，《時報》（上海），一九三五年九月二十一日，第七版。

【151】球員中的陳彩鳳、蘇祖琦均曾出席「遠運」，〈暑期中的女子排球練習〉，《申報》，一九二九年七月四日，增刊，頁七。

【152】〈暑期中的女子排球練習〉，《申報》，一九二九年七月四日，增刊，版七。

【153】〈民立女中校友排球隊募捐〉，《申報》，一九二九年七月十一日，增刊，版三。

【154】〈民立女中校友與復旦比賽排球〉，《申報》，一九二九年六月七日，頁一一；〈民立女排球與男子比

賽〉，《申報》，一九二九年七月一日，頁一二；〈今日男女排球混合賽〉，《申報》，一九二九年七月十二日，頁一二；〈今日男女排球練習賽〉，《申報》，一九二九年七月十五日，頁一一；〈男女排球賽：民立校友勝高商隊〉，《申報》，一九二九年八月三日，頁一二；〈民立女校排球隊勝熊隊〉，《申報》，一九二九年九月八日，頁一七；〈民立校友排球勝南洋〉，《申報》，一九二九年十月六日，頁一七。

【155】〈民立校友女子排球隊赴京戰績〉，《申報》，一九二九年十月十六日，頁一二；〈今日返滬之民立排球隊〉，《中央日報》，一九二九年十月十三日，第三張，第四版。

【156】〈民立校友女子排球隊到南京比賽〉，《申報》，一九二九年十月八日，增刊，頁二一。

【157】《德音半月刊》，卷一期四（一九三二年十月三十日），頁三〇。

【158】《德音半月刊》，卷一期五（一九三二年十一月十五日），頁三九。

【159】《德音半月刊》，卷一期五，頁三九。

【160】〈給籃球隊員的一封書〉，《德音半月刊》，卷一期五（一九三二年十一月十五日），頁四六。

【161】《申報》記者曾謂：「二軍勝負，端賴銳氣，啦啦隊之組織即所以鼓勵作戰之精神，而達到勝利目的者也。」〈今日萬人爭看文大暨南決戰〉，《申報》，一九二九年十一月三十日，頁一二。

【162】在一九二九年交大與暨大的足球決賽中，雙方啦啦隊均卯勁助威，其中暨南的男女啦啦隊花樣甚多，除隊長帶動練習，編製凱旋歌、啦啦調之外，女同學還全體化裝出場歡呼，內有滑稽腔，希奇古怪，為球場增色不少，同時隊中備有鑼鼓、喇叭等助戰。〈今日萬人爭看交大暨南決戰〉，《申報》，頁一二。

【163】〈組織女子啦啦隊〉，《申報》，一九三二年一月二十四日，頁一〇；但也有人認為這種組織各校女學生而成的啦啦隊是病態現象，參見〈體育評論〉，《申報》，一九三四年三月八日，頁一。

【164】〈女生籃球隊，大勝愛國〉，《復旦旬刊》，創刊號（一九二七年十一月），頁八四—八五。

【165】〈初賽結果〉，《申報》，一九三〇年四月五日，頁一八。

【166】〈中華女兒果為鬚眉吐氣〉，《時報》（上海），一九三四年三月二十三日，第八版。

【167】該文敘述道：「號稱紫金城的女生宿舍，發出一陣笑聲來，門口停著四輛山馬大學自備汽車，汽車引擎軋軋響了，……車頭上高高插上一面紅旗，……刺繡『山馬大學女子籃球隊』九字，……第一輛壓道車當然是男子啦啦隊，中間兩輛不想可知，定屬女性所有，最後保鏢式的一輛，王省三領隊，大唱敬祝勝利歌，這一路上浩浩蕩蕩，威風不可一世。……山馬大學女運動員下車後，啦啦隊先呼後應，王省三用了生平之力，讓開一條肉路，女將們心猶不足，尚嫌太窄，其中有一個較小一點的居然異想天開，想令啦啦隊背進去，這事終因不雅觀，卒得忍氣吞聲，姍姍進場。」漢公，〈體育外史（續）〉，《體育周刊》，期二（一九三二年十月三十日），頁一一。

【168】波浪，〈胡笳組織籃球隊〉，《申報》，一九三四年一月十三日，頁五。

【169】俊，〈黎莉莉在大夏表現籃球〉，《時報》（上海），一九三三年十一月十三日，第二版。

【170】這是來自松江女中高中師範科三年級生的「本校學生職業興趣調查」的報導，在包括初、高中普通科及高中師範科的九十五名學生中，有三十一名學生喜歡的職業是當籃球員。高師三統計，〈本校學生職業興趣調查〉，《松江女中校刊》，期二九（一九三三年六月），頁七—一〇。

【171】接受調查的學生，嘉女計一百九十五人，中山七十六人，明德四十二人，喜歡體育的依次是十二人、十人、四人，而對籃球感興趣的嘉女七十七人、中山十六人、明德九人，至於排球分別是十七人、三十二人、三人。以上參見許敏中，〈嘉興中等學生生活狀況及其志願的調查〉，《中學生》，號四四（一九三四年四月），頁一〇、一五。另外，據一九三一年松江女中的資料呈現，在十六種運動項目中，最感興趣的運動也是籃、排球，分別占學生總人數的78%和72%。參見《松江女中校刊》，期一九—二〇合刊（一九三一年六月），頁四四。

【172】子岡，〈北平的女學生（上）〉，《女聲》，卷三期二（一九三四年十月），頁五。

【173】上海市檔案館藏，Q235-3-108，劉珍寶、嚴蔚雯，〈我校籃球隊小史〉，無頁碼。

【174】上海市檔案館藏，Q235-3-139，戴閨雄，〈師生籃球友誼賽〉，《鳳藻》（一九三六），頁一九二。

【175】〈復旦的籃球女明星〉，《申報》，一九三〇年三月十六日，增刊，頁七－八；〈東吳大學的四大金剛〉，《申報》，一九二九年七月十一日，增刊，頁三；〈愛國女學體育科畢業生〉，《申報》，一九二九年七月十九日，增刊，頁二。

【176】〈昨日江大籃球：暨南雙勝復旦〉，《申報》，一九三三年三月二十三日，頁一六；〈兩江三敗東南〉，《體育評論》，期一四（一九三三年一月七日），頁三；〈勞大的女生籃球隊〉，《申報》，一九二九年六月十六日，增刊，頁七；〈國華女生籃球隊〉，《申報》，一九二九年十一月二十二日，增刊，頁五。

【177】〈復旦的籃球女明星〉，《申報》，增刊，頁七－八。

【178】〈籃球名星王志新女士〉，《體育評論》，期一四（一九三三年一月七日），頁二。

【179】〈浙江省立高級中學〉，頁六三。

【180】在洪鶴齡的文中可以看到：「一霎那間在空中的只見球往來不絕，上下滾著、忽進忽退，大地上的沙泥混亂地在空中飛揚，兩旁雄壯的吶喊聲振起了雙方的精神。各個準備著，急切而帶著競爭的態度，大家好似猛虎般跳躍不息，有的倒在地上，跌交是不留意的，而起身卻也特別的加快，看來好像在交戰，挺起了兩足好像在做著馬戲，張大了兩眼如狼如虎，後來終被我們戰（案：原作「占」）勝了。」蘇州市檔案館藏，檔號J6-1-10，洪鶴齡，〈比球〉，《石珠》（一九三一），蘇州振華女子校級刊，頁一七－一八。

【181】〈外人目光中之中華女子籃球隊〉，《體育評論》，期二一（一九三三年三月十一日），頁三三。

【182】〈外人目光中之中華女子籃球隊〉，頁三三。

【183】劉指出，菲隊球員個個「雄糾糾的，塊頭高大，體力充足；反觀我國隊員，固然多很結實，可是身材不免短小」；〈我國女選手參加遠運〉，《晨報》（北平），一九三四年六月五日，第九版。

【184】〈遠運男女排球我國失敗原因感想〉，《晨報》（北平），一九三四年六月十七日，第九版。
【185】成都體育學院體育史研究室編，《中國近代體育史簡編》，頁五六。
【186】例如一九三〇年「遠運」的女籃賽，我國曾因擬採用男子球規而拒絕參加，迨至主辦單位改用女規，我國始派隊參賽。〈女籃球仍用女規則〉，《申報》，一九三〇年五月三日，頁一五。
【187】溫懷玉，〈對於女子籃球：引用男子規則之芻議〉，《時報》（上海），一九三四年十一月十三日，第七版。
【188】溫懷玉，〈對於女子籃球：引用男子規則之芻議〉，《時報》（上海），第七版。
【189】溫懷玉，〈對於女子籃球：引用男子規則之芻議〉，《時報》（上海），第七版。
【190】周文娟，〈女子籃球應運用男子規則議〉，《時報》（上海），一九三四年十一月三十日，第七版。
【191】周文娟，〈女子籃球應運用男子規則議〉，《時報》（上海），第七版。
【192】周文娟，〈女子籃球應運用男子規則議〉，《時報》（上海），第七版。
【193】王澤民，〈錦標前後〉，《大夏》，卷九期二四（一九三三年五月一日），頁四九五—四九六。
【194】亭，〈誘導青年運動的我見〉，《大公報》（天津），一九二八年五月十一日，第九版。
【195】亭，〈誘導青年運動的我見〉，《大公報》（天津），第九版。
【196】〈過猶不及〉，《大公報》（天津），一九三〇年八月十六日，第四版。
【197】〈短評：諍體育界〉，《大公報》（天津），一九三〇年八月十七日，第四版。
【198】〈短評：諍體育界〉，《大公報》（天津），第四版。
【199】〈籃球：男女賽不合理〉，《申報》，一九三〇年八月二十六日，頁一二。
【200】斯艾，〈一幕兩性肉搏記：對於男女混合籃球之商榷〉，《晨報》（北平），一九三二年一月二十二日，第九版：艾斯，〈一幕兩性肉搏記：對於男女混合籃球之商榷〉，《晨報》（北平），一九三二年一月二十四日，第九版。

【201】〈所謂浙省建設運動會（案：原記「動運會」）者〉，《體育評論》，期一四（一九三三年一月七日），頁一。

【202】例如「健全的身體、肥壯的玉臂」、「身材高人一等」、「高大」、「身材魁偉」、「體態龐然、氣力很大」、「身材高大似男子」、「身體偉肥」、「矮碩」、「瘦小靈活」、「嬌小玲瓏」、「秀氣斯文」、「短小精悍」等，以上參見〈附錄一〉、〈附錄二〉。

【203】〈女子籃球賽昨日結束〉，《申報》，一九二九年十二月十八日，頁一一；另見〈附錄二〉。

【204】其二人梳男式短髮、著西裝、繫領帶，參見裴順元、沈鎮潮編，《女運動員》，（上海：上海體育書報社，一九三五），無頁碼。

【205】〈球經（續）〉，《時報》（上海），一九三五年二月二十四日，第七版。

【206】〈東亞巾幗列傳〉，《時報》（上海），一九三六年三月十四日，第七版。

【207】關被讚為「貌尤娟麗」，而陶是「面貌秀麗」、孫「面目嬌秀」；其他如滬江大學的邱麗雯「美麗丰姿、溫文性格」、上海中學的楊品珍「艷麗動人」、勞動大學的邱富敏「美麗的臉龐，窈窕俏麗的身材」，以上參見〈附錄一〉、〈附錄二〉。

【208】記者稱陳鼎如有似「芙蓉的顏，像牡丹的貌，與那窈窕的身材和活潑的態度」。〈復旦的籃球女明星〉，《申報》，增刊，頁七—八；〈復旦的三女運動家〉，《申報》，一九二九年十一月四日，增刊，頁六。

【209】參見〈附錄一〉、〈附錄二〉。

【210】〈籃球名星王志新女士〉，頁三；《女運動員》，無頁碼。

【211】《申報》和天津《大公報》即曾刊載一九三〇年「全運」與一九三四年「遠運」中球員挫敗後的悲傷場面；而曾洒敦也指出女運動員因球賽失敗而痛哭的新聞常見於報紙。〈女子籃球決賽〉，《大公報》（天津），一九三〇年四月十七日，第五版；〈女子排球公開表演〉，《申報》，一九三四年五月十四

日，頁一五；曾迺敦，《女學生生活素描》，頁四五。

【212】〈評東吳大學女生籃球隊的球藝〉，《申報》，一九二九年七月二十七日，增刊，頁三；〈勞大的女生籃球隊〉，《申報》，增刊，頁七。

【213】何又認為運動健將集中於都市，不能普及於內地也是運動畸形發展的一項因素。何文信，〈我對於全國運動會的觀察〉，《申報》，一九三三年十月二十二日，增刊，頁一。

【214】祥鼎，〈運動會〉，《申報》，一九三四年五月二十九日，頁一—二。

【215】許欽文，〈論女學生〉，《申報》，一九三三年九月二十六日，頁一七。

【216】許欽文，〈論女學生〉，《申報》，頁一七。

【217】寥星，〈為的什麼呢？〉，頁三四。

【218】拾遺，〈今日女運動員的病態〉，頁三一。

【219】拾遺，〈今日女運動員的病態〉，頁三一。

【220】汪桂芳，〈勗全運會女選手〉，《婦女月報》，卷一期一〇（一九三五年四月），頁二一—二三。

【221】拾遺，〈今日女運動員的病態〉，頁三一。

【222】陳碧雲，〈兩年來的中國婦女〉，《女聲半月刊》，卷三期一（一九三四年十月），頁七。

【223】秋英，〈有感於某校女生賽球〉，《世界日報》，一九三五年四月二十二日，第六版。

【224】曾迺敦，《女學生生活素描》，頁一〇。

【225】曾迺敦，《女學生生活素描》，頁四六。

【226】〈女籃球健將婚變記〉，《體育評論》，期八一（一九三四年四月），頁二七一。

【227】〈女籃球健將婚變記〉，頁二七一。

【228】陶希聖指出三〇年代的新式女子「決不能留在閨閣來待字。她不是羞縮的。她是自己運動的。她必須出現於交際場，她必須暴露，宣傳自己，和表現自己。」參見陶希聖，《中國社會現象拾零》，頁三三七。

第三章　當外省人遇到臺灣女性：戰後臺灣報刊中的女性論述（一九四五—一九四九）

一、前言

中日戰爭結束只給中國人帶來短暫的歡欣，緊接而來的國共內戰，讓民眾再度陷入不確定的年代，許多人又被迫遷徙流離，過著動盪不安的生活。這時期，他們不再以中國內地做爲唯一的遷徙地區，遠在海峽彼岸的臺灣也是他們的目的地，於是在隔離五十一年之後，海峽兩岸的人民再度交會。

戰後的臺灣人民同樣面臨不確定的日子，一九四五年八月，送走了日本爲統治臺灣所設置的臺灣總督府，同年十月，迎來的是祖國爲建設臺灣而成立的臺灣行政長官公署。但不到一年半，一九四七年的緝私衝突竟引發震撼全臺的二二八事件，嚴重影響省內、外民眾的情感。在交相指責下，中央政府撤除行政長官陳儀的職務，並裁撤長官公署，另設立臺灣省政府，派外交界出身的魏道明擔任第一任省主席。此後，由於中央政府在中國大陸的形勢逆轉，一再遷都，一九四九年年底，中央政府遷至臺北後，臺灣走入另一新的局面。回顧一九四五至一九四九年間的臺灣，不僅行政組織更迭不定，財政、教育等各方面也不時變動，這其實是任何國家或時代政局轉換初期的普遍現象。臺灣總督府統治臺灣初期，一樣是處在摸索、試驗的階段，許多措施或制度均採因地制宜或彈性調整的方式。然而，相較於日本統治時期政局的穩定，戰後臺灣的政局確實讓不少臺灣人深感疑慮和失望，特別是受過較深厚殖民經驗的臺灣人，很難接受新政府的各種措施；二二八事件更使臺灣民眾對新政府的期待落空。嚴格而言，這群人只能算是臺灣廣大民眾的部分代表，因爲年齡、地區、性別的差異，以及殖民經驗程度的不同，臺灣人對新政府的反應其實是有差別的；至於面對不斷湧入的異鄉客，臺灣人對他們的體認也因不同的互動關係各有差異。

和臺灣人一樣，外省人對臺灣或臺灣人的認識也不盡相同。最初來臺的外省人，有部分是受中央政府指示，來臺進行重建工作，如政府官員、技術人員或專業人員；另有部分是商人、觀光客或記者，其中有些人只是過客，並沒有長住臺灣的打算。但隨著中央政府戰事失利，來臺的外省人日漸增多，包括各行各業或一般民眾，於是在臺灣定居的外省人不斷增加，與臺灣人的接觸不再是短暫相遇，而是長期相處。在這樣的情況下，外省人是如何看待臺灣人？有研究指出，這時期來臺服務的公務人員是以勝利者、統治者的姿態來教導「化外之民」的臺灣人；[1]但就如同日治時期的部分日本人一樣，有些外省人和臺灣人互動關係良好，並不全然挾著統治者的優勢對待臺灣人。[2]更重要的是，性別、階層甚至教育背景、不同省籍，都影響外省人與臺灣人對彼此的觀察或相處。

對外省人而言，不但臺灣的各種人情、事物讓他們深感好奇，「臺灣到處是女人」更讓許多外省人印象深刻，成爲他們品頭論足的對象。特別是二二八事件之後，到中央政府遷臺前，由官方、社團、外省籍文化人創辦或主筆的報刊較前增加，再加上以臺灣女性爲主題的刊物發行，導致這時期的報刊經常出現外省人對臺灣女性的描述或報導。戰後介入臺灣女性話題的作者固然以外省男女占大多數，但因許多報刊接受不同省籍作者的論戰，有不少文章是來自臺灣作者對外省作者的回應，致使論述空間不限於外省男女，反而因女性議題使省內、外人士得以互動。此從本文引用的《臺灣新生報》、《臺灣春秋》、《臺灣女性》、《臺灣文化》中的交叉論辯即可見一斑。這種容許眾聲喧嘩的現象，顯示戰後臺灣的論述深具張力。

這時期的執筆者並不限於知識男女，《臺灣春秋》和《臺灣女性》的編者都在舉辦首次徵文時，發現投稿者來自各界。[3]其中女性作者群中，除以精通中文的知識女性居多之外，粗通中文的一般女性也不缺席，後者之中有不少是臺灣的底層女性，她們通常以自白的方式陳述經驗。儘管底層研究（Subaltern studies）對底層群體發言的主體性充滿疑惑，但相對於日治時期底層群體缺乏聲音的情形，戰後臺灣底層女性的聲音則是彌足珍貴。[4]這種來自女性自白的文本，在戰前中國的女性刊物或一般報章、雜誌處處可見，但在日治時期的臺灣並不多見。[5]這群女性的聲音得以浮現，一方面是受戰後文字媒體的鼓勵，當時許多報紙或刊物開闢「讀者信箱」一類的專欄，供各階層的讀者發抒己見，其中臺灣省婦女工作委員會自一九四七年八月十日，在《臺灣新生報》上所編的《臺灣婦女》週刊，便是一份向各階層女性開放的刊物，於是這些底層的聲音能從邊緣進入核心。[6]

然而，這時期繽紛多采的女性論述並未受到學者重視，戰後臺灣史的研究不是集中在二二八事件，便是以泛政治化的概念探討問題；即便是從事臺灣婦運研究的學者，也多數將戰後的婦運揚棄不顧。[7]一九九七年，開始有研究者注意這項問題，但偏重的是政治變遷與婦運的關係；[8]二〇〇一年，我撰寫〈臺灣地區的婦運〉一文時，發現這時期的女性論述有更深層的討論值得挖掘，於是進行初步研究。[9]其後林秋敏也以《臺灣新生報》的《臺灣婦女》週刊分析戰後初期的婦女議題。[10]當再度解讀更多與這時期有關的女性史史料時，首先引起我興趣的是，多數人認為戰後的言論充滿「中國化」、「去（抵）日本化」的色彩；然而，從女性論述中卻也看到「反中國化」的論調，而且多以反「海風」、反「港風」為出發點，肯定臺灣的本土文化。[11]其次，在這些史料中，除有性別論述之外，族群、國家、階級、文化或身分等多重認同問題也纏繞在內。有鑑於此，我對以新殖民者和被殖民者的對立說法，來看待戰後的外省人和臺灣人，產生質疑，因為這二者之間由於階級、性別、文化的不同所形成的複雜性，再加上彼此在日常生活、雇傭關係、婚姻締結與性交易上的往來互動，絕不是二元對立的論述能一言以蔽之的；以東方主義（Orientalism）和「東方主義」修正派的多元概念，來思考這時期省內外人士的關係，反而較不會窄化這時期的研究。【12】

在眾多的女性議題裡，本文選擇女性形象以及娼妓、女傭與婚姻問題爲研究焦點，除了因爲這些議題在當時備受矚目，曾引起外省男／女和臺灣男／女之間的各種論辯之外，更重要的是，參與討論的還包括這些議題中的當事人。雖然不管在戰前的中國或日治時期的臺灣，這些主題多少都被關注過，但在戰後初期的臺灣又搬上檯面重新討論。無可否認的，臺灣戰後初期省內外人士相遇時的互不了解，以及這時期的特殊歷史情境，都導致這些問題的激化。在此起彼落的聲音中，外省人如何將祖國情懷投射在女性問題上？是否也把臺灣經驗反射回祖國？不同地域的外省人是否出現相異的認同問題？臺灣人如何解讀外省人的看法？他們之間出現什麼樣的對話？面對同一議題，男男或女女是否各有回應，抑或相互契合？這都是本文的關懷。另外，本文也將了解在這特殊歷史情境中，臺灣省內、外男／女和女／女之間的權力互動關係，並試圖關照這時期女性論述中的認同問題，是否有別於沸沸揚揚的政治認同論述。

眾所周知，經由媒體再現或設計的言論不可能完全貼近眞實，但如果不同性質或時間的報刊對某一議題產生相似的說法，也曾形成交叉論辯，這樣的言論還是能反映社會的部分眞實情境。基於此，本文取材在臺灣發行的二十五種報刊，包括報紙十四種、期刊十一種。

除有國民黨黨營的《中華日報》、《中央日報》，公營的《臺灣新生報》、《臺灣之聲》，以及社團經營的《臺灣文化》、《臺灣婦女》月刊之外，其他都是民營報刊。其中二二八事件之前出版的報刊有：《民報》、《興臺新報》、《人民導報》、《民聲日報》、《東臺日報》、《臺灣日報》、《自由日報》；二二八事件之後出版的則有：《全民日報》、《自立晚報》、《公論報》、《華報》、《臺灣女性》、《閩臺日報》、《臺北晚報》、《臺旅月刊》、《路工月刊》、《臺灣春秋》、《臺灣內幕》、《臺灣評論》（詳見附錄）。從戰後的整個報業環境來看，初期的文字傳媒遠較日治時期活潑而豐富，執筆者也勇於批評問題。這種肆無忌憚的評論方式，不限於由臺灣人創辦的報刊，公營或黨營的傳媒一樣批判政局，或對不實言論予以糾正。[13]一九四七年發生的二二八政治事件，以及接踵而來的經濟衰退、通貨膨脹等一連串問題，造成不少傳媒被迫停刊或改組，例如本文所引用的《民報》、《人民導報》、《興臺日報》、《自由日報》此後便不再發行；另一方面，新的報刊也在快速成長。[14]這時期民營報刊的經營雖多為外省人，面對臺灣政局的每下愈況，他們並不完全應和政府，有人反而不斷痛下針砭。[15]即使是一九四九年五月十九日頒布戒嚴令之後，這類聲音依舊不輟，官方或黨營報刊也不乏暢所欲言者。[16]換言之，這時期臺灣的政局以及社會、經濟問題是媒體最大的關懷，不少報刊並不因政治背景、黨派色彩或者省籍相異而放棄批評時弊或禁刊這類文章，這種匯集官方以外的各種聲音，為臺灣開創新的公共空間（public space）。[17]

這樣的公共空間究竟吸引了多少讀者？以《臺灣新生報》的《臺灣婦女》週刊爲例，這份刊物主要是提供給女性閱讀，一共發行了一〇二期，與當時許多報刊無法長期經營相較，《臺灣婦女》週刊顯然有一定數量的讀者。再以《臺灣春秋》爲例，該刊表示，自「創刊號問世後，銷路奇暢，逾一萬六千冊」；並從形形色色的稿件推知該刊讀者廣泛，還宣稱自發行以來銷售量不斷增加，有很多讀者去函要求出版週刊，顯示《臺灣春秋》是一本頗受讀者重視的刊物。[18]其實在當時物價高漲和許多報刊經常提高售價的情形下，到底有多少讀者有能力購買報刊，著實令人懷疑；然而從一些報刊稿酬優厚、停刊又能復刊的營運方式顯示，這時期的報刊應該有特定的讀者。[19]國共戰事陷入緊張的一九四八—一九四九年間，報刊更是臺灣讀者取得國內訊息的重要管道，儘管確實的讀者數量不得而知，但讀者群不會太少，應可想見。

必須一提的是，由於傳媒過度開放，出現良莠不齊的狀況，誇張、渲染、不實或粗鄙的言論也被刊載在內，這似與當時臺灣政經社會失序無章的現象互爲呼應，女性論述有不少便是以這樣的方式呈現。這些言論有來自作者的自我剖白，爲彰顯從個人立場出發的特殊經驗，雖然部分文字不免晦澀或夾雜訛誤、缺漏，本文也儘量重現原貌，不加修飾。另外，本文所引用的文章有不少是筆名，再加上這時期有些作者是短暫過客，不易取得背景資料，也難以辨識性別，除儘量還原作者原名之外，凡無法確定原名者不作推測，以免張冠李戴。可以肯定的是，此一時期的報刊主要由男性主編，以女性爲名的文章僅零星出現，其中由外省男性薛平主編，標榜是在「批評臺灣女性、透視臺灣女性、鼓勵臺灣女性、啓示臺灣女性」的《臺灣女性》，撰稿者也多爲男性；[20]至於分別由婦女團體臺灣省婦女工作委員會、臺灣省婦女會主編的《臺灣婦女》週刊和《臺灣婦女》月刊的文章，則多出自女性之手。

二、橫看成嶺側成峰：臺灣女性的衆生相

在臺灣外來者留下的紀錄中，可以看到許多關於臺灣女性的描述，一九三五年江亢虎到臺灣遊歷，曾將在臺所見所聞寫成《臺游追紀》一書，其中有臺灣女性的記載，戰後外省人的相關論述更是大量湧現。海峽兩岸的長期分隔，讓外省人和過去的外來者沒有兩樣，對臺灣的認識都是粗淺而生疏，儘管他們把臺灣人視爲同胞，有人卻是以「他者」觀看他／她的「同胞」。一位外省男性徐華的〈臺灣女人與外省男人〉一文便指出，臺灣長期受日本統治，又位在亞熱帶地區，在外省人的想像中，臺灣女人好像「是有日本女人的性格，有西洋女人的風度」。[21]

受主觀價值判斷的影響，人類對他者的觀察原本便無一定標準，光怪陸離或荒腔走板的

描繪不足爲奇。作者將臺灣女性視爲異國女性的這種說法，只是部分外省人的意見，這時期論者筆下的臺灣女性其實十分多樣。只不過，出自文化或族群認同上自相矛盾的觀看論述，著實令人不安，以致於引起各方回應。

從不同論述中大致可歸納出兩種聲音，也就是正反兩面的評價，但其中又有自相牴牾的說法。這些論述主要是針對臺灣女性的外表、妝扮、性格與工作表現。

（一）外表與妝扮

任何人對他者的初識印象多半來自外貌，外省人遇到臺灣女性時，對她們的外表和妝扮便有不少著墨。例如，江亢虎曾在中國辦女學，一九三五年來臺時特別關注女學生的問題，他發現臺灣女學生體格健美，幾乎能和歐美女子抗衡，他還感慨：「視中國內地閨秀，大不同異。此非徒尚美觀，實民族強弱、人種興亡一大問題也。」[22]戰後不久，一位署名「支萌」的作者，在黨營的《中華日報》讚美臺灣少女「在裝束上，是夠現代美」；[23]從《臺灣女性》中，也可以看到許多外省男性的相同說法。[24]但負面的評價同樣不少，〈臺灣女郎與史湘雲〉一文誇張的描述：

> 臺灣女郎多半是電燙頭髮，滿臉塗著濃厚的脂粉，鼻樑上還另外加上白白的一條，通常

喜歡在眉毛裡擦著一種發亮的油（而不是擦在眼眶上），十個有九個鑲著金牙齒，身上穿著上衣下裙的洋裝，底下露出一雙赤裸的、精壯的，滿是疤痕的小腿，有的美其名曰「圖案腿」。[25]

〈臺灣女性面面觀〉一文則形容臺灣女性「在顏色上愛的是鮮艷；在氣味上愛的是沈俗；在面型上看的是凹鼻、凸嘴、闊臉」，甚至還譏諷「一件素色旗袍，穿在本省人身上，襟上繡的顯色的花，著在外省人身上，配的一雙同色的鞋子。」[26]其中臺灣女性的鑲金牙和濃妝豔抹特別引起注意，包括前述對臺灣女性有好感的男性，也認爲美中不足。[27]

受種族中心主義的影響，西方人與第三世界接觸時，多半帶著輕視、貶抑的態度觀看當地的民眾，戰後外省人這種有如「東方主義」的負面論調，或許呈現了部分實像，但也不乏武斷或缺乏深入觀察，以致於引起臺灣女性反彈，特別是二二八事件之後，反彈的言論更是激烈。例如，筆名「白浪」的臺灣女性在《臺灣新生報》上自諷道：

一般素稱臺灣女子的三部曲爲矮、黑、粗，這句話眞說的投機，唉！我不但很坦白的承認，而且很驚賞外省紳士們審美眼的靈敏，眞的這三部曲是無可否認亦無可掩飾的先天性的缺點，然而我素來是講求精神生活的，我不承認一個女子的眼睛嫵媚、身材窈窕就具有絕對的魔力，不論男女，在我看來仍有他卓越的睿智和高尚人格，由心靈深處發散的才是最大的魅力罷了。[28]

署名「秀芳」的則在一九四九年元月透過《臺灣春秋》，以〈爲臺灣婦女吶喊：評「臺灣女性」〉一文，對才發行不久的《臺灣女性》提出強烈駁斥。她首先向《臺灣春秋》的編輯表示，《臺灣女性》「取材缺乏，且有汙辱臺灣女人的優美品格」，爲爭取女權以及爲臺灣婦女的將來，希望藉由該刊的權威刊載這篇文章，並請呼籲各界支持正氣，以正視聽；否則「如今人心隔膜之際，若不糾正，匪特將陷臺省女人於水深火熱之中，抑必造成更深的怨嗟。」[29]秀芳接著對《臺灣女性》所刊載的文章提出抨擊，就臺灣女性外表這點來說，她十分不滿意潘鼎元（按：作者誤記爲「夏鼎元」）以「多數女人而（總）愛在她們薄薄的櫻唇裡放著三五粒金黃的假牙齒，在豐富的曲線身材下擺著兩條滿目瘡痍的小腿，有的還塗著紅藥水，貼上黑膏藥」來諷刺臺灣女性。秀芳指出，臺灣女性之所以有這樣的雙腿是出於「氣候和食糖」，她還特別表明：目前有不少外省來的小姐和小孩也正在醫院治牙、醫腳，這就是一項鐵證。秀芳甚至譴責《臺灣女性》中的每篇文章都是捕風捉影，以「十八世紀的半封建半殖民地的落伍觀念」，觀察已前進到二十世紀的臺灣女性。[30]

秀芳的批評立刻引起回應，筆名「讀者」的在次期《臺灣春秋》以〈爲「臺灣女性」呼冤〉一文爲這些文章辯解。他敬仰「秀芳」的批評精神，卻覺得她用的詞句太過火而失當，希望「秀芳」了解作者「只在坦白地在（按：在爲衍字）寫出自己的遭遇，並非有意在『詆毀』可愛的臺灣女人」；並指出「秀芳」既然承認是「出於氣候和食糖」，爲何不承認潘鼎元敘述的是事實。[31]回頭解讀潘鼎元的文章，可以發現「讀者」的說法是有些道理，因爲根據潘鼎元的表白，他是受主編之託，寫下這三年來個人對臺灣女性的觀感，而且除了引起「秀芳」不悅的那些觀察之外，全文都是對臺灣女性的禮讚。[32]很顯然的，上述作者之間的論辯都在呈現眞相，但立場的不同、觀察角度的互異，因而出現反差。

除此之外，「過度」或「誇張」的形容再套上國家認同問題時，整個論述更充滿複雜性。八年抗戰讓許多外省人對日本深感厭惡，於是有論者站在「反日本化」的立場，將臺灣女性的打扮方式歸咎於日本奴化教育，認爲奴化教育的幼稚淺薄，導致「臺灣女子的知識限度只知道『打扮』，別的什麼也不懂」。[33]但値得注意的是，並非所有的外省人或公營報紙都贊同這種說法，一九四五年十一月即來臺的吳田，從男性的角度在《臺灣女性》表白，剛來臺灣時完全以「看日本女性的尺度來衡量臺灣的女性」，但三年來臺灣女性有極大的變化，他們學會海派作風，「摩登」的程度甚至「直追海派而過之」。[34]劉芝則在《臺灣新生報》強調，「三年來的『海風』，把素淨的臺灣姐妹吹得變色了」。[35]這類不以「中國化」爲馬首是瞻的說法，多少與當時反「海風」、反「港風」的論調有關，造成有正義感的外省人毫不客氣地批評，而與「反日本化」的論調形成對比。

從這些描繪可以看出，論者對臺灣女性的最初印象有庸俗與樸實的兩極看法。認爲臺灣女性庸俗的人，主要是不滿臺灣女性的濃妝艷抹；這樣的論調雖然失之主觀或偏頗，但持樸實論者也發現，臺灣女性有逐漸走向摩登、愛美的傾向。面對這樣的問題，有論者指出是日本殖民教育的結果，有論者則強調是受上海奢侈氣息影響。且不論臺灣女性愛美的裝束是出自個人或他者、是來自殖民教育或中國文化，臺灣女性的外觀是戰後外省人士關注的一個重點。

（二）性格與工作態度

除了外觀之外，外省人還進一步從性格來討論臺灣女性。和前述一樣，矛盾的認同情結讓不少外省人以日本的標準看待臺灣女性，不少論者帶著欣賞和理解的角度來看待具日本風味的臺灣女性。例如，先前對臺灣女性的妝扮有好感的「支萌」，對她們的性格也一樣賞識，認爲臺灣女性：「在性情方面，有點像日本的婦女，性情是溫柔、和善，態度是活潑天眞。」[36]京衣也透過同一份報紙《中華日報》進一步強調道：

> 她們雖接受日本的教育，一模一樣地學到了日本女子的溫柔馴服，但這只是外表的做作

和一種形式而已，在性格上他們確保有祖先強悍堅毅的遺傳，並不是完全像日本女子的軟弱。[37]

只是這種不把臺灣女性視爲「他者」、不同於日本女性的聲音，抵不過反日、去日的言論，其中臺灣女性的謙卑性格，不但是討論的焦點，更是「去日本化」論者所要改革的對象，〈給臺灣的母親和姐妹們〉一文便強烈呼籲：

臺灣是中國的臺灣，絕不能因襲日本的習慣，循著日本的婦女作風，日本的婦女是世界上最奴隸相的婦女，我們要毀棄。[38]

先前不滿外省人批評臺灣女性外表的「白浪」，也自認臺灣女性柔弱性格的形成來自日本教育：

顯然的，祖宗傳統給我們的並非那柔弱日本女子的素質，不如國內女子的大方，這因爲受了長久日本壓抑的教育及沉悶的社會環境的緣故。[39]

另一位筆名「良心」的外省女性，則以〈弱者，你的名字是臺灣女人〉一文，在《臺灣春秋》表達她對臺灣女性命運的悲嘆，除認為「她們承襲著日本女人奴隸的傳統」之外，還舉了三則社會新聞，證明臺灣女性社會地位的低落。[40]但這樣的說法，引起自稱是臺灣職業女性黃粧的不滿，經由《臺灣女性》，她以〈弱者，你的名字不是臺灣女人〉一文回應。黃粧指出，「弱者，你的名字是臺灣女人」是一概而論的諷刺，儘管「良心」舉出一些事實，但這「不僅是臺灣特產的事實，而是中國社會每一個角落有其累（雷）同的事實。」[41]

黃粧的糾正並未帶來迴響，把臺灣女性的謙卑、順從指向「奴化教育」或「日本遺毒」的言論，反而在二二八事件之後的報刊上形成相當大的聲浪。一些外省人創辦或公營的報刊，批評殖民政府規劃下的女子教育體制、教育內涵與教學方式，還認為日本提供給臺灣女性的教育不僅內容狹隘，且造成臺灣女性缺乏獨立人格。[42]其中韓佐樑痛責，日本的奴化教育是以男尊女卑的論調來麻醉女子，讓她們的心「只有三從四德，沒有意志，沒有思想」，甚至「過著樂天安命，隨夫而貴賤的生活，以為是女性的本能。」[43]

根據這樣的論調，很容易讓人誤以為這時期的外省人或官方全盤否定日本教育，其實臺灣女性普遍受過教育的情形獲得廣泛重視，包括行政長官陳儀也承認這項事實。[44]二二八事件之後，外省籍婦運領袖肯定臺灣的基礎教育相當發達，受過小學教育的女性超過中國其他省份的說法更是普遍。一九四八年，在慶祝婦女節的大會中，擔任主席的鄭毓秀（魏道明之妻）甚至表示，臺灣女性受教育的人數與知識水準爲婦運奠定好的基礎。[45]她的說法，普見於當時的公、民營報紙，例如：《臺灣新生報》、《公論報》、《臺北晚報》等。

之所以會出現這麼大的分歧看法，一方面固然是因爲部分外省人對二二八事件的反彈，另一方面則與外省人接觸的對象有關。例如，韓佐樑周邊的女同事顯現的便是典型的恭順個性，導致他對日本教育深爲不滿。[46]再者，男尊女卑、三從四德雖也是中國傳統社會對女性的規範，但在海峽兩岸隔絕的五十一年間，中國的社會因不斷蛻變，又受女權思潮的影響，已逐漸脫離這種規範；而臺灣在這方面的變遷有限，因此論者未曾反思這些文化其實也深植於臺灣或中國的傳統文化中，甚至忽略臺灣知識女性中有不少人具有新女性的特質。[47]正因爲這種不夠全面的觀察和思考方式，臺灣女性在這群人眼中是既謙卑又缺乏自主性。然而，當論者從臺灣女性的工作態度進行分析時，這些論調明顯地站不住腳。

外省人士來到臺灣的最大驚奇，莫過於臺灣各職場上遍布女性，這一類聲音並不是只出現在特定的文宣中，在各個時期或不同立場的報刊中俯拾可見。謝冰瑩曾在〈臺灣婦女給我的印像〔象〕〉寫下她的感動。[48]筆名「杏庭」，先後擔任《臺灣新生報》、《公論報》的主筆倪師壇則讚美道：

以就業的普遍而論，臺灣婦女是值得自傲的。幾乎所有職業，都有婦女參加在裡面工作。她們一樣地幹公務員、教師、工人、店員、理髮師、售票員、車掌，一樣地營謀生活，服務社會。在各個職業崗位上，婦女們站（占）有（按：有爲衍字）著與男子看齊，毫無愧色。[49]

其中擔任粗重工作的女性更讓論者印象深刻。例如，站在高架上整修樓房的女工、赤裸上身下礦坑的採礦女。[50]臺灣女性在職場上的普遍，不但讓論者佩服，還認爲這是內地不少地方望塵莫及的，應該向臺灣婦女看齊。[51]此外，從工作展現出的「勤勞儉樸」、「刻苦耐勞」的特質，也被視爲是臺灣女性的美德與光榮，包括《臺灣女性》中的一些男性作者，以及對日本教育有所批評的臺大校長陸志鴻等人都有此說。[52]陳儀、倪師壇等人甚至認爲，這些特性有助於婦運的推動，值得婦運界重視。[53]臺灣女性在職場上的活動與勤勞的表現，其實早在日治時期便受到外省人注意，江亢虎的遊記對公共汽車上的女售票員、製茶場中的女工，以及高雄高等女學校師生親執箕帚的每一幕都有著墨。[54]

無疑的，這類說法與前述認爲臺灣女性缺乏獨立人格顯著矛盾，那麼這群外省人是如何解釋他們的觀察？〈臺灣的職業女郎〉一文便承認：「我們無論怎樣嫌恨日本，然這種迫使女子個個有職業的辦法總是合理的，是良好的。」[55]自稱是「臺灣女兒」的謝淨蓮，則以個人的經驗指出：

由於戰爭的影響，男人都被徵兵，女人不得不自求經濟獨立，養活自己，於是這勞動的好習慣，便遺留下了。[56]

根據他們的說法，臺灣女性具有經濟獨立的能力是來自殖民政府的人力動員，但他們顯然忽略，清代以來移居臺灣的女性向來便有勤勞的美譽。[57]

儘管如此，絕大多數的外省人不直接將這個成果歸功日本，而是與外省女性相互比較，來突顯臺灣女性勤於工作的一面。[58]有人語重心長地指出，臺灣的職業婦女一天到晚勤勞，完全「爲了家」；省外其他各地的一些摩登女性到社會上做事，多半「爲了自己的享受」。[59]《中央日報》刊登的〈婦女界的警惕〉一文更指責，相對於臺灣女性刻苦耐勞地生活、無怨無尤地工作，省外一些有錢有勢的女性好逸惡勞、揮霍萬金，實爲「婦女界的渣滓」。[60]該文作者還發現這些奢華風氣正汙染著臺灣女性，她憂慮這種現象將使「臺灣的婦女界變成烏煙瘴氣不忍卒睹的局面」。[61]這種貶抑自己文化的陳述方式，雖然避開對日本文化的肯定，卻反映出日本在臺灣所建構出的正面效應，不但不是中國中心概念得以推翻，反而是中國應該學習的。

與前述指稱臺灣女性沒有自立人格的說法一樣，過度讚揚臺灣女性勤於工作、犧牲自我的言論也不夠全面。針對臺灣職場遍布女性的現象，有人提出另類解釋：

今日臺灣女子的職業，也爲了她們的知識不夠所以分佈在所有的角落裡，擔任著輕易的工作，……假如你眼界稍寬些，就會看到她們的可憐相，她們雖身爲下級公教員，然而收入僅僅只可維持個人最低的生活，但是有些人她們家有老父母、兄弟姐妹，甚至祖父母三代同堂，全靠她雙手供養。結果，她們多數犧牲了肉體，隨時可以離開正當職業的崗位去到酒家旅館當妓女，這種現象在社會上眞是司空見慣，不足爲奇。[62]

這位作者甚至以女傭爲例，指出臺灣女傭愛虛榮、愛錢、勢利、喜歡寄生。[63]當然這個論調過於苛刻、有失公允，但仔細推敲這些話語還是可以找到呼應，〈解脫那無形的鎖鏈〉一文的作者便指出，臺灣女性的「職業感」令人佩服，但「不容忽視另一部分的女人走上不正當的路」，因爲她們「把工作的意義看得馬馬虎虎，只要有錢賺就好」。[64]只不過，「愛虛榮」、「有錢賺就好」的工作心態或行爲潛藏著臺灣戰後數不清的社會、經濟、性欲或倫理問題，以妓女或女傭的言行舉止來呈現臺灣女性是相當表面的。

總之，這一連串對臺灣女性外表、妝扮、性格與工作表現上的評論，實無法拼湊出一幅完整、清楚的臺灣女性圖像，而是複雜而多樣的組合。這除了因詮釋他者形象不可能一致之外，論者的文化背景和意識形態，也引導著他們做出不同的描述，甚至矛盾、曲解的批評。不過，與日治時期或一九四九年之後有別的是，這是容納各種聲音的時代。儘管不少外省人以中國文化的標準觀看臺灣女性，給予臺灣女性負面的評價，或者以反日情緒否定日本文化，批評日本文化邊緣化臺灣女性；但外省人或公營、黨辦的報刊並不要求臺灣女性必須完全向中國文化認同，反而認爲中國女性應該在某些方面效法臺灣女性，特別是教育和就業這兩項。有趣的是，多數論者並非不明白有的特長是受日本同化的結果，卻巧妙地迴避，不加以深究；他們甚至也忽略勤勞、刻苦的美德早已從中國植根到臺灣。這種既愛又恨的心理，致使外省人在描繪臺灣女性形象時不斷出現矛盾。不過，這樣的論述正可以看出這時期臺灣是一個開放的空間，所勾繪出的臺灣女性形象即使是不確定的，卻也存在一些眞實。

三、神女生涯原是夢：娼妓問題

娼妓問題是一個深受社會注意卻始終不得解決的老問題，日治時期雖將纏足、吸食鴉片和蓄髮辮視爲臺灣三大陋俗，並強制廢除，但並未對這個根深柢固的社會問題做嚴厲處置，反而以設立公娼制度、規定公娼定期檢查身體的方式，讓娼妓制度繼續生根。這種以管理取代禁絕的政策，事實上僅能治標不能治本，變相營業的私娼館仍潛藏在臺灣各地。隨著戰時與戰後經濟景氣低迷，不少女性選擇容易糊口的賣淫事業，從娼人數不斷升高。這時娼妓問題不僅嚴重影響社會風氣，也製造不少家庭糾紛，因此引起政府和民間高度關切，並攜手合作進行禁娼運動。不過，最先採取行動的不是官方，而是民間的婦女團體：臺灣婦女協會和臺灣省婦女會。[65]儘管禁娼運動不及一年即告停止，但由於娼妓問題始終不得解決，又有日益猖獗的現象，引起各方矚目，期刊報紙除不時報導禁娼的新聞之外，也經常刊登相關論述。其實，有關娼妓問題早在日治時期便受到注意，當時的論者主要是男性，而戰後的最大變化是，女性也加入論戰，包括婦運人士、家庭主婦，甚至娼妓本人。在討論過程中，有論者摻入性別、階級與文化認同等話題，使一個原本以娼妓、嫖客爲檢討對象的社會問題變得十分複雜，甚至出現對立與謾罵。

（一）存廢兩難

禁娼運動基本上是在禁絕具有娼妓身分的女性就業者，由於戰後臺灣有不少餐飲業、服務業或娛樂業也兼營賣淫，在這些場所工作的女侍應生、女給、女侍、女招待或者舞女，即使未有賣淫行爲，在難以區隔之下，同樣被列爲取締對象。[66]這種全面性的取締方式，當然引發各式回應，有人爲恢復自由，向婦女會求助；另有人惟恐生活無著，企圖輕生，但有更多人採取抗爭方式。[67]至於她們何以會採取這些方式？她們對當局的措施究竟了解多少？從娼妓、記者、婦運人士與一般論者的口中筆下可以得知一些蛛絲馬跡。

禁娼政令是在一九四六年六月起逐步推展，在此之前，娼妓們陸續有所表態，並引起各界媒體注意。一九四六年四月八日，《中華日報》刊載女給陳一的簡箋；不到一個月，臺灣本土和大陸來臺左翼人士共同經營的《人民導報》也刊出藝旦王寶惜的短文，這兩人的自白有不少相同之處。例如，她們都因家境貧困，不得已而從娼，陳一是自己選擇，王寶惜則是被父母所賣。對娼妓生活也有同樣感觸：「經過了整整三年的實際生活，我已深切體會到這不過是一種非人的職業，過著牛馬不如的生活」、「奉勸未參入的女同胞們，這神女生涯，不是人過的呀！」此外，她們都希望「向著新社會邁進」、「願為建設新臺灣而努力」，因此向當局提出救援的呼聲。陳一對婦運人士具體表明：「請求你們為我們這不幸的一群，特別施以一種技能訓練，使我們各有所長，求取獨立的生活」；王寶惜則對省參議員提出：「勿論那一種的增產工作都可以，只要我們能力做得到，……讓我們到工廠去吧，讓我們到農場去吧，讓我們到礦山去吧！」[68]上述表白所呈現的教條式語彙，令人懷疑是經人指點、刻意迎合禁娼政令的應時文章，但也可能是出自陳、王的肺腑之言，就如《中華日報》主編所言，「確可代表覺醒婦女的正確的意志和要求」。[69]

只不過，有的娼妓根本不屑於禁娼措施，《人民導報》上的〈祝「婦女當局」有辦法！〉一文，便以諷刺的話語呈現娼妓對「婦女當局」的反應：

一個舞女說：「我要做老師（舞師）去，你把我怎樣？」

一個有辦法的女給説：「我要做做交際花，你把我怎麼辦？」

一個出名的妓女説：「我拉著客人在家裡玩玩，你把我槍斃嗎？騙小！」【70】

還有娼妓則以行動來表達她們的不滿，一九四六年六至七月間，有一群女招待先後前往臺灣省婦女會理事長謝娥與高雄婦女會會長楊玉華（楊金虎之妻）的住所抗議，提出反對廢除女招待、要求給予職業等訴求。【71】

面對娼妓的反彈，婦女團體透過自辦刊物《臺灣婦女》月刊說出她們禁娼的動機以及解決之策。謝娥表明，廢娼是婦運的一部分工作，倡導廢娼爲的是保障娼妓的人權和人格，不能因爲她們經濟條件不好，而淪爲「人家的玩弄物」或「人肉市場之商品」。謝娥希望大家能認清：

我們的提倡廢止公娼是對公娼之所以存在的現社會的打擊和反抗。是爲拯救當妓女的女同胞，以喚起政府及社會的注意，來幫忙她們的解放，而不是視她們爲家庭主婦之仇敵，來要求她們之滅亡。【72】

理事李緞也感嘆，女招待和公娼不明白廢娼是爲她們解除痛苦、爭取人格，反將婦女會當成攻擊的對象。[73]

由這不同的聲音可以了解，婦運人士禁娼目的是為了提高女權，但對當時的大環境而言，這樣的論調明顯不夠務實。一九四五年十二月，臺灣婦女協會一提出廢娼的言論後，公營或黨營報刊出現了疑慮的輿論，刊載在《臺灣新生報》的〈關於公娼問題〉一文，即對廢止公娼的結果憂心忡忡。作者表示，就衛生的立場，公娼還可加以「檢查」，防止性病傳染，一旦轉成私娼，梅毒傳布將如虎添翼。[74]作者還特別表明，對廢娼運動絕對贊同，不過在解決這個問題之前，應該注意社會的客觀環境，尤其是婦女生活問題。[75]其中如何解決娼妓的經濟問題最為各界關心，從公營的《臺灣新生報》、民營的《興臺日報》、省內、外左翼人士合辦的《臺灣評論》都可以聽到這樣的聲音。[76]

事實上，婦女團體並非不清楚公娼廢除之後，必須解決娼妓的生計問題，就如謝娥前述的解釋。然而，這些配套措施顯然未能發揮實質效果。例如，女給陳碧雲在《中華日報》的口述：

> 前時政府下令取締，這正像黑夜裡的一線光明，我整日期待著當局給我們工作，介紹我們正當的職業，可是，等到的是甚麼呢？除了花（發）一百六十元加上一條白色圍裙外，是更大的失望，是更深的悵惘（惆悵）！[77]

這種杯水車薪、緩不濟急的措施，自然無法讓娼妓或社會大眾接受，禁娼運動推行的一年內，不時出現不滿的聲浪；於是禁令頒行後的次年，衛生單位通過侍應生體檢議案，再度恢復公娼制度，使廢娼工作完全停擺。[78]公娼的復業並未能杜絕私娼或變相營業的酒館，反而因行旅客商及駐軍日漸增多，更加變本加厲。娼妓問題依舊是輿論焦點，有論者建議政府採取輔導策略；[79]有論者則認爲應該對私娼業者、嫖客或娼妓本人進行管理或處分。[80]

當論者紛紛提供策略、反對特種營業場所存在的同時，民營的《民聲日報》社論〈論「特種酒家」及「道德問題」〉一文卻發出另類聲音。作者首先表示，「娼妓」在歷史上存在已久，世界各國均有這個制度，只要有合法的手續，便應任其自由發展；他還以臺灣駐軍增加爲理由，特別強調軍人獨身在外，應該爲他們解決性的問題，以利士氣。[81]且不論這篇社論是出於人性關懷或個人偏頗，針對臺灣色情業的猖獗，絕大多數論者反對娼妓的存在，但卻又無法禁止，惟有從各種角度設想如何抑制這項行業的無止境蔓延。更重要的是，這些論辯並不因報刊立場的差別而有太大分歧。

(二)是「土產」抑「國貨」？

面對日益猖獗又苦無對策的臺灣色情行業，堅持廢娼論者在二二八事件之後，更做了強烈的抨擊，特別是外省女性，她們將這種現象指爲是臺灣特有、是日本奴化的結果，但也引來反彈，這些論辯主要發自《臺灣新生報》。〈談談目前的幾個婦女問題〉一文將海峽兩岸做了比較，指出臺灣女招待爲男客挾菜、勸酒的營業方式，即連繁華的上海也未曾有；她還強調這種作風是出現在戰後，戰前臺灣餐廳的營業是正常的。[82]不過，有論者則認爲這類風氣與日本的文化有關。例如，來臺一年半的青青，在〈臺灣姐妹在臺灣〉中批評，「社會上到處泛溢著淫侈繁華的空氣，到處充斥著公私娼的生意」之外，還認爲這是日本奴化臺灣的結果。[83]這些誇大的言辭引起臺灣男性反彈，署名「土人」的臺灣論者，則以〈讀「臺灣姐妹在臺灣」之後〉一文向青青開炮，他認爲青青固然是爲臺灣女性爭取自由，論點卻過於含糊偏頗，易使讀者誤以爲整個臺灣的女子，都是「了不得的『欲器』」。[84]對於「娼妓是日本奴化臺灣的結果」的看法也相當不滿，他強調「敵寇」奴化臺民固然是事實，但臺灣娼妓和女招待的存在未必是敵人「獨到的苦功」，而是整個世界的社會環境所造成；他刻意強調，「『欲器』不僅大量地存在祖國內地，美國也不例外，並非臺灣的特產。」[85]

青青的比喻或許過度，但臺灣的娼妓問題確實在日治時期便十分嚴重，早在一九二〇年代，臺灣知識分子即曾嚴苛批判這種現象。蔣渭水的〈生女爲娼妓，生男爲嫖客〉一文，諷刺臺北地區嫖妓情況的嚴重。他指出，臺北一些商家、富豪子弟經常尋歡問柳，甚至得意地說：「生子不能做嫖客是失心人。」[86]連溫卿也以數據顯示臺北私娼的充斥，甚至發出驚人之語，指出臺北近郊一所公學校畢業的女學生，沒有一人不經過私娼生活。[87]江亢虎也對臺灣娼妓眾多的情景印象深刻，他認爲：「臺灣男女之界甚嚴，而浪蕩之風亦盛，可謂矛盾現象之一。」他還發現「此風已流入閩南，臺妓尤獨登壟斷」；針對臺灣娼妓眾多，江亢虎指稱是「政府（指日本殖民政府）頗鼓勵而維護之」。[88]蔣渭水、連溫卿或江亢虎的批評，其實不亞於青青，而「土人」對青青的反駁固然部分合理，但很明顯是對「中國化」、「反日本化」言論的一種反撲。爲緩解青青和「土人」的衝突，《臺灣新生報》隨即刊載〈讀土人君和青青小姐大作後〉一文，作者以和事佬的姿態表示，青青的看法並不懷惡意，也不是輕視臺灣女性，何況隱惡揚善的時代已過去；她並向「土人」建議，應「以友愛誠摯的精神，和祖國內的女同胞同心同力，建設新臺灣，造福新臺灣的女子。」[89]

這場筆戰是發生在二二八事件爆發後不久，不乏強烈的省籍情結，也有試圖化解省籍衝突的傾向。但一年後，因娼妓問題而帶來的省籍對立陰影仍揮之不去，自稱機關首長夫人的「于純」，藉由《臺灣新生報》刊登的〈一個機關首長夫人的苦訴〉一文，引發另一波論戰。于純的訴苦是出於丈夫經常出入聲色場所，她表示，丈夫原本是一個「刻苦耐勞、充滿人生活力的進取人物」，來臺一年，因擔任機關首長，應酬頻繁，以致於「每晚非至中夜不克回家」，爲了這個惱人的問題，向《臺灣新生報》的「姐妹信箱」投訴。她以相當情緒化的字眼做爲開場白：「臺灣人肉世界的瘋狂，眞叫每一個來自祖國的主婦們氣的忍無可忍的了。」接著表明丈夫變成「荒淫無恥的生活者」，實與「日本玩弄女子的習氣還根深蒂固的長在臺灣，酒家不便女客涉足」有關；她也批評政府，何以眼見社會罪惡重重，卻視若無睹，讓「臺灣女孩永遠過殖民地人民的生活，生活在沒人道的鐵蹄之下？」[90]這封投書其實不完全在討論臺灣的娼妓問題，還有一大部分是陳述作者自己對婚姻的徬徨，但她的一些遣詞用字卻引來臺大歷史系教授楊雲萍的反彈，透過其主編的《臺灣文化》予以抨擊。楊雲萍指出，他個人雖然不知道「臺灣人肉世界的瘋狂」的程度究竟如何，但是比較上海等地的「瘋狂」，應當是「小巫見大巫」。楊對「日本玩弄女子的習氣」這句話，也深表不滿；他認爲日本的軍隊或思想策略都被粉碎、打敗，何以這位「進取人物」卻因這個習氣而起「變化」？他還諷刺，即或是「長敵人的威風」，也不可「妄自菲薄」到如此田地。[91]

不管土人或楊雲萍，都在反駁臺灣是充滿娼妓的說法，但無法否認的事實是，戰後的臺灣確實盛行應酬文化，當時往來海峽兩岸的政客或商人多半以酒家做爲交際場所，應酬文化更爲變本加厲。其中臺灣「特產」——女侍應生，更是顚倒眾生，讓不少外省男性趨之若鶩。筆名「僧慕俗」的作者在半山林頂立等創辦的《全民日報》中便指出，雖然外省人大多對女侍應生沒有什麼好「口碑」，但有人認爲「不虛此行」，而且不斷引進新客，導致臺灣女性被汙名化。[92]

顯而易見的是，臺灣的人肉世界因戰後省外人士的跟進更加「瘋狂」。但出賣肉體的固然以臺灣「土產」居多，不過，在海峽兩岸頻繁往來下，「土產」不再奇貨可居，來自中國的「海貨」也在此時悄然登場，而且身價百倍。有論者指出，臺灣某酒家由上海雇來大批漂亮的女招待，她們的月薪是七、八萬，加上外快至少有十數萬元。[93]針對這個現象，早在一九四六年，便有外省論者在公營的《臺灣新生報》提出警告，並以「不要把內地壞風氣帶到臺灣來」的話語，呈現省內、外文化交流時的危機。[94]

且不論臺灣娼妓文化是來自中國或臺灣，戰後臺灣娼妓的盛行，確實有其外緣與內在的複雜成因。

（三）笑貧不笑娼？

一九四九年四月十三日，《臺灣新生報》刊登了〈寄給酒女們的一封信〉，這封信中處處充滿同情酒女的聲音，並點出女性從娼是爲了家庭生計。[95]然而娼妓本人又如何解釋？除前述陳一和王寶惜已清楚地表明是出於經濟困窘之外，其他在各類報紙投書或撰文的女給或女招待說法也都如出一轍。[96]女侍廖珠在《臺灣新生報》悲憤地說道：

固然我們依此爲生是極其下賤的職業，可是，這難道是我們死心踏地的想從這裡找生活嗎？這難道是我們眞情願這種爲人鄙視的生活嗎？……我痛恨我爲什麼沒有投生在富裕的家庭。[97]

雖然無法得知這些自白有多少眞實或虛構，但還是反映了部分眞相，否則不會引起眾議，甚至是正負兩面的解讀。持負面看法的人，多半認爲她們之所以如此是不夠爭氣、貪圖享受或偷懶。〈從女侍問題說起——「寄給酒女們的一封信」讀後〉一文即表明，她不否認除了少數被誘惑利用者外，多半娼妓是出自生活壓迫，但她強調在這行業工作一段時期後，情況明顯改變；她指出娼妓之中有三種不同典型，其中「已經有了一些積蓄，生活過著安適，不願也不想改行」的人最不爭氣、最可恥，她們每天的收入或穿著，讓許多人望而興嘆，作者因此指責：「如果光憑這點來看，誰相信，也有誰會同情女侍的生活。」[98]〈我對我生活的懷疑讀後感〉一文，則是針對廖珠的說法提出意見，她也一樣認爲，職業是沒有貴賤的，但女侍中卻有一部分是「不知自愛的敗類」，她建議覺悟者應聯合起來，規勸這群執迷不悟的女侍。[99]《臺灣新生報》的《臺灣婦女》週刊主編呂潤璧，更以一位十九歲的上海姑娘朱義爲例，指出朱義能女扮男裝以踩三輪車扶養老母，臺灣的女侍應生也可以選擇其他行業來解決生活。[100]

不過，還是有不少人與〈寄給酒女們的一封信〉的作者看法相同，認爲女性從娼是因有經濟上的壓力，應給予正面同情，並呼籲社會大眾尊重娼妓或在這行業工作女性的人權與人格。有的人以親訪妓女或從與妓女有接觸的友人處打聽內幕，來取信大眾，這些人以記者最多，他們所訪問的對象多半是私娼，得到的答案與娼妓自述大同小異，也就是每位從娼者的背後都有個令人動容的故事。[101]由於記敘者都是男性，不免憐香惜玉。但婦女界也有不少人爲在這行業工作的女性仗義直言。

其中在聲色場所工作，卻不賣淫的女侍應生，是這行業中最弱勢、最無辜的一群，因此深受婦女界的關心。曾編著《（婦女班）國語會話課本》的張慜言（又名張敏言，方師鐸之妻）認爲，確實有一部分女侍應生是在操副業：伴宿和賣淫，但不能爲了「一個馬勺攪壞了一鍋粥」。[102]此外，張慜言和婦女工作委員會的委員游王叔敏（游彌堅之妻），都從重視女侍應生工作尊嚴這一點，要求男性尊重她們的人格，游王叔敏表明：「一般人認爲伊們的職業卑賤不足道，而他們把伊們當作酒店的廣告，如同佳餚美酒一樣可以出賣，走進酒家菜館，便向伊們任情取鬧、恣意調戲」，導致侍應生「成爲某種人意識中極下賤的代名詞」。[103]張慜言更進一步呼籲，「尊重別人的人格，也就是尊重了自己。」[104]除了婦女界之外，也有男性注意到侍應生的人格，前述遭「秀芳」指責的潘鼎元，便親見一位圖謀不軌的上海市儈，被女侍應生訓斥的一幕，並指出侍應生雖然可憐，但有她自己的信念和理想。[105]

無疑的，婦運人士是從尊重婦女工作權與婦女人格去肯定性工作者。有趣的是，有人則從肯定娼妓，嘲諷當時的社會現象，指出戰後一些虛有其表、不務正業的男男女女的情操，其實遠不如娼妓。此類批判除來自《臺灣新生報》之外，民營的報刊更出現了撻伐之聲，雖然這些報刊不乏支持禁娼的聲音，但面對政情腐化，有論者拿這些現象和娼妓比較，提出異類的看法。例如，早在二二八事件之前，《民報》刊載的〈「神女」〉一文便認爲，「神女」固然出賣肉體，卻比出賣靈魂的人高尚，他指出，「多少衣冠楚楚的所謂『高貴』的先生和女士們，包藏他（她）們身軀裡面的，卻是一個空虛！」[106]前述在《全民日報》撰文的「僧慕俗」，將上述的話做更清楚的表白，他不客氣地諷刺，自命高於「女侍應生」的人們，其實也是在出賣著自己的「貞操」，厚顏於奉承、吹拍，鑽營於生活的勾當中，最終的目的「不過多撈一些『建國財』，化（花）在『女侍應生』的身上而已。」除了斥責男性之外，作者也批駁女性，他指責受過中等教育的女性之中，有不少人成天「希望妻以夫貴，能夠悶吃懶做，……這又與人家餵養的哈巴狗有何高明之處？」他還抨擊：「『空著肚皮』，光憑『面孔』、『裙帶』、『風騷』等來辦公室的『花瓶』，也未見的有什麼出人頭地之處。」[107]

此處雖無法得知作者省籍，卻可以看出這時期臺灣社會的腐化，讓部分人對娼妓的印象反勝過虛有其表的男女。但無論是正面或負面的評論，這個行業的女性角色或地位充滿著變數和不確定。

（四）是被壓迫者抑或壓迫者？

女性從娼，除了出於自願之外，還有不少人是受到不同的壓迫，嫖客的輕薄、調戲是一種，父母的貪婪、丈夫的無能、老闆的現實也是迫使她們從娼的因素。張愍言發現，有的女性當侍應生是父母不得已的作法，但也有父母將女兒視爲搖錢樹，甚至逼她們操副業。[108]〈從女侍問題說起——「寄給酒女們的一封信」讀後〉一文更指明：「壓迫婦女、凌辱婦女的最大罪人不是男人，而是女人，而是她們自己的母親。」[109]除了女性自己的家人之外，前述青青則指出，有的丈夫因貧窮而逼迫妻子去做不道德的生意。[110]〈也談「女侍應」〉一文認爲，女侍應生的遭遇與酒吧老闆「對於所雇用的女侍應生握著適度的權力」有關，這些老闆強迫女侍應生「必須濃妝艷扮在客人面前騷（搔）首弄姿」，甚至「可以支配她們生活上的一切」。[111]

這些陳述經由女侍應生的自白更加眞切，〈侍應生的日記〉一文，除道出同行女性禁不住金錢誘惑而出賣肉體之外，也記載不兼營「副業」的自己如何受到老闆、夥計的歧視，以及抗拒酒客輕薄而遭老闆羞辱的不堪情景。[112]由此顯示，「貧窮」這兩個字不足以說明女侍應生的境遇，她們背後還有更大的壓力，這種壓力來自嫖客、老闆甚至父母、丈夫；進一步說，壓迫女侍應生的不僅是父權、夫權，母權也是讓她們地位低落的一項因素。

然而，女性一旦走向這個行業，有可能成爲壓迫者而不是被壓迫者，嫖客的妻子便是受害者，機關首長夫人「于純」的苦訴充分呈現這群女性的痛苦。署名「窒息」[113]的女侍應生讀了于純的文章後，也在《臺灣新生報》投書回應，她表示十分羞愧，而且爲她們這行業的人害了「有爲人才」、造成家庭悲劇的行爲深爲歉疚。[114]但她也頗爲無奈：

> 對於「一個機關首長的夫人」，我們願意忍受老鴇的挨打，多勸解男人們回家庭裡去。不過有時勸解反而被侮辱，日本玩弄女子的習氣，還深根蒂固長在臺灣，尤其是特殊階級的富有強權勢力的壞蛋，眞不是我們能夠勸解得了的。[115]

這群「壞蛋」確實帶給娼妓不少困擾，藝旦王寶惜也指出，戰後不少外省客人動不動就要開槍。[116]面對這樣的嫖客，娼妓們也只能敷衍了事。不過，能夠與「窒息」感同身受的妓女究竟有多少？

除了嫖客的妻子是受害者之外，嫖客也不一定能操控娼妓，有的反而被玩弄於股掌間。雖然楊雲萍從男性宰制女性的角度提醒「首長夫人」，男人有時會利用金錢、地位或權力欺騙、誘惑婦女，而首長是男人、侍應生是婦女，因此不能保證「首長」不會欺騙女人。[117]但就如〈從女侍問題說起——「寄給酒女們的一封信」讀後〉一文所分析，有的妓女進入這個行業之後，追求的是虛榮、金錢。對這些妓女而言，嫖客當然是她們榨取的對象，〈談談目前的幾個婦女問題〉一文，便指出她們對省內、外的男性造成很大的影響，不光是金錢的損失，即連工作、婚姻幸福也都因而斷送。[118]由此觀之，在瘋狂的「人肉世界」，娼妓有可能不是被嫖客壓迫的弱者，反之，她們有可能是操弄嫖客的強者。〈從取締侍應生談起〉一文便不客氣地指出：

> 她們一貫的作風是灌迷湯，以高妙的手腕，接收鈔票到手，不管男人的鈔票從何而來，經商做奸或貪官污吏，或是把家裡的妻子遺棄了。祇要男人們能在她們身上揮金如土，便盡量地以笑臉來迎接財神，僅唯一的目的在撈取金錢，混得個物質享受的日子和養活了家裡便得了，不論年逾花甲的老頭或年輕小伙子，都一概歡迎。[119]

臺灣人辦的《東臺日報》記者湯沸在酒家訪問的一位女服務生，也坦述有不少娼妓希望從良，有姿色的妓女「三年五年享點風流，積下幾兩黃金，找一個老實人嫁給他或改行從商，從此功德圓滿。」[120]這個「功德圓滿」的歸宿，其實是在肉欲與物欲的交換下完成，也是男女權力角逐的結果。

當然，不是每個娼妓都能獲得理想的歸宿。「娼妓」的印記讓她們無法被多數人接納，女侍廖珠的故事，沉痛地說明受傳統社會價值觀的影響，一位原本願意與她結爲連理的男性，在幾經痛苦的思慮下，最後放棄初衷。廖珠悲痛地說：

我並不怪他沒有沖（衝）破這種社會制度的勇氣，我只懷疑生活在我們這個圈子裡的女人，難道就永遠的嫁不到一個比較中意的人，難道我們一代又一代，永遠的注定了是過著這種暗無天日的這種非人生活嗎？[121]

這也就是何以一些妓女不得不在聲色場所載沉載浮，繼續與男嫖客玩著一場似無輸贏的遊戲。被隔離在遊戲之外的嫖客妻子，卻成為最大的輸家，讓她們負輸的是異性，也是同性。這種女性壓迫同性的現象，讓「姐妹情誼」（sisterhood）受質疑的看法，在此處獲得證實。[122]至於男女與女女之間，誰是被壓迫者或誰是壓迫者，更是無人能解。

戰後臺灣的娼妓問題或婦運界的訴求，與過去其實並無不同，但在這個時代卻引來各式論述。環繞著娼妓問題的主要關鍵人，理論上只有妓女、嫖客及嫖客的家人，一旦公權力插手干預，或成為公共論述之後，問題便轉為複雜。這時期涉足聲色場所的不只是臺灣男性，還加上外省男性，以致於引起不少人對臺灣女性與臺灣文化的質疑，一場「中國本位文化」與「反日本文化」的論戰，也隨著二二八事件之後省籍的衝突與官場應酬文化的盛行而升高。然而，論者似乎忽略提出禁娼運動的是婦運人士，她們之中不乏臺灣女性，這事實上是省內、外女性的大聯合，沒有中國化、本土化或日本化的區別，婦運人士所倡導的是改變妓女地位，進而改善她們的生活。明白地說，她們要協助娼妓脫離男性的欲求，反擊的是男性的應酬文化。

四、家家有本難唸的經：女傭問題

女傭的討論雖然比不上禁娼問題的熱鬧滾滾，但因為當時雇用女傭的風氣相當普遍，又不時有雇主與女傭不睦的傳聞，於是引起關注。事實上，女僕制度早存在中國傳統社會，雇主與女傭之間的衝突也不是新鮮話題，為什麼這個問題會在臺灣戰後初期浮上檯面、激起公論？根據目前掌握的資料顯示，這時期女傭論述不僅在討論雇主或女傭應如何扮演各自的角色，或者是陳述雙方的衝突問題，還進一步觀照女傭的地位、雇主的處境，以及當時臺灣的社會經濟情況。由於這時期的女傭論述無可避免地涉及文化差異、性別權力結構等問題，加上有的論者刻意將問題引向這些論述，導致戰後臺灣的女傭論述十分複雜，也充滿時代特性。

（一）其必正名乎？

女傭、女僕是一般家庭對女性傭人的稱呼，戰後來臺的外省人發現，臺灣人多半稱女傭為「下女」，[123]於是引起討論。論者認為，這個稱呼不但不曾出現在中國社會，更是對女性的一種貶抑，曾立中在〈他們的名字叫「下女」〉一文中指出：

據一般的解釋，凡是用勞力替人家執炊洗之務的女性，都是叫做「下女」，就是為著這種「女」「下」的緣故，所以就有許多自命「主子」的人，任意加以玩弄。[124]

〈為「下女」呼籲〉一文則指責，「下」字是十足階級標誌，政府當局應立即加以取締。[125]作者還從女性地位和職業性質加以批評，指出「所謂『下女』就是在這基礎上被進一步職業化了的下屈少女」，並痛斥「下女」的職業是「以自己的青春去追求他人的安適，犧牲少女的神聖尊嚴去陪伴主人的宴樂荒唐」。[126]

「下女」這個頭銜既然不是來自中國，又如何在臺灣產生？曾立中推測，應與臺灣本身的「特殊化」或「重男輕女」觀念依舊存在有關。[127]〈為「下女」呼籲〉一文則認為，「下女」制度的存在，基本上是封建和資本主義社會的現象，也是日本這個國家的特殊作風，他從職業人口舉證，戰前從事家庭事業的人有三萬人，占職業人口的千分之十二，其中絕大部分是「下女」。[128]

在「去日」的激情言論下，帶有奴化意涵的「下女」一詞被強烈要求更名。值得一提的是，這些不滿的文章主要刊載在二二八之前兩份臺灣人辦的《民報》和《自由日報》上。

一九四八年七月，《臺灣新生報》的《臺灣婦女》週刊連續刊登有關「下女」的文章之後，反對使用「下女」這個名稱的話題再度被炒熱，有不少讀者去函要求主編去除「下女」這個名稱，爲尊重讀者意見，主編呂潤璧遂宣誓自四十九期之後不再用這兩個字，並將當期有關「下女問題」的討論改爲「女僕問題」。[129]諷刺的是，這並未改變多數人使用「下女」一詞，或許是入境隨俗，也或許是不同文化對立後的一種妥協，更或許是對這群女性身分的認定，期刊報紙仍不時出現「下女」這兩個字，而外省人也習慣這樣的稱謂。此外，被指爲是日本特有的「下女」制度不僅未被廢除，外省人家庭反而繼續沿用，甚至更加盛行。

(二) 相看兩相厭

自古以來，女傭在中國中等以上家庭一直是不可或缺的成員，戰前日本或臺灣中上家庭也一樣雇用女僕，戰後因經濟蕭條，有更多臺灣女性投入幫傭這個行業。對內地來臺的人而言，爲安心工作，他們極需人手協助家務，加上臺灣女傭的普遍存在，更助長此風，不只豪門大戶、海派商人、政府官員，內地來的一般家庭或單身男女也紛紛雇用女傭。在彼此相互需求下，這樣的互動應該是有利於雙方，但這時期卻經常出現女傭跳槽的情況，一個家庭一年內更換三、四個女傭並不足爲奇。這樣的問題，讓許多外省雇主深感困擾，普遍對臺灣女傭不懷好感。

在一些外省人眼中，臺灣女傭除了如前述所言虛榮、好打扮之外，最大的問題是缺乏定性。由於多數論者來臺之前有用女傭的經驗，免不了將兩地的女僕做比較，《臺灣新生報》的《臺灣婦女》週刊討論較多，其他報刊也不乏相關言論，而且多集中在一九四七年之後。筆名「寶寶」的作者在《臺灣新生報》的〈一個女公務員的訴苦〉一文表明，臺灣女傭年紀較輕，多在「十餘歲至二十歲之間，性情很不定，喜歡玩，不安於工作環境」，而內地女僕年紀多在三十歲以上，性情穩定；她還認為內地女僕是迫於家境而做工，不會隨時辭工；臺灣女僕則較無經濟壓力，有的人做工是為了妝扮自己，所以「偶一不合，馬上就走」。[130]《中央日報》的〈下女三部曲〉一文，也以北平和臺灣兩地的女傭為例，指出北平女僕的雇用必須經過繁複的手續，不容易朝秦暮楚；但臺灣女傭是由同業口頭介紹，主雇之間沒有任何約束，因此女傭「去留隨心，進退自如」，該文作者還將臺灣女傭來去隨心的原因，比喻為「正如沒有子女牽連的夫婦好打離婚官司一樣」。[131]從這樣的分析可以看出，這幾位作者對臺灣女傭來去自如的行為匪夷所思，主要是出於他們認為兩地的女僕文化有很大的落差。

不過，從其他人的觀察又呈現臺灣戰後的社會、經濟問題是造成這群女傭浮動不安的另一項因素。例如，戰後來臺的男性中不乏單身漢，於是作者在《臺灣春秋》指出，臺灣下女喜歡替單身漢工作，特別是未婚者，主要是可以和他們打情罵俏；還有的等單身漢的太太來臺，當夜便悄悄溜走。[132]另外，有些下女在主人家學會上海話或北京話，便轉到酒家工作。[133]

無論如何，這些光怪陸離的現象並不是臺灣女傭獨有，明顯是把個別問題擴大渲染，也忽略了女僕的問題早存在各個社會。以二〇年代的上海爲例，〈怎樣使用女傭〉一文指出：

> 這些可憐的女子，初出茅廬，多數是愚騃的，但在城市久了，耳濡目染，漸漸流於狡詐，使雇用的人感到困難，……女傭初來，理須把每天應做的事關照她，並親自率領她，那知剛有些熟手了，她乃作嬌又要告退。其原因不是我們憎女傭驕怠粗忽，就是女傭嫌我們資少事繁。[134]

作者最感尷尬的是，一位坐黃包車前來應徵的時髦女傭，因見這不是「公館牆門」，立即掉頭離去。[135]而這些例子也一樣發生在二〇年代的美國，從〈美國女子的僕役問題〉一文可以看到美國主婦的控訴：「（女僕）對於工作，不忠心，無責任心，今日這邊，明日那邊，個個都是專家。」[136]

討論性別的權力結構時，除性別之外，還應將階級、族群列入考量，如此一來，臺灣女僕便是典型的弱勢團體。面對這群強者的控訴，女僕本人是否有所表態，是否像前述娼妓一樣，勇於傾訴悲情或是嚴重抗議。根據目前資料顯示，來自女傭自白的文章甚少。一篇是朱慧明在臺灣人創辦的《自立晚報》的投書，說明自己因家貧於十六歲開始當下女，如今年歲較長，開始感覺到爲人下女的痛苦，希望「離開這種稱呼，去找自由」。[137]另一是陳佩婉的自述，她以〈一位女工的自白〉一文，在《臺灣新生報》回應寶寶的〈一個女公務員的訴苦〉這篇文章。陳佩婉先表明，她從事這份工作並非家境貧困，是經叔父介紹才到廳長公館工作；而且自己「雖受過日本遺毒，亦非草木，焉無感情」，但因無法忍受廳長夫人的吹毛求疵，決定離開。陳佩婉還描述，在這位夫人還未來臺之前，工作對象只是單身的廳長，而且伙食費全由她支配，較無拘束；但廳長夫人來臺後，情況大爲改觀，經常像「監察專員那樣，查東詢西」。她坦白地說，有的下女是爲「選拔丈夫而來」，卻不能一概而論，她個人「喜歡爲獨身者燒飯」，原因是「都是年輕人，性情比較合得來，目光亦不會斤斤於針孔。」[138]從這篇自白看來，雖不乏抱怨、訴苦，但沒有任何強烈措詞。

而這樣的吶喊，除未得到同行應和，即使《臺灣婦女》週刊主編頗爲稱讚陳佩婉的文筆通順，也認爲她應該多體諒主婦的辛勞。[139]另外，一位署名「白蓮」的《臺灣新生報》作者則嚴詞厲色地批評陳佩婉，白蓮不否認主僕去留問題應由雙方負責，但對廳長夫人顯然有較多的偏袒。她指出，伙食費轉由女主人管理或查問菜價都是主婦的責任，怎能斷然說是「不相信的懷疑心理」；白蓮也承認替獨身者料理家務遠較有家眷的人輕鬆，但她理直氣壯地說，如果不是家務繁多，在生活不易的時代，誰願意付錢雇人？白蓮進一步指責陳對工作的意義和價值缺乏認識，誤解自由和解放的理論。[140]此處無法得知白蓮是否就是廳長夫人或是她的朋友，卻呈現一連串被合理化的論述，女僕沒有申辯的餘地，而合理化論述的背後似彰顯著文化霸權。

如果說女性主人與中國的文化霸權宰制了這時期的臺灣女僕，讓她們成為弱勢團體，而在解讀內地女主人無奈、委屈的陳述後，「弱勢」這個名詞似乎不應專屬於女僕。〈下女三部曲〉一文指出：「用下女之難，不在於難找，而在於難處」，主僕之間的關係隨時可以幻滅融化。[141]據作者觀察，「動搖、追求、幻滅」這三部悲劇經常在雇有下女的家中上演，有經驗的主人，一發現女僕有見異思遷的跡象，便開始「下追求的功夫，冀其回心轉意」，對於下女「轉眼不見面，而不敢有所微辭；早睡晚起，不敢再規勸；費薪炭糟蹋米飯，也聽其自然。」[142]在主人曲意承歡下，作者發現這些主人仍無法挽回女僕「跳槽」的決心。前述的寶寶之所以對女僕有諸多怨言，便是受挫於曲意承歡不成。寶寶自述，她和兩位女同事合住公家宿舍，三人都是流亡學生，既不會在工作上苛求，也不曾在薪資上虧待女僕，但一年內卻更換不少女僕。[143]寶寶的慘痛經驗是，為訓練女傭，她們好不容易教會女僕燒飯、煮菜，能講國語之後，女傭竟一走了之；為排解女傭寂寞，她們允許女僕晚上外出解悶，不料卻演成白天女傭看家、晚上主人看家的情形；而為了挽留能幹的女傭，她們雖曾百般遷就，還是

無法讓她久任。【144】

尤溪寫在《中華日報》的〈太上皇——下女〉一文，更以戲劇手筆，描述得知下女阿香求去的消息後，全家戰戰兢兢的一幕。他們一方面開家庭會議，研究女傭「不幹」的原因，另一方面則再三慰留，才暫時留住阿香。不過，他們最後也決議，日後對阿香須遷就、敷衍、得過且過、盡量忍耐。【145】

從這些敘述可以看出，戰後臺灣的女傭問題著實困擾著不少家庭。値得一提的是，女主人的低聲下氣、委屈求全，讓女傭是弱勢團體的論調受到動搖，換言之，以階級或族群來檢視戰後臺灣同性之間的權力結構問題，將無法看清事實眞相，因爲這時期的女傭不能完全以弱勢團體概觀之。

（三）相處之道

儘管主僕間互有成見，但爲了彼此的需求，必須尋找因應之道，讓兩者之間的關係繼續存在。當〈一個女公務員的訴苦〉在《臺灣新生報》刊出之後，立刻引起廣大的迴響，據該報《臺灣婦女》週刊的主編表示，該週刊連續收到九篇相關的文章，多半同情寶寶，由於這些內容大同小異，於是摘錄其中精華，再加上主編個人意見，綜合歸納成〈女僕問題〉一文。【146】〈女僕問題〉是以第三者的立場對主僕做規勸與調和，一方面指出女僕來自窮苦家庭、教育水準低落、語言能力不強，主人應耐心訓練，除同情、了解她們，還應關心她們的健康和家庭；另一方面則規勸女傭應利用空閒學習國語、閱讀報紙，不要將時光浪費在濃妝艷抹上。作者還提到，這群來自內地的主婦不是有經濟難題，便是有婚姻困擾，同樣希望女傭能體諒主婦們的苦衷。[147]

事實上，不是每個內地來的人都排斥臺灣的女僕文化，有的內地主人便懂得如何融入臺灣女僕的生活世界，改善雙方文化的差異與階級關係，康莊民和樂水便是其中的典型。根據康莊民在《臺灣新生報》提供的經驗是：

> 傭僕並不是奴隸，伊也是在一個極小的社會中工作，因此，我們應當盡量的忍耐著去教導伊們，感化伊們，使主僕間發生感情，然後才進一步的來改進伊的行爲，那樣伊才會對你心悅而誠服。[148]

她指出，阿秀是她們家雇用的第六個「下女」，阿秀和一般「下女」一樣，喜歡「打扮的漂漂亮亮的，三五成群出去遊盪（蕩）」，康勸說無效，又恐阿秀離職，於是決定與丈夫教阿秀讀國語，並且規定阿秀通過他們的考試，才能外出；詎料，阿秀竟然十分配合，甚至減少外出時間，勤讀國語。[149]至於《中央日報》作者樂水的女僕阿英，年約四十歲，行事十分自主，樂水始終不予干涉，不僅對阿英省用菜錢、慨贈自家菜餚的作法十分稱道，對阿英曾擅自將家中牛奶送給隔壁的病人，或經常呼朋引伴到家中廚房閒聊的行爲，也極度包容、遷就，樂水的理念是「臺灣的佣人有個特性，那就是你得相當的尊重她的自由」。[150]底層研究者在分析底層群體的行爲時指出，爲抵抗支配者的權力，底層群體會利用日常生活採取各種不合作的抗拒（resistance）方式，這從前述女主人與女傭的對話中可以看到相似的場景。[151]但有研究者並不同意這種說法，指出這兩個群體其實還是可以進行合作，甚至互通有無，康莊民和樂水二人對臺灣女傭文化的包容、阿秀的努力學習和阿英的慷慨贈食，正回應了不同的階級與文化相遇時，是可以相互交涉、調適。[152]更重要的是，這些良性的互動也在當時人的口述中獲得證實，顯示這些來自報刊的陳述或自白，並非空穴來風。[153]

女僕與主人的互動不限於同性，也包括異性。由於戰後來臺的單身男性也雇用女僕協助家務，再加上有論者質疑女傭爲他們工作是別有企圖，因此男主人與女僕究竟如何相處？他們的權力位置是否不同於女主人／女僕？成爲當時被關注的另一個話題。悲剎〈如何使用下女〉一文提供了部分端倪，在這篇文章中，悲剎以男性的立場建議同性如何雇用女僕，同時也揭露部分男主人與女僕的不尋常關係。從個人雇請女傭的經驗和觀察，悲剎檢證了一些事實，他奉勸男主人應和下女劃清界線，並反對與其成爲男女朋友，甚至警告輕浮的男主人有可能反被女僕役使，或者引來家庭糾紛。在悲剎眼中，男主人除需謹守分寸之外，還應該居於主人地位，教導女傭誠實、訓練她們工作能力、改變她們的東洋習慣，或者教導她們說國語。[154]從悲刹的建議，似可以看出為調整主從關係，男性權力不斷伸張，這跟前述規勸女主人與女傭建立互信、互諒的說法有很大的不同。而這種從惟恐男權被女僕剝奪，進而強化男權的論述，讓我們看到男女權力轉化的有趣現象，也看到「中國化」如何透過男女主僕關係進入臺灣社會。

其實，在戰後千絲萬縷的主僕問題中，以女僕難用討論最多。「女僕難用」是出於女僕不安於「事」，但這並非是這時期臺灣特有的現象，戰後中國或美國都有類似問題。女僕不安於「事」的關鍵是薪資問題，當時臺灣社會經濟的不穩定，更突顯這個問題的嚴重性。這時期女傭的薪資、工作時間都未有明文規定，薪資較高的家庭自然讓女傭趨之若鶩，再加上物價不斷高漲，薪資較低的公教人員更經常處於女傭難用的處境中。寶寶即有感而發地表明，在顛沛流離的日子裡，她們不曾有生活上的困擾，來臺後，卻為了雇用女傭而生活不定。[155]因此，臺灣的女傭文化或日本文化都不是主僕問題的導火線，眞正的關鍵是當時臺灣社會經濟環境的惡質化，致使部分人刻意加深文化歧異的問題。不過値得一提的是，隨著主僕之間的互動，省內、外的文化差異逐漸縮小，不論「中國化」是否占優勢，可以看到彼此的調適、包容或學習也在此中展開。

五、千里姻緣一線牽：婚姻問題

八年對日抗戰，爲中國人帶來不少婚姻悲劇，這齣悲劇並沒有隨著戰爭結束而落幕，戰後動盪不安的政局與國共內戰讓悲劇繼續在中國內地上演，甚至移到了臺灣，而劇中的女主角不只有外省女性，還加入臺灣女性。

（一）婚姻變質：是情欲抑物欲？

戰後來臺的外省夫婦多半將臺灣當成是他們的新天地，卻有不少夫婦無法患難與共或勞燕分飛，面對層出不窮的婚變事件，〈兩性間的風暴〉一文的作者困惑地問道：

> 臺灣是疏散者之家，許多人爲了追求自由，不惜千辛萬苦地遠渡重洋到這海島來，在這許多疏散的男男女女中，有的是老夫老妻，有的是新婚不久的佳偶，有的則是已訂了婚的情侶。照理這些共過患難的伙伴們從溫帶的大陸到這亞熱帶的海島來，感情應該更爲增進。但意外地，我們近日在報上卻不時可以看到離婚、解除婚約或丈夫找尋出走了妻子的啓事，本來，大家很難得到這兒來，既來了爲什麼就這麼親（輕）率地宣告散夥？[156]

婚姻問題原本便是千頭萬緒，作者這個疑問不是任何人能回答。不過從筆名「石音」的《臺灣新生報》主編金石音〈如何防止婚姻糾紛〉一文，似可以找出一些線索。金石音指出，自臺灣婦女工作委員會設立法律顧問部以來，收到不少婦女求教或求援的信函，其中多數的婚姻問題在中國已長達三十年之久，但經過八年抗戰，這些糾紛變得更加嚴重。[157]根據金石音的分析可以看出，這時期的婚姻糾紛不是臺灣獨有，而是一直不斷地在中國和臺灣的婚姻史上反覆重演。需要探討的是，何以這類問題在戰後的臺灣變得普遍而嚴重？除了原有的因素之外，是否有其他原因助長婚姻變質？前述〈一個機關首長夫人的苦訴〉一文的作者于純，明確地指出，臺灣應酬文化、色情行業的泛濫，使一些家庭主婦面臨婚姻危機。[158]這顯然也就是娼妓問題何以在戰後備受各界關注的原因。

對這群遠離親人、與丈夫在臺灣同甘共苦的外省婦女而言，一旦丈夫變節，多半投訴無門，導致悲劇不斷發生。爲了讓不幸降至低點，有些報刊開放婦女投書，讓她們經由這塊園地表述自己的遭遇或想法。臺灣婦女工作委員會的法律顧問部，便是透過《臺灣新生報》的《臺灣婦女》週刊協助或指引婦女，於是有不少女性投書到雜誌社或報社。不過，這些專家顧問是否能針對她們的問題予以排解？以于純的個案爲例，她指出這段日子精神飽受摧殘，周遭朋友也有各自的家庭問題，在無人傾訴下，雖曾藉信仰或加重工作來排遣苦惱，卻得不到效果，因此她惟有向週刊求援。在信中，她除了痛斥臺灣的「人肉市場」之外，更表達自己對婚姻的矛盾與徬徨。例如，她考慮一旦無法忍受，便下堂求去，但她又不忍心棄丈夫和孩子於不顧。[159]

于純所得到的迴響，不是希望她爲孩子的幸福著想，或耐心等待丈夫回心轉意，便是教導她沉著觀變、臨機應付。[160]絕大多數的婚姻專家或一般論者也都以「和爲貴」、「勸和不勸離」的態度，看待這時期外省籍夫妻之間的婚姻糾紛。他們除了提出互助、互諒、互敬、互信的一般道理之外，其中有不少論者認爲妻子應該多體貼、多關心丈夫。[161]這些千篇一律的論調，早出現在戰前中國的一些家庭雜誌或女性雜誌中，戰後的論者並沒有提出新穎的看法。不過，這類論述之所以老調重彈，除了是較持平的說法，戰後臺灣的外省家庭也需要這類言論的激勵。戰後因經濟的不景氣，物價高漲、貨幣不斷貶值，再加上中央政府在中國大陸的節節失勢，使戰後遷居來臺的外省家庭處在極度不安定中。爲求家庭和諧，關愛丈夫的這類概念更不時出現，〈給他一點「空氣」〉一文便奉勸爲人妻子的：

> 在買不到米的今日，一個賢妻是會處處爲丈夫著想的，一同擔起重軛子的，且時時體貼他，給他「空氣」的，那怕是一點點，也夠珍貴了！[162]

事實上，無論外遇事件或家庭窮困所引發的婚姻問題，都是婚姻變質的常見現象，但戰後臺灣政局的不穩定、社會的失序與經濟的蕭條，卻讓這些問題更加難以解決。〈兩性間的風暴〉一文作者的困惑不解，或許可以從這裡找到部分答案。

（二）通婚問題

上述的婚姻問題固然多半發生在外省家庭，但這並不表示臺灣家庭沒有這類糾紛；而是這時期兩岸通婚問題似更困擾著臺灣家庭，因此論者討論臺灣女性的婚姻問題時，多著眼於這方面的論述。其實不同地域的通婚早存在中國社會，抗日戰爭期間，人們因遷徙流離而與異鄉人通婚的例子處處可見，雖造就了不少良緣，但也帶來許多異樣的婚姻組合，重婚、同居在戰時相當流行，「抗戰夫人」、「勝利夫人」的諷喻更是不脛而走。[163]戰後各地的動盪不安，再度造成人口大流動，異域通婚的情形和戰時同樣普遍。這原本僅流通在中國內地的婚姻現象，隨著中國男性的移居臺灣，也出現在戰後的臺灣，這不但爲臺灣女性帶來悲與喜，還引起一場充滿省籍情結的婚姻論戰。

戰後來臺灣的男性最初多半是公務員或技術師，包括未婚和已婚者。透過各種機會，臺灣女性得以認識單身的外省男性，進而相戀、結婚。記者亞平將這種現象戲稱爲「隨著臺灣光復，女人們的桃花運處處展開」，但他也發現，由於一些外省丈夫性格的偏差，以及婚前彼此認識不夠，女性並未能全數覓得如意郎君。[164]除此之外，有不少的指控是，單身外省男性中有的已經成家或者訂過親，於是遺棄、玩弄、欺騙背信的事件層出不窮。這類事件早在戰後不久便發生，一九四六年六月，彰化的一位臺灣女性陳素吟透過《民報》專欄「自由談論」，致函「外省來的領導者們」，她氣憤地質問，受過「日本封建主義教育」的臺灣女性，就如同剛從籠中釋放出的鳥，涉世不深，而「外省來的領導們」，為何「不想誠懇的啓發女性，反要利用女性的弱點？」[165]她甚至一再重申：

你們是中國人，我們也是中國人，請你們不要以為可以在臺灣馬馬虎虎臨時結婚；臺灣的婦女，不但不要自己受騙，也不要你們在故鄉的太太們陷於悲情的地步。[166]

於香港出生而與臺灣客家女性結婚的黃華根，在一九四九年〈臺灣女人眼中的外省男人〉、〈透視臺灣女人的人：他們爲甚麼不嫁你〉二文也提到，他因爲替一位外省朋友做媒不成，才從妻子和她的女性朋友口中得知，欺騙、缺乏信用的態度，讓願意嫁給外省男人的臺灣女性逐年遞減。[167]〈臺灣女子的失望〉一文的作者余鴛鴦更強調：「即使女人是願意，她們家裡的男人，父親和兄弟或叔伯也會加予堅決的反對和拒絕。」[168]

不過值得注意的是，陳素吟是以認同中國去批評不自愛的外省男性，而不是省籍問題，但黃華根和余鴛鴦所提到的因素，卻與二二八事件發生之後的省籍問題相連結。《臺灣女性》的主編薛平感嘆道：

> 自從戲劇性的「二・二八」事件以後，臺灣人變得更沉默了。外省人與臺灣人之間從此劃著一道鴻溝，無形中都過著一種雙方絕緣的生活，彼此間沒有友情，也不求理解，人與人的距離越來越遠了。尤其是，在占有全省人口五分之三的臺灣女性的眼睛裡，外省人幾乎都是欺騙她們的壞蛋，一提起外省人就使她們頭痛。（注意：在光復初期最熱烈歡迎外省人的也是她們）【169】

他還說臺灣女性再也不敢嫁給外省人，因爲有一種集團性的力量阻止著男性的追求。然而，除了從外省男性的欺詐行爲來解釋這種現象之外，薛平認爲這三年來物價不停地上漲，臺灣民眾過的生活更不如往昔，再加上各種不平、貪汙、敷衍、官僚習氣、海派作風，都讓臺灣男女無法從好的方面設想。基於這份焦慮，薛平不顧性別（男性）的尷尬，毅然在一九四八年主編了《臺灣女性》這份刊物。【170】

但一九四八至一九四九年間，從《臺灣女性》到《臺灣春秋》，出現了唇槍舌劍，臺灣女性與外省男性或者外省男性之間都各持己見。在第一輯的《臺灣女性》中，薛平特別開闢「我做了臺灣女人的丈夫」專欄，收錄了三篇文章，其中徐昭以〈像背上了一個包袱〉一文描述自己的臺灣妻子，如何從知心伴侶變成現實女人的過程。[171]但前面提到的秀芳，很快地在《臺灣春秋》對這篇文章提出回應，她雖然對徐昭的境遇表示同情，但也指出他的偏見，認爲徐昭所形容的度量小、勢利眼的妻子，並不是臺灣女人獨有，內地各省也有不少這類女性。[172]前述的外省男性徐華，也在同一期的《臺灣春秋》對通婚問題做了更深入的分析，他指出，戰後的臺灣女性和臺灣男性一樣，對祖國充滿好感，「她們把『中國』男人看得很溫存有禮，對女人不會像日本人那麼粗野，她們認爲中國男人是可愛的」；但當外省男性在感情上始亂終棄之後，臺灣女性開始改變她們的想法，將所有的外省男性視爲「專門玩弄女人而不肯負責任」的人，他們的感情則是虛僞、欺騙的。[173]和薛平一樣，這個問題帶給徐華眞正的憂心是：臺灣的社會因兩性的悲劇，劃下了一道鴻溝。[174]他雖然承認本省人與外省人不能融洽不完全來自兩性問題，卻也是「造成本省人與外省人不能融洽的一個有力因素」，所以他奉勸省內、外人們都必須拋開成見，放棄各自的優越感。[175]

針對秀芳的說法，「讀者」如先前一樣予以反駁，他表示徐昭所云或許過火，但這樣的女性或許眞的存在。[176]而殷文俊在讀了秀芳和徐華的文章之後，試圖爲男性辯白，刻意以〈外省男人與臺灣女人〉爲題，告訴臺灣女性：

> 外省男人的本性的確溫存有禮而可愛，感情並不是虛僞的，也不是專門玩弄女人而不負

責任的，妳們最初的看法並沒有錯，只要妳們認清對象，不把事實歪曲，我擔保妳們與外省男人往來，不會變成悲劇的犧牲者。【177】

但殷也反過來提醒臺灣女性不要玩弄感情，他指出外省男人多半孤身旅居寶島，需要女性以眞誠的感情溫暖他們的心，他甚至表明「因爲他們受了大時代的洗禮，絕不能再受到感情的創傷」。【178】殷文俊的說法固然不乏眞實，卻沒有獲得太多的唱和。

且不論這種各自表述或相互醜化的言論是眞實抑或傳聞，以及試圖調和省內、外男女感情的論述是否立竿見影，感情都不是外力所能駕馭。臺灣女性與外省男人的交往、熱戀還是存在，而且不是所有的外省男性都抱著始亂終棄的心態與臺灣女性交往。例如，「我做了臺灣女人的丈夫」專欄中的另兩位作者楊柳青和前述的黃華根便與妻子繾綣情深。【179】至於過度地壓抑外省男性與臺灣女性的通婚，其實是因噎廢食的作法，也會導致另一齣悲劇。一九五○年一月，轟動全島的陳素卿自殺事件，便說明這種不受家人祝福的婚姻，註定要以悲劇收場。【180】事件中的外省男性張白帆和臺灣女性陳素卿原是兩情相悅的戀人，但在女方家長反對、男方朋友規勸下，張白帆接受了另一位女性，於是陳素卿以自殺來結束生命。儘管事發後，法官發現主導陳素卿自殺的是張白帆，陳的遺書經過張的修飾，而且媒體對張、陳的交往也有許多不同版本的描繪；但這個事件之能引起眾人矚目，除了因陳的遺書感人肺腑之外，不少論者認為促使陳自殺的最大因素是本省人和外省人之間的隔閡，也就是地域觀念結束了陳素卿的生命。[181]

其實這種因婚姻不自由而殉情的事件，自古以來便到處可見，但因男女主角來自不同地域，加上在省籍認同敏感的時代，這種邏輯很自然被套用，甚至也成為外省人士批評臺灣婚姻制度的口實。有論者認為，臺灣的家庭對女兒的婚姻多所控制，不時有女性被迫嫁給沒有情感基礎的男性。[182]這種現象固然有部分屬實，但不夠公允，因為事實上會干預兒女婚姻的不只臺灣的家長，外省家長也同樣限制他們的兒女；另外，臺灣人「婚姻自主」、「自由戀愛」的觀念雖不如中國盛行，戰前臺灣的報刊也曾譯介、轉載頗多這方面作品，不但知識分子大力提倡，年輕男女中亦不乏尋求「自由戀愛」者。[183]

嚴格而言，無論外省女性或臺灣女性所面臨的婚姻問題，其實在人類的婚姻史中不斷重覆發生，論者所提供的解決方案也都是老生常談。然而從分析中顯示，動盪不安的生活、省籍認同讓這些問題雪上加霜，原本可以不發生或根本不可能的婚姻事件，在戰後的臺灣紛紛出籠。在論述裡可以看出，婚姻悲劇下的男男女女得到社會大眾的同情，始亂終棄的外省男人則受到撻伐，批判他們的論者有女性也有男性，但抵制這些男性的辦法，卻是女性必須退讓、容忍，等待丈夫回心轉意；或是犧牲幸福，嫁給不愛的臺灣男人。婚姻事件中的受害人通常以女性居多，而戰後臺灣的婚姻問題連帶使一些無辜的外省男性受到波及，讓他們失去與臺灣女性溝通與聯姻的機會，拉大彼此之間的隔閡，一些美滿的通婚例子因此被掩蓋，人們看到的多半是曠男怨女。換言之，兩性的婚姻問題只是單純的社會問題，卻在戰後的臺灣成為外省人與臺灣人對立的另一個成因。

六、結論

從臺灣戰後的女性論述中可以看出，這種各執一詞、莫衷一是的言論正突顯了這時代的特色，也是日治時期或五〇年代之後難得一見的景況。這些論述之所以缺乏交集，彼此的對話又不時陷入失焦的情境，除與報刊的性質有關之外，當時不管是標榜站在民眾立場的報刊，或是具有官方、黨派色彩的報刊，都未排除異質的言論，因此得以提供女性寬闊的發言空間，也能在多元、複雜的言論中呈現實像，不是僵化、片面的刻板論述。

這時期單一或交叉討論的女性議題不全然流於文字論辯，有不少是來自不同階層作者的觀察或經驗的自述，特別是一些處在他者、邊緣的外省籍家庭主婦、女雇主、臺灣的娼妓或下女也勇於發聲，將個人的私密或特殊經驗向社會公開。她們除試圖博得大眾注意、同情之外，甚至有意向權力中心挑戰，扭轉現況。儘管多數作者不具真名，從中透視出的真實性卻昭然若現，否則這些話題不會一再地在不同性質的報刊中反覆討論或交相論辯。此外，從邊緣的敘述可以看到性別的權力關係如何在這些論述中改變位置，女雇主與家庭主婦因處在邊緣中的核心，她們的發言權較具分量，不免帶著「統治者」或「支配者」的姿態去看待女傭或娼妓；但換個角度看，她們又是受害者，娼妓泛濫、應酬文化盛行，讓她們掌握不住婚姻，女傭不安於「事」，使她們必須加倍忍氣吞聲，或反成為女傭另謀高就的跳板。至於女傭與娼妓也同樣有兩面處境，這樣的身分讓她們處在被壓迫、被剝削的位置，但以女傭為例，透過這個身分，她們有較多的選擇權，隨時擇木另棲，而娼妓也能操弄嫖客，破壞家庭主婦的幸福。於是「姐妹情誼」在這兩組女性相遇時變為神話，她們的權力位置也隨之轉換。

這些問題一旦走出幽暗，對話的不只是當事人，局外的觀察者也介入其中。由於不少邊緣聲音的浮現，是出於婦運人士或知識女性的設計或鼓勵，她們因此掌握了較多的言論空間，一場女/女的對話就在屬於女性的園地展開。關於女傭問題，她們採息事寧人的態度化解雙方衝突，不過，很明顯的是，對雇主有較多的偏袒，對女傭則是馴化多過憐憫。有關娼妓問題，主要是從提升人格、尊重人權的立場出發，去同情、關懷娼妓，以忍辱負重、獨立自主的方式勸導婚變的家庭主婦。這些道德勸說或老生常談的話語，其實與娼妓或家庭主婦的訴求無法對焦，導致女性對話（women to women talk）只在邊緣打轉，進不到核心。原因出在這類問題早根深柢固地存在戰前的中國及臺灣，婦運人士或知識女性的舊把式起不了多大作用。此外，這類問題之所以在戰後的臺灣變本加厲，基本上是因當時臺灣陷於政局不穩、經濟衰頹、社會失序的處境中，而這顯然不是說教講理得以化除的。

除了女／女之間有機會對話之外，男／女或男／男之間也因這些問題有所接觸。男性的看法大體有兩類：一部分人與婦運人士、知識女性大致相同，以同情的態度觀看婚姻糾紛與娼妓問題，甚至支持禁娼運動。另一部分人則基於男性立場發言，例如有論者贊成公娼或酒家的存在，為的是解決來臺軍人的性欲需求；有論者希望臺灣女性不要排斥或玩弄外省男性，因為他們有戰爭的傷痛，又孤旅臺灣。這樣的論調所考慮的只是男性本身，邊緣化在事件中受害的省內、外女性。還有論者則惟恐色欲沾身，勸導同性如何強化對女傭的管教，使原本男強女弱的權力關係更加突顯。

不但性別、階級認同複雜多變，國家、文化、地域認同更在欲迎還拒中充滿矛盾。當外省人遇到臺灣女性時，多數把中國的文化價值投射到臺灣女性身上，並以「泛日本化」的觀點鳥瞰臺灣女性以及女性問題，於是出現不少光怪陸離、不按牌理的怪異論調。在這些外省人眼中，不管是臺灣女性的裝扮、行為舉止或者是娼妓制度、女傭問題，都是來自「日本遺毒」、「日本教化」的結果，忽略其中有許多價值觀念或制度也既存於中國社會。值得注意的是，這樣的言論多半是在二二八事件之後較為突顯，這固然與此期外省人創辦的報刊與女性刊物的激增有關，讓過去聽不到的聲音得以浮現，但不可否認的，二二八事件造成的省籍衝突，促使外省人對臺灣人的誤解加深，歸罪於「日本化」的聲浪也因此升高。

然而，這只是部分外省人的觀察，仍有部分外省人對臺灣女性深具好感，臺灣女性樸實、天眞的性格、勤勉工作的態度、好學求知的精神一再受到肯定，並認爲這類經驗足以做爲祖國各省的模範，也爲臺灣婦運奠定良好基礎。他們甚至指出，從中國來的「港風」、「海風」破壞臺灣女性質樸無華的風氣，使她們與外省女性一樣走向虛榮奢侈；臺灣的娼妓固然傷風害理，由省外來的嫖客以及上海引進的妓女、舞女也一樣汙染臺灣的社會風氣。有趣的是，有些外省人更以尊重妓業的態度，諷刺這時期不事生產或以裙帶關係營謀職務的外省人。這種「反中國化」的論調與「中國化」的觀念在戰後的臺灣各據立場，也同樣在二二八事件之後出現分歧。儘管這些說法或有迎合臺灣人或修補省內、外民眾情感的目的，不過有些言論早在戰後初期，甚至日治時期便受到外省人肯定，而且不光是民營的報刊，公營或黨辦的都有這樣的聲音。另外，其中反映自當時社會情境的許多自述或投書的言論，雖不免自我詮釋或自我合理化，但這種對自己生活或週遭觀察的書寫方式，實有其主體性和一定程度的眞實，不純然是紙面文章或媒體內部的交涉與調適。

面對外省人對臺灣女性的不同批評，臺灣人並不是沉默以對，儘管回應的人不多，仍可以看出是什麼問題激怒了臺灣男女。無疑的，誇張、偏頗、過度醜化臺灣女性的話語，是讓臺灣論者不滿的根源，而「反日本化」的說辭也同樣惹惱臺灣論者，他們反對以偏概全的言論，也指出中國本身的弊病不在臺灣之下，娼妓問題便是其中之一。除此之外，省內、外的通婚問題也嚴重影響臺灣人對外省人的印象，外省男人與臺灣女人相遇時的美好印象，因部分外省男人的始亂終棄而變質，再加上臺灣父母的反對，爲彼此的認同劃下鴻溝。不過，與外省人的論述同樣矛盾的是，二二八事件之前，臺灣人的許多看法與外省人差別不大，例如反對娼妓或下女制度；事件發生之後，許多臺灣人對祖國的期待幻滅，反彈的聲音明顯擴大，但這時期的臺灣人也不是一味抨擊外省人。

嚴格而言，五十一年的隔離對多數外省人來講，臺灣是一個既陌生又遙遠的地區，有許多人從書中、傳聞中認識臺灣人，更有人透過「他者」想像勾勒臺灣人。如果說他們以「統治者」、「化外之民」的姿態來治理臺灣是事實，那麼他們以「祖國」、「同胞」的情懷來對待臺灣也不是謊言。「如果沒有『二二八』事件，外省人與臺灣人的相遇又將如何演變？」這雖然不是歷史學者該問的問題，但「如果增添女性論述，外省人與臺灣人的相遇又將如何？」是可以追問的。

儘管本文所選擇的議題只是戰後臺灣女性眾多議題中的部分，而報刊所建構出的公共空間也多少有誇大、渲染或被設計的成分；不過，從這幾個緊扣戰後臺灣社會、經濟、性欲、倫理問題的論述中，所呈現的複雜面向，顯現戰後臺灣除了有國家認同問題，也有性別、文化與地域等交錯的認同問題，因此許多問題不是只出現在臺灣人與外省人之中，也一樣表現在外省人與外省人之間。更重要的是，女性論述中的多重認同問題不但讓我看見性別、階級、權力關係的變化不定，也觀察到族群、國家、文化或地域認同在這時期固然出現裂痕，卻也在相互交涉、調適著。我寧可說外省人遇到臺灣女性時雖不完全互放光亮，卻也不是各往各的方向走去。

附錄：臺灣戰後二十五種報刊發行一覽表

報刊名稱	屬性	發行機構	發行地	負責人或主編	內容	創刊時間
民報	民營	臺灣民報社	臺北	林茂生、陳旺成、吳春霖	時事評論性	一九四五年十月十日
興臺新報（興臺日報）	民營	興臺新報社	臺南	沈瑞慶	時事評論性	一九四五年十月二十二日
臺灣新生報	公營	臺灣省行政長官公署宣傳委員會	臺北	李萬居	宣傳、時事評論性	一九四五年十月二十五日
人民導報	民營	人民導報社	臺北	宋斐如、王添燈、蘇新	時事評論性	一九四六年一月一日

報刊名稱	屬性	發行機構	發行地	負責人或主編	內容	創刊時間
民聲日報	民營	民聲報社	臺中	徐成	時事評論性	一九四六年一月一日
東臺日報	民營	東臺日報社	花蓮	陳篤光、吳萬恭	時事評論性	一九四六年二月一日
中華日報	黨營	國民黨中央宣傳部	臺南／臺北	盧冠群	宣傳、時事評論性	一九四六年二月二十一日
臺灣日報	民營	臺灣日報社	臺中	張兆煥	時事評論性	一九四六年六月前發行
自由日報（晚報）	民營	自由日報社	臺中	黃悟塵、陳茂林	時事評論性	一九四六年十二月一日
全民日報	民營	全民日報社	臺北	林頂立、王成章	時事評論性	一九四七年七月七日

報刊名稱	屬性	發行機構	發行地	負責人或主編	內容	創刊時間
臺北晚報	民營	臺北晚報社	臺北		時事評論性	一九四七年九月三日
自立晚報	民營	自立晚報社	臺北	周莊伯、李玉階、顧培根	時事評論性	一九四七年十月十日
公論報	民營	公論報社	臺北	李萬居	時事評論性	一九四七年十月二十五日
華報	民營	華報社	臺北	朱庭筠、黃也白	娛樂藝文性	一九四八年十一月二十日
閩臺日報	民營	閩臺日報社	臺北		時事評論性	一九四八年十月六日
中央日報	黨營	中央日報社	臺北	馬星野	宣傳、時事評論性	一九四九年三月十二日

報刊名稱	屬性	發行機構	發行地	負責人或主編	內容	創刊時間
臺灣之聲	公營	臺灣廣播電臺	臺北	林忠	宣傳、報導性	一九四六年六月一日
臺灣評論	民營	臺灣評論雜誌社	臺北	林忠、李純青	時事評論性	一九四六年七月
臺灣文化	社團	臺灣文化協進會	臺北	游彌堅	文藝學術性	一九四六年九月
臺灣婦女	社團	臺灣省婦女會	臺北	謝娥、姚敏瑄等	宣導性	一九四六年九月一日
路工月刊	民營	路工雜誌社	臺北	石叔明	報導性	一九四七年八月
臺灣春秋	民營	臺灣春秋社	臺北	費滌生、顧欽樑	時事評論性	一九四八年八月三十日
臺灣女性	民營	臺灣女性雜誌社	臺北	彭麒、薛平	兩性問題	一九四九年一月一日

報刊名稱	屬性	發行機構	發行地	負責人或主編	內容	創刊時間
臺灣內幕	民營	臺灣內幕雜誌社	臺北		時事評論性	一九四九年前後
臺旅月刊	民營	臺灣旅行社	臺北	黃天邁	報導性	一九四九年二月二十日

資料來源：《臺灣女性》，第一輯（一九四九年一月），內封；《臺灣春秋》，期六（復刊號）（一九四九年二月），封底；《臺灣春秋》，期八（一九四九年三月），目錄；何義麟，〈戰後初期臺灣報紙之保存現況與史料價值〉，《臺灣史料研究》，號八（一九九六年八月），頁九六—九七，「表一：二二八事件前創刊之報紙目錄」；何義麟，〈戰後初期臺灣出版事業發展之傳承與移植（一九四五—一九五〇）——雜誌目錄初編後之考察〉，《臺灣史料研究》，號十（一九九七年十二月），頁十八—十九，「表一：1945.9-1947.3創刊之雜誌目錄」；莊惠惇，〈戰後初期臺灣的雜誌文化（一九四五年八月十五日—一九四七年二月二十八日）〉，《臺灣風物》，卷四十九期一（一九九九年三月），頁六六—七一；王天濱，《臺灣報業史》，頁八一—八二、一四三，「表3.2：臺灣光復到『二二八』之前主要報刊創刊與發展情形」、「表4.2：中央政府遷臺後停刊的報紙」。

注釋

【1】黃秀政等著，《臺灣史》（臺北：五南圖書出版股份有限公司，二〇〇二），頁二五一。有同樣說法者頗多，此處不一一贅述。

【2】臺灣人與日本人的良好關係，可由日治時期師生的相處得知一斑。見陳君愷，〈師生愛與民族認同的葛藤——高木友枝、堀內次雄及其學生們〉，《輔仁歷史學報》，期一一（一九九〇年六月），頁一九四—一九八。

【3】《臺灣春秋》在首次舉辦「你最喜歡臺灣的是甚麼？你不喜歡臺灣的是甚麼？」的徵文時，一共收到三〇八份稿件，執筆者包括各色各樣的人，有大學教授、銀行經理、公司董事、高級軍官、醫師、教師、新聞記者、女職員、工程師、藝術家、商店夥友、工廠工友、士兵、警察；而《臺灣女性》的主編也表示，該刊第一輯採徵文方式，只登了三天廣告，稿子便來自全省各地，作者籍貫不同、職業也相異。編者，〈你最喜歡臺灣的是甚麼？你不喜歡臺灣的是甚麼？〉，《臺灣春秋》，期二（一九四八年十一月），頁二七；薛平，〈我看臺灣女人〉，《臺灣女性》，第一輯（一九四九年一月），頁二一。

【4】史碧娃克（G.C.Spivak）對底層女性能否具發言地位，以及她們的言論是否在媒介過程中被扭曲的問題，十分質疑；但蕭賀（Gail Hershatter）進一步指出，底層的人確實說了話，她們的話不但被記載下來，也呈現了個人的經驗和活動。至於我在處理戰後臺灣的女性論述時，確實也找到一些來自底層女性的吶喊，這其中或許有部分聲音是經過設計而呈現，但也有可能是原音重現，因此本文保留她們的聲音做為研究的重點。有關史碧娃克和蕭賀的論點，詳見Gayatri Chakravorty Spivak, “Can the Subaltern Speak?” in Cary Nelson and Lawrence Grossberg, eds., Marxism and the Interpretation of Culture (Urbana: University of Illinois Press, 1988), pp. 271-313; Gail Hershatter, Dangerous Pleasures: Prostitution and Modernity in Twentieth-Century Shanghai (Berkeley: University of California Press, 1997), p. 25.

【5】根據我的研究發現，日治時期的女性刊物僅有《臺灣婦人界》、《婦人と家庭》兩種，這兩份刊物或其他期刊報紙中，鮮少有女性自白的文章，特別是來自底層女性的聲音。研究臺灣女性文學的許俊雅也指出，日治時期探討女性問題的作者幾乎都是男性。許俊雅，〈日據時期臺灣小說中的婦女問題〉，收入氏著，《臺灣文學論——從現代到當代》（臺北：南天書局，一九九七），頁三三。

【6】《臺灣婦女》週刊在〈本刊的一封公開信〉中便清楚地表示：「我們希望本刊能和廣大姊妹們攜手，所以牠（它）的讀者對象是家庭婦女、女公務員、女學生、女工、舞女、妓女，我們希望將各階層婦女的生活情形與生活實感，都反映在這版面上來。」〈本刊的一封公開信〉，《臺灣新生報》，號一〇三九，一九四八年九月五日，第四版。

【7】游鑑明，〈臺灣地區的婦運〉，收入陳三井主編，《近代中國婦女運動史》（臺北：近代中國出版社，二〇〇四年二版），頁四〇五—四〇六。

【8】許芳庭，〈戰後臺灣婦女運動與女性論述之研究（一九四五—一九七二）〉（臺中：私立東海大學歷史研究所碩士論文，一九九七年一月）。

【9】游鑑明，〈臺灣地區的婦運〉，收入陳三井主編，《近代中國婦女運動史》，頁四三三—四六八。

【10】林秋敏，〈戰後初期臺灣的婦女議題——以《臺灣婦女》週刊為中心的探討〉，收入《走向近代》編輯小組編，《走向近代：國史發展與區域動向》（臺北：東華書局，二〇〇四），頁四八七—五二五。

【11】「海風」的「海」是指上海，「港風」的「港」是指香港，「海風」與「港風」即上海風與香港風，這些名詞在當時被視為是「奢靡和墮落的代名詞」。見蔡錦堂，〈戰後初期（一九四九—一九五〇）臺灣社會文化變遷——以《中央日報》記事分析為中心〉，《淡江史學》，期一五（二〇〇四年六月），頁二六四—二六七。

【12】根據愛德華．薩依德（Edward Said）的研究，西方人以「西方中心」的價值觀來概論東方世界，其中充滿霸權與錯誤，這與部分外省人持著「中國中心」來看這時期的臺灣人頗有雷同之處。然而，有部分外

省人是肯定臺灣文化，並與臺灣人有良好的互動，而這正如同「東方主義」修正派的論點：他們指出，薩依德忽略了一些複雜面向，例如性別或經濟等問題，這些學者還深入第三世界做觀察和回應。有關研究請參看Edward Said的著作：Orientalism (New York: Random House, 1978)、Culture and Imperialism (New York: Alfred A. Knopf, 1993)，以及Inderpal Grewal, Home and Harem: Nation,Gender, Empire and the Cultures of Travel (Durham, NC: Duke University Press, 1996); Ann Laura Stoler, "Rethinking Colonial Categories: European Communities and the Boundaries of Rule," Comparative Studies in Society and History 31:1 (January 1995), pp. 134-161.

【13】雖然王天濱駁斥二二八事件的發生是出於媒體「言論太自由」的說法，但他並不否認，這時期除了《民報》、《人民導報》等日治時期臺灣社會運動人士創辦的報紙經常抨擊政府缺失之外，被視為軍報系統的《和平日報》也充滿火藥味。李筱峰則指出，這時期言論自由的空間較以前擴大，並認為民間的報刊言論更富批判精神。王天濱，《臺灣報業史》（臺北：亞太圖書出版社，二〇〇三），頁一〇〇—一〇四、一二〇—一二七；李筱峰，〈從《民報》看戰後初期臺灣的政經與社會〉，《臺灣史料研究》，號八（一九九六年八月），頁九九。

【14】以報紙為例，據洪桂己表示，一九四六年三至九月，民營的報紙有十家；二二八事件後，「因停刊而不復發行者為數不少，有意辦報紙的人又紛紛籌辦新報……總之，創刊的雖多，停刊的也不少。」一九四八年的報紙遍及臺灣的十二縣市，為臺灣報業史上前所未見，約計四十家之多，而維持不久的也多達三十家。以雜誌為例，據何義麟的分類，可以看出一九四五年九月到一九四七年三月創刊的報刊有一二六種，一九四七年四月到一九四九年十二月創刊的則有一〇二種。洪桂己，《臺灣報業史的研究》（臺北：臺北市文獻委員會，一九六八年再版），頁一〇八—一〇九、一一五—一一六；陳國祥、祝萍，《臺灣報業演進四十年》（臺北：自立晚報社，一九八八年二版），頁三七—三八；何義麟，〈戰後初期臺灣出版事業發展之傳承與移植（一九四五—一九五〇）——雜誌目錄初編後之考察〉，《臺灣史

料研究》，號十（一九九七年十二月），頁一八—二四。

【15】由外省人主編的《臺灣春秋》即表明：「為盡報導的職責，我們採取揚善而不隱惡的態度，在今日社會情形之下，是非黑白應該分明，正義應該充分發揚，本著這個原則，我們要說我們要說的話。」研究戰後臺灣媒體發行情形的何義麟也表示：「二二八事件後到一九四九年戒嚴之前，亦即魏道明主政時期，臺灣的言論的控制較為寬鬆。因此大陸來臺人士尚能表達對臺灣社會的真正感受，要了解當時臺灣社會的狀況，這些刊物都值得作為參考。」〈編者後記〉，《臺灣春秋》，期六（一九四九年二月），頁二八：何義麟，〈戰後初期臺灣出版事業發展之傳承與移植（一九四五—一九五〇）〉，頁一一。

【16】蔡錦堂在探討一九四九至一九五〇年間的《中央日報》時，發現該報的部分記事對時局、社會風氣提出不少批判。蔡錦堂，〈戰後初期（一九四九—一九五〇）臺灣社會文化變遷——以《中央日報》記事分析為中心〉，頁二五三—二八八。

【17】此處「公共空間」的說法是引自李歐梵的觀點，他指出晚清的報業傳遞了官方以外的社會聲音，形成新的公共空間。李歐梵，《現代性的追求：李歐梵文化評論精選集》（臺北：麥田出版，一九九六），頁一五一—一六。

【18】〈本刊緊要啟事〉，《臺灣春秋》，期二（一九四八年十一月），頁八：〈編者報告〉，《臺灣春秋》，新年號（一九四九年一月），頁一六：〈編者後記〉，頁二八。

【19】《臺灣春秋》的首次徵文，凡特等者每篇稿酬新臺幣一萬元，甲等則是五千元：但隨著物價上漲，稿酬也跟著提高，例如新年號這一期是以每千字二萬元到五萬元為稿酬。以「重金」吸引投稿的例子，也出現在《臺灣女性》這份刊物上。〈臺灣春秋首次徵文揭曉〉，《臺灣春秋》，期二，頁二七：〈編者報告〉，頁一六：黃粧，〈弱者，你的名字不是臺灣女人〉，《臺灣女性》，第一輯（一九四九年一月），頁六。

【20】《臺灣女性》主編薛平在該刊第一輯指出，這輯的文章來自全省各地不同籍貫、不同職業的作者，雖然

他沒有指出投稿者的性別，但由於這些文章主要是作者的親身經歷，因此從字裡行間可以推估作者以外省男性居多。薛平，〈我看臺灣女人〉，頁二；〈廣告欄〉，《臺灣春秋》，期二，頁四一。

【21】徐華，〈臺灣女人與外省男人〉，《臺灣春秋》，新年號，頁一三。

【22】江亢虎，《臺游追紀》（上海：中華書局，一九三五），頁二二－二三、七四。

【23】支萌，〈戀愛拉雜談〉，《中華日報》，號二六八，一九四六年十一月十七日，第四版。

【24】潘鼎元，〈熱帶女性禮讚〉，《臺灣女性》，第一輯，頁三；正公，〈上帝的傑作〉，《臺灣女性》，第一輯，頁一六。

【25】史曼，〈臺灣女郎與史湘雲〉，《路工月刊》，新卷一期三（一九四九年三月），頁四二。

【26】金風，〈臺灣女性面面觀〉，《華報》，號九一，一九四九年二月二十三日，第三版。

【27】吳田，〈她們在三年中蛻變了〉，《臺灣女性》，第一輯，頁四；潘鼎元，〈熱帶女性禮讚〉，頁三；T. M.，〈可貴的南國友情〉「和臺灣女人交朋友（二）」，《臺灣女性》，第一輯，頁一〇；雪鴻，〈冷眼看臺灣女性〉，《臺灣女性》，第一輯，頁一八；顧欽樑，〈臺灣職業女性群像〉，《臺灣女性》，第一輯，頁一九；慧蕊，〈打開天窗說亮話：臺灣女子〉，《自立晚報》，新號二〇九，一九四八年四月十七日，第三版；寶寶，〈一個女公務員的訴苦〉，《臺灣新生報》，號九七七，一九四八年七月四日，第四版。

【28】白浪，〈一個臺灣女子的訴言〉，《臺灣新生報》，號六三二，一九四七年七月十八日，第五版。

【29】秀芳，〈為臺灣婦女吶喊：評「臺灣女性」〉，《臺灣春秋》，新年號，頁二。

【30】秀芳，〈為臺灣婦女吶喊：評「臺灣女性」〉，頁二。

【31】讀者，〈為「臺灣女性」呼冤〉，《臺灣春秋》，休刊號（一九四九年一月），頁一六。

【32】潘鼎元，〈熱帶女性禮讚〉，頁三－四。

【33】慧蕊，〈打開天窗說亮話：臺灣女子〉，《自立晚報》，新號二〇九，第三版；寶寶，〈一個女公務員

的訴苦〉，《臺灣新生報》，號九七七，第四版。

【34】吳田，〈她們在三年中蛻變了〉，頁四；雪鴻，〈冷眼看臺灣女性〉，頁一八。

【35】劉芝，〈從現實看婦運〉，《臺灣新生報》，號一三三二，一九四九年六月二十九日，第四版。

【36】支萌，〈戀愛拉雜談〉，《中華日報》，號二六八，第四版。

【37】京衣，〈本省女子的戀愛態度〉，《中華日報》，號二八二，一九四六年十二月一日，第四版。

【38】方明，〈給臺灣的母親和姐妹們〉，《臺灣新生報》，號一二六一，一九四九年四月二十日，第四版。

【39】白浪，〈一個臺灣女子的訴言〉，《臺灣新生報》，號六三一，第五版。

【40】良心，〈弱者，你的名字是臺灣女人〉，《臺灣春秋》，創刊號（一九四八年九月二十一日），頁二一—二二。

【41】黃粧，〈弱者，你的名字不是臺灣女人〉，頁六。

【42】論者對日本殖民政府提供的教育方式並不滿意。例如，寶寶承認臺灣女子教育普及，卻強調臺灣女性所得到的只是小學教育，受過中等教育的僅是少數女性；他對教育內容更有微詞，指出受日本教育的毒化，除日文之外，國文和英文都不許學習，而且小學教育僅教導普遍知識。更有論者表示，知識的狹窄使多數臺灣女性只能擔任低級的常務工作。寶寶，〈如何解放臺灣婦女〉，《臺灣新生報》，號八八〇，一九四八年三月二十八日，第四版；慧蕊，〈打開天窗說亮話：臺灣女子〉，《自立晚報》，新號二〇九，第三版；陸志鴻，〈從婦女職業說到臺灣婦女〉，《臺灣新生報》，號八六〇，一九四八年三月八日，第八版；史曼，〈臺灣女郎與史湘雲〉，頁五；潘鼎元，〈熱帶女性禮讚〉，頁四；雪鴻，〈冷眼看臺灣女性〉，頁一八；顧欽樑，〈臺灣職業女性群像〉，頁一九。

【43】韓佐樑，〈雜寫臺灣婦女問題〉，《臺灣新生報》，號一一六八，一九四九年一月十六日，第五版。

【44】陳儀，〈臺灣婦女應有的認識和努力〉，《臺灣婦女》月刊，卷一期一（一九四六年九月），頁五。

【45】鄭毓秀，〈向歷史上的偉大女性學習〉，見一九四八年三月八日的《臺灣新生報》，號八六〇，第八

版、《公論報》，號一三二一，第四版、《臺北晚報》，號六六，第一版：有相同看法的，還有寶寶，〈如何解放臺灣婦女〉，《臺灣新生報》，號八八〇，第四版；劉徐珍箴，〈臺灣婦女應有的認識與努力〉，《臺灣新生報》，號六五四，一九四七年八月十日，第五版。

【46】韓佐樑，〈雜寫臺灣婦女問題〉，《臺灣新生報》，號一一六八，第五版。

【47】根據我對日治時期職業婦女的研究，可以看到受過高等女學校教育或留學的臺灣女性，她們不完全以賢妻良母為唯一典範，有的人在工作或社會活動中積極表現，甚至成為當時的新女性。游鑑明，〈日據時期臺灣的職業婦女〉（臺北：國立臺灣師範大學歷史研究所博士論文，一九九五年五月）。

【48】謝冰瑩指出，來臺灣的第一個好印象便是婦女與兒童，她發現「她們（指婦女）的生活是嚴肅的，辛勞的她們從黎明工作到黑夜，沒有一刻休息的工夫，整天為家庭，為兒女，忙個不停，還要幫忙丈夫照顧生意。」謝冰瑩，〈臺灣婦女給我的印像（象）〉，《臺灣新生報》，號一一二九，一九四八年十二月五日，第四版。

【49】杏庭，〈一個光明面——談臺灣婦女的前途〉，《公論報》，號一三三一，一九四八年三月八日，第四版。

【50】秋祥，〈值得你敬愛的臺灣婦女〉，《臺灣春秋》，新年號，頁二四；朱唇，〈有的賣色相、有的靠技術：婦女職業的形形色色〉，《華報》，號二六，一九四八年十二月十五日，第三版。

【51】震指出：「一般的說來，本地婦女所參加的職業範圍是很廣闊的，數字也是比國內其他城市高的多，舉凡政學、農工、商各界，都有大量的婦女在服務。」震，〈臺北婦女職業鳥瞰〉，《臺灣新生報》，號七一六，一九四七年十月十二日，第五版；獨木也認為，「有一個別個地方也望塵不及的現象，那就是她們都有『職業感』，踴躍的追求職業，參加每一部門的工作。」獨木，〈解脫那無形的鎖鏈〉，《中華日報》，號四四五，一九四七年五月十九日，第四版。提出這些觀點的論者，還包括姚筠，〈怎樣做一個職業婦女〉，《臺灣新生報》，號九〇八，一九四八年四月二十五日，第八版；寶寶，〈如何解放

臺灣婦女〉，《臺灣新生報》，號八八〇，第四版：陸志鴻，〈從婦女職業說到臺灣婦女〉，《臺灣新生報》，號八六〇，第八版。

【52】〈祝婦女同胞堅強穩定的走向光明的前途〉，《民聲日報》，號三六七，一九四八年三月九日，第二版：陸志鴻，〈從婦女職業說到臺灣婦女〉，《臺灣新生報》，號八六〇，第八版：陸巍，〈婦女界的警惕〉，《中央日報》，號七六五二，一九四九年九月八日，第七版。

【53】陳儀，〈臺灣婦女應有的認識和努力〉，頁五：杏庭，〈一個光明面——談臺灣婦女的前途〉，《公論報》，號一三二，第四版：〈談婦女運動〉，《全民日報》，號四七，一九四七年八月二十二日，第一版。

【54】例如，他稱讚高雄高等女校的師生：「操作如農家婦，可敬亦可愛也。」見江亢虎，《臺游追紀》，頁一六、四二、七四。

【55】冬陽，〈臺灣的職業女郎〉，《臺灣之聲》，九月號（一九四七年九月），頁一九。

【56】謝淨蓮，〈臺灣婦女〉，《中華日報》，號一〇九二，一九四九年三月八日，第六版。

【57】游鑑明，〈日據時期臺灣的職業婦女〉，頁七－三六。

【58】秋凡，〈活躍在生活戰線上的臺灣女性〉，《臺灣之聲》，二月號（一九四七年二月），頁一五。

【59】亞平，〈臺灣的女性生活〉，《臺旅月刊》，創刊號（一九四九年一月），頁二四。

【60】陸巍，〈婦女界的警惕〉，《中央日報》，號七六五二，第七版。

【61】陸巍，〈婦女界的警惕〉，《中央日報》，號七六五二，第七版。

【62】慧蕊，〈打開天窗說亮話：臺灣女子〉，《自立晚報》，新號二〇九，第三版。

【63】慧蕊，〈打開天窗說亮話：臺灣女子〉，《自立晚報》，新號二〇九，第三版。

【64】獨木，〈解脫那無形的鎖鏈〉，《中華日報》，號四四五，第四版。

【65】臺灣婦女協會於一九四六年一月成立，立即呼籲禁娼，並得到高雄市經費贊助，將日治時期的愛國婦

人會當作從良娼妓的收容機構；同年五月，省婦女會成立不久，也大力提出禁娼的建議，與行政長官公署互為呼應。游鑑明，〈臺灣地區的婦運〉，收入陳三井主編，《近代中國婦女運動史》，頁四三四、四三八—四四〇。

【66】一九四六年六月二十日，行政長官公署頒布〈旅館侍應生管理辦法〉，其內容如下：「茲為尊重女性、改良社會風俗，將女招待跳舞場公娼等項限期撤除，經決定辦法：（一）制發臺灣省各縣市旅館餐飲店侍應生管理辦法一種，定七月一日起施行，（二）跳舞場於本年七月底以前一律關閉，（三）公娼限於本年八月底以前一律廢除，（四）一、三兩項之失業者，由各縣市政府商請當地婦女會設置婚姻及職業介紹所以資救濟。」〈提高女權、廢除女招待公娼〉，《民報》，號二七一，一九四六年六月二十一日，第二版。

【67】游鑑明，〈臺灣地區的婦運〉，收入陳三井主編，《近代中國婦女運動史》，頁四四〇—四四一。

【68】陳一，〈一個『女給』的呼聲〉，《中華日報》，號五六，一九四六年四月十六日，第三版；王寶惜，〈一個藝旦的呼聲：我們再也不能忍受〉，《人民導報》，號一一八，一九四六年五月一日，第二版。

【69】陳一，〈一個『女給』的呼聲〉，《中華日報》，號五六，第三版。

【70】〈祝「婦女當局」有辦法！〉，《人民導報》，號一六四，一九四六年六月十六日，第二版。

【71】〈生活恐怖要求職業〉，《臺灣新生報》，號二四二，一九四六年六月二十三日，第五版；〈高雄反對管制辦法，女招待示威遊行〉，《民報》，號二八八，一九四六年七月一日，第二版。

【72】謝娥，〈本省婦運的指向〉，《臺灣婦女》月刊，卷一期一，頁一一。

【73】李緞，〈婦運工作的困難〉，《臺灣婦女》月刊，卷一期一，頁三四。

【74】〈社論：關於公娼問題〉，《臺灣新生報》，號四三，一九四五年十二月六日，第四版。

【75】〈社論：關於公娼問題〉，《臺灣新生報》，號四三，第四版。

【76】〈社論：婦女職業問題〉，《臺灣新生報》，號二三四，一九四六年六月五日，第二版；江燦琳，〈閑

【77】談娼妓問題〉，《臺灣評論》，卷一期二（一九四六年八月），頁一八；〈廢娼與副業〉，《興臺日報》，號六四，一九四六年七月三日，第一版。

陳碧雲述，輪子執筆，〈救救我們：一個女給的呼聲〉，《中華日報》，號一五五，一九四六年七月二十五日，第三版。

【78】游鑑明，〈臺灣地區的婦運〉，收入陳三井主編，《近代中國婦女運動史》，頁四四三。

【79】沈吟便建議，將酒家經營方式改變成民衆食堂，以及為酒女找工作或訓練她們具有一技之長。見沈吟，〈酒女善後問題〉，《華報》，號二八三，一九四九年九月五日，第三版。

【80】〈談娼妓問題〉，《東臺日報》，號一三八四，一九四九年十二月二十三日，第二版；勻音，〈談談目前的幾個婦女問題〉，《臺灣之聲》，卷一期一（一九四六年六月），頁六；〈談娼妓問題〉，《全民日報》，號二二，一九四七年七月二十八日，第三版。

【81】〈論「特種酒家」及「道德問題」〉，《民聲日報》，號八八七，一九四九年八月十八日，第二版。

【82】勻音，〈談談目前的幾個婦女問題〉，頁五—六。

【83】青青指出：「日本帝國魔王的巨掌伸入臺灣的時候，第一個毒辣的手段，就是降低女子社會地位，他們先把女子奴化了，使男子的獸欲得以恣意的滿足。把有為的青年，引入煙花酒巷，使他們年青血氣勃勃的能力，在裙釵下面消沉了；把中年人所受鐵蹄蹂躪（蹂躪）的心，在酒家中消解了，在女人媚笑裡飛騰了。結果，女子的生活，只不過是附庸，是欲器。」青青，〈臺灣姐妹在臺灣〉，《臺灣新生報》，號六二八，一九四七年七月十五日，第五版。

【84】土人，〈讀「臺灣姐妹在臺灣」之後〉，《臺灣新生報》，號六三一，一九四七年七月十九日，第五版。

【85】土人，〈讀「臺灣姐妹在臺灣」之後〉，《臺灣新生報》，號六三一，第五版。

【86】蔣渭水，〈生女為娼妓，生男為嫖客〉，《臺灣民報》，卷二號二，一九二四年二月十一日，頁一一。

【87】連溫卿，〈婦人的地位與社會的關係〉，《臺灣民報》，號六七，一九二五年八月二十六日，頁二六。

【88】江亢虎，《臺游追紀》，頁三一。

【89】飄零，〈讀土人君和青青小姐大作後〉，《臺灣新生報》，號二七五，一九四七年七月二十六日，第五版。

【90】于純，〈一個機關首長夫人的苦訴〉，《臺灣新生報》，號九九八，一九四八年七月二十五日，第四版。

【91】楊雲萍，〈文化時言：「婦女」與「婦女」〉，《臺灣文化》，卷三期七，頁一。

【92】僧慕俗指出：「認為『不虛此行』的，自然是屬於闊老小開之類，上一回酒家，趟一次北投，化（花）它萬把塊錢，有吃、有玩、有女人摟，天下自然只有這方是便宜事。於是乎挑起『老門檻』的面孔，大有『知臺灣者惟吾而已』之概：引進『新客』，這『新客』中有錢化（花）的上的，又陞為『老門檻』，沒有錢的就作阿Q想，以為舉一反三，以為臺灣的女人原來能統統是如斯者也。」見僧慕俗，〈為「女侍應生」伸冤——並向高淑貞女士致敬〉，《全民日報》，號八九，一九四七年十月四日，第四版。

【93】余鐵一，〈出賣色相〉，《中華日報》，號八八三，一九四八年八月五日，第六版。

【94】〈社論：婦女職業問題〉，《臺灣新生報》，號二二四，第二版。

【95】〈寄給酒女們的一封信〉，《臺灣新生報》，號一二五四，一九四九年四月十三日，第四版。另外，李麗虹也表示：「倘若不是為了生活，為了嗷嗷待哺的一家老小，誰甘心這樣做？」見李麗虹，〈我也談談臺灣姐妹〉，《臺灣新生報》，號六三八，一九四七年七月二十五日，第五版。

【96】陳碧雲述，輪子執筆，〈救救我們：一個女給的呼聲〉，《中華日報》，號一五五，第三版；蔣挪萍，〈寶島到處是啼鳥：基隆一女招待致函本刊〉，《自立晚報》，一九四八年四月二日，第三版；窒息，〈我是一個女侍應生〉，《臺灣新生報》，號一〇一九，一九四八年八月十五日，第四版；麗，〈侍應

生的日記〉，《全民日報》，號一三，一九四七年七月十九日，第四版。

【97】廖珠，〈我對我生活的懷疑——一位女侍的自白——〉，《臺灣新生報》，號一〇三三，一九四八年八月二十九日，第四版。

【98】劉芝，〈從女侍問題說起——「寄給酒女們的一封信」讀後〉，《臺灣新生報》，號一二六八，一九四九年四月二十七日，第四版。

【99】白蓮，〈我對我生活的懷疑讀後感〉，《臺灣新生報》，號一〇三八，一九四八年九月五日，第二版。

【100】呂潤璧，〈弱者你的名字不是女人〉，《臺灣新生報》，號九九八，一九四八年七月二十五日，第四版。

【101】王志聞，〈臺北風光之三：廬山真面目的萬華神女〉，《自立晚報》，號七〇，一九四七年十二月十八日，第一版；同樣的報導尚可見田湜，〈萬華夜色〉，《臺灣日報》，號三九，一九四七年二月二十二日，第四版；休人，〈請救救臺灣的薄命小姐吧！〉，《全民日報》，號五五，一九四七年八月三十日，第四版；沈媛璋，〈燈紅酒綠淚偷彈——一個酒女的身世〉，《臺灣新生報》，號六七五，一九四七年八月三十一日，第五版；亮範，〈街頭神女〉，《自立晚報》，號四二，一九四七年十一月二十日，第三版；楊子江，〈被遺忘了的姐妹們〉，《民聲日報》，號五四五，一九四八年九月五日，第四版。

【102】張愍言，〈我對於女侍應生的看法〉，《臺灣新生報》，號一〇四六，一九四八年九月十二日，第四版。

【103】游王叔敏，〈尊重婦女人格——從尊重酒店侍應生說起——〉，《臺灣新生報》，號六六八，一九四七年八月二十四日，第五版。

【104】張愍言，〈我對於女侍應生的看法〉，《臺灣新生報》，號一〇四六，第四版。

【105】潘鼎元，〈熱帶女性禮讚〉，頁三—四。

【106】風人，〈「神女」〉，《民報》，號五三一，一九四六年十二月十九日，第四版。

【107】僧慕俗，〈為「女侍應生」伸冤——並向高淑貞女士致敬〉，《全民日報》，號八九，第四版。

【108】張愍言，〈我對於女侍應生的看法〉，《臺灣新生報》，號一〇四六，第四版。

【109】劉芝，〈從女侍問題說起——「寄給酒女們的一封信」讀後〉，《臺灣新生報》，號一二六八，第四版。

【110】青青，〈臺灣姐妹在臺灣〉，《臺灣新生報》，號六二八，第五版。

【111】佳清，〈也談「女侍應生」〉，《臺灣新生報》，號一〇六〇，一九四八年九月二十六日，第四版。牧樵也發現，酒家女侍「除了幾個為了環境壓迫以外，其餘的都是被老蔥所壓制」；牧樵，〈嘉義女侍檢查概況：喜向春光勾蜂蝶 卻怕醫生檢花心〉，《民聲日報》，號七五二，一九四九年四月五日，第四版。

【112】麗，〈侍應生的日記〉，《全民日報》，號一三，第四版。

【113】據《臺灣新生報》的主編表示，「窒息」是個被當成貨物販賣、又沒有讀過小學的女孩，雖然她這篇文章曾經過編者潤飾，但並未改變其原有意思。〈編後〉，《臺灣新生報》，號一〇一九，一九四八年八月十五日，第四版。

【114】窒息，〈我是一個女侍應生〉，《臺灣新生報》，號一〇一九，第四版。

【115】窒息，〈我是一個女侍應生〉，《臺灣新生報》，號一〇一九，第四版。

【116】王寶惜，〈一個藝旦的呼聲：我們再也不能忍受〉，《人民導報》，號一一八，第二版。

【117】楊雲萍，〈文化時言：「婦女」與「婦女」〉，頁一。

【118】勻音，〈談談目前的幾個婦女問題〉，頁五—六。

【119】高錦珍，〈從取締侍應生談起〉，《臺灣新生報》，號一三〇四，一九四九年六月一日，第四版。

【120】湯沸，〈酒家——食堂：她們也有灰暗中的遠景〉，《東臺日報》，號一三〇二，一九四九年十月一日，第三版。

【121】廖珠，〈我對我生活的懷疑——一位女侍的自白——〉，《臺灣新生報》，號一〇三三，第四版。

【122】以姐妹情誼作為格言或口號的說法，近年來深受女性主義者懷疑，有人認為姐妹之間的團結是虛無、不可能。參見bell hooks, Feminist Theory: From Margin to Center (Cambridge, MA: South End Press, 2000), pp. 43-67.

【123】根據《辭海》的解釋：「下女謂女侍也，離騷，『相下女之可詒』，按日本稱侍女為下女。」見《辭海》（上海：中華書局，一九四八），頁二八。

【124】曾立中，〈他們的名字叫「下女」〉，《自由日報》，號一五，一九四六年十二月十五日，第四版。

【125】文蔚反諷道：「為什麼要冠上這一個十足階級標識的『下』字？難道有錢有勢的便是上人，貧苦無告的便是下人不成？難道行屍走肉、養尊處優的便是上人，自食其力、捨己耘人的便是下人不成？難道頤指氣使、一呼百應的便是上人，低首下心、終日惶惶的便是下人不成？」文蔚，〈為「下女」呼籲〉，《民報》，號二八三，一九四六年六月二十八日，第一版。

【126】文蔚，〈為「下女」呼籲〉，《民報》，號二八三，第一版。

【127】曾立中，〈他們的名字叫「下女」〉，《自由日報》，號一五，第四版。

【128】文蔚，〈為「下女」呼籲〉，《民報》，號二八三，第一版。

【129】呂潤璧，〈編後〉，《臺灣新生報》，號九九一，一九四八年七月十八日，第四版。

【130】寶寶，〈一個女公務員的訴苦〉，《臺灣新生報》，號九七七，第四版。冬陽也發現臺灣的「下女」來自小康家庭，他們接受雇傭是為了粧奩。見冬陽，〈臺灣的職業女郎〉，頁一九。

【131】凡，〈下女三部曲〉，《中央日報》，號七五四〇，一九四九年五月二十九日，第六版。

【132】邵拱壁，〈喜：臺灣女人的硬軀幹，悲：臺灣女人的空靈魂〉，《臺灣春秋》，期二（一九四八年十一月），頁三〇。

【133】石行，〈婦女應爭取的是什麼？〉，《臺灣新生報》，號八二六，一九四八年二月一日，第八版。

【134】錢亞雨，〈怎樣使用女傭〉，《婦女雜誌》，卷十三號九（上海：一九二七年九月），頁二八。

【135】錢亞雨，〈怎樣使用女傭〉，頁二八。

【136】薇剛，〈美國女子的僕役問題〉，《大公報》，號八九一二，一九二八年五月十七日，第一〇版。

【137】朱慧明，〈下女的苦悶〉，《自立晚報》，號二六，一九四七年十一月四日，第三版。

【138】陳佩婉，〈一位女工的自白〉，《臺灣新生報》，號九九一，一九四八年七月十八日，第四版。

【139】呂潤璧，〈編後〉，《臺灣新生報》，號九九一，第四版。

【140】白蓮，〈「一位女工的自白」讀後感〉，《臺灣新生報》，號一〇二六，一九四八年八月二十二日，第四版。

【141】凡，〈下女三部曲〉，《中央日報》，號七五四〇，第六版。

【142】凡，〈下女三部曲〉，《中央日報》，號七五四〇，第六版。

【143】寶寶，〈一個女公務員的訴苦〉，《臺灣新生報》，號九七七，第四版。

【144】寶寶，〈一個女公務員的訴苦〉，《臺灣新生報》，號九七七，第四版。

【145】尤溪，〈太上皇——下女〉，《中華日報》，號一二〇四，一九四九年六月二十八日，第七版。

【146】呂潤璧，〈編後〉，《臺灣新生報》，號九九一，第四版。

【147】朱威棣等，〈女僕問題〉，《臺灣新生報》，號九九一，一九四八年七月十八日，第四版。

【148】康莊民，〈怎樣對待佣人〉，《臺灣新生報》，號七一六，一九四七年十月十二日，第二版。

【149】康莊民，〈怎樣對待佣人〉，《臺灣新生報》，號七一六，第二版。

【150】樂水，〈我看臺灣娘姨〉，《中央日報》，號七四六八，一九四九年三月二十日，第六版。

【151】James Scott曾以農民為例，提出「日常抗拒」（everyday forms of resistance）觀念的重要學者。有關這方面論述請參見James Scott的兩本著作：Weapons of the Weak: Everyday Forms of Peasant Resistance (New Haven: Yale University Press, 1985)，以及Domination and the Arts of Resistance: Hidden Transcripts (New

Haven: Yale University Press, 1990).

【152】針對「抗拒」的說法，有學者提出不同觀點，例如Sherry Ortner便對Scott的分析提出反駁。除Ortner之外，Frederick Cooper則從非洲殖民始終找到互助的例子。這些觀點請參閱Sherry Ortner, "Resistance and the Problem of Ethnographic Refusal," Comparative Studies in Society and History 37:1(January 1995), pp. 173-193; Frederick Cooper, "Conflict the Connection: Rethinking Colonial African History," American Historical Review 99:5 (December 1994), pp. 1516-1545.

【153】一九四六年六月十九日來臺的張王銘心，在接受我的訪問時，便提到她與工作七年的女傭何媽相處愉快的情形，以及她與何媽的童養媳如何相互學習對方的語言。游鑑明訪問，黃銘明記錄，〈張王銘心女士訪問紀錄〉，《烽火歲月下的中國婦女訪問紀錄》（臺北：中央研究院近代史研究所，二〇〇四），頁九一—九二。

【154】悲剎，〈如何使用下女〉，《中華日報》，號四八〇，一九四七年六月二十三日，第四版。

【155】寶寶，〈一個女公務員的訴苦〉，《臺灣新生報》，號九七七，第四版。

【156】三郎，〈兩性間的風暴〉，《中華日報》，號一三二一，一九四九年七月十五日，第八版。

【157】她根據投書歸納出三項因素：一是男性受新思想啓發，對父母做主的舊式婚姻漸生不滿；二是婚前雙方缺乏認識，導致婚後彼此難以和諧；三是喜新厭舊、見異思遷。石音，〈如何防止婚姻糾紛〉，《臺灣新生報》，號六八一，一九四七年九月七日，第五版。

【158】于純，〈一個機關首長夫人的苦訴〉，《臺灣新生報》，號九九八，第四版。

【159】于純，〈一個機關首長夫人的苦訴〉，《臺灣新生報》，號九九八，第四版。

【160】于純，〈一個機關首長夫人的苦訴〉，《臺灣新生報》，號九九八，第四版；水靜，〈一個機關首長夫人的苦訴之我見〉，《臺灣新生報》，號一〇〇五，一九四八年八月一日，第四版。

【161】林瑞杰，〈如何維護婚後的愛情〉，《閩臺日報》，號一七五，一九四八年十二月四日，第四版；月

遂，《如何維繫夫妻間的感情》，《臺灣新生報》，號一〇四六，一九四八年九月十二日，第四版：阿娜，《給他一點「空氣」》，《中華日報》，號三五八，一九四七年二月十七日，第四版：每文，〈愛你的丈夫〉，《中華日報》，號四九七，一九四七年七月七日，第四版：支萌，〈夫婦之道〉，《中華日報》，號三〇四，一九四六年十二月二十三日，第四版。

【162】阿娜，〈給他一點「空氣」〉，《中華日報》，號三五八，第四版。

【163】呂芳上，〈另一種「偽組織」：抗戰時期婚姻與家庭問題初探〉，《近代中國婦女史研究》，期三（一九九五年八月），頁一一四—一一九。

【164】亞平，〈臺灣女性底悲哀〉，《臺灣春秋》，期六（一九四九年二月），頁二〇。

【165】陳素吟，〈女性的話〉，《民報》，號二四八，一九四六年六月九日，第二版。

【166】陳素吟，〈女性的話〉，《民報》，號二四八，第二版。

【167】黃華根，〈透視臺灣女人的心：他們為什麼不嫁你〉，《臺灣內幕》，第三輯（一九四九年三月），頁一八：黃華根，〈臺灣女人眼中的外省男人〉，《臺灣春秋》，休刊號，頁一一。

【168】余鴛鴦，〈臺灣女子的失望〉，《民聲日報》，號七七三，一九四九年四月二十六日，第三版。

【169】薛平，〈我看臺灣女人〉，頁一。

【170】薛平，〈我看臺灣女人〉，頁一—二。

【171】徐昭，〈像背上了一個包袱〉，《臺灣女性》，第一輯，頁一五—一六。

【172】秀芳，〈為臺灣婦女吶喊：評「臺灣女性」〉，頁二。

【173】徐華，〈臺灣女人與外省男人〉，頁一三—一四。

【174】徐華，〈臺灣女人與外省男人〉，頁一四。

【175】徐華，〈臺灣女人與外省男人〉，頁一四。

【176】讀者，〈為「臺灣女性」呼冤〉，頁一六。

【177】殷文俊，〈外省男人與臺灣女人〉，《臺灣春秋》，休刊號，頁一七。

【178】殷文俊，〈外省男人與臺灣女人〉，頁一七。

【179】楊柳青，〈美麗的新竹之夜〉，《臺灣女性》，第一輯，頁一三—一四；黃華根，〈她是一個賢妻〉，《臺灣女性》，第一輯，頁一七。

【180】〈人性的控訴——哀陳素卿之死〉，《臺灣新生報》，號一五三一，一九五〇年一月十八日，第四版；慎嘔，〈從陳素卿自殺說起〉，《臺灣新生報》，號一五三四，一九五〇年一月二十日，第四版。

【181】慎嘔，〈從陳素卿自殺說起〉，《臺灣新生報》，號一五三四，第四版。

【182】慎嘔，〈從陳素卿自殺說起〉，《臺灣新生報》，號一五三四，第四版。

【183】當時這類作品主要集中在臺灣婦女解放運動的先驅《臺灣民報》中，臺灣的作家張我軍、蔡孝乾等更撰文倡導婚姻自主、戀愛自由。楊翠，《日據時期臺灣婦女解放運動：以《臺灣民報》為分析場域（一九二〇—一九三二）》（臺北：時報文化出版社，一九九三），頁一八一—二〇二；許俊雅，〈日據時期臺灣小說中的婦女問題〉，收入氏著，《臺灣文學論——從現代到當代》，頁三二一—三三三。

第二部分：媒體，知識建構與女性

第四章 《婦女雜誌》（一九一五—一九三一）對近代家政知識的建構：以食衣住爲例

一、前言

《婦女雜誌》是一本爲家庭服務的刊物，儘管刊物的執筆者或讀者群超越了性別界限，但無庸置疑的，這本刊物基本上是爲女性而出版。因此，凡是與女性生活有關的問題都是這本刊物討論的對象，其中家政專欄更是不曾缺席。從傳媒的功能來看，家政專欄是在傳遞家政訊息、教導女性認識家政新知，這種透過傳媒提供女性家政新知，進而影響她們處理家政的知識建構過程，正是近代以來改變女性知識及其行爲的一種重要方式。

在一般人眼中，家政是每個女性都懂得的工作，由母親傳授給女兒便已足夠，並不需要研究，更稱不上是一門學問；但從這個字詞的英文原意「Domestic Economy」來看，它與經濟管理有密切關係；而且也被歐美國家或日本視爲是專門學問，研究的是家庭生活中的知識技能。[1]因此，當近代女子教育傳入中國之後，「家政」不再是微不足道，它是女學生必修的課程之一。家政知識既然可以從學校課堂中取得，《婦女雜誌》又何以需要廣泛介紹家政知識？很顯然的，是與這本刊物的編輯宗旨有關，該刊的發刊詞曾載道：

今者《婦女雜誌》發刊，應時世之需，佐女學之推行，開通風氣，交換知識，其於婦女界為司晨之鐘，徇路之鐸。[2]

此外，《婦女雜誌》的訂戶有不少來自學校，而讀者又以女教師和女學生居多，更顯示該刊在教育上的意義。[3]曾擔任該刊主編的王蘊章在給讀者的回函中提出，女學生多數將這本刊物視為「學校之補習、家政之研究、訓育兒童之教科書」，而把刊物當做消遣品的人則只是極少數人。[4]由此可見，《婦女雜誌》提供家政資訊的用意無非是為了補充教材，而不少讀者也以同樣的態度看待這本刊物。

《婦女雜誌》創刊於新文化運動時期，和當時倡導解放女性的《新潮》、《新青年》這類刊物相較，《婦女雜誌》的走向較為保守，重視的是「賢妻良母」的觀念，至一九二一年該刊的言論才明顯改變，注意到婦女解放或家庭革新等問題，內容也趨向多元化。[5]但無論《婦女雜誌》的論調或型態做了何種改變，家政議題始終是這本刊物的重點，因此本文首先要了解的是《婦女雜誌》的作者以何種方式讓女性關心家政？其次，探討這本刊物為女性提供哪些家政訊息？在家政知識的選擇與建構上具有何種特色？這些問題雖然有學者做了初步分析，但本文將從食、衣、住這三方面，進一步觀察科學、衛生、經濟如何被引介進入人們的日常生活。[6]至於究竟有多少女性接受《婦女雜誌》提供的家政知識，進而改變她們處理家政的行爲，在《婦女雜誌》的讀者信箱中得到的答案相當有限，[7]本文試圖從《婦女雜誌》所傳布的家政知識內涵、讀者的接受度與建構家政知識者的態度，推估近代家政知識對一般女性的可行性與適用性。

二、治家是女性的天職

《婦女雜誌》創刊以後，持續不斷地向讀者介紹各種家政知識，並認爲學習家事或家政是女性的本分，也是女性必備的常識，其中「男外女內」的觀念明顯地主導著這種看法。[8]例如芸雪表示，男子治外、女子治內是定理，在歐風東漸、百業振興的影響下，男性的工作日漸增多，他們無法兼顧家中的瑣碎事務，家務不得不委託女性負責。[9]還有論者強調，家庭幸福有一半是依靠男性維繫，另一半則仰賴女性，女性若想促進一家的勝利，需要自行訓練。[10]不過，也有些人將家道興衰完全歸諸女性，王本元便是代表之一，他雖然不否認人人都應該知道或研究家事，但從地位、性情來說，他認爲女性更有研究的必要。[11]王提到，懂得家事的女性，能使家中「事無巨細，秩然有序」，不知家事的女性則會「顧此失彼，諸事廢弛，無從整頓」。[12]

就這些觀點可以看出，儘管《婦女雜誌》受到新文化運動的衝擊，於一九一九年之後開始討論婦女解放問題，但《婦女雜誌》仍將治理家政視爲是女性責無旁貸的工作，並未因新思潮的倡導而減輕女性在家事上的責任。然而值得注意的是，在《婦女雜誌》發行的十七年間，受教育女性與就業女性不斷增加，這本刊物的讀者又多來自這群女性，她們之中有人是由僕人代持家務，有人則忙碌事業，無暇全力於家政，因此，作者要讓這群新女性心悅誠服地處理家政，勢必有一套堂而皇之的說辭。當時改革家庭制度是一項甚囂塵上的話題，許多人爲追求思想、婚姻或居所的自由，認定小家庭是最適合時代潮流的家庭制度；並強調建立小家庭或新家庭必須跳脫傳統，利用新的智識來組成理想的家庭。一九二三年《婦女雜誌》的主要執筆人瑟廬在「家庭革新號」專刊中便清楚地表達他的見解：

在我們理想的新家庭中，必須利用科學的知識，爲精神的物質的改革。這科學的利用，不但可以破除迷信的習慣，免卻一切無意的消耗，並且可以使我們的生活，分外便利，分外充滿，分外幸福。我們今日家庭中所最缺乏的，就是科學的利用。今後我們對於家庭中的衣服、飲食、居住，以及經濟的處理、兒童的教養、平日的衛生、疾病的療治，都應該適用科學的知識和科學的方法，才可以組成一個完美的家庭。[13]

對醉心新式家庭的新知識分子而言，瑟廬的這段話有很大的啓發作用，指引他們如何建立新家庭。儘管瑟廬並沒有指明男女雙方誰應該負責家政，與瑟廬有同樣看法的作者中，有不少人便直接了當的認爲改造家庭非女性莫屬。

這樣的看法，到一九三一年仍受到重視，映蟾在〈新家庭主婦應有的幾種常識〉一文中，除表明新家庭的意義是「一對新主人的新精神，新智識，新設施，新生活」之外，特別強調女子是新家庭中的主婦，因此「她負改造家庭的責任尤大，她需要的新智識也愈多。」[14]由於這時期以事業爲重的女性日益增多，引起各界關注，例如一九二七年《新女性》這份刊物便因這個問題展開論辯，而「婦女回家」的口號也在一九三〇年代的初期有蠢蠢欲動的跡象。[15]映蟾的說法是否在呼應當時的言論趨勢，此處不得而知；不過，《婦女雜誌》中的一些撰稿人以「革新家庭」來誘導新女性重視家政，是無庸置疑的。革新家庭當然以小家庭最爲適當也較能達成效果，但不是每個女性都過著小家庭的生活，因此，女性如何在大家庭中營造革新的氣氛也受到作者關心。[16]

這種透過革新家庭的流行話語來誘使女性投入家事的做法，似乎悖離當時反對女性成爲家庭配角的言論，但從另一角度看，這似又與建立獨立自主人格、不成爲他人附屬品的呼籲緊密扣合。就精神上來說，論者多半鼓勵女性能在家事上養成獨立思考的能力，以芸雪的說法爲例，他要求女性了解家庭瑣事，便基於不希望女性「臨事不能取決，惟他人是賴」。[17]

就方法上來說，作者提供的治家知識多半有學理根據，不是一般女性能深解，就如王本元認爲，研究家事「要新式的，要有科學根據的，要廣義的」，而且必須以研究科學的精神去研究。[18]早在《婦女雜誌》創刊初期，遐珍便以烹調食物爲例，指出一般人以爲烹調是十分簡單的工作，於是交由僕人處理；但在文明日進、科學昌明的時代，女性也應該具備理科知識，並應用在烹飪方面，這對家庭的衛生或經濟應大有裨益。[19]有作者更進一步強調，即使家中傭僕眾多，烹調工作必須由主婦親自指揮監督。[20]如此一來，處理家政不再是輕而易舉或可以假手他人。

總之，《婦女雜誌》大力勸導女性投入家政，在形式上與「女主內」的傳統說法並無不同，而精神或方法上卻有革新、突破的一面，也就是女性處理家政不是蕭規曹隨，需要獨立判斷，並運用科學知識去改進家政，提供一個合乎衛生、經濟條件的家庭生活，其中與日常生活息息相關的食衣住之革新便備受重視。

三、灌輸科學知識

科學與民主是新文化運動的主要內涵，新知識分子在倡導這兩種觀念時，試圖透過傳媒向大眾的生活紮根，當時不但專業刊物有這方面的介紹，一般通俗文本同樣不乏這一類言論，[21]而科學知識也經常被援引入《婦女雜誌》的家政話題中，提醒女性運用科學知識處理家事，以便與時代潮流接軌。

從食、衣、住這三部分便可以看到「科學」如影隨形地穿梭其內，這時的「科學」涵蓋甚廣，凡是化學、物理學、醫學、生物學或數學都囊括在內。以食物而言，走入近代，人們品嚐食物不僅著重口感或實用性，還會留意食物的營養成分；而且爲避免營養成分的流失，烹調食物的器皿、方式或時間也受到注意。其實傳統社會的人不是沒有這樣的概念，只不過，他們對食物的成分或烹調方式自有一套看法，是憑常識或經驗去判斷食物或進行烹調，不是採用科學知識；對食物的認知則是著眼於是否具療補作用，而不是所謂的「營養價值」。但在「科學」這個名詞甚囂塵上的時代，科學取代傳統常識與經驗，成爲女性處理家政的必備知識，「營養」這個觀念也被帶入女性的家政世界。〈我們的食物和營養〉一文，從健康的角度對食物與營養的關係做了詮釋，作者指出「我們的身體生命所依靠的活動能力，就是能（energy）的永續的消費，和物科的不絕的變換」，食物便具有生能、構成組織和調節身體變化的功效；作者進一步說明，不論何種食物，只要含有這些功效就可指爲「有營養的價值」。[22]

食物既然貯藏著能維持人類生命的營養，掌握全家飲食的女性應如何辨識食物中的營養成分呢？這正是《婦女雜誌》試圖向讀者傳輸的觀念，該雜誌介紹了「營養」，也從中灌輸化學知識。例如，讓讀者了解何謂有機食物與無機食物，以及這類食物的性質和功用；論者甚至把日常食物的蛋白質、脂肪、碳水化合物和鈣、鋅、鈉等無機物的含量、每磅的燃燒值、一百卡路里所需的克數全羅列成表，使讀者對食物的營養成分一目了然。[23]至於當前耳熟能詳、那時還處在研究階段的維他命（vitamin）也被推出介紹，就同現在的營養師一樣，論者將食物的維他命屬性做歸類，並傳授如何保存或烹調才能不破壞食物中維他命的含量。[24]

除藉由科學認識食物的營養成分之外，怎樣攝取食物也應合乎科學原理。有論者發現外國人吃得少卻吃出健康，相反的，中國人吃得多，卻十分虛弱，於是提出「食物不在量多而在富於營養價值」的觀念，並教導讀者應根據年齡、職業、性別的不同攝取食物。[25]此外，現代人對應該選擇肉食或菜食有不少的討論，這個問題也在當時引起關注，並從科學的角度進行分析。[26]夏芸薌就肉食和菜食的利弊指出，肉類含有豐富的蛋白質，營養價值高過蔬菜，但肉類產生的闢由林鹽基（purine base）卻有害人類的心臟和腎臟；至於菜類，雖然沒有闢由林鹽基的問題，甚至有促利便通的效果，卻有缺乏蛋白質或維他命A的隱憂。不過，夏也補充，植物性食物中的豆類含有豐富的蛋白質，可以取代肉類。[27]基於這些常識，夏建議青年期應多食肉類，老年期則應避「肉」選「菜」。[28]與夏芸薌一樣主張二者兼採的人固然居多，專選肉食或素食的也不少。

根據科學分析，食物當然以新鮮爲佳，但萬一無法用盡，應該如何處理呢？針對這個問題，中國傳統家庭不論貧富都有防止食物腐敗或變質的方法，其中採鹽醃漬的貯食法，最爲普遍。《齊民要術》這一類書中便記載各式醃製法。[29]除醃製之外，有人採蒸煮或將食物置於涼水或沉入井中的辦法，這與高溫或低溫殺菌的道理十分相似。[30]但儘管傳統社會已具備防腐觀念，甚至防腐的方式不乏現代科學概念，這時期論者對貯食方式的介紹主要引自西方，並未對大同小異的中國傳統貯食法置喙或比較分析。[31]從有關的論文中可以看到，論者一方面說明物品變質的原因、列舉各種保存方法，另一方面則強調這些方法的科學原理。[32]如此一來，原本老嫗皆知的貯存法不再是普通常識，而是具有學理根據的科學知識，在科學掛帥的時代，家政知識經由這樣的傳遞可以更具說服力。

在各種貯存方法中，當然有些方式是中國傳統社會所不曾使用或陌生的，例如防腐劑的使用和鐵罐貯食法，爲提供這方面知識，論者特別做細緻介紹。關於防腐劑的使用，論者不僅讓讀者知道防腐劑的效用和成分，也提醒讀者留意防腐劑的劑量以及合法性。[33]至於罐頭貯食具有殺菌、防菌的作用，而且攜帶方便，不少論者對罐頭的製作過程有詳盡的描述。但不可否認的，這是一項費時又費事的工作，就如左丹指出，製作時必須注重密封與加熱，一旦這兩個過程中有一方疏漏，便失去效力。[34]此外，這類食物缺乏維他命C，有論者並不鼓勵讀者經常食用。[35]不過，當時西方的家政雜誌常有罐裝法的介紹，都會的百貨公司也販賣罐裝食品，因此《婦女雜誌》不乏這類資訊；只不過，究竟有多少女性親自操作這種具科學原理卻很不方便製作的貯食方式，則無法得知。

科學觀念也同樣被帶入有關衣服的討論中，論者從認識衣服的質料與清洗衣服的方式切入討論。例如將衣服的質料分成絲、麻、棉、毛等四類，從中分析不同衣料的優缺點，並呈現何種衣料可以保溫、透氣，何種衣料耐穿、不傷肌膚，以及何種衣料容易汙損或附著細菌。[36]嚴格來講，傳統時代的人們便知道衣料有不同的質地，只是這時期的論者將一些口耳相傳的經驗以有系統的、科學的方式，教導給這時期的新女性。另外，一般人都知道衣服能夠保溫也能抗溫，也聽過「夏季多用白，冬季多用黑」的說法，但大多數人並不清楚其中道理，基於此，論者臚列各種顏色的吸熱係數，教導讀者以科學方式去辨識衣服的不同抗溫效果。[37]

清洗衣服表面看來是輕而易舉的家事，但當論者以科學觀念去看待這個問題時，洗衣服便成爲一門高深的學問。就去汙垢爲例，〈衣類去垢法〉一文從理化的角度，對去垢問題做了鉅細靡遺的說明，一方面分析各種汙點的種類與化學成分，另一方面則介紹不同的去汙方式，這些方法不外是化學藥劑或物理學上的摩擦原理，而且相當繁瑣。[38]就以一般常出現的霉斑爲例，便有三種去汙方式，[39]而其他汙物的處理則更加複雜，論者們之所以不憚其煩地說明，無非是想讓讀者以科學方式去清除衣物上的汙垢。去汙垢有深厚的道理，洗衣服更不是那麼輕而易舉，論者指出，隨著衣料質地、顏色的不同，洗濯方式或洗濯劑也應有所區別。[40]爲避免衣服褪色，論者還指導讀者如何鑑識染料，並針對染料的性質做各式處理。[41]另外，濕洗是眾人皆知的洗衣方式，而今日流行的乾式洗法在當時同樣引起注意，只不過當時的乾洗不是交由專業洗衣店處理，是由家庭主婦自行學習、操作。[42]然而針對這種繁複的操作過程，讀者是否會照單全收並實際運用，或者只是紙上談兵，這是需要進一步探究的問題。

以住宅言，除注重房屋的建築結構、布局之外，如何維護與清潔也不能輕忽，而這兩項是家庭主婦的重任，在科學掛帥的時代，與清洗衣服一樣，這類工作也被科學化。其中消毒法的介紹便是取自科學知識，因爲這時期幾乎所有的消毒用品都含有化學成分，爲讓讀者認識這些消毒用品，論者對每一種化學藥劑的作用、成分與使用方式都做深入剖析。[43]至於如何消除屋中害蟲的問題，也成爲必備知識，論者從蟲的種類、可能存在的地區到必須用何種藥劑消滅它們，無所不談。[44]此外，論者還教導讀者根據居家面積的大小，估算藥劑噴灑的份量，讓這些藥劑能確實發揮效果，不致於浪費。由此可見，爲維護住屋，女性必須具備化學知識，而數理概念也不能或缺。[45]

四、培養衛生習慣

女性處理家政除了需要科學知識之外，怎樣建立衛生清潔觀念同樣受到重視，其中食、衣、住三項更不能忽視衛生。金煜華在談食、衣、住的衛生時，便認爲主婦對這三項的衛生負有重大責任，因爲一家的健康、安寧、快樂與幸福都與衛生有關。[46]而映蟾則從國族觀念指出，外國人稱中國人是東亞病夫，就是不衛生的結果；她還強調應該透過衛生知識、原理與方法來保護生命。與金煜華相同的是，映蟾也提醒家庭主婦注意食、衣、住的衛生。[47]有趣的是，目前我們所具備的衛生常識，在這時期已深受論者注意。

在食物方面，論者發現不少家庭捨不得丟棄腐敗的食物，甚至把辛辣酸臭的東西都視爲美味，即使吃出毛病也不予過問。[48]爲糾正這樣的觀念，他們以各種視角關注食物的衛生，最引起論者重視的是細菌問題。論者不但仔細地分析食物中的細菌種類，以及細菌進入人體之後所易引發的疾病，還指導讀者如何清潔食物或烹調食物。

食物有生食與熟食兩類，可以生食的食物雖然不易滋長細菌，但論者指出，在搬送過程中病菌仍然會傳入這類食物中，因此他們建議應在清水中細細洗淨再進食。[49]至於必須熟食的食物，除了藉煮、燻、烘、炙、煎等烹調方式提升美味並達成消化作用之外，論者對煮沸時間是否能殺菌或不破壞養分尤其講究。〈烹飪和食物的關係〉

一文便透過加熱的原理把這些問題做了精細的說明。[50]由於肉類最容易感染寄生蟲，再加上中國的多數地區對染病肉品未加禁售，因此作者又呼籲唯有將肉類煮透才最安全。[51]其實主張將食物煮沸炙熟是當時多數論者的看法，爲的是避免「病從口入」。

除食物之外，論者也關注飲料的清潔。與人類日常生活關係最密切的莫過是水，在沒有自來水的地區，如何保持水的潔淨是相當重要，但因爲多數人不注意飲水問題，因此論者十分憂心地指出，中國的通都大邑人煙稠密，卻不講求衛生，在到處充滿汙穢排泄的環境下，很容易傳染疾病，於是建議讀者應飲用濾水器濾過的水或者是煮過的水。[52]對於茶、牛奶、咖啡、檸檬等飲料，論者也提供烹煮或飲用的方式。[53]

其實，爲避免細菌入侵飲食，對烹調器具的質地、盛裝飲食的用具，或使用方式也不能輕忽。這時期論者已發現鐵製的鍋釜最符合衛生，陶製器具既不合於衛生又不夠經濟，而銅鍋傳熱功能雖然勝過鐵鍋，但不利衛生。論者的觀察是，銅鍋容易酸化，也容易出現具毒性的青綠物，因此反對使用銅鍋。[54]爲達成能傳熱又不過煮的效果，論者還建議使用雙層鍋烹煮食物，也就是把食物放在小鍋中，再置入盛水的大鍋中，如此一來，食物永不會熱到水的沸點，以這種方式煮飯或煮牛乳、肉類最恰當。而這與目前一般家庭所使用的蒸鍋、電鍋實有異曲同工之妙。[55]此外，盤、碟、碗等器皿是用來盛裝食物，洗濯方式若不正確便會帶來黴菌，於是論者多主張用沸水清洗盤碗以利殺菌。[56]值得一提的是，中國人向來合桌共食，受西方的影響，有論者提出公箸法和分食制的觀念。[57]這也正與當前「母匙公筷」的呼籲不謀而合。

在衣服方面，家庭主婦在處理衣物時，除需要具備科學知識之外，還得合於衛生。論者不僅教導讀者如何運用科學方式洗濯衣服，如前述；還指引他們如何貯藏衣服，由於有不少婦女將衣服貯藏在衣箱，既不整理，又任衣服發霉、生蠹，十分不衛生，於是有人針對潮濕、蟲蛀、鬱熱、疊壓、雜藏這幾種現象提出糾正。[58]以發霉這個經常發生的問題爲例，論者建議讀者每年應利用陽光充分的季節曝晒衣服，但也提醒曝晒的時間、方式都必須做適當的調整，以達到防潮的效果。[59]有趣的是，爲灌輸衛生觀念，連應該經常更衣洗濯的基本衛生常識也被列入宣導。[60]

衣服穿著得當與否也被認爲與衛生有關，其中有不少人反對穿著過於緊身的衣服，他們的理由是，皮膚同肺臟一樣，也要排泄水蒸氣和碳酸，若被衣服阻隔，皮膚便無法透氣，容易產生不快的感覺。[61]他們尤其不贊成女性束胸。[62]另有人則反對兒童穿毛皮一類的衣服，任妍幽認爲有些富家兒童「年未及冠，重皮被身」，這是不合乎衛生；她還強調，正當發育期間穿著皮毛有礙兒童成長，也會養成他們貪晏的習慣。[63]且不論毛皮是否會不利發育，兒童不宜穿厚重衣服確實得到支持。例如農隱進一步表明，兒童多穿衣服，不但無益健康，反容易因過於溫暖而突發熱疾。[64]

在住宅方面，傳統社會注重房屋的風水，希望透過風水爲居住者帶來富貴福壽，於是住屋的地勢、光度或四周環境連帶地必須配合風水。[65]但在反傳統、反迷信的新文化運動時期，新知識分子是不強調風水，而是著眼於衛生或實用這類觀念，讓讀者跳脫迷信。例如金煜華提到，房屋的土地「宜高燥，不宜卑濕」，原因是潮濕的地方會孕育病菌，她還以美國的統計做說明：「居溼地則多癆死者」。[66]金煜華也注意空氣、採光和方向等問題，但他特別表明，「方向」是不同於風水家的「方位」。[67]値得一提的是，這種標榜衛生、健康的住屋觀念，事實上多採自西方，任姸幽便明白地反對席地而坐的屋子，認爲「今已爲設桌椅的時代，必不能再復古式，惟有參西學西式」；至於西式布局的特色是什麼？根據任的說法是「高燥向陽，廣栽花卉樹木」。[68]

此外，中國家庭很少注意的浴廁設置問題，也引起論者關注，因爲多數家庭不是將廁所設在寢室、床邊，便是沒有浴室，這種不合衛生的住屋布局，當然需要改善，而建造的方式便是以西方爲標準。這種合於衛生的浴廁布局，如何能在中國傳統家屋中改造成功？這顯然需要有權力去挑戰傳統、破除迷信或風水的女性，才有可能進行改造。

五、建立家庭經濟觀念

《婦女雜誌》透過飲食、衣服和住宅的有關新知，讓新女性獲得科學知識和衛生觀念，也使她們學習到消費行爲。傳統家庭在食、衣、住方面大多數是自行生產，但近代以來，城市裡的家庭多半不再自製家用品，除了因工商業興起帶動人們從生產走向消費之外，爲達成家庭科學化、衛生化，許多日用品無法仰賴自給，特別是來自國外的產品更不可能自製，例如洋樟腦丸、殺蟲劑、漂白水、防腐劑、肥皂、奶粉、牙膏等，於是到百貨商店購物的家庭日益增加。

與此同時，《婦女雜誌》的廣告欄也不時推出這些產品，好比羊牌白晶肥皂、藍腰香皂、反白皂粉、絲帶牌牙膏、固齡玉牙膏、寶華乾牛奶等，其中「反白皂粉」的廣告詞更指明，衣服要經穿耐洗，必須選擇品質優良的肥皂，而「反白皂粉」正是一種「質淨效大、易去汗垢、不傷衣料、不損色澤」的洗衣劑。[69]這種從專家到廣告所介紹的家用品，無形中可以改變讀者的消費行爲。

不過，隨著消費意識的日漸升高，引起論者們的憂慮，認爲有的家庭購買的是消耗品而不是日用品，導致家庭開支大幅升高，因此如何有系統、有計畫地管理家庭經濟，成爲家政上另一必備的知識。[70]有人甚至提出「治國之道，首重理財，治家之道，何獨不然」的論調，因此「善於家政者，對於家庭經濟，必注意管理，管理之法，不外開源節流；使有用金錢，不致虛擲；正當開支，不致拮据」。[71]女性既然負責全家的食衣住，管理家庭經濟的工作當然落在她們的身上。

這種由女性管帳的情形早就出現在中國傳統社會，但這時期更被視爲是新女性的責任。[72]有一種說法是，女性若能將家庭經濟管理得當，從中所獲得的利潤將遠超過外出工作的工資。[73]無論這是否爲論者在權衡女性外出工作利弊的片面看法，但女性掌握家庭消費確是事實，也是不少論者最重視的一點。因此，分別提出管理家庭經濟的要訣，試圖爲女性建立正確的理財觀念。

王北屏就她個人的經驗指出，家庭經濟的管理是相當瑣碎的事，而犖犖大者不外乎是編造預算、記帳、儲蓄和注意購物。[74]其中預算的編列深受論者注意，他們多建議預算的編製必須根據收入所得、人口多寡，進行各類費用的分配。[75]沈振家還特別以中上階級與中上階級以下家庭爲例，爲他們編列各類不同的用費支配表。[76]〈合宜的家庭經濟生活〉一文進一步提醒，開列消費項目時，需要清楚列出消費項類和消費性質，但決不能超過預算，或者將全部收入作爲消費，必須留出餘裕。[77]作者還強調，食、衣、住這三方面的用費若分配適當，便能讓家庭經濟發揮最大效果，從他所列出的注意事項可以看出，主婦能以科學、衛生的概念去評估家用，就可以達到合理的節約，例如：「時時實習怎樣可以用最少價格製作適於我們健康的膳食」、「改良廚房及烹飪器具，節省時間勞力，不使空費，務使主婦的能率增大」、「常研究衣服製法，如何可以耐久，而收經濟的效果」。[78]

儲蓄觀念的養成也在這時期受到關切，「貯蓄生利」這句話對中國傳統家庭並不陌生，而論者之所以強調再三，基本上是在提醒主婦重視儲蓄的意義。一般人都知道儲蓄是爲了家庭的急需而備用，但有論者將儲蓄擴大至社會國家，農隱認爲一旦國家發生戰爭，在軍需不足之下，若能從國民的貯蓄上善爲挪用，國家便不需募集外債。[79]這種家庭儲蓄需考慮國家安危的說法固不免陳義過高，卻顯示儲蓄有很大的作用。論者除灌輸儲蓄觀念之外，還分析各種存款方式，並表列各種存款利率，提供讀者參考，由於這些數據主要來自當時銀行金融機構的規定，女性的儲蓄行爲因而被帶向商業化。[80]

從上述可以看出，做爲新文化運動時期的新女性不但需要有消費意識，懂得利用家庭所得購買合乎科學、衛生的衣食住用品，更必須運用科學、衛生的觀念去節撙家用，建立合宜的家庭生活。

六、近代家政太沉重？——代結論

從知識建構來看，建構知識的人通常是專家學者，他們根據自己在知識方面的掌握，以權威的話語向人們傳輸知識，並內化進人們的生活。一般認爲，知識權力是掌握在男性手中，女性只是知識的接受者，但隨著具有專業知識女性的日益增加，爲女性建構知識的不完全是男性，《婦女雜誌》便呈現這種現象。根據分析，早期的《婦女雜誌》作者多爲男性，一九二〇年代之後，女性作者大幅增加。[81]而爲《婦女雜誌》提供家政知識的更不乏女性，王蘊章便提出，在擔任主編期內，他不時向名閨淑媛請益，她們也提出各種改良家庭的建議。[82]因此，與男性一樣，女性也透過知識傳播指導同性接受近代家政知識。這種由知識男女共同建構，並經由媒體傳播的家政知識究竟有何種意義？

首先，從家政知識的內涵來看，《婦女雜誌》的家政知識是以科學化、衛生化、經濟化爲基本架構，並以西方家政爲主要參考樣本，而且在發刊的十七年間，多數的家政知識未因時代的不同而有太多的差異。可以理解的是，在科學掛帥、倡導全盤西化的這個時代，具有西方色彩與科學理論的家政知識明顯較具威權，也較符合流行趨勢，所以許多論調能持續不斷，甚至重覆再三。但從另一角度來看，在食、衣、住上所建構出的家政知識，其實有部分早就存在中國傳統社會，只不過在一些人的眼中，這些知識是傳統的、迷信的，與西方科學相比，是不登大雅的，於是不斷引介西方的家政知識。無疑的，以科學、衛生、經濟建構出的家政知識確實有助於家政的革新，甚至可進一步改變中國人對身體、衛生或家庭經濟方面的看法；但從前述顯示，有部分的家政知識並不完全適用於中國家庭；再根據一般的理解，負有家政責任的女性不一定有改革家政的權力。由此可見，這套家政知識對部分女性有可能只是畫餅充飢。

其次，從讀者的接受度觀察，閱讀《婦女雜誌》的女性讀者絕大多數是知識女性，也有讀者建議《婦女雜誌》爲女界引介科學常識或公共衛生，顯見確實有女性重視科學在日常生活上的功能。[83]然而，讀者對《婦女雜誌》內容的呈現方式卻有一些意見，解世芬在〈對於本誌的意見〉一文中批評道：

> 文字較深，不宜於初等智識階級的婦女們，爲少數人所專有。翻譯文字太多，頗不易使讀者領會，且不易提起讀者的興味。[84]

其中過於科學化、理論化的家政知識，更困擾讀者。住在潮州、署名丁小石的讀者在給王蘊章的信中曾坦白指出，《婦女雜誌》所提供的居家常識，讓他眼界大開，也使他從中獲得梗概；但他發現在與妻小討論這方面常識時，有時無法傳達原意，特別是科學知識不是婦孺能充分理解；丁小石因此建議在雜誌之後附載各科淺說。[85]針對這個問題，王蘊章頗有感觸，他指出，爲《婦女雜誌》提供建議的名閨淑媛不斷改變她們對家政知識的意見，起初偏重文字敘述，其後認爲空文無用，接著轉向實學，而現在又有人提出與丁小石相同的看法。

[86]爲此，王蘊章經常思考著如何改良家政知識，他認爲「文不求其工，惟其言之是」、「科學不必其甚深微精妙，惟求其適合於家庭之實用」；他甚至主張：「以通俗教育爲經，以補助家政爲緯。」[87]不過，王最大的願景是如何引發讀者的閱讀興趣，進而改進家庭。王在前述提出，女學生把這本刊物當成教科書而不是消遣品，但他卻希望：

> 當使女報（指：《婦女雜誌》）普及於一般之家庭婦女，而多載淺明有味之材料。俾讀者視之，等於一種之小說雜誌，而即引起其改良家庭，增進學問之觀念，由舊家庭而嬗蛻爲新家庭，爲學校生徒、家庭婦女雙方所共喜閱的一種雜誌。[88]

爲落實這樣的願景，王除同意丁小石附刊各科淺說的意見之外，還提出詮釋科學名詞、開闢問答專欄、刊載趣味科學以及繪圖立說等各種改良方法。[89]儘管如此，這之後《婦女雜誌》所推出的「家常事理問答」、「通信」等變通方式，仍著眼於學理；不容置疑的，這與《婦女雜誌》是家政教育的輔助教材有關，而且也是爲迎合讀者的需求。不過，主編的苦心孤詣能否讓讀者全盤接受並實際運用則有待思考：一方面，有興趣浸淫在科學常識的女性畢竟是少數；另一方面則是，家政常識主要運用在日常生活，而日常生活通常又能以常理來處理，深奧的家政理論，或經過通俗化的家政知識，仍只能當做教材，並不容易生活化。更重要的是，儘管從前述看到，有論者特別爲中下家庭設計家用支配表；而梅生也在一九二一年呼籲《婦女雜誌》，不要僅爲第三階層以上的女性而設法，應廣及所有女性。[90]不過，該刊的關懷面主要還是在中上階層，對下層女性的考量是有限的，以論者們推薦的科學或衛生用品爲例，不是每個下層的女性讀者皆有能力去購買，並應用在生活中。

再者，原本科學化、經濟化的家政知識可以讓女性減輕家務，從論者所提供的知識中卻反映，爲了認識食、衣、住的科學知識，女性反而需要花費更多的時間去處理家政。當然，現代家政知識提供女性獨立判斷的機會，讓她們以合乎科學精神的方式去經營家政；不過嚴格而言，這樣的家政知識似乎過於沉重，也拉長女性在家庭活動的時間。如果家政知識的建構是出自男性，或許可以說，這是男性控制女性的一種策略，意圖讓知識女性的才能局限在家庭。但其實女性也是家政知識的建構者，難道她們也在宰制同性？或是試圖讓已成爲學科的家政學深入家庭，藉此提升女性在家政上的地位？進一步說，家政知識固然太沉重，而這是否爲女性取得權力的一種方式？

總之，任何一種知識的建構都有一定的理路，並試圖改變被建構者的思維或行爲，來自《婦女雜誌》的家政知識也有同樣的企圖。不過，本文認爲從當作家政學的輔助教材這點而言，這本刊物是有相當的貢獻，而在傳播科學、衛生與家庭經濟的觀念上，該刊也應有所影響。本文雖然不認爲《婦女雜誌》在知識的建構上是披著科學的外衣，但從實際運用這個層面來看，過度強調科學學理，確實有一些本質上的局限。因此，是不是所有的女性讀者都能吸收並運用近代家政知識，藉此革新家庭、成為家政的主導者？本文提出上述一些疑問，而這部分目前沒有較多的文獻資料可供檢證，擬於日後再進一步討論。

注釋

【1】王德瓊編，《家政學》（臺北：正中書局，一九五九），頁一－二、七。

【2】張芳芸，〈發刊詞〉，《婦女雜誌》，卷一號一（一九一五年一月），頁四。

【3】從水竟的投書，一方面可以看出學校訂閱《婦女雜誌》的情形，另一方面也顯示女學生對閱讀這本刊物的期待；此外，據謝似顏的觀察，認為閱讀《婦女雜誌》的人以中學生占多數，成玉則指出女性讀者中以教師和師範生最多。水竟，〈對於學校限制閱讀婦女雜誌的憤慨〉，《婦女雜誌》，卷九號一一（一九二三年十一月），頁二〇〇；記者，〈我們今後的態度〉，《婦女雜誌》，卷十號一（一九二四年十一月），頁四；成玉，〈對於婦女雜誌的希望〉，《婦女雜誌》，卷七號一二（一九二一年十二月），頁一一三。

【4】〈通信問答〉，《婦女雜誌》，卷三號七（一九一七年七月），頁一五。

【5】Jacqueline Nivard, "Women and the Women's Press: The Case of The Ladies' Journal (Funü zazhi) 1915-1931," Republican China, 10.1b (November 1984), pp. 38-44.

【6】周敘琪，在《一九一〇～一九二〇年代都會女性生活風貌——以《婦女雜誌》為分析實例》（臺北：國立臺灣大學出版委員會，一九九六）中，對「民初婦女的生活觀：家政與工作」有部分的討論，見頁七六－八二。

【7】一九一七年潮州丁小石曾去函《婦女雜誌》，表述他對其中家政知識的看法，這是目前我所看到的唯一讀者回應。〈通信問答〉，頁一四。

【8】俞淑媛，〈婦人治家譚〉，《婦女雜誌》，卷一號十（一九一五年十月），頁二八。

【9】芸雪，〈婦女須知之家庭瑣事〉，《婦女雜誌》，卷一號七（一九一五年七月），頁一五。

【10】汪集庭，〈婦女應有之知識〉，《婦女雜誌》，卷三號一（一九一七年一月），頁一一。

【11】王本元，〈脫不了衣食住三項〉，《婦女雜誌》，卷十三號一（一九二七年一月），頁五九。

【12】王本元，〈脫不了衣食住三項〉，頁五九。

【13】瑟廬，〈家庭革新論〉，《婦女雜誌》，卷九號九（一九二三年九月），頁八。

【14】映蟾，〈新家庭主婦應有的幾種常識〉，《婦女雜誌》，卷十七號五（一九三一年五月），頁五九。

【15】游鑑明，〈千山我獨行？廿世紀前半期中國有關女性獨身的言論〉，《近代中國婦女史研究》，期九（二〇〇一年八月），頁一四二－一四六。

【16】甯淩秋便語重心長的指出，生活在大家庭中的女性若「故（固）步自封，一味閉目塞耳，堅守就來習慣，那不是甘居人下，作（做）時代的落伍者麼？」。甯淩秋，〈大家庭處理家事的我見〉，《婦女雜誌》，卷十三號一（一九二七年一月），頁一七。

【17】芸雪，〈婦女須知之家庭瑣事〉，頁一五。

【18】王本元，〈脫不了衣食住三項〉，頁五九。

【19】遐珍，〈關於烹飪之理科談〉，《婦女雜誌》，卷一號五（一九一五年五月），頁八。

【20】任妍幽，〈論家庭衣食住之當注意〉，《婦女雜誌》，卷一號五（一九一五年五月），頁一〇；胡品元，〈治家四要（續）〉，《婦女雜誌》，卷五號十（一九一九年十月），頁一。

【21】金觀濤、劉青峰，〈新文化運動的另一種圖像〉，收入呂芳上等主編，《五四運動八十週年學術研討會論文集》（臺北：國立政治大學文學院，一九九九），頁八二五。

【22】君立，〈我們的食物和營養〉，《婦女雜誌》，卷十四號三（一九二八年三月），頁一。

【23】君立，〈我們的食物和營養〉，頁九－一二；夏芸薌，〈食的問題〉，《婦女雜誌》，卷十六號六（一九三〇年六月），頁七－一八；映蟾，〈新家庭主婦應有的幾種常識〉，頁六〇－六一。

【24】君立，〈我們的食物和營養〉，頁三－七；映蟾，〈新家庭主婦應有的幾種常識〉，頁七。

【25】夏芸薌，〈食的問題〉，頁一－四；映蟾，〈新家庭主婦應有的幾種常識〉，頁六一。

【26】徐斧言便指出：「今不作佛家言，是以科學真理釋之素食有益於衛生。」徐斧言，〈說素食有益於衛生〉，《婦女雜誌》，卷一號七（一九一五年七月），頁一九。其他論者也多證諸科學，此處不一一贅述。

【27】夏芸薌，〈食的問題〉，頁四—五：早在一九一五年，蕙霞也有同樣看法，蕙霞，〈飲食物之養生〉，《婦女雜誌》，卷一號一一（一九一五年十一月），頁二四—二五。

【28】夏芸薌，〈食的問題〉，頁四—五。

【29】賈思勰，《齊民要術》，卷九，收入《叢書集成新編（四七）》（臺北：新文豐出版社，一九八五），頁二一九：魯明善，《農桑衣食撮要》，下卷，收入《叢書集成新編（四七）》，頁二六—二八。

【30】莊以敬，〈食物防腐法〉，《婦女雜誌》，卷七號六（一九二一年六月），頁八五。

【31】這時論者介紹的保存食物的方式大致有鹽藏、加熱、冷藏、脫水、乾燥、煙燻、空氣隔斷、酒漬、醋漬、罐裝和加防腐劑等。素琴，〈食物之腐敗及防除法〉，《婦女雜誌》，卷一號三（一九一五年三月），頁二四—二五：遐珍，〈關於烹飪之理科談〉，頁一〇：蕙霞，〈飲食物之養生〉，頁二六—二八：農隱，〈食品的貯藏〉，《婦女雜誌》，卷十三號一（一九二七年一月），頁八六：漱霞，〈食物保藏法〉，《婦女雜誌》，卷十五號二（一九二九年二月），頁三五：嚴霈章，〈一些食物防腐法的常識〉，《婦女雜誌》，卷十六號二（一九三〇年二月），頁九—一〇。

【32】蕙霞，〈飲食物之養生〉，頁二六—二八：漱霞，〈食物保藏法〉，頁三五—三七。

【33】漱霞，〈食物保藏法〉，頁三七—四〇。

【34】左丹，〈家庭罐頭食物製造法〉，《婦女雜誌》，卷四號八（一九一八年八月），頁九—一〇。

【35】嚴霈章，〈一些食物防腐法的常識〉，頁一〇。

【36】農隱，〈衣服與人體的關係〉，《婦女雜誌》，卷十三號一（一九二七年一月），頁九四—九五。

【37】農隱，〈衣服與人體的關係〉，頁九四—九五。

【38】薩本祥提出，化學的去垢劑包括溶媒類、鹼類、酸類、漂白劑類，而物理的摩擦作用則可用橡皮擦、麵包、飯類等摩去汙點。薩本祥，〈衣類去垢法〉，《婦女雜誌》，卷十三號二（一九二七年二月），頁六—七。

【39】根據薩本祥的介紹：「衣類每至梅雨期，天氣潮濕，常發生霉斑，輕者可暴之日中使乾，後用毛刷沿織紋刷去，重者如係染色物，可以稀薄之阿摩尼亞液或醋酸液洗滌，倘覺其呈現褪色，則急以兩性互相剋化而調和之，若為白色物，則可行漂白法。」薩本祥，〈衣類去垢法〉，頁一一。

【40】針對這個問題論者有詳盡的說明，薩本祥，〈衣類去垢法〉，《婦女雜誌》，卷十三號四（一九二七年四月），頁二七—二八。

【41】薩本祥，〈衣類洗滌法〉，頁三一—三六。

【42】薩本祥，〈衣類洗滌法〉，頁二九—三〇。

【43】這些消毒法大致有蟻酸阿爾西特薰蒸法、亞硫酸氣薰蒸法、木材燃燒薰蒸法、蒸氣消毒法、石碳酸水消毒、昇汞水消毒等。琮馥，〈家庭消毒法〉，《婦女雜誌》，卷一號一二（一九一五年十二月），頁二二—二三；克士，〈室內清潔法〉，《婦女雜誌》，卷九號二（一九二三年二月），頁一一六—一一七。

【44】淑芳，〈室內的害蟲滅除法〉，《婦女雜誌》，卷十四號六（一九二八年六月），頁一三—一六。

【45】金仲淵，〈家屋消毒法〉，《婦女雜誌》，卷四號一一（一九一八年十一月），頁一—二。

【46】金煜華，〈衣食住的衛生談〉，《婦女雜誌》，卷十三號一（一九二七年一月），頁八一。

【47】映蟾，〈新家庭主婦應有的幾種常識〉，頁六一。

【48】CI，〈略述所見〉，《婦女雜誌》，卷十三號一（一九二七年一月），頁五一。

【49】我裁，〈烹飪和食物的關係〉，《婦女雜誌》，卷十二號六（一九二六年六月），頁七三。

【50】作者以肉類為例，指出：「用適度的熱以緩烹者，能使連接組織（指肌肉）慢慢的軟化和鬆懈，能使肌

肉變柔而不堅結，能使蛋白族物凝固或柔嫩而易於消化的物質：若在高溫度急煮，那麼連接組織就溶解，肌肉管和蛋白族物就變硬，肉汁也就變乾了。」我裁，〈烹飪和食物的關係〉，頁七〇。

【51】我裁，〈烹飪和食物的關係〉，頁七三。

【52】CI，〈略述所見〉，頁五一；鵑儂，〈食物衛生談〉，《婦女雜誌》，卷一號五（一九一五年五月），頁一四。

【53】謝九香，〈飲料之研究（續）〉，《婦女雜誌》，卷五號四（一九一九年四月），頁一—三。

【54】遐珍，〈關於烹飪之理科談〉，頁九。

【55】我裁，〈烹飪和食物的關係〉，頁七二。

【56】江學煇特別從美國雜誌中翻譯這方面文章，讓讀者明白不潔的盤碟中藏有多少黴菌，家庭主婦應如何清潔盤碟。江學煇，〈洗濯盤碟與消除黴菌之關係〉，《婦女雜誌》，卷四號一一（一九一八年十一月），頁一—三；這樣的資訊還可參見映蟾，〈新家庭主婦應有的幾種常識〉，頁六二。

【57】胡品元，〈治家四要（續）〉，頁二一；映蟾，〈新家庭主婦應有的幾種常識〉，頁六一。

【58】農隱，〈衣服與人體的關係〉，頁九五。

【59】靜媛，〈衣服之保存法〉，《婦女雜誌》，卷一號六（一九一五年六月），頁二三—二四。

【60】映蟾，〈新家庭主婦應有的幾種常識〉，頁六二。

【61】映蟾，〈新家庭主婦應有的幾種常識〉，頁六二。

【62】胡品元，〈治家四要（續）〉，頁二一；CI，〈略述所見〉，頁五〇；映蟾，〈新家庭主婦應有的幾種常識〉，頁六二。

【63】任妍幽，〈論家庭衣食住之當注意〉，頁八。

【64】農隱，〈衣服與人體的關係〉，頁九五。

【65】吳蕙芳，〈萬寶全書：明清時期的民間生活實錄〉，《政治大學史學叢書（六）》（臺北：國立政治大

學歷史學系，二〇〇一），頁二七〇－二七三。

【66】金煜華，〈衣食住的衛生談〉，頁八〇。

【67】金煜華，〈衣食住的衛生談〉，頁八一：這樣的說法早在一九一九年便有人提出，胡品元，〈治家四要（續）〉，《婦女雜誌》，卷五號九（一九一九年九月），頁四－六。

【68】任妍幽，〈論家庭衣食住之當注意〉，頁一〇－一一。胡品元稱「舊式房屋既不經濟、又不適用，新式居宅，宜仿照西式及所備諸室」：胡品元，〈治家四要（續）〉，頁五－六。

【69】該廣告刊載於《婦女雜誌》，卷十六號一（一九三〇年一月）。

【70】陳鴻飛，〈家庭上的經濟觀〉，《婦女雜誌》，卷十三號一（一九二七年一月），頁一一。

【71】王北屏，〈談談家庭上的經濟〉，《婦女雜誌》，卷十三號一，頁六五。

【72】中國傳統女性在經濟上的地位雖然不高，但從資料顯示，有些女性具有典賣土地的權利，甚至負責家中的會計。唐力行，《明清以來徽州區域社會經濟研究》（合肥：安徽大學出版社，一九九九），頁二七二－二七三：游鑑明，《日據時期臺灣的女子教育》（臺北：國立臺灣師範大學歷史研究所，一九八八），頁一八。

【73】飄萍，〈實用一家經濟法〉，《婦女雜誌》，卷一號九（一九一五年九月），頁七。

【74】王北屏，〈談談家庭上的經濟〉，頁六五－六六。

【75】沈振家，〈家庭費用的支配問題〉，《婦女雜誌》，卷十三號一（一九二七年一月），頁一六。另如王北屏，〈談談家庭上的經濟〉，頁六五：農隱，〈家事經濟〉，《婦女雜誌》，卷十三號一（一九二七年一月），頁二－三也持同樣看法。

【76】沈振家，〈家庭費用的支配問題〉，頁一七－二二。

【77】幼雄，〈合宜的家庭經濟生活〉，《婦女雜誌》，卷十號一（一九二四年一月），頁二七五。

【78】幼雄，〈合宜的家庭經濟生活〉，頁二七六－二七七。

【79】農隱，〈家事經濟〉，頁三—四。

【80】農隱，〈家事經濟〉，頁三—七。

【81】周敘琪，《一九一〇～一九二〇年代都會女性生活風貌》，頁四七、一四三—一四四。

【82】〈通信問答〉，頁一四。

【83】從一九二二年《婦女雜誌》舉辦的「對於婦女雜誌的希望」徵文中可以看到，有兩位入選者認為中國人不重視科學常識，特別是婦女界，因此建議該刊充實這方面的內容；另有位入選者也主張多刊載公共衛生和家庭常識方面的文章。顧綺仲，〈對於婦女雜誌的希望〉，《婦女雜誌》，卷七號一二，頁一〇六；雪蓀，〈對於婦女雜誌的希望〉，《婦女雜誌》，卷七號一二，頁一一四；韋臥雲，〈對於婦女雜誌的希望〉，《婦女雜誌》，卷七號一二，頁一一五—一一六。

【84】解世芬，〈對於本誌的意見〉，《婦女雜誌》，卷十一號一二（一九二五年十二月），頁一九一七。

【85】〈通信問答〉，頁一四。

【86】〈通信問答〉，頁一五。

【87】〈通信問答〉，頁一五。

【88】〈通信問答〉，頁一五。

【89】〈通信問答〉，頁一五。

【90】梅生，〈對於婦女雜誌的希望〉，《婦女雜誌》，卷七號一二，頁一〇八。

第五章　從《豐年》的家政圖像看戰後臺灣家庭生活的建構

一、前言

「家政」的英文原意是「Domestic Economy」，與經濟管理有密切關係，近代以來，歐美國家或日本把「家政」視爲一門學問，專門研究家庭生活中的知識技能。[1]因此，家政教育成爲近代女子教育的一環，在女子教育萌芽初期，許多學校或家長都認爲女子接受教育後，還是要走入家庭，希望透過學校的家政教育，教導她們如何處理家庭事務，於是家政課占課程中的一大部分。無論是民國時期的中國，或是日本殖民時期的臺灣，家政教育皆是女子教育中的重頭戲。

以日本殖民時期的臺灣爲例，一八九七年，臺灣第一所公立女學校——國語學校第一附屬學校女子分教場成立時，該校清楚地指出：「本校是爲本島人女子傳授手藝及普通學科的場所。」於是手藝課占了課程的三分之二；到一九一九年，該校改制爲女子高等普通學校，才不再以傳授手藝爲主要目的。[2]起初，手藝課教導的不外乎是裁縫、編物、造花、刺繡，當手藝課改爲裁縫、家事課後，女學生學習的內容逐漸擴大，例如，公學校的裁縫、家事課，有剪裁衣服、縫紉、刺繡、洗濯、養雞、種花等方面的實際操作，也有衣食住行、看護、保育等知識的傳授，教學的宗旨是灌輸學生具備家庭主婦應有的知識，並讓她們能運用科學方式處理家務。[3]

家政除被列入學校課程之外，期刊報紙也是傳遞家政知識的重要管道。早在清末民初中國發行的婦女報刊，就經常透過專論或讀者信箱向讀者建構家政教育或家政知識，但文字較為艱深，其中更不乏家政理論；而日本殖民政府經由婦女刊物呈現的家政知識，也大致如此。由此看來，學校的家政課程或期刊報紙所推廣的家政知識，接收對象限於受教育的女性，至於一般女性的家政常識，則多半來自長輩的家政經驗。

一九三〇年代前後，晏陽初、梁漱溟、陶知行等人推動鄉村建設教育，把清潔、衛生或科學概念帶入實驗區的農村，因此這些區域的農村婦女接受到近代家政知識。[4]日本殖民政府在中日戰爭時期，藉由保甲組織對全臺民眾進行皇民化政策，也進行家庭生活的改革。無疑的，中國的鄉村建設教育或臺灣的皇民化政策，都曾把近代家政觀念帶到農村，但宣傳或指導農村家政知識的期刊，直到中央政府遷臺後的一九五〇年代才在臺灣發行。

從一九四九年開始，中央政府在臺灣實施一連串的農政改革，包括實施三七五減租（一九四九年）、公地放領（一九五一年）、耕者有其田（一九五三年），以及進行農會改組（一九五三年）、水利會改組（一九五六年）等一連串的農政改革。同時，農政單位也興起改革農村家庭的各種活動，於是家政知識不再只是學校學生的專利，透過農復會等單位，家政知識慢慢往農村家庭推廣，除了派人員到農村推廣家政知識之外，更發行與家政有關的刊物。一九五一年七月，由經濟合作總署（ECA）、農復會新聞教育處和美國新聞處合辦的《豐年》半月刊，從第一期開始就列有「婦女家庭」（該刊先後更名爲「婦女與家庭」、「婦女家庭」和「農村家庭」）這個專欄，一直到一九六〇年十二月，共發行十卷二十四期。[5]

在冷戰時期的臺灣，報刊除仍以專論或讀者信箱的形式提供家政知識，還增加家政插畫和漫畫，而且文字趨向淺白易懂；有意思的是，這些家政圖像不只是出現在知識女性閱讀的報刊中，專門給農村家庭閱讀的刊物《豐年》，更以這類方式傳遞家政知識。令人好奇的是，給農村女性閱讀的家政圖像究竟提供了何種家政知識？可曾符合這群女性的家庭生活？而向來以女性爲建構對象的家政知識，是否加入其他群體？另外，與同時期爲知識女性建構的家政知識是否不同？可有城鄉區隔？基於此，本文特別選擇一九五四到一九六〇年的《婦友》月刊，進行比較分析，該刊是國民黨婦工會的出版品，與《豐年》不同的是，《婦友》的閱讀者主要是受過教育的女性黨員、家庭主婦和女學生，內容以文字居多；[6]不過，與家政有關的烹飪、裁縫、家屋布置等文章，《婦友》通常附有插畫，本文選擇這批史料，試圖與《豐年》對話。

二、「婦女家庭」專欄的緣起、促銷方式與內容設計

《豐年》這本刊物在美國新聞處處長許伯樂（Robert Sheeks）大力推動下產生，雖然最早是由三個單位合辦，但經費主要來自美援。剛發行時，該刊採免費贈閱，一年多之後，改爲販售，每份售價五角；一九五三年以後，經合署和美國新聞處相繼退出，十一月改組爲財團法人，並由農復會負責編務。[7]至於售價也逐漸調升，到一九六〇年時，每份售價一・五元，全年（二十四期）收費二十七元，半年（十二期）收費十五元。[8]《豐年》原本採對開版面，計十二頁，既不像報紙，也不像雜誌，有點像英國的小報（Tabloid）；一九五三年十二月，正式改成雜誌型態；[9]版面也不斷增加，到一九六〇年，共計有三十六頁。

這本雜誌之所以創刊，根據當時農復會主任委員蔣夢麟在〈發刊詞〉中表示：

> 我們希望這個刊物能在許多改善本省農村生活工作方面盡它一部份指導和報告的任務，同時供給農村同胞所需要知道的一些國內外大事。過去因爲沒有這樣一個刊物存在，所以農村同胞對於自己農村以外的各方面總多少有些隔膜。[10]

蔣夢麟同時指出，以這個刊物做爲橋樑，把農村所要知道的各種事物和新聞，帶給農村同

胞，包括農業指導、衛生常識，以及各種有關婦女、兒童和教育等新的設施、趣味故事和新聞摘要等。[11]而從《豐年》的封面印著：「農民之友、生產之道」八字，也可以明白該刊的宗旨和編輯方向。[12]

做爲《豐年》專欄的「婦女家庭」，基本上是配合《豐年》的編輯宗旨，編輯部在創刊號的〈給女同胞們的信〉中，即清楚呈現：

> 這定期的農報在臺灣還是首創的刊物，它是專爲離城市較遠的農村同胞們而設的，其目的是給本省農民和外界搭起一座聯絡的橋樑，使她們能得著溝通與融和，達成提高和改善農民的見識和生活的願望，婦女在農村，是佔著極重要的地位，所以本刊對於婦女們也不忽視，這便是本報創設婦女家政版的動機。本版的內容有家庭常識，衛生常識，國際婦女新聞，以及家庭內一切屬於婦女應具的常識，我們要發動農村婦女們，在她們自己的職責內改善她們自己的家庭環境和生活。本版的文字，是以容易了解爲前提，同時並譯成日文，給一部分農村主婦們和山地的婦女們以習用上的利便，來達成我們普遍服務的目的。諸位農村主婦們，如有那類知識希望知道的，和什麼問題希望解決的，請由郵局寄本刊編輯部，當然，我們要盡力設法，不會使你們失望的。主婦們，起來吧！熱心的，努力的來做我們自己應當做的，負起我們做主婦的職責，幫助我們自己的家庭，社會，以及國家。[13]

然而，《豐年》的發行對象是農村民眾，也是編者最難掌握的讀者群，因為他們若不是文盲，便是識字不多，再加上，他們工作忙碌、經濟有限，既沒有時間閱讀，又沒有購買能力，因此，這本刊物要如何深入農村，又如何吸引農民購買呢？這讓編輯室還得巧妙構思促銷方式。

為了穩固訂戶和吸引更多人購買《豐年》，該刊經常舉辦各種贈獎活動，包括「圖畫猜謎測驗」、「新年猜字贈獎」、「創刊七週年紀念舉辦的圖畫猜謎有獎測驗」等，獎項相當豐富。例如，為徵求全年基本訂戶，一九五五年舉辦「對號大懸賞」，第一獎可獲得飛虎牌腳踏車一輛或黑人牌縫衣機一架。[14]一九五八年的新年大贈獎更是琳瑯滿目，全部獎品共計三千份，特獎是全新日製「快樂農夫」牌耕耘機一部，連同全套附零件，其他獎品還有機器腳踏車、收音機、腳踏車、縫衣機、脫殼機、噴霧器、電鐘、鋼筆、熱水瓶、大批牙膏等二十個獎。據編者表示，這次贈獎中最大的特色，是由農林廳贈送的一批家禽家畜，都是極珍貴的品種。例如其中的純種乳羊是世界名種，每隻價值美金一百元。[15]同時，不斷提高獎金額度，一九五九年的「圖畫猜謎測驗」，第一獎是新臺幣五千元，而前一年的第一獎只有獎金三千元。[16]

到底有多少人因此而心動，編者沒有說明，不過，從經常舉辦這類活動以及農民提供贈品建議看來，[17]應該有一些效果。除此之外，該社還利用歲末年終贈送禮物，最常見的是贈送日曆、手冊給讀者；[18]《豐年手冊》便是十分實用的禮物，裡面除了有豐富的農業常識和實用的圖表資料以外，空白的紙張可以自由記事，還可以夾放身分證和錢幣。[19]這兩樣禮物深受讀者喜愛。比較特別的是，爲了推廣農復會研發的優良醬油種麴，該刊特別在農曆年底前提供一萬五千包，贈送給去函索取的讀者，並在一九五八年一月該刊的「農村家庭」發布消息。[20]

促銷刊物之外，還要關注如何激發農民閱讀的興趣，蔣夢麟在〈發刊詞〉中特別提到，刊物內容要避免艱深、枯燥，力求淺顯、生動和實用，以配合農村的需要。[21]因此，《豐年》剛創刊時，考慮到農民識字者不多、閱讀能力薄弱，許伯樂以出版畫刊爲目標，邀請當時臺灣最有名的畫家藍蔭鼎爲首任的社長兼總編輯，藍蔭鼎則請他的學生楊英風擔任美術編輯。[22]之後，漫畫家牛哥（本名李費蒙），也經常爲《豐年》作畫。在這些著名畫家的合作下，《豐年》的一大特色是插圖、漫畫穿插在各個版面裡，甚至以圖文並茂的方式引導讀者，去了解農業知識或各種訊息，婦女家庭專欄和兒童園地專欄更不缺乏圖像，幾乎每一期都能看到生動、有趣的圖文。該專欄還善用各種故事，把讀者引入故事人物的生活中，藉此給予讀者新知。

「婦女家庭」上的家政知識大致有兩個來源：一是由編輯部自行編輯、撰寫，另一是讀者的投稿。《豐年》從創刊開始，就歡迎讀者投稿，創刊號的〈豐年社徵稿簡則〉特別寫著

「本社歡迎農村朋友們踴躍賜稿」，至於投稿的範圍，包括「富有趣味的農村各種切實的論述、感想、雜記、經驗、消息、風俗、民謠、笑談、圖片漫畫等」，而且「來稿無論中文或日文，均所歡迎」，但也要求「最好以白話體寫作，文字儘量通俗化。圖畫漫畫方面以鮮明的墨色爲要」、「來稿字數最多以一千字爲限」。[23]到一九五三年一月，「婦女家庭」也刊登約稿啓事：

（一）本欄歡迎投稿，但因篇幅關係，希望每篇均在一千字以下，如文章太長可分幾個題目寫。

（二）舉凡家庭問題，兒童教育心理問題的處置，醫藥衛生常識，蔬菜烹調及保存法，衣物裁製法，以及治家心得等「婦女家庭」適用者，均所歡迎。來稿請寫明作者姓名，通訊地點，以便刊出後寄奉稿費，發表時用筆名聽便。[24]

一九五三年十一月十六日當期，還特別向農村主婦邀稿：「歡迎農友們賜稿，尤其是農村主婦們對家庭問題的處理方法，不論大小，可供參考的皆所歡迎」。[25]

嚴格來說，農村女性整天忙碌工作，受教者也不多，根本無法抽空閱讀，遑論撰稿。[26]而該刊編輯部設置的「讀者園地」專欄，也曾向農村婦女呼籲：

在統計讀者來信中，我們發現農村婦女的來信比較的少。我們知道，在本省農村中，婦女們都有很多的工作，飼豬、煮飯、已經佔據了全天的時間，但我們還希望農村婦女們抽空閱讀本刊後，尤其對於「農村家庭」欄中介紹的許多改善家庭生活的方法，請照著去試做做看。做了以後發生的問題，或是實際的改正意見，請寫信來告訴我們。當然，將你自己已有的經驗，寫成專稿投寄本刊，我們更是十分歡迎。[27]

但儘管如此，該刊傳遞的家政知識，特別是淺簡易懂的圖像，在某種程度反映出當時農村生活的部分真實，也讓臺灣農村婦女在日常生活上有機會接觸到最先進現代文明生活的概念，很自然地引起部分農村婦女的興趣。以下根據圖像中的食、衣、住、生活用品、疾病與衛生以及養兒育女等專題，依序分析《豐年》如何把婦女應具備的家庭常識傳遞給她們，她們又如何與主編互動。

三、圖像中的食、衣、住

無論《豐年》的「婦女專欄」或《婦友》，都著眼在家庭生活知識的建構，其中衣、食、住知識的建構，更是它們的特色，不但以淺白文字呈現，更透過圖像傳遞，讓讀者能容易地吸收這方面常識。此處將逐項分析《豐年》是怎樣透過圖文去生產食、衣、住、生活用具的家政知識？又如何把這些知識帶給家庭婦女？與《婦友》的家政圖像是否不同？

（一）食物

與「食」有關的知識，占「婦女家庭」的最大部分，包括食物的烹調與製作、食物的營養分析、飲食衛生、食物的栽種和家畜的飼養，其中烹調與製作這部分，約計有二百零六篇，一九五三年十一月十六日之後，編輯部還添設「家常便菜」一欄，足見烹調知識和做菜方法，深受農村民眾歡迎。

1. 認識食物與食物保存

爲讓農民知道食物的成分和價值，《豐年》的婦女專欄最早是以說教方式呈現，例如，〈食物的營養成分〉一文，開宗明義指出：

一個人在世界上，各有生存的理由，可是要達到生存的目的，一定要重視食物，就是要明白食品中有什麼營養價值。[28]

接著根據人類所需要的營養素，把食物分成蛋白質、碳水化合物、脂肪、礦物質、維他命等五類，依次說明它的價值。同時，以圖表列出食物和營養素的關係。

另一篇〈談談食米〉一文，也採用圖文並茂的方式，說明米的營養，該文先提到：

> 人的生命是靠著營養來延續的，人的健康是靠著營養來維持的，所以人需要食物，用攝取食物中的營養成份來延續生命和維持健康。食物又因地域和生活習慣的不同而有分別，我們中國人多數是以米爲主食的。這裡就談到這生命的泉源——米。[29]

然後，分析糙米的營養價值和糙米的經濟價值，以及強調我們應該吃米，並用簡圖，顯示米的不同營養成分。

嚴格來說，前面兩篇文章雖然附有圖表，但這種傳遞食物知識的方式，與教科書上的解說，差別不大，內容不夠淺顯、生動。另一篇用漫畫來表現的〈廚房的經濟常識〉一文，則能

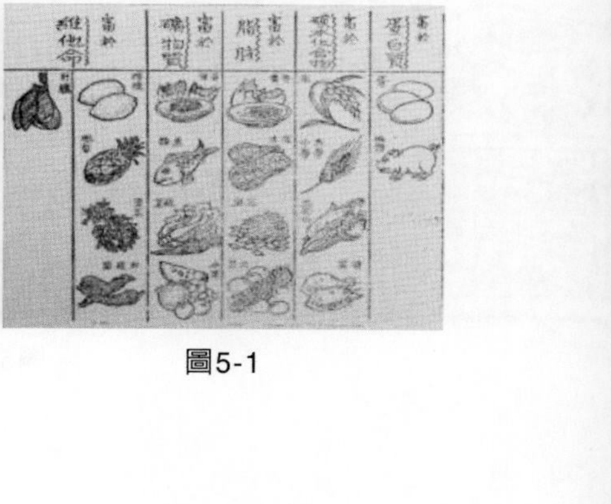

圖5-1

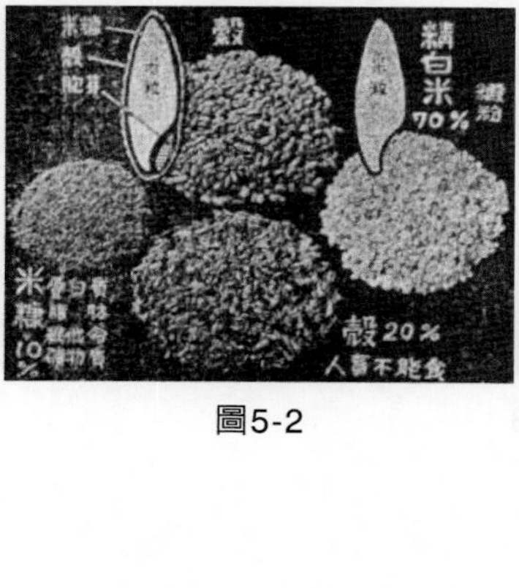

圖5-2

深入淺出，讓讀者從左右兩列的漫畫，得到食物保存、食物烹飪、膳食時間中的經濟常識，也從中了解食物如何烹調能保持營養價值。【30】

例如，圖5-3右方指出：「用開水煮菜，每次加入少許為止」、「只用恰夠的水煮菜」、「若煮菜水太多時，可用來作湯喝，或煮其他的菜用」、「菜蔬的葉子及外皮的部分如芹菜甘藷等應盡量食用」是經濟；而「用冷水煮菜」、「煮菜食用的水太多」、「將多餘的煮菜水丟棄不用」、「將菜蔬外部的葉子或皮如高麗菜及甘藷等丟棄太多」是浪費。圖5-3左方則提到：「不用蘇打烹調食物，以免維生素損失」、「菜蔬

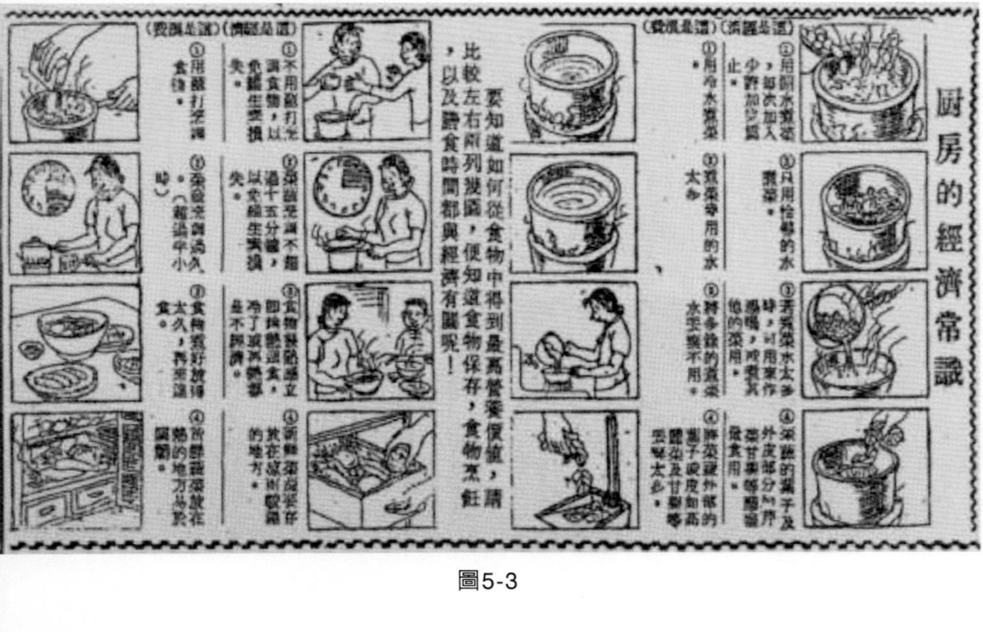

圖5-3

烹調不超過十五分鐘，以免維生素損失」、「食物製熟應立即趁熱進食，冷了或再熱都是不經濟」、「新鮮蔬菜要存放在涼而較濕的地方」是經濟；但「用蘇打烹調食物」、「菜蔬烹調過久（超過半小時）」、「食物煮好放得太久，再來進食」、「新鮮蔬菜放在熱的地方易於腐爛」是浪費。

2.食物的製作與烹調

相對於前者，有關食物製作的介紹，更能讓讀者一目了然，好比刊載在《豐年》的〈醬筍製造法〉，就同一般的食譜，把原料的處理和應注意事項的每一個步驟，清楚解說，再附上圖說。[31]〈西瓜皮的利用〉這篇短文，也同樣清楚明白。[32]

最常見的是點心等的製作，例如「蘿蔔糕」的製作和烹調方式，從如下的插圖中，讀者能掌握到蘿蔔糕的整個製作過程，包括材料、用具和製法。

為配合臺灣農村生活，食物製作的素材以就地

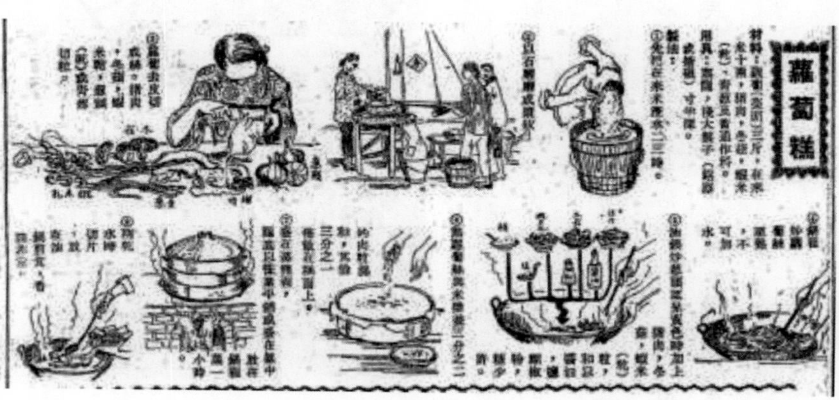

圖5-4

取材為原則，前述〈醬筍製造法〉一文，特別指出：「筍是本省土產，在生產盛期時可能一試醬製的方法」；而〈西瓜皮的利用〉也聲明：「西瓜是臺灣名產而又是整年的生產著」。[33]另外，吳文華的〈京冬菜的做法〉指出，雖然冬菜產於中國平津一帶，但作者建議可以用阿里山的白菜或高麗菜取代。[34]

圖5-5

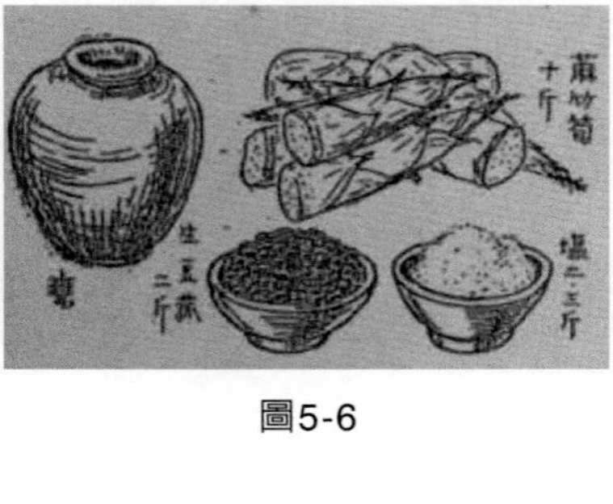

圖5-6

這種把農產品進一步加工的現象，在當時的農村家庭相當普遍，從南投集集鎮婦女的回憶，可以得知一斑：

> 都是自己農產品加工，比如香蕉煮的或炸的，地瓜沾麵粉煎，糯米沾麵粉煎的，以前也會做些菜脯、醬筍、蔭瓜、豆乳、野菜干等。野菜干是要先煮過再晒乾，之後要煮時再浸水再煮。至於魚、肉，只有年節時才吃，平時是少有魚肉。[35]

而地方政府與農會，也會舉辦食物加工的講習會，讓農村婦女免費學習。例如，一九五二年二月七至九日，中壢鎮公所與中壢鎮農會合辦三天農產加工講習會，由每個里指定代表二至三人前往學習，再請他們轉授其他農民。該講習會的目的是「鼓勵農家主婦在

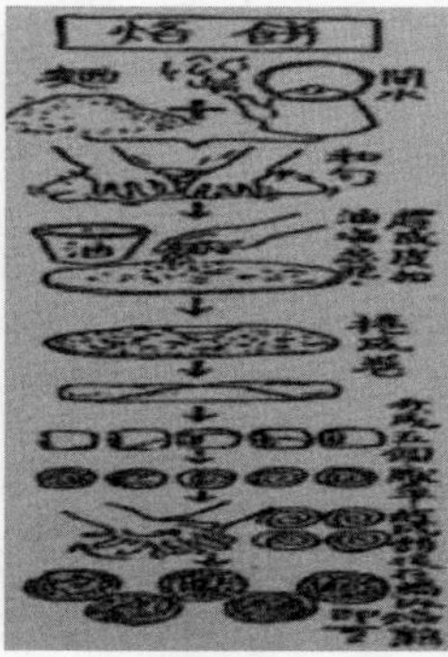

圖5-7

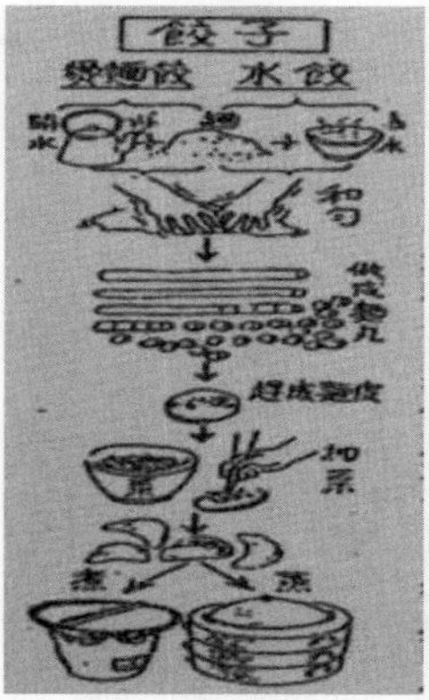

圖5-8

蔬菜盛產期時期，將適時的農產品加工變製以便貯藏，作爲菜類缺乏時的副食品，或發售」，記者認爲，在節省費用或增加收入方面，這個講習會具有極大的經濟價值。[36]

隨著族群的融合，再加上讀者的投稿，逐漸有來自中國各省烹調知識和作菜方式的傳遞，例如最早有四川回鍋肉的介紹，[37]之後，又有各種外省食物的推薦，《豐年》經常有這類文章，〈麵粉的幾種家常食法〉就是例子。編者指明：「麵粉營養比米豐富且對胃病、腳氣病之人多有裨益，茲將麵粉食法數種介紹於後，想本省農家主婦們樂於採用」，然後作者把湯麵餃、水餃、烙餅的製作、烹調方式，繪製成圖，使讀者可以看懂其中過程。[38]

到一九五九年，八七水災造成臺灣中南部嚴重水患，農作物損失慘重，於是救災機構發放大批救災麵粉、玉米粉和脫脂奶粉，救助災區的難民。爲了讓更多民眾知道如何利用這些麵粉來做成食物，家政版特別介紹幾種麵粉的簡單吃法，讓大家可以換著做來吃；[39]因此，麵塊湯、家常餅、饅頭、餃子、蔥油餅和蒸麵捲這些臺灣家庭較少做的食物，陸續出現在水災過後的那幾期上。[40]事實上，這完全配合農復會的活動，因爲八七水災之後，農復會和省農會爲了使災胞們能夠充分利用這些食糧，特別印了二十五萬份麵粉的做法和吃法的說明書；爲了確知這些做法是否合用，農復會還舉辦了試食會，由苗栗縣農會及苑裡鎮農會的家政推廣員，照著說明書上介紹的方法來做，並請了許多中外來賓作評判。[41]

(二)服飾

傳統女性除了自製食物之外，還自製各種衣服或配件，即使到了一九五〇年代，女紅仍是許多婦女日常生活的一部分，介紹衣物的製作成爲這個專欄的另一個特色，有關製衣工具、衣物製作方式、衣物保存和清洗等的介紹，從創刊以來，約有一百一十八篇。

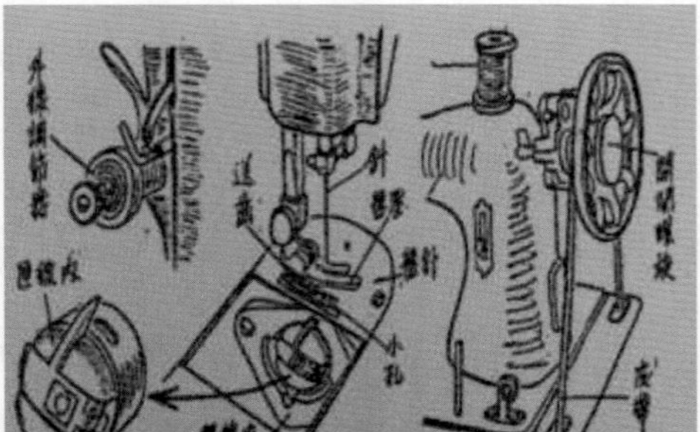

圖5-9

1.製作用具的介紹——縫衣機

根據農村調查員報告，有八分之一以上的農戶有縫衣機，而且傳說縫衣機是農村婦女所珍視的一項嫁妝。[42]有論者也發現，在孩子眾多的家庭中，非常需要縫衣機，但因爲市面上的縫衣機牌子太多，價錢也相差很大，許多主婦不知道如何選購，於是論者提供一些購買應該注意的地方，並以圖說表示。[43]

和「家常便菜」一樣，《豐年》的婦女專欄也特闢「縫紉講座」、「衣樣介紹」，「縫紉講座」分期介紹縫製衣服要如何量取尺寸、製圖、剪裁和縫製等步驟，並附有插圖。[44]讓有縫紉機的女性，能從中獲得製衣的常識。

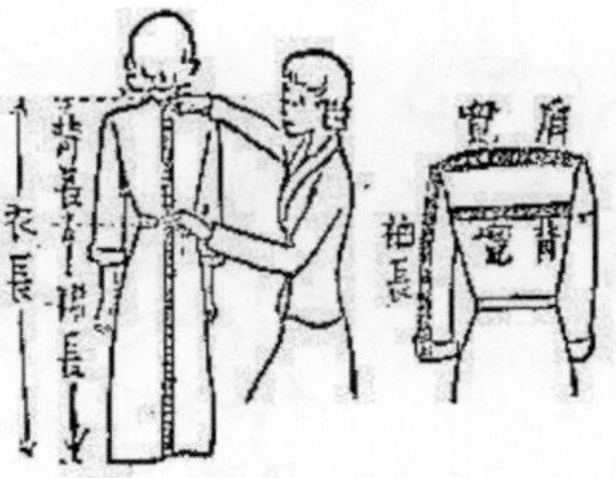

圖5-10

圖5-11

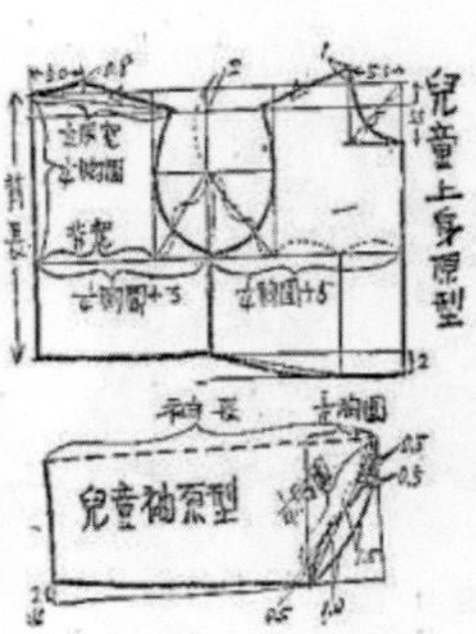

圖5-12

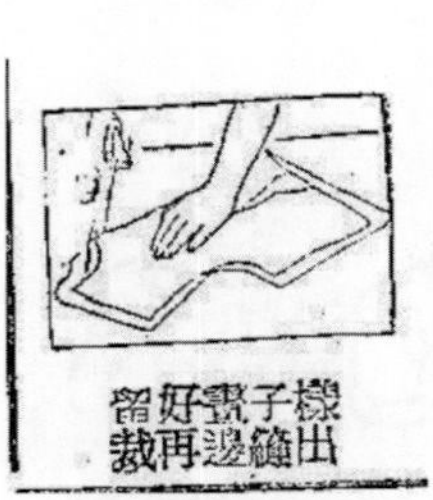

圖5-13

2.衣物的製作

衣物製作的傳授有一般款式，也有流行時裝；不過，流行款式主要是提供給時髦女性，一般家庭婦女或農村主婦所獲得的知識，大多是實用衣服的修補或縫製。〈談補衣服〉一文認爲，在衣服的破洞上補一塊布固然是好方法，如果能把補洞做美化更好，於是作者用五種插圖指導讀者如何修補衣服，包括領頭、袖口等破洞的遮蓋、在修補的布面繡出或縫上圖案、用剪出的圖形縫補破洞。[45]

戰後臺灣經濟不景氣，衣服的製作也講求簡單、節儉，〈縫紉：簡便夏季服裝〉以圖示告訴家庭主

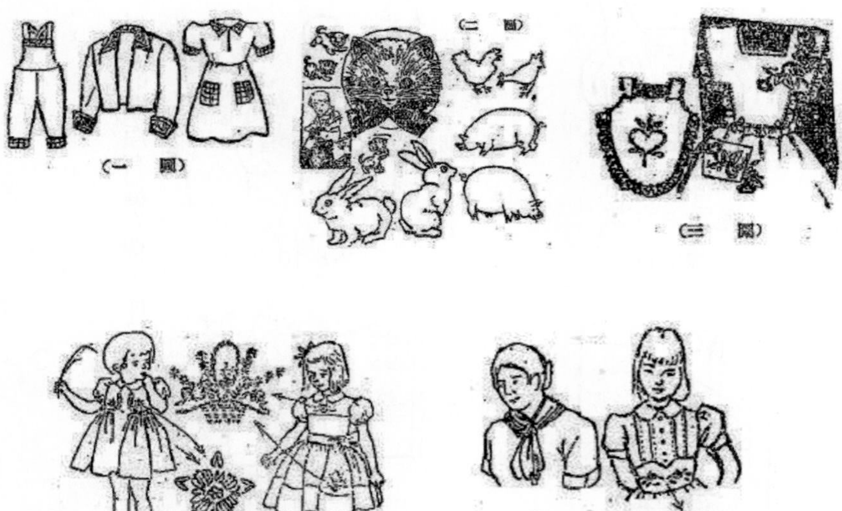

圖5-14

婦如果布料不夠，可以用兩塊不同的布縫接成一件簡單、優雅又涼爽的夏季衣服。[46]除了製女裝、童裝之外，《豐年》也介紹實用男裝的裁製，〈兩用襯衫〉就提到：

> 這種運動型的兩用襯衫，一定是你家父子都歡迎的。它與普通襯衫做法一樣，不過肩部做雙層的。比較經久耐穿，腰部與下襬都是直的，可以做襯衫穿，也可以做茄克用穿在外面。[47]

圖5-15

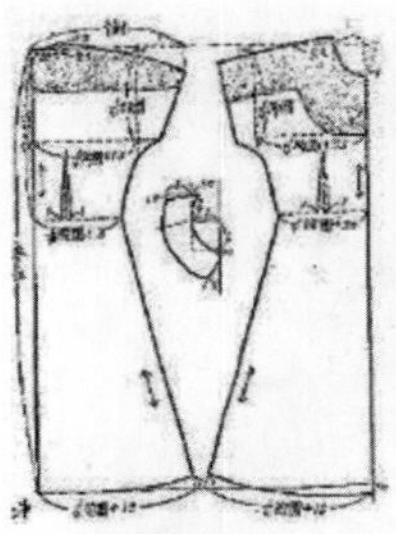

圖5-16

《婦友》也同樣注重自製衣服，講究經濟實用的製作方式，例如，如何利用臺灣出產且廉價的蔴布、人造毛呢料做新衣。《婦友》〈克難式的「短襖」〉還告訴家庭主婦，如何利用舊布料在寒冬爲自己天製冬衣，作者江成彬說：

> 妳的先生，哥哥們，一定添置了新的大衣、西服，當然那些舊的就給剩下來了，這裡我提供一件「利用廢物，克難節約」的辦法，請妳將舊西服的上衣，照下面圖樣，修剪成爲「克難式的短襖」。這上衣的小口袋不是有一處難以修補的缺

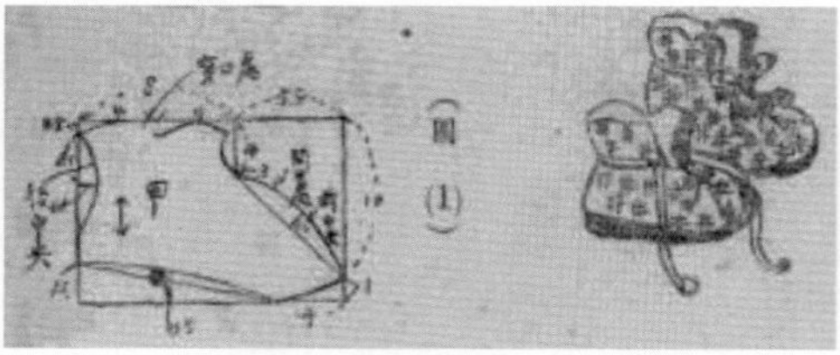

圖5-18

圖5-17

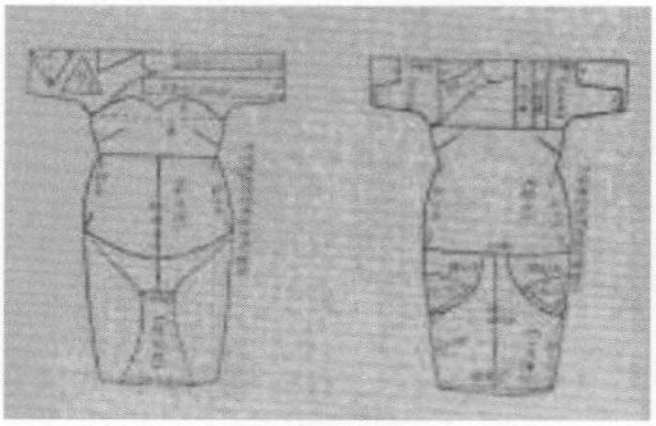

圖5-20

圖5-19

口嗎？別愁，可以繡上一朵花，如此，既美觀，又節約，而且正適合妳現在實際的需要，更可藉機發揮妳們的才能與克難的精神。[48]

這種發揮克難精神的製衣方式，在《婦友》曾有系列介紹，不是用剩布做鞋子、把爸爸哥哥的破舊襯衣改成圍裙，便是將舊呢旗袍改做游泳衣，或者用媽媽的舊衣做外套。[49]

由於有的衣服製作方式較複雜，不是幾個圖樣便可說明清楚，《豐年》曾印出有詳細說明的單張，提供讀者前去編輯室索取或函寄給附有郵資的讀者。[50]除了提供衣服的裁製外，這些刊物也推介飾物的自製。《豐年》的〈你喜歡這個手提袋嗎？〉以相當引人的話語做開場白：

當你看見別人手裡拿著漂亮的手提袋時，你總會不由自主地看上兩眼，心裡羨慕不已。現在教你利用兩種塑膠硬管和塑膠管條做成的手提袋，既簡單實用，更漂亮。你只要用兩個晚上就可以完成的。[51]

必須一提的是，農村婦女製作衣飾的知識除來自編輯的傳遞外，她們也會主動向編輯提出她們的需求。據編者表示，當時有許多農村姐妹們去信詢問：「毛線衣是怎樣織的？」一九五六年二月刊登的〈織毛線衣物的幾種基本針法〉一文，就是應農村女性要求而設計。[52]

3. 衣物的保存和清洗

爲了教導農婦清洗衣物，所使用的清洗材料，必須盡量簡單明瞭，《豐年》〈怎樣洗去墨水污漬？〉一文，清楚的指引讀者如何去除墨漬：

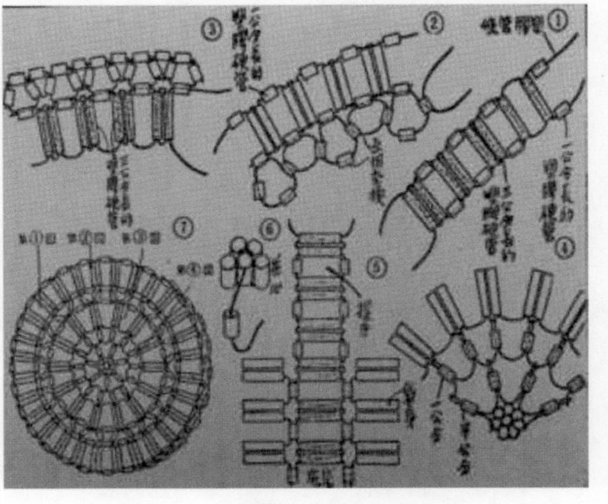

圖5-21

衣服質料可分兩大類：就是棉麻及人造纖維爲一類；而羊、駝、兔、蠶絲等動物性纖維爲一類。前者可用肥皂洗，後者不能用肥皂洗，應用非肥皂（一種不含碱性物質的去污化學合成物，市上有盒裝出售）去洗。墨水也有兩類，就是可洗去的與不變的墨水兩種，可從墨水瓶上說明分辨出來。洗墨漬前應先辨別被污染的衣物的質料屬於那一類？墨水是那一種？然後你就可以決定應該用什麼去洗除墨漬了！[53]

接著用圖文方式，解說清洗步驟：「第一步用冷水去沖過多的墨水，每做一步驟後都應洗一次」、「將污染部分鋪在碗上，用肥皀水或非肥皀水」、「將少許溫熱甘油倒在污漬上，用玻璃棒或湯匙底摩擦。然後浸在冷水中清洗乾淨」、「如用檸檬酸時，在污漬下面鋪一張吸水的紙或布，那麼被溶解的墨漬就被紙吸去了」。[54]

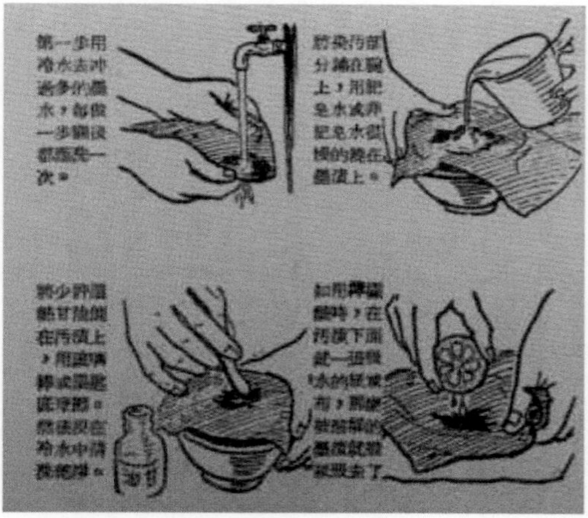

圖5-22

（三）住所

1.改善衛浴設備

戰後臺灣的農村住屋普遍簡陋、狹窄，很多家庭根本沒有衛浴設備，農村改造單位不斷要求農村進行改善。周祖光的〈談談農村廁所〉指出：

> 我們農村的生活近來已經改善很多了。不過農村生活中還有好多事項應該加以改善。譬如「廁所」、「浴室」、「廚房」、「豬舍」、「垃圾」等等。現在特別談談農村廁所，提醒農友們注意到這一問題，以爲改善農村生活的第一步。[55]

編者還特別從「農村廁所究竟有哪些缺點呢？」、「理想中的農村廁所是什麼樣呢？」這兩個問題分析，並以漫畫顯示問題和如何解決。圖5-23右上寫著：「隨地大小便是一種粗野無知

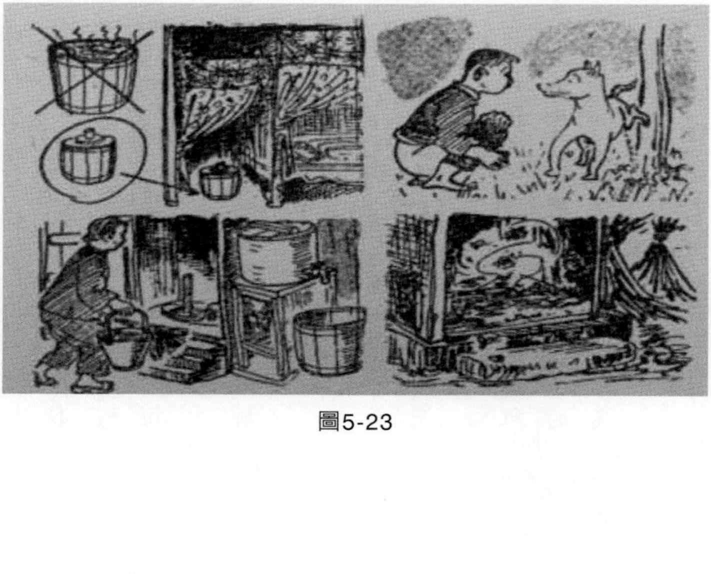

圖5-23

圖5-24

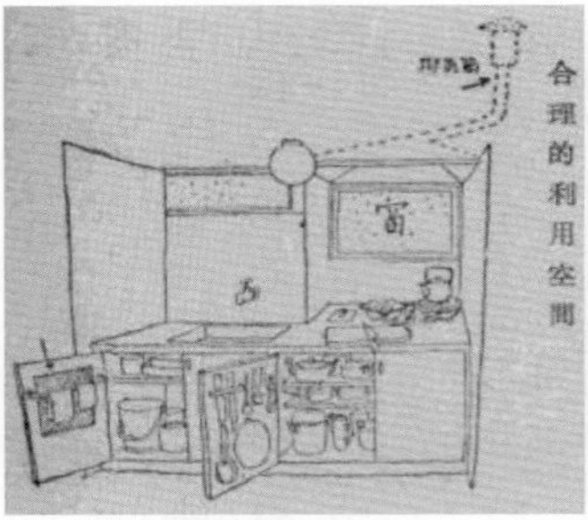

圖5-25

的行爲，不但有礙公眾衛生，而且有失自己的品德」、右下：「簡陋的便所，蟑螂，蠅鼠聚集，是傳染疾病的大本營」、左上：「室內應改用小型便桶，使用與清理都比較便利」、左下：「理想的便所，坑上有蓋，旁邊有水，每天有專人負責清掃」。[56]

〈洗澡與農村浴室〉則跟著上文提出改善浴室的建議：

現在再談一下農村洗澡的問題。我們的身體因爲工作活動與新陳代謝作用，身體上的毛孔裡就會排洩出汗，污穢及油質的，加上外界飛揚的塵沙，自然都附著在我們皮膚上。你若不洗去，那麼皮膚不能保持清潔，而且因爲毛孔淤塞阻礙生理功能而會有害健康；洗澡更可以幫助皮膚表面血管的舒張，使血液流通，所以洗澡不但能使你身體清潔，減少疾病更可以恢復工作疲勞增進健康的。[57]

並繪製浴室的簡單設計，供讀者參考（圖5-24）。

相對於農村，《婦友》提供的住所知識，則是相當西化，並重視家庭裝潢。例如，筆名「菱子」的作者，在〈廚房：家庭生活的前衛〉中，便強調該文是介紹「文明進步國家」美國的廚房情形，並指出「這個使用電器操縱的國家，他們的主婦很有福，廚房的設備已經全部電化」。[58]作者雖然表明「我們不和美國比，因爲我們的烹調法不同，我們不但要熱食，而且要現煮」，[59]但「菱子」提供的廚房空間動線與空間利用，是來自美國。爲了要減少主婦在廚房工作的逗留時間，「菱子」認爲應該調整廚房工作的順序，把廚房工作分成：材料、水槽、調理、爐火、配膳等五個點，讓物品就近放置，以備隨時取用；同時，水槽、火爐、碗櫥等，必須擺在廚房裡最合適的地方。[60]圖5-25呈現的就是「菱子」的構想。

2.建立新環境

《豐年》的家庭專欄還鼓吹農婦自己粉刷牆壁，雅南的〈粉刷牆壁的新方法〉一文，詳細地寫出粉刷劑的材料、用具、調料和粉刷方法，並用圖示呈現粉刷的每一過程。[61]

圖5-26

第一圖指出：「用刷子將牆上污垢，油脂及油漆等徹底洗淨，在用水將牆面充分澆濕，溼潤度愈均勻愈好」。第二圖：「將刷子飽沾水泥漿，先細刷牆縫，然後再刷牆面，刷時務必仔細，從上至下，自左而右，使平整均勻，同時須時常攪動水泥漿，以免結塊」。第三圖：「如果用二種以上的顏色粉刷時，應注意，先粉刷上面，漸漸至下面，勿使上面的顏色落到下面來」。第四圖則是：「刷好後就要立刻將水桶及刷子用清水洗淨，否則五小時後就洗不掉了」。[62]這幅漫畫讓家庭主婦能夠容易掌握粉刷的訣竅，但也顯示農村女性在家務上的操勞。

四、圖像中的生活用品

（一）廢物利用

除了衣物可以自製，生活用品也一樣能自創，這種情形以農村最為普遍。為了讓農民知道某些物品可以再生產，《豐年》不時有文章，指導農民如何善加利用家中的廢棄物或剩餘材料，甚至怎麼製作成生活用具。刊登在「婦女家庭」的〈家政雜談〉，分成五個部分和五則插畫，其中一則，便與廢物利用有關：「家庭烹飪燃料可以利用農村裡過剩的乾稻草，

甘蔗粕（渣）、麥桿等，這是廢物利用的好辦法，最好先把它捆成小束，可使燃燒速度較慢，經濟實際，兩具其便」。【63】

圖5-27

「做做看」專欄，曾指導讀者如何利用舊物製作刷牛馬毛的膠刷，上面寫著：「利用舊的膠鞋底剪斷，加一皮帶就可做一個膠刷用來刷牛馬的毛，使他的血液流通。」【64】「家事常識」專欄也不乏廢物再製的知識傳遞，例如，教導家庭主婦把用剩的肥皂蒐集起來，煮成可以洗頭或洗衣服的肥皂漿。【65】

廢物利用的知識，不但出現在「婦女家庭」，也刊載在「兒童園地」。例如，〈蛋殼的藝術〉運用農村最常見的蛋殼，創造鄉土藝術，該文畫了六種蛋殼飾品，且附有文字：「請各位對蛋殼的藝術多來研究，將來可以作一個

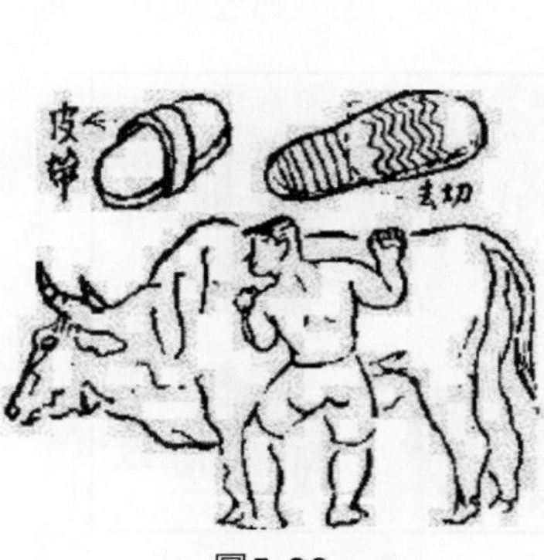

圖5-28

圖5-29

圖5-30

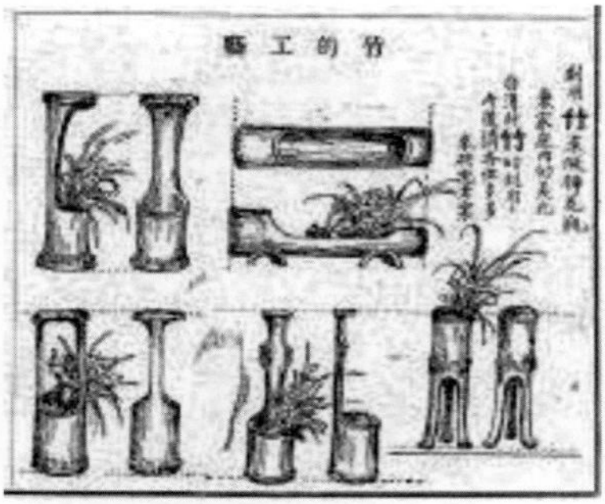

圖5-31

很有特色的鄉土藝術品」。[66]

〈竹的工藝〉一文，也畫出五種不同造型的插花竹器，並寫著「利用竹來做插花瓶，兼家庭的美化。臺灣對竹的利用，今後請各位多多來研究者案」。[67]

〈小勞作——簡單的燈〉透過A、B、C三個圖式和作法說明，則告訴兒童如何利用舊罐頭、鉛皮、墨水瓶，製作酒精燈，作者還特別提醒：「這種的灯最通用於農村的家庭中，可是用酒精時非常注意，因爲酒精是很容易引火的。」[68]

值得一提的，這三篇與生活用具有關的小文，從製作的過程看來，宣導的對象不完全是兒童，一般讀者也派得上用場。此外，與前述利用臺灣的農產品

圖5-32

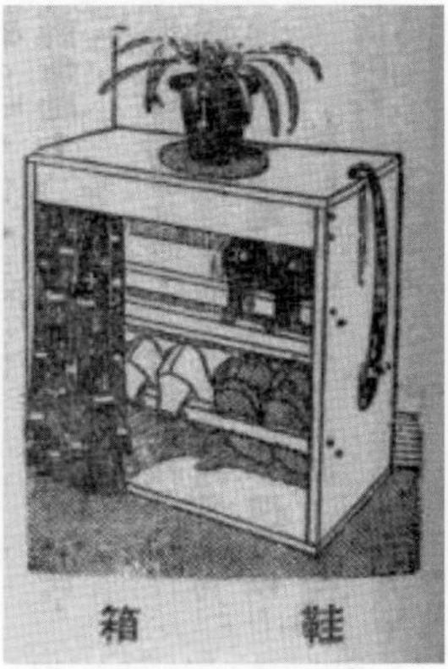

圖5-33

圖5-34

或衣服材料一樣，都在鼓勵讀者如何透過本地、本鄉的產物來美化生活，在經濟不景氣的一九五〇—一九六〇年代，確實有助臺灣民眾家庭生活的改善。

至於城市家庭的生活用具又何如？就同廚房空間的設計一樣，家庭中的用具，講求美觀、西化。從《婦友》〈工作情趣化〉一文可以看到，「菱子」所介紹的家庭用具即是如此。「菱子」介紹她朋友家中的鞋箱，是利用肥皂箱做的，箱裡釘了兩三層橫木條，然後把箱子上漆、裝上布簾。雜誌架則是請工人焊接鐵條，再縫上帆布。至於腳架則是來自小孩木玩具上的四隻小圓捶。[69]對於中上家庭主婦利用廢棄物自製家庭用品，作者認爲，這不一定是爲了省錢，主要在養成工作的情趣，也學習一種或多種的手藝。[70]

（二）自製醫藥和美容、保養用品

《豐年》和許多雜誌不同的地方是，盡量讓讀者就地取材，就如烹調食物的素材是取自農村，同樣的，該刊也鼓勵農民自我生產、自我創發，前述的驅蟲方式，基本上是讓讀者去模擬製作。有意思的是，有的醫藥保健用品也可以自行生產，例如，一位簡德國先生用米糠油治療皮膚病，試用效果良好。

編者把這個訊息轉告讀者：「米糠油是皮膚病的有效藥，尤其是治療乾漏（水蟲）及癬（田蟲）的效力最大」，並特別指出，米糠是每戶農家都有的東西，米糠油就是從米糠提煉出來的油質，接著以圖文說明製作方式。[71]

另外，當下的傳媒經常會傳授讀者，利用蔬果自製化妝品，這時期也盛行這樣的製作方式，好比編者推薦讀者用蔬菜和水果做化妝水，除了表明用蔬菜和水果做成的化妝水比一般店家販售的價廉物美之外，編者還強調：

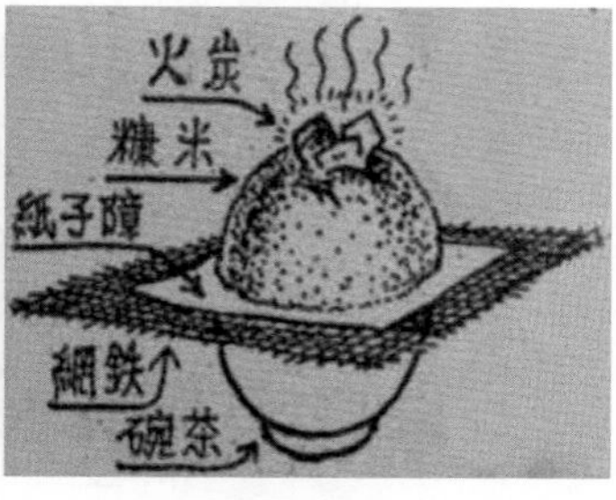

圖5-35

圖5-36

> 這些蔬菜或水果，在農村中可說俯拾即得，只要買極少量的藥品，加一點功夫調製一下，就成爲高貴化粧水了！[72]

接著介紹用胡瓜、番茄、西瓜、檸檬製作四種化粧水，從化妝水的效果、材料到做法，每一步驟都詳細說明。同時，還教導讀者如何使用化妝水，並提醒讀者，不要大量製作，因爲這種化妝水容易變質。[73]

麟洛鄉四健會加工組的徐富秋，則因爲參加四健會活動，學會做雪花膏，特別投稿介紹雪花膏的製作方式，還附有圖示。[74]儘管這是四健會在農村推廣的活動，但這些材料必須在西藥店才購買得到，並不是一般家庭垂手可得。

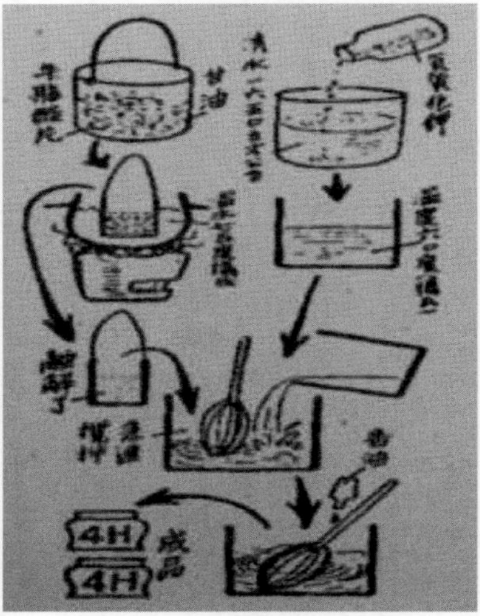

圖5-37

五、圖像中的疾病與衛生

農村家庭通常缺乏正確的醫療保健、衛生或養兒育女知識及新知，有的人不但不知道傳染疾病產生的原因，更缺乏改善居家衛生的觀念。《豐年》經常透過各種方式，給予相關資訊，除了透過「醫療常識」之外，還藉由「家庭常識」、「小常識」等知識小欄，簡明扼要地把可能危害人體的病媒告訴讀者，並提供防範之道或教導農民如何維護居家衛生，也告訴讀者如何養兒育女。其中醫療知識的提供，就有一百一十六篇，包括傳染病、疾病護理、急救和用藥知識等，另外，環境與家庭衛生計三十七篇、個人衛生四十四篇、身心保健五十篇。

（一）疾病

1.傳遞疾病觀念

疾病形成的原因非常複雜，如果長篇大論，很難讓農民立刻明白，而以化繁爲簡的短文或圖像說明，比較能讓他們領悟。〈家庭常識——蚊蟲〉一文就是採用這種方式，說明蚊子和傳染病的關係，該文一開始就提到：

蚊蟲除了咬人吸血，擾人工作睡眠外，還有能傳染黃熱病、象皮病（大腳瘋），睡眠病的蚊蟲以及傳染瘧疾的瘧蚊，所以蚊蟲在醫學上非常重要。[75]

文章的旁邊，則附有普通蚊和瘧蚊的簡圖，讓讀者易於區別。該文特別強調：「臺灣是亞熱帶的地方，蚊蟲終年都有，瘧疾傳布範圍也特別廣大，所以我們不能不注意預防的方法」。[76]

因爲蒼蠅會散布傳染病，〈拍蒼蠅〉用三幅插圖和歌謠，指導兒童要撲滅蒼蠅。每個插圖，附有四句歌謠，分別是「蒼蠅營營營，聲音多難聽，飛去又飛來，腳上帶細菌」、「我們吃東西，他就搶著啃，散布傳染病，眞是害

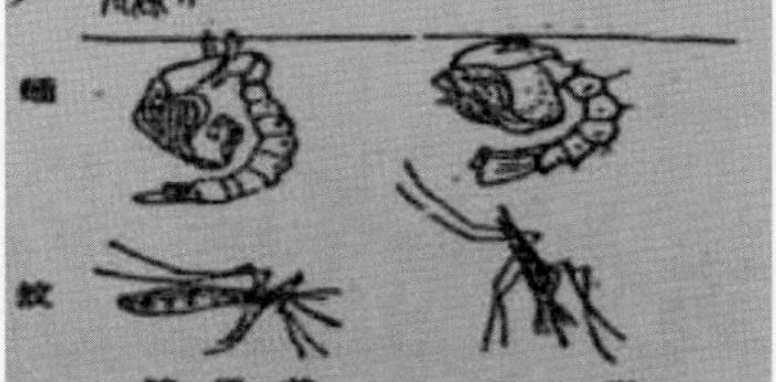

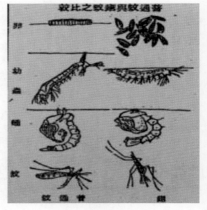

圖5-38

圖5-39

人精」、「努力拍蒼蠅，大家要齊心，今天拍明天拍，拍得一個也不剩」。[77]這種生活化的歌謠融入兒童日常生活。

2. 驅蟲妙方

蟑螂也是製造疾病的來源，是許多家庭常見、卻又很難對付的蟲類，爲了解決民眾的困擾，一卷二期的〈家庭常識——蟑螂〉提供一個十分簡單的捕捉方法：

> 這裡再介紹捕捉蟑螂的方法，以供參考。利用一小口酒瓶，瓶中放油少許，將瓶口靠近檯邊，瓶口與檯而平，讓牠從檯而爬入瓶口，落入預置的網羅。[78]

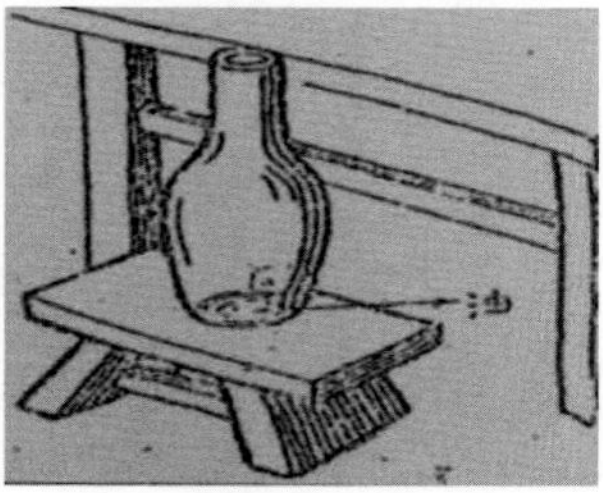

圖5-40

由於蟑螂不容易清除，因此，人人對捕捉蟑螂都有一套方法，筆名「魁吉」的作者，也在〈簡易的捕蟑器〉中，推薦一種和「使用DDT，及BHC等毒餌，有同樣的功效；然而卻無食物中毒的危險」的捕蟑器，他還不忘叮嚀讀者：「蟑螂俗名油蟲，是廚房裡常見的害蟲，牠住在廁所和廚房之間，食物和糞便，都是牠的食料」。[79]同時，還附有捕蟑器的大致圖樣（圖5-41）。

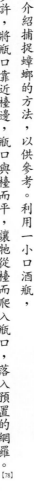

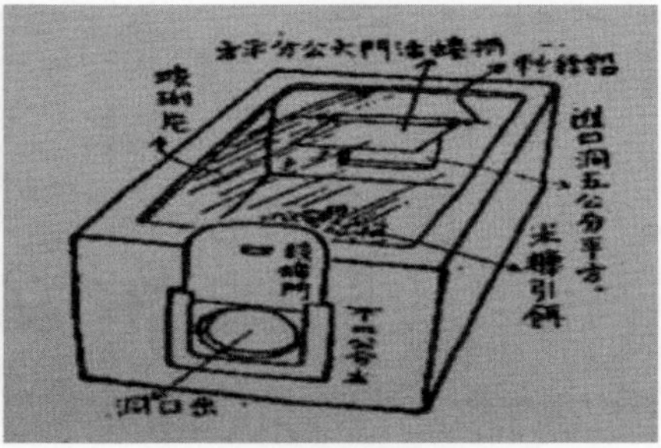

圖5-41

圖5-42

除了蟑螂之外，臭蟲也經常在農民的屋子裡出沒，「家庭常識」指出，臭蟲在醫學上雖然沒有被證明會傳染疾病，但它藏匿在家裡的衣被、木料、家具或牆壁等的空隙裡，被臭蟲刺到後，會紅腫癢痛，令人很難受，「家庭常識」特別提出三種簡單的撲殺方式，並繪圖顯示（圖5-42）。[80]

無論這些方法是否有效，必須承認的是，編者或作者在提供方法之外，連帶把蟑螂的危害狀況及如何維護環境衛生的觀念，帶給了讀者。

(二) 衛生

1. 灌輸清潔衛生知識

培養清潔衛生觀念除了經由文字宣導外，也通過漫畫傳遞。

〈清潔的故事〉和〈衛生的故事〉這兩則漫畫，分別刊登在「兒童園地」、「農村兒童」上，因為讀者是兒童，圖說相當淺顯易懂。〈清潔的故事〉以六張連續漫畫

圖5-43

圖：「約了幾個小朋友」、「把拉圾和野草清除」、「陰溝放消毒水」、「打掃廚房噴『滴滴涕』DDT」、「吃飯沒蒼蠅」、「乘涼沒蚊子」，一步步地教導兒童如何撲滅蚊蠅，維持環境的清潔。[81]

〈衛生的故事〉也是六張漫畫圖，但先有圖說，再來才是圖像。圖說的內容是：「去年我兄弟二人，因爲很輕微的疏忽，吃了不清潔的西瓜，回家時，肚子便痛起來，大吐大瀉了好幾天。母親怕我們害了傳染病，立刻送到醫院去，經過醫生的檢查及診治、打針、服藥，過了幾天才好，大概是吃了不衛生的東西。你們看，多麼危險啊！」[82]儘管文字的敘述較多，但對中高年級的學生並不困難，他們能藉此吸收到「衛生」的知識，並注意飲食的清潔問題。〈我的衛生好習慣〉是用十二張漫畫圖教導兒童如何養成衛生習慣，漫畫中的旁白是採口訣形式呈現，分別爲「我天天早起」、「我天天早睡」、「我天天早上洗面嗽口」、「我吃東西以前一定洗手」、「我常常剪指甲」、「我吐痰在痰盂內」、「我不吃零食」、「我不咬手指」、「我的衣服常常換洗」、「我不用手擦眼睛」、「我不用手挖耳朵」、「我不用衣袖擦鼻涕及嘴」，[83]這十二組口訣，與兒童的生活息息相關，也很容易琅琅上口。

事實上，當時小學生的常識課本，就有不少與清潔衛生有關的課文和圖像，例如，初級小學的第六冊課本有〈怎樣驅逐蚊蠅、蚤、蝨和臭蟲〉。[84]顯示這方面知識如何經由各方面傳遞給兒童。

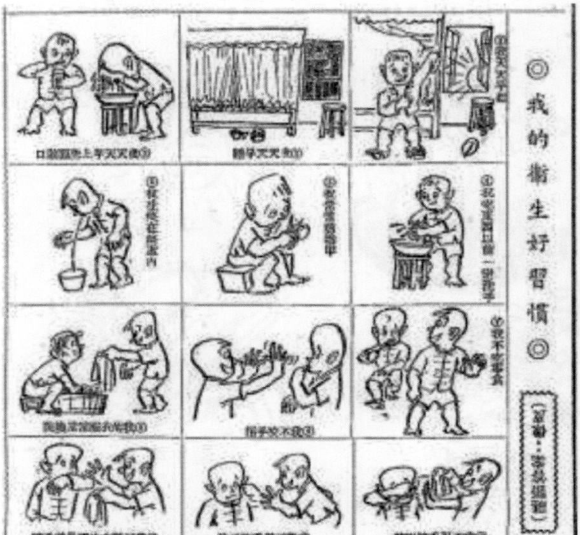

圖5-45

圖5-44

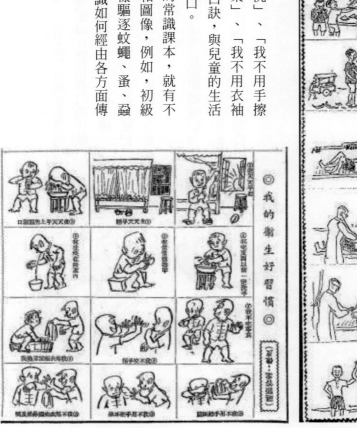

2.保持環境衛生

前面提到的〈家政雜談〉，有三則特別注意環境衛生，譬如，該文強調衣服被褥與身體接觸的機會較多，爲避免細菌藏匿，應經常保持清潔和多曬太陽。有一則提到窗戶用來疏通空氣，廚房頂的小窗「能把烹飪中的氣味和燃料的煙灰疏通外出」，建議讀者應多開天窗。[85]

還有一則指出：「靠近睡眠地方安置的便桶切勿久留宜每早清除，免得臭氣四溢，有礙衛生。房屋地下污塵穢物，宜每早清除，即使偶然弄污亦應立即清除」。[86]

圖5-46

圖5-47

六、圖像中的養兒育女

（一）育嬰方式

照顧嬰兒是相當不容易的事，雖然農村多半是大家庭，新手父母可以經由長輩指導育嬰常識，但從《豐年》的「婦女家庭」專欄，不時能看到相關知識的介紹，包括文章、漫畫等，甚至還設有「家庭信箱」、「家庭常識」、「家庭顧問」，讀者可以去函詢問，而且這類小專欄大多附有文字插畫，顯得活潑、有趣。例如，一九五二年該專欄的「信箱」登載署名「朱太太」的問題：

聽到鄰家白太太說嬰孩應兼吃水果汁來助維他命，請示服法及用量？

編輯回答：

三四個月的嬰孩，應開始給予果汁來補充維他命，每天最少一次。四個月的嬰孩每次最少二、三匙，漸漸增加。一歲時應食一整個的柑果汁，食時應在食乳時間的中間，如果汁過酸可加糖少許，其他如橙、菠蘿、檸檬等果汁亦可。注意所用器具應完全消毒清潔。

另有一位臺北林太太則問：

八個月嬰孩以牛奶粉代母乳時，每次都吐乳是否乳質不合並請教乳粉的用法和介紹別種食品？

編輯回覆：

食母乳不吐而食牛乳粉即吐，便可證明胃腸並無不好，或許由於配合的不對。應照乳粉罐外說明的用法來調和，吃後如仍續吐，便是牛乳粉的不適合，可試混和米湯及石灰水，如再無效，當請教醫生。[87]

對於讀者去函詢問家庭問題，編輯部非常重視，一九五四年刊登「小啓」，特別聲明：「讀者們投稿或來函詢問有關家庭問題時，務請寫明詳細地址和眞實姓名，以便答覆及結算稿費，不願公布眞姓名或欲用筆名者，請特別註明，否則問題沒有答覆，稿費延期收到或收不到時，請原諒！」[88]且不論來函者是否出自讀者，或是編輯的「自導自演」，從前述的問答顯示，該信箱提供母親怎麼

圖5-48

圖5-49

爲嬰兒增加營養、怎麼餵食牛乳。

也有人寫出自己的經驗。筆名「阿南」的作者，和讀者分享她爲嬰兒洗澡的經驗：

> 記得我的第一個孩子出世時，我不敢去抱他，因爲初生的嬰兒，渾身軟綿綿的。替嬰兒洗澡，更不知道怎麼下手了。後來幸虧有經驗的母親們教我多次，才學會了爲嬰兒洗澡的方法。[89]

作者不但仔細解說嬰兒洗澡的方法，還有附四個簡圖（圖5-50）。

編者的〈嬰兒的發育標準〉，特別用十二張圖像，呈現正常嬰兒的發育過程，並告訴讀者：「如果您的小寶寶出生後的發育過程是和這些圖解完全一致的話，那就是一個很健康的嬰孩了」。[90]這十二個圖解分別是：

1. 出生後兩個月的嬰孩用手扶持他，可以站立一會兒。

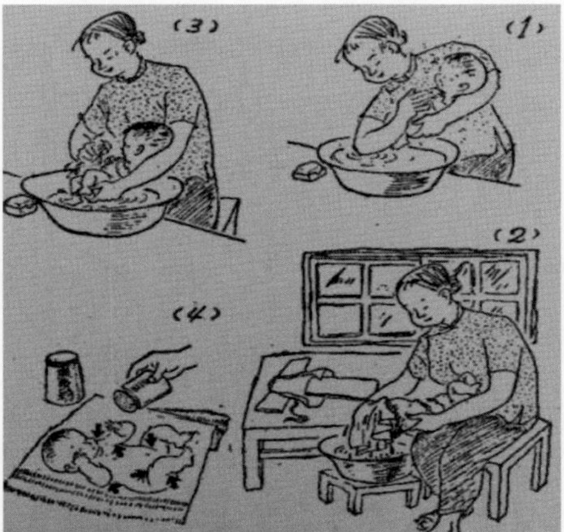

圖5-50

2. 三個月的嬰兒可以抬頭看看高處的東西。
3. 四個月的幼兒會翻身打滾。
4. 五個月的小孩能夠抬頭挺胸。
5. 五個月的小孩也會雙手抓東西。
6. 六個月的孩子可以獨自坐在欄椅上玩。
7. 七個月的小孩可以自己坐起來。
8. 八個月大的嬰孩已經會爬行。
9. 九個月的孩子可以靠著一件東西站起來。
10. 十二個月的孩子大人可以拉著他走路。
11. 十四個月的孩子會自己站立。
12. 十五個月的孩子會自己走路了。[91]

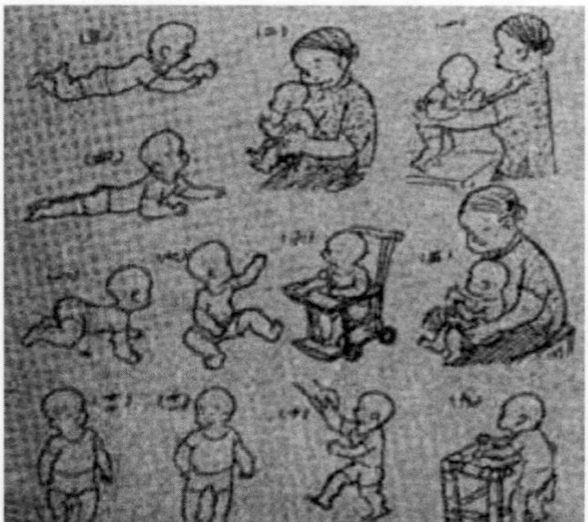

圖5-51

(二)教養兒童

這些專欄不僅提供初生嬰兒的照顧常識，凡是兒童成長過程的各種疑難雜症，都可諮詢。《豐年》首次推出「家庭信箱」時，便指出該信箱「專爲解答有關婦女家庭問題：如衛生、營養、育嬰、疾病的預防、治療、醫藥、婚姻、法律、裁縫、刺繡、編織等等」，[92]當期就有署名「吳阿桃」的讀者提出「麻疹」，「林金火」詢問「小孩氣喘」等問題。以「小孩氣喘」爲例，讀者林金火在信箱中寫道：「請示關於小孩氣喘（乳咳）的原因，預防及治療方法？」[93]回答這個問題的是林彩霞醫師，不但做了文字說明，還附插圖，上面寫著：「室內須要通風清潔，衣服要常常換，注意濕、冷、傷風」。[94]

該刊第三卷「家庭常識」，更有來自臺中、鳳山、中壢、苗栗、基隆、麻豆、二水等地的母親提出教養孩子的問題，包括小孩亂塗鴉、怕生人、忌妒弟妹、缺乏耐性、增加身高、刷牙、語言缺陷等，編者都逐一詳細回答。[95]

「家庭顧問」也採提問方式，問：

你怎麼辦？當你的孩子在剪髮時因恐怖而大哭大鬧時，你是不是①迫著他讓剪髮師去剪？②與他講道理③事前讓他有準備？

答：

圖5-52

事前讓他有準備，讓他參觀別人剪髮，像父親哥哥剪髮時可帶他去看幾次，每次剪完後並讚賞表示剪髮清潔美觀而且舒適，這樣幾次以後就不但不會怕了，而且爲漂亮美觀就自動要求剪髮了。[96]

圖5-53

兒童的照顧還特別需要注意他們的安全，因此，〈注意孩子的安全〉一文提到各種安全問題，也畫了四幅插圖，並說明：「在高處拿著剪刀等玩弄，跌下危險」、「鐮刀，犁，耙，鏟等利器，應存放在孩子們（拿）不到的地方，以免發生危險」、「別讓孩子自己拿開水等危險物」、「火柴等危險物品應收藏起來，免孩子好奇玩弄而造成災害」。[97]

圖5-54

圖5-55

圖5-56

圖5-57

圖5-58

圖5-59

圖5-60

必須注意的是，《豐年》不但把兒童成長的知識傳遞給父母，也教導給兒童。〈骨骼的常識〉一文，主要在向兒童說明人體骨頭的數量、組成、作用，以及缺乏鈣會對骨頭帶來何種影響、應該如何從食物或陽光中，補充鈣質，文中還穿插兩張漫畫，呈現缺乏鈣的後果，一張是「腿向內及向外彎的情形」，另一張是「小時不注意姿勢，後來長大成人就變成駝背、彎腰等情形」。[98]

而兒童對該刊提供的知識有何反應呢？一位宜蘭礁溪的賴璧容小朋友在〈「豐年」與我〉中指出：

> 在每月初一、十五早晨九點鐘左右他就來了，他講給我聽各項常識，以及數千里外的新聞，他的性情是這麼的溫柔可愛，你有甚麼事情不明白，你一去問他，他就很詳細的告訴你。我自從接受了他的指導，功課日漸進步，智識與日俱進。[99]

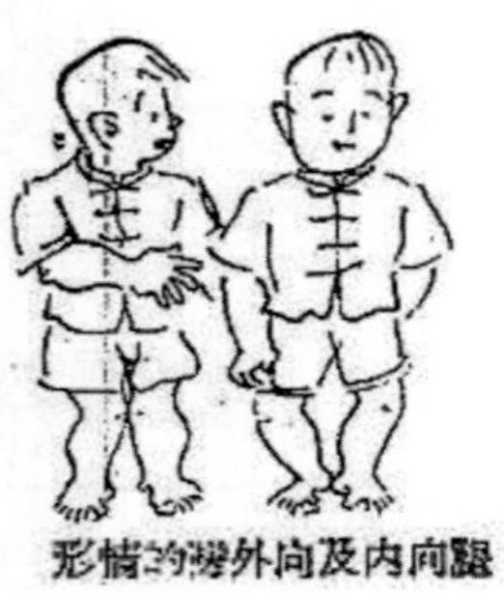

圖5-61

圖5-62

至於《婦友》也經常刊登養育兒童的文章，只不過這類文章較爲嚴肅，也沒有插圖或漫畫。

（三）節育觀念的建立

傳統女性沒有節育觀念，一般父母都生育許多小孩，造成家庭經濟或生活品質的降低。雖然早在日治時期便有節育觀念的宣導，但直到一九五四年，中國家庭計劃協會成立，節育觀念才落實到每家每戶，當時該會曾派員到各鄉鎮村里，按戶勸說；或者以召開母親會的方式，宣傳節育常識及方法。【100】由於蔣夢麟大

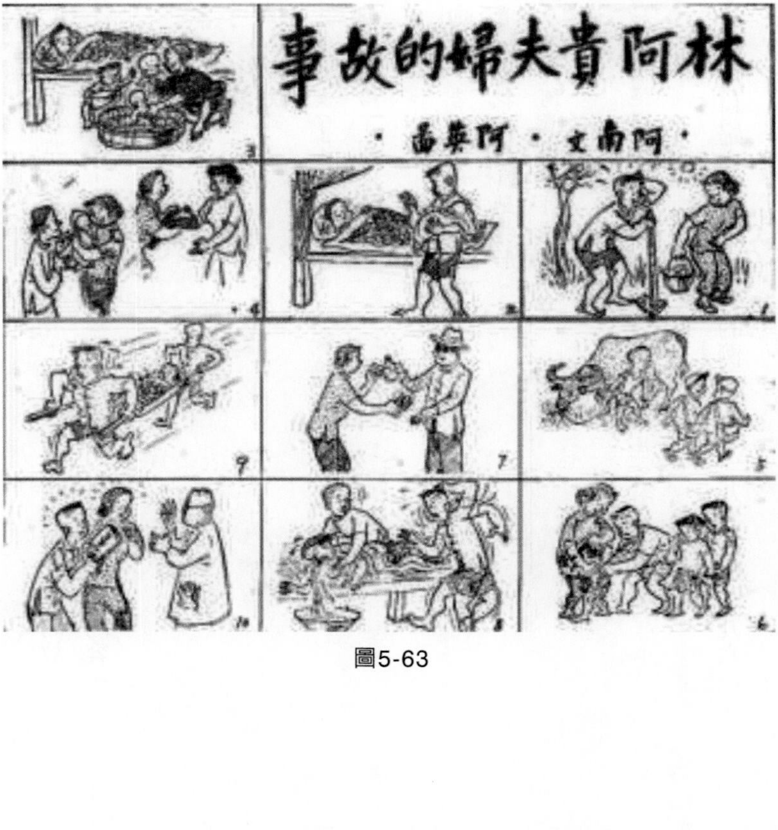

圖5-63

力倡導節育，做爲農復會喉舌機關的《豐年》當然也配合宣導，阿南的〈林阿貴夫婦的故事〉，配合了阿英（楊英風的筆名）的連環漫畫，把節育觀念帶給讀者。這個故事的內容是：

1. 阿貴婚後三月，妻子阿月懷孕了，兩人都高興得很。
2. 不久生了一個兒子，二人自然非常喜歡。
3. 但是到第四年，他們已經有了三個子女了，而經濟卻日感窘迫。
4. 因此把後來生的幾個女兒，一個個送給了別人撫養。
5. 八歲的大兒子，停了學去給人家看牛。
6. 送給王家的老三，哭著偷逃了回來，告訴父母王大嫂給她的虐待。
7. 這時阿月又有孕了，便瞞著阿貴，去找密醫爲她打胎。
8. 服藥後流血不止，且吐瀉腹痛，急得阿貴無計可施。
9. 鄰居阿強提醒阿貴趕快把阿月送醫院。
10. 醫生急忙給阿月服藥安胎，勸她以後絕對不可打胎，並送他們一本生育計劃的小冊。[101]

這個故事說出許多家庭的問題。其實農村婦女避孕不成功的例子，在一九五〇與一九六

○年代不時可見，許多貧困家庭被迫需要把小孩送養他人或讓小孩輟學，這個圖說故事正說出許多家庭的困擾與無奈，卻也做了節育的宣導。

七、結論

根據前面的歸納可以看出，一九五○和一九六○年代的家政圖像，以插畫多於漫畫，插畫又可分成兩類，一類是配合內文而畫，例如食物的烹調、衣物或用具的製作、房屋與擺飾的設計、營養或衛生觀念的指導、養育兒童的方式等，經由有步驟的插圖說明，讀者一目了然，即使是不識字的女性，大多能心領神會。另一類是純粹的版面設計，在文章中插入相關小插圖，增加讀者閱讀的情趣。雖然本文不研究插圖的來源、性質，但從我選擇的插畫顯示，《婦友》的插畫有部分引自外國，例如服裝設計、房屋裝飾等。至於漫畫，主要呈現在《豐年》，畫者以簡單的故事，指引讀者家政知識，特別是清潔衛生、生育控制、教養兒童等。

無論是圖像家政或是家政圖像，都是在灌輸家政知識，而這些知識不外有衣食住、生活用品、疾病與衛生、養兒育女等。值得一提的是，在插圖、漫畫或文字敘述中，有很大部分是出自現實考量，例如，關於衣食住或生活用品等方面的製作或設計，不是取材廢物利用便是臺灣本地材料，在經濟不景氣的一九五〇與一九六〇年代，這與民眾的實際生活若合符節，多半不是空中樓閣，而《豐年》和《婦友》在關注如何節約生活上，沒有城鄉區隔。至於疾病、清潔與衛生觀念如何落實到民眾家庭生活中，專門給農村民眾閱讀的《豐年》，提供不少相關資訊，從病媒來源的介紹、病媒防治到家庭與個人的清潔衛生，無所不談。有趣的是，《豐年》不只指導家庭主婦，同時也教育兒童，因此在婦女版或兒童版都能看到，而且以漫畫表現的占絕大多數。養兒育女的圖像主要出現在《豐年》，在教育兒童上都建議不溺愛兒童，並矯正兒童依賴的個性，《豐年》的教養方式是以多元角度爲父母解答小孩的各種疑難雜症。

必須一提的是，雖然前面提到的「讀者園地」專欄編輯認爲，在統計讀者來函中，農村女性的來函比較少，但根據上述論述可以看到，家庭版的「讀者信箱」，曾吸引不少女性農民去函，她們不但在養兒育女上提出各種疑難雜症，也對衣服的編製充滿求知欲；進一步說，農村女性沒有和《豐年》的總編輯部打交道，卻向家庭版的編輯表達她們的需求。另外，家庭版有時會有經驗分享的文章，雖然無法確知他們是女性或男性，也無法得知是否爲農民，但還是有出自農村女性的家政經驗，前面提到雪花膏的製作，就是來自四健會的會員；戴王招美的〈我飼養北平鴨〉，則來自作者飼養北平鴨的經驗談。[102]因此，女性農民雖然不如男性農民反應熱烈，但農村女性還是在《豐年》家庭版發聲，重要的是，相較於當時臺灣的其他女性刊物，《豐年》給了農村女性發聲的空間。

除了農村女性之外，《豐年》其實也吸引其他女性注意，從「家常便菜」這類文章可以看到，有的食譜是出自家庭主婦，而且有不少外省籍女性提供家鄉的家常菜，讓臺灣農村女性也可以試做外省菜。坦白說，當時的女性雜誌不乏食譜介紹，但多限於城市的知識女性，而透過《豐年》，臺灣族群的飲食有交流的機會。[103]或許有的人會認為，這是一種外來霸權文化的展現；然而，飲食交流在戰後的臺灣是相當普遍，更何況許多外省菜的素材無法在臺灣找到，反而需要就地取材，這樣的菜餚顯然沒有省籍區隔，也搆不上「外來霸權」四字，而且從日治時期到現在，飲食交流的戲碼便不斷在臺灣上演。此外，「縫紉講座」也一樣做了文化交流，有意思的是，一九五六年就開始為國民黨婦女工作委員會的《婦友》月刊撰寫服裝設計的馮鏡淳，在一九五七到一九六〇年間，也在《豐年》的家庭版介紹衣物的製作。

不容否認的，衣食住、生活用品、疾病與衛生、養兒育女等，多半從實際層面出發，就如前提；不過也不能忽視，有的建議與現實脫節，例如，服裝設計必須使用縫紉機，但當時究竟有多少家庭購買得起縫紉機？《婦友》的室內裝飾介紹多引自西方，而屋子的空間或裝飾材料，並非一般家庭所能承擔。至於《豐年》的浴室和廁所等的建置，也只限於部分家庭，農村多半還是採用公廁或戶外廁所居多。

無論如何，經由圖像家政或是家政圖像，我們對一九五〇與一九六〇年代，臺灣城市與鄉村之間的家政知識建構，有了大致認識。雖然有的概念頗爲虛幻、不合實情，卻不能否認媒體試圖把西化、科學化、現代化帶入家庭，而且以淺簡易懂的圖像表達，這其實比文字敘述更加能被一般家庭接受。

注釋

※本文原收入李達嘉主編，《近代史釋論：多元思考與探索》（臺北：東華書局，二〇一七）。

【1】王德瓊編，《家政學》（臺北：正中書局，一九五九），頁一—一、七。

【2】游鑑明，《日據時期臺灣的女子教育》（臺北：國立臺灣師範大學歷史研究所，一九八八），國立臺灣師範大學歷史研究所專刊（二〇），頁五四、六一、二六八。

【3】游鑑明，《日據時期臺灣的女子教育》，頁二二一—二二三。

【4】鄭世興，《我國近代鄉村教育思想和運動》，（臺北：正中書局，一九七四），頁二五八—二七六。

【5】三卷二一期到四卷二四期更名為「婦女與家庭」，五卷一期到五卷六期又改回「婦女家庭」，五卷七期到一〇卷二四期再次更名為「農村家庭」。

【6】〈婦友〉月刊的讀者，其實還包括軍人、海外華僑等，游鑑明，〈是為黨國抑或是婦女？一九五〇年代的《婦友》月刊〉，《近代中國婦女史研究》，期一九（二〇一一年十二月），頁九六—一〇三。

【7】鍾博，〈豐年雜誌命名由來及其發展—從蔣夢麟堅持「寶島」到許伯樂力爭「豐年」的一段經過〉，《傳記文學》，卷六四期五（一九九四年五月），頁八三。

【8】《豐年》，卷十期二〇（一九六〇年十月十六日），頁五。

【9】鍾博，〈豐年雜誌命名由來及其發展—從蔣夢麟堅持「寶島」到許伯樂力爭「豐年」的一段經過〉，頁八一—八三。

【10】蔣夢麟，〈發刊詞〉，《豐年》，卷一期一（一九五一年七月十五日），頁二。

【11】蔣夢麟，〈發刊詞〉，頁二。

【12】鍾博，〈豐年雜誌命名由來及其發展—從蔣夢麟堅持「寶島」到許伯樂力爭「豐年」的一段經過〉，頁八二—八三。

【13】豐年社編輯部，〈給女同胞們的信〉，《豐年》，卷一期一（一九五一年七月十五日），頁八。

【14】〈豐年對號大懸賞〉，《豐年》，卷五期七（一九五五年四月一日），頁二三。

【15】〈讀者與編者〉，《豐年》，卷七期二三（一九五七年十二月一日），頁三。

【16】〈讀者與編者〉，《豐年》，卷九期一三（一九五九年七月一日），頁三。

【17】例如，一九五四年改版以來，一年半不到，曾先後舉辦過三次有獎懸賞和三次有獎測驗，〈豐年對號大懸賞〉，頁二三。

【18】〈編者與讀者〉，《豐年》，卷五期八（一九五五年四月十六日），頁二五。

【19】〈讀者與編者〉，《豐年》，卷五期二四（一九五五年十二月十六日），頁二五。

【20】由於當時有許多家庭喜歡自釀醬油，但製作過程太長，經過農復會專家試驗，成功研發優良醬油種麴，據該會鄉村衛生組食物專家李秀表示，這種種麴做出來的醬油，品質優良，醱酵快，無論家庭小規模製造，或廠家製成商品出售，都非常相宜。〈贈送優良醬油種麴〉，《豐年》，卷八期一（一九五八年一月一日），頁二三。

【21】蔣夢麟，〈發刊詞〉，頁二。

【22】鍾博，〈豐年雜誌命名由來及其發展—從蔣夢麟堅持「寶島」到許伯樂力爭「豐年」的一段經過〉，頁八二；吳世全，《藍蔭鼎傳》（南投：臺灣省文獻委員會，一九九八），頁二八。

【23】豐年社編輯部，〈豐年社徵稿簡則〉，《豐年》，卷一期一（一九五一年七月十五日），頁一一。

【24】〈約稿〉，《豐年》，卷三期一（一九五三年一月一日），頁一三。

【25】〈編者的話〉，《豐年》，卷三期二二（一九五三年十一月十六日），頁二一。

【26】一九五二年年底，農復會與美國農村專家在臺灣十六個鄉鎮的農村社會經濟調查報告，指出女性必須擔任極多的農田工作，一般水稻田除草、施肥、背負稻束，都由男女性共同工作，不能在田間工作的年老婦人，在家中看管孫輩、飼養雞鴨，農忙期間更兼煮飯，讓年輕婦女可以到田間幫忙。十六個鄉鎮計有

職業學校五所，縣立三所、省立二所。縣立職校有：（一）豐原初級商業職業學校，學生五百五十三人，70%為男生，30%為女生；（二）岡山高級農業職業學校，學生五百四十三人，全部為男生；（三）旗山初級農業職業學校，學生二百二十八人，全部為男生。省立職校：仁愛農業職業學校，計有男生五十人、女生四十人，均為高山族人。潮州職業訓練學校，沒有收女生；另一方面，農村女性教育程度普遍不及男性，根據農復會與美國農村專家的調查，十六個鄉鎮的學生中，有58%為男生，42%為女生，每天上課人數平均為81%，男生上課人數91%，女生則是71%。至於和農事有關的職業學校，也多半招收男生。雷伯爾著、蔡文希、石本素譯，《臺灣目前之農村問題與其將來之展望》（臺北：中國農村復興聯合委員會，一九五四），頁七五、一八七、二一九、二三二。

【27】〈豐年是讀者們自己的園地〉，《豐年》，卷十期一一（一九六〇年六月一日），頁三。

【28】〈食物的營養成分〉，《豐年》，卷一期三（一九五一年八月十五日），頁一一。

【29】〈談談食米〉，《豐年》，卷一期五（一九五一年九月十五日），頁九。

【30】〈廚房的經濟常識〉，《豐年》，卷三期一一（一九五三年六月一日），頁一〇。

【31】倪全福，〈醬筍製造法〉，《豐年》，卷一期四（一九五一年九月一日），頁九。

【32】〈西瓜皮的利用〉，《豐年》，卷一期五（一九五一年九月十五日），頁九。

【33】倪全福，〈醬筍製造法〉，頁九；〈西瓜皮的利用〉，頁九。

【34】吳文華的〈京冬菜的做法〉，《豐年》，卷四期一一（一九五四年六月一日），頁二三。

【35】陳千惠，《臺灣中部集集婦女的生活史：一九二〇～一九七〇》（太原：山西教育出版社），二〇一三年五月，頁一二六。

【36】〈漬物講習會〉，《豐年》，卷二期八（一九五二年四月十五日），頁九。

【37】〈食譜：四川名菜之一——回鍋肉〉，《豐年》，卷三期五（一九五三年三月一日），頁一〇。

【38】〈麵粉的幾種家常食法〉，《豐年》，卷三期九（一九五三年五月一日），頁一〇。

【39】阿英，〈麵塊湯和家常餅〉，《豐年》，卷九期一七，（一九五九年九月一日），頁二〇。

【40】〈實習麵粉各種吃法：農復會舉辦試食會〉，《豐年》，卷九期二二（一九五九年十一月一日），頁二五。

【41】〈實習麵粉各種吃法：農復會舉辦試食會〉，頁二五。

【42】雷伯爾著、蔡文希、石本素譯，《臺灣目前之農村問題與其將來之展望》，頁一一九。

【43】司徒儀，〈怎樣選購縫衣機〉，《豐年》，卷十期一一（一九六〇年六月一日），頁二六。

【44】詳見〈縫紉講座〉，《豐年》，卷三期二二（一九五三年十一月十五日），頁二二；《豐年》，卷三期二三（一九五三年十二月一日），頁二二；《豐年》，卷三期二四（一九五三年十二月十六日），頁二二。

【45】〈談補衣服〉，《豐年》，卷二期二二（一九五二年十一月十五日），頁一〇。

【46】〈縫紉：簡便夏季服裝〉，《豐年》，卷三期八（一九五三年四月十五日），頁一〇。

【47】〈兩用襯衫〉，《豐年》，卷五期二（一九五五年一月十六日），頁一八。

【48】江成彬，〈克難式的「短襖」〉，《婦友》，期一七（一九五六年二月十日），頁一三。

【49】美智，〈小巧玲瓏的嬰兒鞋〉，《婦友》，期一二（一九五五年九月十日），頁一三；江成彬，〈克難小圍裙〉，《婦友》，期一九（一九五六年四月十日），頁一六；江成彬，〈克難游泳衣〉，《婦友》，期二一（一九五六年六月十日），頁一七；江成彬，〈克難小外套〉，《婦友》，期一九（一九五六年十二月十日），頁一六。

【50】〈十歲左右女孩便裝〉，《豐年》，卷六期二（一九五六年一月十六日），頁二一。

【51】〈你喜歡這個提袋嗎？〉，《豐年》，卷六期一〇（一九五六年五月十六日），頁二〇。

【52】〈織毛線衣物的幾種基本針法〉，《豐年》，卷六期三（一九五六年二月一日），頁二一。

【53】〈怎樣洗去墨水污漬？〉，《豐年》，卷四期二三（一九五四年十二月一日），頁二三。

【54】〈怎樣洗去墨水污漬？〉，頁二三。
【55】周祖光，〈談談農村廁所〉，《豐年》，卷六期七（一九五六年四月一日），頁二〇。
【56】周祖光，〈談談農村廁所〉，頁二〇。
【57】〈洗澡與農村浴室〉，《豐年》，卷六期一〇（一九五六年五月十六日），頁二一。
【58】菱子，〈廚房：家庭生活的前衛〉，《婦友》，期二四（一九五六年九月十日），頁一三。
【59】菱子，〈廚房：家庭生活的前衛〉，頁一三。
【60】菱子，〈廚房：家庭生活的前衛〉，頁一三。
【61】雅南，〈粉刷牆壁的新方法〉，《豐年》，卷八期二二（一九五八年十一月十六日），頁二一。
【62】雅南，〈粉刷牆壁的新方法〉，頁二一。
【63】〈家政雜談〉，《豐年》，卷一期一一（一九五一年十二月十五日），頁九。
【64】〈膠刷〉，《豐年》，卷五期一一（一九五五年六月一日），頁二三。
【65】「家事常識」，《豐年》，卷五期二一（一九五五年十一月一日），頁二二。
【66】〈蛋殼的藝術〉，《豐年》，卷一期六（一九五一年十月一日），頁一〇。
【67】〈竹的工藝〉，《豐年》，卷一期七（一九五一年十月十五日），頁一〇。
【68】〈小勞作——簡單的燈〉，《豐年》，卷二期一五（一九五二年八月一日），頁一一。
【69】〈小勞作——簡單的燈〉，《婦友》，期三〇（一九五七年三月八日），頁九。
【70】〈小勞作——簡單的燈〉，頁九。
【71】〈米糠油治療法〉，《豐年》，卷一期六（一九五一年十月一日），頁九。
【72】〈蔬菜和水果做的化粧水〉，《豐年》，卷四期一六（一九五四年八月十六日），頁二二。
【73】〈蔬菜和水果做的化粧水〉，頁二二。
【74】徐富秋，〈保護皮膚的雪花膏〉，《豐年》，卷七期一（一九五七年一月一日），頁二〇。

【75】〈家庭常識——蚊蟲〉，《豐年》，卷二期二一（一九五二年十一月一日），頁一〇。
【76】〈家庭常識——蚊蟲〉，頁一〇。
【77】〈拍蒼蠅〉，《豐年》，卷三期一二（一九五三年六月十五日），頁一一。
【78】〈家庭常識——蟑螂〉，《豐年》，卷一期二一（一九五一年八月一日），頁九。
【79】魁吉，〈簡易的捕蟑器〉，《豐年》，卷七期二一（一九五七年十一月一日），頁二三。
【80】〈家庭常識——臭蟲〉，《豐年》，卷二期二一（一九五二年一月十五日），頁九。
【81】〈清潔的故事〉，《豐年》，卷一期二一（一九五一年八月一日），頁一〇。
【82】〈衛生的故事〉，《豐年》，卷一期三（一九五一年八月十五日），頁一三。
【83】〈我的衛生好習慣〉，《豐年》，卷二期二二（一九五二年十一月十五日），頁一一。
【84】國立編譯館，《初級小學國語常　課本（一至八冊）》（臺北：臺灣省政府教育廳，一九五二）。轉引自葉怡芯，〈一九五〇年代臺灣國民小學衛生教育之研究〉（國立臺北師範學院社會科教育學系九四級歷史組專題研究論文，二〇〇六），頁六四。
【85】〈家政雜談〉，頁九。
【86】〈家政雜談〉，頁九。
【87】〈信箱〉，《豐年》，卷二期二（一九五二年一月十五日），頁九。
【88】編輯室，〈小啓〉，《豐年》，卷四期一七（九五四年九月一日），頁二三。
【89】阿南，〈你會給嬰兒洗澡嗎？〉，《豐年》，卷十期一一（一九六〇年六月一日），頁二七。
【90】〈嬰兒的發育標準〉，《豐年》，卷十期二〇（一九六〇年十月十六日），頁二六。
【91】〈嬰兒的發育標準〉，頁二六。
【92】〈家庭信箱〉，《豐年》，卷二期一八（一九五二年九月十五日），頁一〇。
【93】〈家庭信箱——嬰兒氣喘〉，《豐年》，卷二期一八（一九五二年九月十五日），頁一〇。

【94】〈家庭信箱——嬰兒氣喘〉，頁一〇。

【95】〈家庭常識〉，《豐年》，卷三期二二（一九五三年十一月十五日），頁二三；同刊，卷三期二三（一九六四年十二月一日），頁二三。

【96】〈家庭顧問〉，《豐年》，卷三期一八（一九五三年九月十五日），頁一〇。

【97】〈注意孩子的安全〉，《豐年》，卷三期一七（一九五三年九月一日），頁一〇。

【98】〈骨骼的常識〉，《豐年》，卷三期一七（一九五三年九月一日），頁一一。

【99】〈「豐年」與我〉，《豐年》，卷三期一二（一九五三年六月十五日），頁一一。

【100】該會曾在桃園縣的六個鄉鎮，臺北縣的新莊，對一百多個村里進行該項工作，按戶勸說，大部分收到效果。此外在彰化縣的四個鄉鎮，該會以召開母親會的方式，宣傳節育常識及方法。〈出生率高人口膨脹 希望大家節育 蔣夢麟博士提出主張 家庭協會籲請男界合作〉，《中央日報》，一九五九年四月十四日，第四版。

【101】阿南文、阿英畫，〈林阿貴夫婦的故事〉，《豐年》，卷十期五（一九六〇年三月一日），頁二六—二七。

【102】戴王招美，〈我飼養北平鴨〉，《豐年》，卷五期二〇（一九五五年十月十六日），頁二五。

【103】根據國民黨婦女工作委員會發行的《婦友》月刊期一—七三（一九五四年到一九六〇年），其中不乏各類食譜，但從該刊的流通範圍來看，農村女性是不太有閱讀的可能。

第六章　是爲黨國抑或是婦女？一九五〇年代的《婦友》月刊

一、前言

一九五〇到一九六〇年的臺灣，爲對抗中共政權與安定臺灣民心，非常重視政治宣傳；政治宣傳有很多種類，報刊是其中一種，不但最具效果，也是攏絡知識分子的利器。如果報刊只採用老套、呆板的社論、專論做宣傳，很難吸引大眾注意，但受這時期國民黨文藝政策的影響，報刊改變宣傳方式，把文藝創作加入宣傳的隊伍中。

文藝政策最早出現在一九二八年，有鑒於文壇上左翼勢力的迅速擴張，而國民黨本身卻缺乏表現，國民黨宣傳部與文藝人士提出「三民主義文藝」的鼓吹，但這項呼籲沒有產生太大影響。[1]抗戰期間，張道藩[2]的〈我們所需要的文藝政策〉、作家王集叢的《三民主義文藝論》再度提出文藝政策的重要。[3]這些論說雖然也同樣不具效果，卻成爲一九四九年以後，臺灣文藝政策變遷的濫觴，張道藩就是文藝政策的主要推動者。[4]

臺灣戰後，隨著文化人陸續來臺，文藝界變得非常複雜，灰色、黃色的作品到處氾濫；直到一九四九年十一月，中國國民黨中央宣傳部副部長任卓宣，兼任臺北市文化運動委員會主委，積極展開反共反蘇文化運動，又邀請作家孫陵撰寫《保衛大臺灣歌》，才扭轉當時文壇風氣，並開啓反共文藝的第一步。[5]中央政府撤退來臺後，有部分人認爲，之所以失去中國大陸的政權是文藝工作的失策，必須加強文藝政策，因此，從一九五〇年開始，政府開始介入文藝界，文藝政策也就熱鬧滾滾地展開。

首先，在張道藩策劃下，成立屬於官方的「中華文藝獎金委員會」（簡稱「文獎會」），接著又發起民間社團「中國文藝協會」（簡稱「文協」），文協雖是民間團體，它的任務是「團結文藝鬥士，重整思想武裝」。[6]一九五一年，蔣經國也發表〈敬告文藝界人士書〉，並提出「文藝到軍中去」的策略，形成社會文藝界與軍中文藝界雙管齊下的犄角形勢。[7]一九五三年，蔣中正發表的《民生主義育樂兩篇補述》，更成爲國民黨在文化方面的施政綱領，對文藝發展有具體指示，很明顯的，蔣中正企圖透過政權力量扭轉五四以降的左翼文藝潮流，在臺灣重建官方文化的權威性格。[8]爲響應蔣中正《民生主義育樂兩篇補述》中「務須剷除赤色的毒與黃色的害」的號召，一九五四年，文協發起「文化清潔運動」，呼籲各界共同撲滅赤色、黃色、黑色三害。[9]一九五六年元月，中國國民黨第七屆中央常務委員會會議通過《展開反共文藝戰鬥工作實施方案》，讓文藝政策更加清楚、明確。[10]

在組織、理論與政策的交錯影響下，臺灣文藝界蓬勃發展，除了有文獎會、文協這些組織之外，一九五三年以後，又有「中國青年寫作協會」、「臺灣省婦女寫作協會」、「女作家慶生會」等藝文組織的成立，這些正式或非正式的組織，讓作家之間的互動比過去緊密；這時期，雜誌的發行更達巔峰，一九五〇年代出版的雜誌就多達六十多種，內容包羅萬象，有戰鬥、懷鄉、通俗與理論，許多作家參與主編或編輯的工作，他們被賦予生產優美文藝作品、以及傳達反共抗俄使命與恢復民族意識的任務。受這樣氛圍的影響，國民黨中央委員會婦女工作會（簡稱「中央婦工會」、「婦工會」）發行的《婦友》月刊，在一九五四年十月問世，該刊歷時四十三年，一九九〇年改爲雙月刊，直到一九九七年才停刊。《婦友》準備發行時，正是「文化清潔運動」展開之際，因此，這本刊物在宣傳黨國思想、倡導反共復國口號之外，也配合文化界，進行掃除三害運動。

本文無意對發行四十三年的《婦友》，進行全盤研究，僅選擇一九五四年十月到一九六四年九月這十年。一方面，這期間中央政府正大力倡導反共復國思想，婦工會也積極推行「幸福家庭運動」，作爲黨國喉舌機關的《婦友》，究竟如何配合宣傳？而由政黨主導發行的刊物，除了具有爲黨宣傳的目的之外，是否提供其他與宣傳理念無關的內容，以激起一般民眾的興趣？特別是給女性閱讀的刊物，如果過於泛政治化，是否得不到認可？上述問題，相當值得研究。

另一方面，《婦友》，是一本是多元文化交會的場域，十年裡，該刊共計出版一百二十期，每期有三十二頁，在封面與內頁附有照片與漫畫；並曾刊登四十七種專欄，[三]其中社論、論著、特寫、文藝、女青年園地等專欄，較爲固定，每個專欄都多達百期以上。以十年爲研究範圍，不僅容易掌握該刊編輯群的人事變動，研究課題也不易流於枝蔓。

目前研究報刊史，多半著眼文本分析，但如果資料充分，我們對知識生產過程應該一併探究，包括刊物的發行單位、編輯群、編輯與審查方式、經費來源或流通情形。同時，編輯與投稿人、刊物與閱讀主體之間的權利或互動關係，也不能忽視。因此，本文分成兩部分進行研究，首先，討論《婦友》的生產過程與流通情形，做爲一本政黨的婦女刊物，《婦友》是由哪個單位發行？經費是否充裕？編輯成員的背景如何？是否全是黨工？還有，政黨刊物是否只贈送而不販賣？讀者的反應又如何？接著進行文本分析，並分成「《婦友》呈現的婦女特寫與婦女工作」、「幸福家庭在《婦友》」與「《婦友》宣揚的反共思想」三組議題，觀察《婦友》是以何種文類呈現給讀者；並進一步究明以婦女爲出發的國民黨刊物，究竟想呈現什麼？是傳播黨國思想，還是啓發婦女？如果是後者，是否兼顧不同族群？總之，透過這內外兩部分的研究，可以較清楚地勾勒一本由政黨發行的刊物圖像。

另外，需要說明的，以《婦友》爲研究課題的論著並不多，目前有兩本碩士論文從事相關研究，施碩佳的〈從無聲到有聲——論《婦友》雜誌中參政女性的主體性〉、張毓芬的〈女人與國家——臺灣婦女運動史再思考〉（以下簡稱「女人與國家」）。[12]前者與本文較無交集，此處不做討論；至於張毓芬的「女人與國家」，雖以臺灣婦女運動爲研究主題，但因關注婦工會在臺灣婦運的角色，有些史料引自《婦友》，與本文略有重疊，本文將試圖與該文對話。

二、《婦友》的出版機構與出版宗旨

《婦友》是國民黨的刊物，出版機構當然是國民黨的單位，而這個機構爲何要發行《婦友》？本身的組織結構如何？作爲黨營刊物，該刊的出版宗旨爲何？

(一)出版機構：中國國民黨中央委員會婦女工作會

戰後臺灣在沒有殖民政權控制下，出現各種社團，臺灣婦女也積極組織婦女團體，並發行刊物。一九四六年，臺灣省婦女會（簡稱「省婦女會」）發行的《臺灣婦女》月刊，是臺灣戰後最早的刊物，也是有史以來第一本由臺灣女性自辦的刊物；中央政府遷臺後的第二年，又有一本婦女刊物《中華婦女》問世，和《臺灣婦女》不同的是，這是中華婦女反共抗俄聯合會[13]（以下簡稱「婦聯會」）發行的刊物。一九五四年，又出版一本與《中華婦女》性質相近的刊物《婦友》，這是國民黨婦女組織——婦工會主導的刊物，雖然國民黨在中國大陸曾出版不少婦女刊物，但爲了因應遷臺後的大環境，刊物內容與過去並不相同。

討論《婦友》之前，本文先對「婦工會」成立的背景和性質做說明。一九四九年年底，中央政府遷臺，為推動反共抗俄時期的婦女工作，宋美齡召集陳譚祥、呂曉道、皮以書與錢用和等人，在一九五〇年四月組成婦聯會。[14]原本是臺灣最大的婦女團體——省婦女會，不再擔任龍頭老大的位置；不過，婦聯會的組織固然龐大，僅是人民團體。一九五三年十月二十一日，國民黨成立的中央委員會婦女工作指導會議（以下簡稱「婦指會議」），才是戰後臺灣婦女界的最高領導機構。

根據國民黨第七屆中央委員會常務委員會第六十二次會議的〈中央委員會婦女工作指導會議暫行規則修正通過〉第三條規定：「本會議之任務，為加強婦運政策及工作之推進，並領導各級婦女機構或團體，展開本黨婦運工作」。[15]這項規定，清楚說明「婦指會議」的領導位置，而宋美齡也以指導長的身分出任領導。[16]同時，常務委員會第六十二次會議還議決「婦指會議」下設置「婦女工作會」，婦工會的任務則是「秉承指導長暨婦女工作指導會議之決議，掌理婦女運動工作及婦女團體之黨團活動」。[17]進一步說，這時臺灣的婦女組織是由「婦指會議」和「婦女工作會」帶領，前者是決策機構，不負責行政，後者是執行機構，執行婦工決策及指導會議的決議。[18]

儘管婦工會「掌理婦女運動工作」，在本質上，卻與國民黨過去的婦女組織不同，一九五三年，宋美齡在婦指會的第一次委員會議中特別表明：

> 過去本黨所設立的婦運機構，僅是推行婦女運動，運動是一時的，不能奠定工作的基礎，現在組設的婦女工作機構，和運動就不同了。【19】

換言之，婦工會不進行婦女運動，而是從事婦女工作。根據〈中國國民黨婦女工作指導方案〉，婦工會指導方針有三項：加強婦女訓練、健全婦女組織、培養婦女知能；【20】隨著婦工會組織的演進，婦女工作的要點增爲五項：以政策領導婦女群眾、以組織結合婦女人才、以訓練培養婦女知能、以服務輔導婦女生活、以文教指導婦女人生。【21】

爲落實婦女工作，婦工會在組織編制方面層次分明，中央設有正、副主任，負責推進工作，下有祕書、專門委員和幹事等，並設有五室，分別掌管總務、組訓、服務、研究及宣傳等業務。【22】一九五四年九月起，則陸續設置向全島不同階層推動婦女工作的四個部門，包括地方、產職業、知識青年、前線。【23】一九五五年九月，婦工會又建立義務幹事制度與婦工宣傳網，透過義務幹事和婦女宣傳員，在全省各地的鄉鎮村里，推行工作下鄉的政策，並深入家庭，展開宣傳工作。【24】另外，爲發揮輻射性的組織功能，婦工會除了透過上述四大部門建立鞏固的外圍組織之外，又與其他婦女團體建立密切關係，特別是組織龐大的各地婦女會，更是婦工會聯繫的主要對象。【25】這種上下一貫、縱橫聯繫的整體工作網及龐大的組織人員，將國民黨的婦女工作深入基層。

除了有堅實的組織架構外，婦工會宣傳室在一九五四年七月擬訂編輯《婦友》雜誌計畫，並於當年十月，以月刊方式正式發行；這本刊物問世後，成爲婦工會的組織內部和外界溝通的重要橋樑，也符合婦工會「以文教指導婦女人生」的工作要點。

（二）出版宗旨

婦工會何以要創辦《婦友》？出版的形式如何？透過婦工會的年度工作報告與《婦友》創刊詞，可以了解其中梗概。從創刊詞明顯看到，《婦友》是配合「文化清潔運動」而發行：

> 當國家民族遭受危難的時候，社會風氣的盛衰，人心的振靡，都與文化的隆替有關，所以移風易俗，賴於發揚文化，申張正義，賴於讜論名言，不幸近日文化魔障瀰漫寶島，三害毒素，不脛而走，影響文風，於此爲甚，關心文化的人士，鳴鼓而攻，口誅筆伐，同爲掃除三害而努力，文化陣容，於以嚴肅，要圖澈底澄清文壇，發揮移風易俗的作用，應該積極提倡純眞優美的民族文藝，藉以復興民族教育精神。[26]

創刊詞還強調，編行宣揚正義的刊物，是推行社會改造運動的重要工作，也申明「爲組訓婦女，參加建國復興大業，教育婦女，培養齊家治國本能，喚醒婦女，揭發匪共禍國暴行，迫待義正辭嚴的理論，和輕鬆警闢的刊物，以實踐復興民族精神教育的任務」，是發行該刊的動機。[27]

此外，這本刊物是根據〈中國國民黨婦女工作指導方案〉的主旨及該黨婦女工作動向，訂定《婦友》發行計畫，並預訂三個目標，做為該刊的指針：一是表達純潔的思想，剖析婦女問題的癥結；二是闡揚眞確的理論，指導婦女工作的前進；三是提倡優美的文藝，啓發婦女寫作的興趣。[28]

《婦友》的發行宗旨雖然充滿闡揚主義、宣導政策的冠冕堂皇話語，但為爭取廣大婦女的欣賞與愛護，《婦友》創刊詞特別表明，該刊的內容「採取綜合性」、形式「重在藝術化」，而且「雖不敢以脫盡窠臼而自詡，但必實踐避免拾取牙慧以自豪」。[29]這項說法的確落實在創刊號中，當期的《婦友》分成社論、論著、家庭與兒童、點心點心、特寫、文藝、女青年園地、書評等專欄，提供各界婦女閱讀。一九五六年，中央婦女工作指導會議第廿四次幹事委員會議，還特別議決「改良婦友月刊內容，務使適合一般婦女閱讀」。[30]

這樣的編輯風格，始終不輟，刊登在《暢流》半月刊的《婦友》創刊號廣告，除了指出《婦友》是一本「促進婦女工作」、「改善婦女生活」、「研究婦女問題」、「提倡婦女文藝」、「發揚眞善美」、「掃蕩赤黑黃」的刊物，並強調該刊「文字輕鬆」、「編排活潑」。[31]當《婦友》出版百期時，主編王文漪也再次表明：「就態度說，本刊是嚴正的，但情調卻是輕鬆的。」說出《婦友》是本嚴肅中不乏輕鬆的刊物，不是沉重的政治宣傳。[32]

三、《婦友》的編輯群與編輯方式

《婦友》是婦工會主導的刊物，編輯成員是否限定黨工人員？可有其他人參與編輯工作？該刊採用何種編輯方式？稿件來源如何？可曾對外徵稿？徵稿的對象如何？對於來稿，編輯部是否設有審查制度？

（一）從編輯群、編輯工作到編輯經費

在討論編輯群之前，我們先了解《婦友》的發行單位或發行人。透過版權頁可以看到其中變化，創刊時，該刊發行人是首位主任李秀芬；[33]但當年十一月九日，李秀芬獲准辭職，[34]因此，第二期版權頁的發行人改爲「婦友月刊社」。[35]而第四期的「編後」雖曾申明，發行人是接任婦工會主任職務的錢劍秋，[36]錢劍秋的名字卻是在五十四期（一九五九年三月）之後，才列進版權頁中；一直到一二〇期，《婦友》的發行人都是錢劍秋。

至於編輯群的名單，在《婦友》的版權頁中，只有「婦友月刊編輯委員會」的全稱，看

不到編委們的名字；透過婦工會一九五五年度的工作報告，才得以看到主編和部分編委的名字：「聘請著名女作家鍾梅音爲月刊主編，並於本年度加聘張明、陳約文爲編輯委員」。[37]事實上，在本文研究的這一百二十期中，主其事者王文漪（筆名潔心、紫芹、煥然），曾主編《軍中文摘》、《軍中文藝》等刊物，爲軍中文藝最早拓荒播種者之一；[38]後來王文漪轉入國民黨黨部服務，擔任婦工會第四室總幹事，負責宣傳工作，《婦友》便由她創辦。[39]第八期之後，王文漪因爲受訓與生產，才由鍾梅音[40]接辦，鍾梅音一共主編三十期；三十九期之後，有三期是由婦工會專門委員陸慶（又名陸勉餘）代編。[41]因此，王文漪是《婦友》的實際主編，有長達十七年的編輯經驗。[42]必須一提的是，儘管王文漪是婦工會的重要幹部，但她也是作家，與鍾梅音都是文協的成員。

鍾梅音是知名作家，當她接任《婦友》的主編工作時，婦工會非常重視鍾梅音，年度工作報告曾記載著：「（鍾梅音）銳意革新，極得文化界之重視」。[43]鍾梅音的編輯能力的確令編輯群稱道，王文漪曾讚美：「梅音編得很出色，而做事之快速，也是朋儕中少見的」。[44]作家陳紀瀅也表示，鍾梅音主編《婦友》時，時常以主編身分邀集作家座談，充分顯示她的組織能力與對婦運的熱心；陳紀瀅還提到，因爲主編《婦友》，鍾梅音結交許多婦女界知心的朋友。[45]可惜一九五七年鍾梅音因氣喘宿疾，堅辭主編職務。[46]

至於編委的全部名單，直到一〇三期才清楚呈現，該期對十一位編委做了簡介，這十一位編委有教育部華僑教育委員會委員余宗玲、曾任中央黨部婦女運動委員會委員陸寒波、監察委員張岫嵐、國大代表張明、立法委員趙文藝、臺大教授盧月化、中國文化研究所（今中國文化大學）教授葉霞翟以及作家徐鍾珮、辜祖文、張秀亞、鍾梅音；[47]其中張岫嵐、徐鍾珮、張秀亞、趙文藝，在創刊時就擔任編委。[48]除這十一位編委之外，在婦工會工作報告中，還陸續看到前述的張明、陳約文，以及王理璜等人的名字。[49]

無論如何，編輯群來自各界女性菁英，不完全由發行單位婦工會的黨工組成。這種情形與婦聯會主編的《中華婦女》幾乎相同，該刊的編輯群也是匯集女性菁英，而且有部分編委與《婦友》重疊，除了李秀芬、錢劍秋之外，還有張岫嵐、張明。[50]但也不能忽視的是，儘管編委來自各界，其中不少人具作家身分，如前面所提，在強調國家文藝政策的時代，延攬作家參與報刊編輯工作，成爲當時的趨勢，也因此，與國民黨有緊密關係的《婦友》或《中華婦女》的編輯群，都不以發行機構的幹部爲主體。

由於《婦友》編委各有專長，也大多有編輯經驗，她們對編務十分熱心，不是徒具編委頭銜。據王文漪回憶，該刊每期集稿後，必定召開編輯會議，一面檢討上期內容，一面研究當期文稿；討論文稿時，先由她報告每一篇內容，大家再一絲不苟地認眞討論。[51]王文漪還提到，有的編委因爲遷居或出國，仍不時關心編務，例如，遷居臺中的張秀亞，一直熱烈支持該刊；而徐鍾珮在國外期間，還經常來函指導編務。[52]鍾梅音擔任主編時，也得到不少編委協助，在〈百尺竿頭：祝「婦友」百期紀念〉一文中，她感激張明曾在版面處理上，給了她許多建議；陸寒波則教導她注意標題，並告訴她：「任何性質的文字，寧可小題大做，切勿大題小做」。[53]對於這種情形，可以說是編輯群的同心協力，但也看得到權力關係的流動。

在編輯群中，主編的責任最重，特別是沒有單獨成立編輯和發行兩部組織的《婦友》，主編在處理編輯、審查等事務之外，還得面對校對、發行等瑣細工作。當時《婦友》將這所有工作交由主編和婦工會第四室兼辦，在人手有限下，第四室的幹部，叫苦連天。[54]一九五八年，婦工會工作報告的「工作檢討」項目中，把人手不夠列爲「缺點」：

> 人手不夠，婦友未單獨成立發行機構，一切業務均由本室（四室）辦理。本室主管本黨婦工宣傳，僅有總幹事及工作同志三人，另臨時人員一人。婦友現由總幹事兼任主編，臨時人員擔任校對、製版，至訂戶發行等事，全由室內二同志兼辦，甚爲忙碌，主編亦無暇外出聯絡作家寫稿，所幸本刊已普遍發行，來稿尚稱踴躍。[55]

但人手不足的問題，一直揮之不去，每年度的工作報告都出現同樣怨言。[56]對王文漪來說，她不但得肩負婦工會各種宣傳工作，還必須兼任《婦友》的編輯工作，[57]其中繁忙的編務令她備感沉重：

辦一個刊物並不僅是編輯，還有發行、訂户、贈閱、經費收支、審閱來稿以及處理讀者來函等等，單以本刊每期發行近萬冊，封發投郵就夠辛勞了。……總是一樁費心力的事，好的文章要求去，投來的稿子要刪改，校對又怕有錯，而印刷廠的交道最難打，出版又有定期，那份懸心和緊張，眞是難以言喻。[58]

而鍾梅音也和王文漪一樣，嘗盡在印刷廠坐候出版的辛苦滋味。[59]

有關編輯《婦友》的過程，鍾梅音曾做細膩陳述，例如，在畫家不願設計小刊頭或小眉畫的時代，她只好自己挑起版面設計的工作，她學習畫版樣，找圖案來美化版面，讓版面不單調乏味；甚至得考慮插圖的大小和擺放的位置，配合「節省篇幅與玲瓏美觀」的要求。同時，爲「氣氛的調和」，她在嚴肅的文字中補白名人雋語、家政部分增加小幽默、文藝方面添加優美小詩。[60]雖然鍾梅音表示，在編輯中，她獲得許多訣竅，然而必須面面俱到的編輯工作，終於把鍾梅音累倒，只好辭去了主編職務，轉任編委。[61]

除了編輯工作繁瑣之外，編輯的經費也相當有限，根據王文漪對婦工會擬訂創刊計畫的回憶：

> 當時的勇氣可眞不小，當時本刊不但沒有一文基金，幾乎連一文預算也沒有，但勇氣雖（疑應是「則」字）不小，另一方面，本刊也實在有些先天不足。【62】

不過，這種情形在一九五〇年代相當普遍情形，《中華婦女》的編後語也曾提到，該刊在缺乏經費和人力下如何苦撐。【63】撇開非國民黨經營的《中華婦女》不論，國民黨出版的其他刊物，同樣有經費問題，由國民黨中央委員會第四組發行的《宣傳週報》曾在一九五八年度編印六種彩色連環圖畫，提供各級黨部和有關團體展覽與傳閱，卻因彩色圖畫製版費用昂貴，僅印三千冊；並通知各單位，若需要加印，必須自行負擔紙張和印刷費。【64】

由此可見，在高呼反共抗俄的這個年代，爲鞏固國民黨在臺灣的位置，國民黨固然極度需要借重文藝力量宣傳政策，但面對經濟的不景氣，並沒有對黨國支持下的刊物，投以大量經費補助，才會造成編輯人力與經費的捉襟見肘。這種現象似也顛覆部分人對國民黨文藝政策的高估。

（二）稿約、稿酬、文稿來源與審查標準

《婦友》是一本對外開放的刊物，在創刊號中，曾列有詳細的「稿約」規則：

（一）本刊園地公開，歡迎富有民族性及推進婦女工作之論文文藝，及有關家庭與兒童之文稿，尤歡迎各界婦女投稿。
（二）來稿一經採用，每千字稿酬三十元至四十元。短稿另計。詩歌以篇計，每篇二十元至五十元。
（三）女青年園地，歡迎女青年及各校女同學踴躍投稿，稿酬另計。
（四）來稿除特約者，敬請勿超過六千字。
（五）本刊對來稿有刪改權，不願者請先聲明。
（六）不用稿件，如欲退還，請附退稿郵資，其未附郵資者，概不退還。

在本文討論的這十年間，這則稿約沒有任何變動。從文稿的收錄原則看來，如同所有的婦女刊物一樣，《婦友》重視與家庭、兒童有關的文稿，但作爲黨國的宣傳刊物，該刊對具國族概念和婦女工作的文章，也深表歡迎，這一點就與一般女性刊物不同；只不過，這些原則是否與實際刊登的作品內容完全一致，發表在《婦友》的文章果眞如此樣板化？這個問題將在下面章節，進一步討論。

至於稿酬，《婦友》每千字三十到四十元的稿費，與當時其他刊物相較，相差不大。例如，一九五四年二月《自由中國》的稿費每千字四十到五十元，一九五五年十一月《自由青年》是二十元到五十元；而《中華婦女》創刊初期是十五到三十元，一九五七年是三十到五十元。[65]重要的是，稿費對有家眷的作者來說，不無小補，舉例來說，一九五九年中學教師的薪資大約在新臺幣六百四十五元左右，在物價高漲時代，有人認爲以這份薪水養家，十分艱苦；[66]如果在《婦友》發表一篇五千字的稿子，大約有一百五十到二百元的稿酬，多少有助於作家養家活口。因此，豐厚的稿費吸引不少人投稿，讓《婦友》沒有缺稿的問題。另外，爲《婦友》撰稿的婦指會議或婦工會的幹部，是否也有稿酬？根據一九五八年二月一日的婦指會議的會議紀錄透露，該會同志投稿《婦友》，稿酬以八折支付。[67]

面對來稿，《婦友》並不是照單全收，有一定的審查程序，但該刊的審查標準究竟如何？從一位屬名「一夫」的讀者信函和主編回函，可以略窺梗概。這位讀者，曾被《婦友》和其他報刊多次退稿，在百思不解下，向《婦友》編輯部提出疑惑：

我是一個愛好文藝的青年，從去年春天開始投稿，到現在已有一年多了，在南部的報刊上曾經發表過幾篇，但還是退稿的時候多，除了「婦友」不算，中央日報是寄一次退一次，另外還有某雜誌（編者隱其名）曾靠朋友介紹，用過我一篇，可是第二篇比那篇更好，因爲是自己寄去的，立刻被退了回來，我想他們根本連看也沒看，這使我很傷心，自由中國的文壇難道沒有人情就闖不進嗎？現在我把那篇退稿，連同另一篇最近寫成的稿子再寄來請您指教。[68]

該刊編輯部極爲詳細地說明退稿原因，甚至教導這位讀者如何寫作：

編者接編「婦友」還不及兩月，對於過去退還大作的情形不甚了然。但您最近寄來的兩篇，剛一折開便知被採用的可能不多，原來按字計酬的制度，使一些初習寫作的作者往往先在「量」上下工夫，而編輯先生最怕的就是「字海攻勢」，除非作者的文字的確非常動人，除非作者在寫作上已有相當成就，編輯先生們看見長稿很少不頭痛的。譬如大作，在鋪敘上便覺平淡而又累贅，但編者總算耐著性子把兩篇一共三萬多字讀完，並且必須承認您在文法上面四平八穩，並無錯誤。但也許由於您是存了「爲投稿而寫作」的心理去寫的，這些文字毫無生氣，還不及您給「婦友信箱」的那封信來得自然。（無論如何，您在寫那封信時的感情是眞實的。）寫作需要眞實的感情，先要使作品能感動自己，然後才會感動編者，感動讀者。或者您要說：「我並非沒有眞實的感情，只是臨到寫作，又不知如何表現出來。」果然如此，編者勸您先不要緊張，像您寫信時一樣——說您想說的話好了。另一方面要多讀名著，多揣摩別人的表現技巧，日久自能融會於心，等寫作時自有字句奔來腕底，供您驅遣，使您的感情或含蓄、或奔放，以不同的境界表現出來。[69]

信的末端還鼓勵「一夫」：「先放棄『大批出籠』的打算，學寫四千字以內的短稿」，並強調「人情關係云云，究竟是可一而不可再的，況且有志氣的作者也不屑於走這條路」。[70]

投稿讀者與編委之間的這種溝通方式，說明《婦友》對來稿的慎重，也表明該刊指導讀者的用心。對於該刊用稿的審慎仔細，王文漪特別歸功許詩荃，王文漪指出，許詩荃曾爲《婦友》審閱數萬字，每逢不適合的文稿，都會和王文漪商量。[71]不過，嚴審來稿是當時臺灣文壇的一種風氣，以官營的報刊爲例，王鼎鈞回憶，張道藩擔任《中華日報》董事長後，曾開闢「中學生周刊」，並邀請五十名作家爲中學生修改作品。[72]做爲黨營的刊物，《婦友》當然不落人後，在婦工會的工作報告不時看到「選稿嚴格」、「盡量邀請名作家執筆，並嚴格審核稿件」的紀錄。[73]

審查或改稿需要耗費精神，而退稿也不是容易的事，特別是遇到有來頭的作者。王文漪記得，有一次，鍾梅音退了一位女作家的稿，這位女作家勃然大怒，寫信告到婦工會的高層，信中措辭十分不客氣；高層便囑咐鍾梅音回函，她只好將這位作家的大文，詳詳細細地評解一番。因爲鍾梅音看稿很仔細，編得又認眞，終於讓這位女作家心服，也平息了一場風波。[74]

儘管爲了處理稿件，編輯部經常得大費周章；但也有讓她們愉快的時候。王文漪記得，有一次《婦友》舉辦徵文，湧來數百件稿件，爲愼重起見，他們嚴格審查，先由王文漪和鍾梅音負責初審，再請羅家倫、張道藩等名家巨匠複審。名次評定後，有些陌生的作者名字，讓她們起疑，爲了解這些獲選文稿是否出自作者本人，王文漪和鍾梅音乘坐了三輪車，一家一家去訪問。在與一位年輕主婦相談後，果然發現，這位主婦與文藝寫作相距甚遠，而主婦也坦承，文稿不是她親自寫的，是出自她先生之手，於是這篇文稿沒有被錄用。[75]訪問時，她們曾發現徵文中最好一篇的作者喬曉芙，是臺大醫學院的學生、也是立委喬鵬書的女兒，後來這篇徵文得了第一名，她們也因此和喬曉芙成爲文友。[76]

除此之外，《婦友》的「女青年園地」，是專供大專院校與中學學生發表作品的專欄，具有培養年輕作家的用意，因此，每回收到佳作，總讓編輯們興奮不已。王文漪回憶，九八期刊登了一篇文字流暢的八千字文稿〈從臺灣到加拿大〉，結果作者竟然是一位年僅十三歲的女孩，王文漪爲此深感喜悅。[77]値得注意的，這個深受女學生喜愛的園地，在這十年裡出版了一〇九期，收錄的文章大多數與抒情、懷舊有關，討論民族大義、反共思想或婦女工作的文稿，則少之又少。這說明在高唱反共文藝與戰鬥文藝的時代，《婦友》並沒有以黨國思想框限年輕學子，反而讓他們有多元的文藝創作空間。

在徵文和作者投稿之外，約稿在該刊也占不小位置，女作家是主要的約稿對象。爲了邀請作家撰文，婦工會幹部在《婦友》創刊之前，訪問並招待了個別女作家，並向她們徵稿。[78]此後，負責《婦友》編務的婦工會幹部，與女作家們不斷保持良好互動，王文漪和婦工會的陸慶、章一苹常以私人名義，參加每月一次的「女作家慶生會」；也經常派員出席臺灣省婦女寫作協會等各類文藝團體的會議。[79]因此，王文漪曾肯定地說：「我們敢說一句話，幾乎全國沒有一位成名的女作家沒有為本刊寫過文章」。[80]而根據本文的統計，一九五四到一九六四這十年間，約計有三十七名女作家在《婦友》發表文章或撰寫專欄。[81]

另外，為提倡婦女從事文藝研究，並表揚女作家，《婦友》開闢「女作家介紹」專欄，定期介紹女作家的作品和居家生活；[82]還陸續把作家們在該刊發表的作品或專欄，發行成單行本。對於《婦友》何以介紹女作家，王文漪在年度報告書中特別表明，該刊介紹的女作家並不是「國民黨同志」，但都是「黨友」。[83]由此顯示，《婦友》不是完全由具有國民黨身分的人執筆。

《婦友》其實不只向女作家約稿，男作家也是該刊的常客，但因為女作家的作品較多，一度引起外界質疑，編輯室曾為此解釋道：

起初自由人報八〇七期將本刊列為男作家禁地之一，實則不然，即以本期而論，男作家有南郭、朱梅雋、糜文開、鍾良沂四位先生，且前兩位男作家係本刊專欄作家，每期均為本刊撰稿。[84]

除了邀請男女作家為《婦友》撰文之外，該刊也開闢各種專欄，邀請作家或專家撰寫，有菱子的「主婦生活漫談」、心蕊的「梅齋寄語」、南郭的「大陸悲劇」、琦君的「溪邊瑣語」、張秀亞的「少女手冊」（單行本更名為「少女的書」）和「窗前小品」、盧月化的「西洋文藝講座」、王怡之的「中國文學欣賞」、章一苹的「家庭的幸福」及朱梅雋所譯的「床邊童話」，[85]以及黎烈文的名著譯稿、孟瑤等女作家的「一月小說」、師大家政系諸教授的「家政之頁」等。[86]

不過，有關國民黨政策、國內外時事或婦工會活動的專欄，則多出自婦工會同志或有參與黨務的學者專家之手。例如，婦女特寫或報導婦女工作的文稿，由楊百元、陸慶執筆；社論和論著則交由張明、葉霞翟、王文漪、盧月化負責。[87]其中，婦工會的副主任朱劍華，幾乎每期都為《婦友》執筆，令王文漪感動的是，朱劍華非但不接受稿酬，連名字也不願曝光。[88]

整體看來，《婦友》的執筆者包括作家、專家學者、學生與婦工會幹部，即連海外華僑也經常來稿，因此，內容相當多元。除有各類型文藝創作、學生園地與社論之外，還經常刊登宋美齡與錢劍秋的演講與活動，並報導婦工會的活動訊息。同時，《婦友》也介紹各界婦女生活、提供家政知識與理想的婚姻家庭觀、宣傳反共復國思想，甚至還有吸引兒童的童話故事、連環圖等。另外，該刊編輯認為婦女刊物雖然以婦女為本位，也應注意國際大事，因此，國際訊息不曾漏網。[89]爲達到輕鬆、活潑的閱讀目的，《婦友》的每一期封底或內頁，都附有照片、插圖或漫畫。呈現《婦友》有意把該刊向大眾推廣的企圖。

四、《婦友》的流通情形與讀者反應

儘管《婦友》是在黨工人員與作家等人合作下產生，但《婦友》既是黨營刊物，出版後的流通工作是歸屬婦工會，做爲政黨機構的刊物，婦工會是以何種方式將《婦友》介紹給讀者？是採贈閱方式，只在內部通行？或是對外發售，向各界推銷？另外，《婦友》有哪些讀者群？讀者對這本刊物有何反應？

（一）是贈閱抑或販售？

一九五六年，婦工會的工作檢討對《婦友》提出四點指示：一、宣傳品應大量頒發，以廣宣傳，應不惜成本，只求達到宣傳效果；二、每年超支，應增加預算；三、推廣銷路之目的應在宣傳，不在求利；四、應加強對海外之宣傳。[90]這四項指示清楚說明，爲達到宣傳目的，婦工會願意超支印製《婦友》，而且是採贈送和訂閱兩種方式，在贈閱上，從婦工會每年度的工作報告，可以看到該刊的出版份量一直增加，《婦友》原本發行三千冊，第一期出版之後，爲廣泛宣傳與因應讀者需求，不斷增印並發送各單位。

《婦友》到底送給哪些單位？由於《婦友》是國民黨的宣傳刊物，根據婦工會各年度工作報告，該刊贈閱的對象非常廣泛，包括學校、機關團體、婦工會宣傳員、海外人士、軍人，以及參與婦工會演講、寫作比賽的獲獎者。[91]其中婦工會宣傳員、軍人、海外人士是主要贈閱單位，一九五五年，婦工會成立婦工宣傳網後，除提供宣傳資料給宣傳員之外，另發送《婦友》，該會認爲《婦友》是綜合性的宣傳資料，讓宣傳員「以其自身不同的身分，而做內容一致的宣傳工作」。[92]對於軍人，婦工會始終不曾忽略贈閱，在「婦指會議」的例行會議中，呂曉道曾建議婦工會把《婦友》大量送到金馬前線，達成文化勞軍的目的。[93]一九六〇年度，婦工會不但照往常寄一千冊到前線，還「直接到營」；[94]一九六四年度，寄給前線戰士的數量高達一萬八千本。[95]至於海外人士，更是婦工會最大宗的贈閱者，爲加強海外宣傳，婦工會曾透過各種管道把《婦友》大量送到海外，[96]而且逐年增高贈送冊數，特別是一九六四年度，送至海外的《婦友》多達八萬八千本，占這一年總發行數的百分之八十。[97]

其實，除了既定的贈閱對象之外，在人情壓力下，《婦友》有時會破例贈送，例如，曾有金門前線將士徐文寫信給婦工會，請求該會長期寄贈《婦友》月刊給他在臺的妻子，讓他妻子研閱並做爲持家教子的參考，於是從一九六二年四月開始，婦工會就寄贈《婦友》給他的妻子。[98]此外，婦工會還得因應各界的索取，這點讓該會百般無奈：

婦友雖甚受讀者歡迎，但讀者甚於購者，大概一般人心理「認爲黨部出版的刊物都是宣傳的，當然可以贈送」，尤以本黨同志爲然，故常常向本會索取「婦友」，或來函或公文或電話，甚且有托人說項索取者，以致增加不少繁瑣事務，更形應接不暇。[99]

這種不計成本、大量增印《婦友》的政策，帶給婦工會沉重的經費壓力。一九五七年的年度報告便出現「惟經費太少，每期發行四千份，雖極力節省，每年均難免超支」的檢討聲浪。[100]一九六〇年度，該刊發行量多達八千本，三月分因慶祝婦女節，更加印了一萬本，比初創時增加約三倍，經費卻未能照比例增加。[101]綜觀一九五六到一九六四年間《婦友》的預算和支用百分比，除一九五八和一九六一年度預算和支用平衡之外，其他年度都超支。[102]不足經費必須向其他挪用，例如，一九六〇年度超支百分之一百四十，不足的數萬元，是來自組訓經費。[103]當時婦工會的各種經費中，以組訓經費最爲充裕，因此，該會其他活動若經費不夠，便請組訓單位協助。[104]

而事實上，婦工會曾試圖控制贈閱份量，不再無限量地贈送。一九六〇年度的婦工會報告指出，社會各界對《婦友》的反應甚佳，不僅爭相傳閱，各種各級黨部也紛紛要求增發婦友月刊；但經費實在所限，無法配合贈送，僅能做到知識青黨部女同志每人一冊。[105]一九六四年度，雖然婦工會送到海外的《婦友》有八萬八千本，但該會報告表也呈現，僑胞對該刊視如珍寶，只要商貨輪抵達海外港口時，常迫不及待上船索取《婦友》，不過，隨著物價不斷上漲，經費更加支絀，於是該會沒有經費加印，以迎合僑胞需求。[106]

除了贈送之外，婦工會也行銷各地，而且不僅在臺灣本島販賣，亦銷售至香港、金門等地。[107]但誠如該會所言，讀者認爲《婦友》是宣傳刊物，應該可以贈送，導致訂閱者並不如預期，無法達到理想數字，因此，該會在工作報告表上，屢屢提出應設法擴增訂戶的說明。[108]

爲吸引民眾購買，《婦友》不斷在行銷方面下功夫，創刊號出版當月，便有刊物替《婦友》打廣告，《暢流》半月刊的《婦友》廣告有：「本刊鄭重推薦自由中國權威婦女雜誌」的字樣；[109]《婦友》本身也在創刊號末頁，刊登優待長期訂戶的廣告，上面寫著：

> 凡直接向本社訂閱本刊三個月者、祇收成本費六元，半年收成本費十一元，全年收成本費二十元，以示優待，並不收郵費。[110]

到一九五九年，《暢流》一九卷二期，再度有《婦友》的廣告，並與《中華婦女》、

《文星》、《青年戰士報》刊登的廣告同時出現，其中惟有《婦友》登載的是刊物價格與郵撥帳號，這則廣告還註明：「戰友訂閱、七折優待」。[111]婦工會的一九六一—一九六二年度報告，也提出《婦友》除仍贈閱戰士之外，希望「軍事單位訂閱，該會盡量給予優待」。[112]

此外，該刊還刊載「如何訂閱『婦友』？」的廣告，詳細教導讀者如何透過劃撥、報值掛號、小額匯票、撥電話或投函等方式，訂閱該刊。[113]一再顯示《婦友》對讀者的訂閱充滿期待，但成效明顯不彰。

嚴格來說，和其他刊物比較，《婦友》的定價不是很高，《自由中國》在一九五二年創刊時，每本定價四元，一九六〇年因物價上漲，每冊增爲五元；[114]《婦友》創刊時，長期訂戶一本的平均售價是一．六元到二元；一九五九年定價稍漲，每冊販售三元，全年訂戶每冊二．五元。根據中學教師胡虛一在一九五九年自製的每月開支表顯示，一本《婦友》的價格比一包三．五元的新樂園香煙便宜。[115]然而，就如前面所提，讀者總希望透過管道取得免費雜誌，而婦工會又不斷對外贈送，當然使《婦友》在銷售上大打折扣。

（二）讀者反應

對《婦友》發行後的讀者反應，可以從兩方面來看，就婦工會自己的說法，一九五四年該會在工作檢討中提到《婦友》：「尚能獲致各界好評」；[116]創辦一年後，該刊編輯部申明，創刊以來，不斷地提倡民族戰鬥文藝，向黃、黑、赤三毒進攻，並得到讀者們的支持和策勵；其中「特寫」一欄，深獲讀者喜愛，紛紛來函；「家庭與兒童」、「文藝」，以及「婦女史話」諸欄，也接到很多讀者來信稱許。[117]《婦友》第二期編後語也難掩喜悅：

本刊自上期創刊以來，承蒙讀者熱烈愛護，實在有說不出的感奮。創刊號於短期間售完，致使後來向本刊訂閱及購買的讀者們失望而去，實在非常抱歉。自本期起本刊已增加發行，還希望賢明的讀者們，繼續給我們指教和鞭策。[118]

該刊發行三年後，婦工會的工作檢討報告仍表示「婦友月刊自創刊三年餘以來，已奠定良好基礎，眞正成爲婦女之良友」、「讀者之反映（應）極佳，如婦訓班同學曾謂婦友的社論百讀不厭，且可爲同學進修之指針」、「最近一期之『筆匯』有篇『簡介婦友』，不知爲何人所撰，亦認爲婦友內容充實正派，並極有聲色」。[119]錢劍秋也指出，《婦友》：「甚得各界人士之稱道，咸認爲本刊爲婦女刊物中之權威刊物，尤對各期社論極爲推崇」。[120]就讀者來說，臺大護校的「小林」曾透過《婦友》表示：

「婦友」是較爲年青（輕）也是較爲接近青年的雜誌之一，尤其是我們女青年們的最佳課外讀物的一種。僅就我個人來說，我是每逢出版，必定是以先睹爲快，如饑如渴，似乎不

忍釋手，尤其是對於當前婦女活動的報導。【121】

但小林認為《婦友》只是月刊，不能滿足女青年的需求，希望該刊改為半月刊，她指出：

「婦友」的篇幅過於狹小，往往讀到許多好文章，隱約間可看出作者未能暢其所論，來作他重要的主題發揮。雖然「美則美矣」，但是對於我們讀者來說，這還仍然沒有能充份地使我們得教益。就文藝而言，中篇以上的難以容納；就論著而言，那麼更難窺得其全豹。尤其「婦友」風格應偏重於婦女。【122】

小林還要求擴大文藝欄和女青年園地的篇幅和範圍。【123】

除此之外，從讀者群的性別和年齡，可以看到有趣的現象，根據編輯部的說明：

本刊定名「婦友」，顧名思義，實為婦女之友。但婦女的朋友並非僅僅婦女，先生們又何嘗不是婦女良友？證之本刊訂戶中，許多都是男士們，更有很多是軍中的鬪士。【124】

由此顯示，這是一本超越性別的刊物，特別是軍中戰士對《婦友》深感興趣。婦工會的工作報告經常提及「常有前線將士來信討論本刊內容」、「戰士亦有來函詢問婦友上之文章者，可見三軍將士好學之精神」、「前線將士對本會出版之書刊熱烈歡迎，常有供不應求之勢」、「常有當其部隊調離前線時，來函要求繼續贈閱」等等。[125]軍人之所以喜歡閱讀《婦友》，或許可以從王鼎鈞的說法中，找到答案，王鼎鈞發現，報紙副刊中十分熱門的作品，是女作家書寫的「身邊瑣事」，因為「撤退來臺的『六十萬大軍』，戍守外島海岸山地農村，大部分沒有家庭生活，愛看她們的小孩小狗小貓，編織白日夢」。[126]在《婦友》的藝文作品中，這類型的作品也確實占絕大多數，這或許是吸引軍人閱讀該刊的原因。王鼎鈞還特別指出，當時前線官兵心目中的偶像女作家，不外是張秀亞、徐鍾珮、潘琦君、鍾梅音、羅蘭，[127]而這幾位作家也多是《婦友》的當家小旦，更進一步說明軍人喜愛《婦友》的原因。

除了沒有性別區隔之外，該刊也沒有年齡限制，因為該刊經常刊登童話，擄獲不少小讀者的喜愛。主編王文漪提到：

> 他們比成年人更為熱心，許多做母親的告訴我們，婦友一到，孩子們就爭著搶看童話了。[128]

這些訊息透露出《婦友》的活潑內容，讓該刊能老少咸宜、男女不拘。

五、《婦友》呈現的婦女特寫與婦女工作

關於婦女生活的報導在這一百二十期中從未中斷，該刊的「特寫」專欄，便以單一婦女或婦女群體爲特寫對象，《婦友》以何種方式來特寫婦女？此外，動員婦女是婦工會的主要活動，《婦友》又如何報導婦工會的婦女工作？由哪些人撰寫？

（一）特寫婦女

以一九五四到一九五五年間爲例，該刊曾連續訪問不同群體的婦女，包括女工、漁婦、軍眷、烈屬、花木蘭、女學生、女車掌、酒家女、煙花女等。爲何要報導這群婦女呢？根據編委會的解釋：

> 我們不但要將一些爲國盡忠，努力服務和犧牲奮鬥的婦女們的生活狀況向讀者們報導，同時也把一些可憐不幸的墮落婦女的生活情形告訴讀者們，她們爲甚麼會墮落？往往社會的罪惡，大過她們本身罪過的十倍，二十倍，我們一方面要喚醒她們，一方面更要呼籲社會人士對她們一加援手，救救她們跳出火坑。[129]

《婦友》所特寫的女性並沒有族群區分，但爲了讓外省人能認識臺灣女性，臺灣女性的特寫占較大部分，而這也是戰後臺灣許多報刊的報導特色，特別是一九四七年禁娼運動時期，到處看得到關於特種營業女性的新聞或報導。[130]到《婦友》出刊時，娼妓問題已不是媒體焦點，該刊沒有密集報導這行業的婦女，而是普及到各行業婦女或女性群體。由於《婦友》是以婦女工作爲先導，對臺灣女性的訪問，遠比其他報刊來得全面、細緻，從該刊特寫的女工、漁婦、女車掌、酒家女、煙花女看來，報導者不僅關心這群女性的工作情形、日常生活，也試圖爲她們解決困難或改變她們的形象。

女工與女車掌是新興行業的工作群，《婦友》報導的松山煙廠建立於日本殖民政府時代，據該刊記者指出，松山煙廠的女性占全部工人的三分之二，是一個有制度的工廠，不但有醫療保健、福利和康樂設施，還有托兒所，雖然多數女工出身貧困家庭，但完善的工作環境，讓她們相當知足。[131]這篇報導不但注意到工廠環境，也關注女工的工作狀況和家庭生活，因此，訪問了七位女工，其中工作長達三十六年的謝緞，是深受同仁敬重的祖母級女工，但記者從謝緞同仁口中，得知謝緞有一段不快樂的往事，也就是生下三個兒子後，丈夫就遺棄他們、另覓新歡，謝緞被迫負起全家生計。[132]

除了報導女性不幸的一面，《婦友》也挖掘到正面的例子。「虐待養女」成爲共同話語後，養父母被視爲是施虐的符碼，但《婦友》卻給了不一樣的說法，記者從女工張盡身上看到養女並非各個不幸，因爲張盡「得到養父母的深愛，渡過幸福的童年」，還受了十年教育，而養弟弟卻只有六年教育，在智慧與平庸的比較下，張盡成爲松山煙廠女工中的才女。[133]記者認爲，重男輕女的觀念被否定，而且「這給虐待養子女的人們，倒是一個好啓示」。[134]

值得一提的，戰後臺灣的報刊不乏批評日本殖民政權的論述，進入一九五〇年代，「反共抗俄」的聲浪遠大過殖民論述，因此，面對日本殖民政府的遺產松山煙廠，這篇特寫沒有任何批判殖民政權的言說，反而是有意地回應時代話題，例如《婦友》的記者，訪問女工盧麗玉時，居然出現這樣的應答：

問她是否恨共匪，她眨了眨明亮的眼睛說：「當然恨。」語音中大有覺得此問多餘的意思，是的，在自由中國那個不恨共匪！[135]

爲融合臺灣人和外省人，筆者還問「桌球皇后」陳寶貝：

她的愛人是誰，她頑皮的搖著頭說沒有，沒有。又問她將來希望和什麼樣的人結婚，她抿著嘴笑而不答。「內地的男子很熱情，希望妳喜歡接近他們。」筆者說。她聽了大笑，然後講：「我還年輕，等我不能打球時再談這些。」[136]

此外，只要女工能響應政府正在推行的政策，記者必會添加一筆。例如，記者發現張盡講一口流利的國語，於是興奮地寫著：「流利的國語，從她玲瓏的小嘴中，有條不紊連珠似的吐出來，我們眞是一見如故，每一句話，她都滲上了微笑，使聽的人更覺親切可信」，陳寶蘭：「她不但能幹，並且國語極流利」。[137]而當時國語推行運動正如火如荼地展開，記者的用意昭然若揭。又如，當記者知道女工把原本八小時的工作時間主動延長爲十小時後，直誇是「響應政府的增產運動」，並強調「她們加班有加班費，往返有交通車所以工作時間雖長了一點，身心乃十分愉快」。[138]

無疑的，從痛恨共匪、接近內地男子、講流暢國語到增產報國，都是記者刻意安排的話語，我們無法明白女工們眞正的想法，因爲她們是處在被觀看的客體位置；但《婦友》透過對臺籍女工的採訪，宣稱女工對國家政策的支持，清楚彰顯了《婦友》教化臺籍婦女的用意。

公共汽車成爲臺北市民的重要交通工具後，女車掌的服務態度深受注意，卻也因爲她們與乘客的不和，經常遭到各界指責。由於這群女車掌十分年輕，《婦友》的記者認爲，她們應該都是天眞活潑的少女，爲什麼表現得那麼冷酷？她們脾氣壞、態度傲慢、臉上缺乏陽光，究竟是出於什麼原因？是工作太過疲勞，或是服務的熱忱不夠？為了解這些狀況，記者特地到公共汽車管理處訪問女車掌。[139]

在五百多位女車掌中，記者與九位服務最優秀的女車掌傾談，記者發現，這群最優秀的女車掌沒有一位不與乘客吵架的，因為女車掌每天的工作時間差不多十小時，既沒有星期日，也沒有假期；上班要站著，更不能按時用餐；而且經常碰到不守秩序或規定的乘客，例如不排隊、拒補票、攜帶動物上車或是惡意騷擾等。[140]儘管記者說出女車掌們的心聲，然而，提出的建議卻針對管理問題，例如，要求車管處增加車輛、縮短工作時間、加強對女車掌的訓練，並希望女車掌記得「人生以服務為目的」、「助人最樂」等名言。[141]

此外，在蔣中正和宋美齡指示下，婦工會非常注意養女、妓女和酒家女的問題，除了出版中、英專文〈養女在臺灣〉之外，還為養女、妓女和酒家女編了一冊四幕劇〈春風吹綠湖邊草〉，並兩次會同婦女團體召開與養女、娼妓問題有關的座談會；[142]又請梁雲坡在十八期的《婦友》繪製漫畫〈罪惡的淵藪——娼妓〉。[143]

基於此，透過臺北市警察局孫股長的協助，《婦友》的八位同仁參觀醉八仙、明星和水晶宮等三家臺北的特種酒家，也訪問十位特種侍應生，她們若不是養女，便是出身貧困家庭，或遭丈夫遺棄，但讓《婦友》編輯同仁痛心的是，幾乎每位侍應生都是自願到酒家工作。因此，在這篇專訪中，記者語重心長地表示：「我們一面希望社會救救你們，一面還希

望你們自己能救救你們自己」。【144】

為了更深入報導娼妓生活，該刊還訪問北投的公娼，記者同樣發現，雖然北投一百八十九名女侍應生中，養女有八十六名，許多都是有親生父母，並且是自己甘願為娼的。【145】有鑑於此，這篇特寫提出六項建議：要喚醒娼妓的靈魂、於國民小學教育中加添女生人格教育課程、要限制公娼人數、要寓禁於徵、要設立濟良所、要取締私娼。【146】

《婦友》的記者也非常關心弱勢婦女，為廣徵民意、探求民隱，婦工會曾發動婦女義務幹事三千五百人，深入鄉村，選擇不同職業的家庭婦女為對象，進行個別訪問。【147】例如，訪問團曾深入基隆八斗子漁村，訪問四位漁眷，訪問中，發現漁眷的生育率很高，一家有八、九口，甚至十餘口；除了普遍貧困之外，識字率很低，而且沒有醫療機構，衛生條件更是奇差無比：

一間小屋，劃分為二，前半放著一張木板桌，一條木板凳，桌上放著中午剩餘的殘羹，一些稀粥，一點醬油，這更證明了她們生活的困苦。後半間是臥房，一踏進門，臭氣直撲鼻孔，使人欲嘔。床前放著一個沒蓋的便桶，雞屎滿地飼料狼籍，她們不懂清潔，更不知什麼叫衛生。【148】

令訪問記者最難過的是，一位因爲丈夫與媳婦母親同居而被遺棄的老婦人，老婦人住在「看來好似豬圈」的小屋裡，每天撿拾剩東西吃，見到記者還懇求送她衣服。[149]

面對這群不事生產，必須仰仗丈夫生活的漁眷，記者提出建議「最急要的是普及教育，增加家庭副業，充實醫藥衛生設備，鼓勵她們儲蓄，培養她們自力更生的技能」。[150]嚴格來說，儘管《婦友》的記者揭發底層婦女的生活，但大半是站在社會大眾的角度去關注她們的工作與生活，而不是從婦女的立場去解決她們所面臨的問題，除了漁眷之外，許多言論是訓誨多於同情。雖然《婦友》提到女車掌、酒家女侍應生或北投公娼不幸或不平的待遇，並提請相關單位協助，卻更重視她們的自覺與如何遵守社會道德。關於這一點，張毓芬也以娼妓爲例，提出強烈批評，她指出《婦友》記者的報導，與父權意識型態如出一轍；[151]的確，該刊記者的立場是相當強勢，相較一九八〇年代以來，女權運動者積極爲婦女爭取權益的舉措，《婦友》顯然輕忽婦女的處境。然而，回到一九五〇年代的歷史情境去觀看《婦友》，我認爲會有較多的理解，因爲那是「婦女工作」重於「婦女運動」的時代，《婦友》協助婦工會推動婦女工作，不是倡導女權。除此之外，《婦友》所建構的婦女形象是陽光、自信以及具服務精神與反共思想的婦女，就如松山煙廠的女工；而違背當時社會倫常的婦女，被理所當然地認爲需要糾正與改造。

（二）婦女工作

一九五四年十二月，宋美齡在中興山莊對婦女幹部訓練班第二期訓示，曾說道：

> 以前我們只有上層，不能深入民間，以後我們要用深入民間的方式，來發展我們黨的工作，就是我們以後的工作要到鄉下去，到城市的每個角落去，眞正爲民眾做一點工作。【152】

因此，臺灣本島與離島的婦女工作人員成年累月地在城鄉、海濱、山地、漁場、鹽場，從事「教育婦女、訓練婦女以提高民族意識、增進工作技能，進而動員婦女，爲參加復國建國大業而努力」。【153】這種進行思想教育與改善當地婦女生活的活動，是落實前面提到的婦工會工作要點：「以政策領導婦女群眾、以組織結合婦女人才。」除了能在婦工會每年度工作報告看到之外，也可以從《婦友》的「特寫」專欄，讀到婦工會四大部門的幹部，如何在島內、外上山下海。在《婦友》的一百二十期中，關於這部分的紀實，大約有五十篇，此處以婦工會幹部筱鈺的〈農村裡的女鬥士〉和楊百元的〈動員聲中的屏東婦女〉爲分析，略窺一斑。

筱鈺的〈農村裡的女鬥士〉，描述她拜訪彰化鹿港信用合作社婦女國語識字班和嘉義民雄婦女縫紉訓練班的見聞，筱鈺發現參與訓練的女性都非常認眞。例如，國語識字班雖然安排晚上九點到十一點上課，竟能吸引三十多位女性參加，其中六十二歲的吳施琴、五十八歲的王夢月更是風雨無阻地接受訓練；而婦女縫紉訓練班教師蘇佩珩的義務教學，也讓筱鈺敬佩不已，當筱鈺得知蘇佩珩是國民黨的婦女義務幹事，特別肯定她在黨員中起了領導作用。[154]參觀之餘，筱鈺對中南部女性胼手胝足地在田中苦幹的精神，印象深刻。[155]

楊百元在〈動員聲中的屏東婦女〉則表明，自己是奉錢劍秋指示，前往屏東爲婦女幹部講習。原本經過近十小時的車程、身心俱疲的楊百元，一看到屏東車站前排著十餘個體格健壯、精神抖擻的女三輪車伕，對當地婦女開闢了新行業，甚感興奮；等看到近兩百位身穿白衣黑裙的婦女，秩序井然地等候她時，心情更是激動。[156]當時接受訓練的學員來自屏東三十三個鄉鎮，包括女醫師、助產士、中小學教員、軍眷、鄉鎮婦女會理事長，以及六十五位來自山地八鄉的婦女會的理監事，其中霧臺鄉的代表，來回步行、攀越險橋峻嶺達十四個小時，令楊百元難以置信。[157]這樣的陳述，讓我們對當時婦工會動員下基層婦女的成員以及她們與對黨國的向心力，有初步的認識。

前面提到，關於報導各階層婦女生活或是婦工會各地工作情況的「特寫」專欄，主要由楊百元和陸慶負責，其中楊百元著力最多；此外，還有以「本刊記者」掛名的，而所謂的「本刊記者」，往往不只一人，是由《婦友》的訪問幹部或婦女義務幹事集體創作，前面提到的特種酒家和漁村訪問，就是以群策群力的形式完成。[158]除此之外，偶而也有女作家爲《婦友》做訪問特寫，例如，姚葳、劉枋、謝冰瑩、林海音等人，不過，她們所寫的大多是離島的報導文學。[159]就執筆者的身分，我們可以確定這些報導主要來自外省婦女，經由她們的訪問、報導，把這時期生活在臺灣的各族群、各階層婦女，以及國民黨義務幹事與宣傳員的故事，介紹給《婦友》的讀者。

從「特寫」專欄的寫作形式看來，幾乎每篇都以感性的文筆陳述，之所以如此，據婦工會表示，是因爲《婦友》負有宣傳使命，而宣傳要有技巧，也要有藝術，於是該刊透過藝術筆調，把婦工會的業務成果，呈現給大眾。[160]除此之外，該刊試圖塑造理想的臺灣婦女形象，也因此，《婦友》以活潑、自信、勇於任事的一元婦女形象，作爲一九五〇到一九六〇年代黨國的典範婦女，而且沒有族群區分。回顧民國時期的多元婦女形象，顯然有很大落差。再從動員婦女的報導分析，婦工會深入底層的工作方式，無疑的，是承襲抗戰前後的動員機制，但中國大陸失守的教訓，讓國民黨的動員工作，較過去嚴密，也更勝一籌。對曾受日本殖民政府戰時動員的臺灣婦女來說，是很不一樣的動員經驗，這種透過黨國力量，由上到下的緊密動員，讓離島或偏遠地區的臺籍女性都在婦工會的組織網絡下，只是婦工會發揮了多少影響力，光從《婦友》的報導，只能了解片段。

六、幸福家庭在《婦友》

前面提到的《婦友》稿約，清楚地表明該刊除徵求婦女工作的論文與文藝外，也歡迎家庭與兒童的文稿，因此，與建構幸福家庭有關的論文或專欄，在這一百二十期中，不曾缺席。而《婦友》究竟採用何種形式灌輸幸福家庭的觀念？與一般婦女期刊中的幸福家庭內容有無不同？

（一）倡導幸福家庭

《婦友》出刊後，直接以「幸福生活」、「幸福家庭」、「幸福婚姻」爲標題的專論、散文或小說不多，但這類語彙或概念，不時出現在各專欄的行文間，例如，社論、女青年園地、廣播座談等。而當時，宣傳「幸福家庭」的聲音不只來自《婦友》，報紙上的家庭或婦女版，都不乏這類言論。一九五六年十月二十一日，正聲廣播電臺甚至開闢〈幸福家庭〉節目，歡迎男女聽眾投書詢問。[161]

不過，一九五八年八月中共人民公社制度展開後，爲配合婦工會政策，《婦友》對「幸福家庭」的推動明顯積極，[162]先是在五十二期刊登〈蔣夫人於全美反共大會演說全文—中華民國四七年十一月十四日〉、錢劍秋的〈展開歷史的新頁〉、鍾動的〈「人民公社」暴政註（注）定共匪必亡〉等文稿，對人民公社摧毀家庭制度，做了強烈抨擊。[163]

一九五九年二月，婦工會發起「幸福家庭運動」，並將一九五九年二月二十三日到三月八日訂爲雙週宣傳運動週之後，《婦友》更是桴鼓相應。[164]該刊五十三期的〈編者綴言〉寫著：

「家爲國本」，有幸福的家庭，始有強盛的國家，共匪慘無人道，竟推行所謂「人民公社」，毀宗滅倫莫此爲甚。我們要擊敗共匪，祇有加緊推行「幸福家庭運動」本期社論對幸福家庭有精確的言論。[165]

並在這一期和五十四期先後刊登〈建立幸福家庭〉、〈推行幸福家庭運動紀念本年婦女節〉兩篇社論，以及廣播講座〈婦女節談幸福家庭〉、菱子的〈幸福的意義〉等。[166]五十四期的封底，還有梁又銘畫的〈悲慘的共匪「人民公社」〉與〈我們的幸福家庭〉八幅漫畫，以臺灣的幸福家庭反諷中共的人民公社。〈悲慘的共匪「人民公社」〉的四幅圖分別寫著：「共匪『人民公社』奴役人民，就是孕婦也要去煉鋼！」、「共匪『人民公社』，拆散家庭，大陸同胞，人人妻離子散，個個家破人亡！」、「孩子被迫送入『人民公社』托兒所，從此生離死別，媽媽傷心痛哭！」、「老人關入『人民公社』幸福院。活著做苦工，死了當肥料！」，〈我們的幸福家庭〉則寫道：「我們尊親敬老，提倡孝道」、「我們研究保教常識，增進兒童福利」、「我們實踐戰時生活，提倡家庭副業」、「我們注意時事動態，從事正當娛樂」。[167]這八幅漫畫不只刊登在《婦友》，還張貼在各國民學校、民眾服務站和各車站。[168]

其實，宣傳運動容易流於形式，很難立竿見影。王文漪針對每年她所負責的宣傳運動，坦白地表示：「我們雖然費盡心力，發動了全國婦女的力量來努力從事，但對於社會不良風氣的轉移，我們又能扭轉多少呢？」特別是婦工會曾動員各種資源和人力舉辦的「請勿隨地吐痰」運動，最後仍舊失敗，令她感慨不已。[169]不過，幸福家庭運動經過婦工會的宣傳，的確收到成效，王文漪回憶：

圖6-1

圖6-2

倒是去年我們舉辦一次「幸福家庭運動」，使我獲得了一點安慰，想不到這個運動受到全國同胞初期的歡迎，到底人最愛的還是自己的家庭，我們也有這樣的自信，只要將「幸福」的觀念灌輸到人心裡，就可以增加每一個家庭的幸福的，事後並知道，好些愁雲慘霧的家庭，經過這個運動的激盪，居然雨過天青。[170]

而梁又銘八幅漫畫，在宣傳運動結束後四個多月，仍懸貼在各公共場所，特別是偏僻鄉鎮，將這些畫視爲珍品。[171]至於婦工會蒐集的幸福家庭照片，則被有關機構印成彩色傳單，空投到中國大陸。[172]

值得一提的，針對幸福家庭運動的倡導，張毓芬認爲，該運動是婦工會配合黨國動員工作的被動作爲，表面上是以對抗中共政權爲出發點，但爲了捍衛傳統、道統與正統，婦工會中的菁英婦女，一反過去對傳統禮教的批判，反而把傳統的父權家庭當成維繫婦女地位的最可靠保障。[173]無可厚非的，這時期的幸福家庭運動確實是政策運作下的產物，然而，建構「幸福家庭」並不是黨國的專利，是許多人追求的家庭生活。例如，二〇一一年二月十六日，長老會牧師高俊明發起「幸福家庭日」活動，這個活動甚至試圖以立法付諸實施：

前總統府資政、長老教會高俊明牧師結合社會各界發起成立「國際幸福家庭聯盟」，昨天在臺南市政府召開南區推展籌備會，將推動立法院將八月第二個週日訂爲「幸福家庭日」。……他們計畫每年的婚姻節表揚「幸福家庭」，推展八月第二個週日爲幸福家庭日及每天「十分鐘幸福家庭時間」，以鼓勵建立幸福家庭的熱情。【174】

這正說明拋棄黨國框架去解讀婦工會和《婦友》倡導的幸福家庭運動，或許會更寬闊，更何況造福家庭的理念，不是這時代獨有。

（二）建構家政知識與改進婦女生活

嚴格來說，要把幸福家庭的理念深植到各個家庭，不能光靠運動或口號，必須讓讀者懂得如何造福家庭。自有婦女刊物以來，無論國內或國外刊物，在闡發幸福家庭觀念之外，還教導女性如何從食、衣、住、行、娛樂、醫療或養育兒童等方面，打造幸福家庭或改善生活，因此，《婦友》自創刊開始，就不曾在這方面缺席。有意思的是，《婦友》有烹調指導、服裝設計專欄，卻看不到美容化妝之類的專欄，王文漪曾表示：

本刊既是一個婦女刊物，對於家政的重視，自不待言，但我們卻從未以美容化裝等相號召，亦不斤斤於吃喝裝飾，卻注重於主婦美德的培養，子女教育的商討和家庭親愛氣氛的創造。【175】

因此，該刊的家政專欄包括「家庭與兒童」、「家庭小酌」、「美化庭園」、「主婦生活漫談」、「床邊故事」、「蓪草造花法」、「治家偶得」、「家庭的幸福」、「可愛難管的兩歲孩子」、「母親的煩惱」、「孕婦日記」、「婦友信箱」、「家政之頁」等，其中不少文章翻譯自國外。

從家政專欄觀察，該刊試圖藉由美化家庭、婦幼衛生、育兒知識，形塑婦工會理想的幸福家庭。特別是師大家政系諸教授執筆的「家政之頁」推出後，更具體化該刊對家政的重視，據婦工會表示，擴增「家政之頁」，是期望以通俗的文筆，向各界讀者灌輸有關實用的家政文稿，進一步說，「直接之目的在使協助讀者充實知識以建立幸福家庭，而間接目的乃在於改善社會風氣」。[176]此外，其他專欄「社論」、「女青年園地」、「廣播座談」也不乏建立美滿婚姻與家庭的文章，而環繞這類議題的漫畫、文藝小說，同樣不少。

和一般婦女刊物不同的是，《婦友》的家庭議題，有時必須配合政黨政策。一九五五年的蔣中正元旦文告，特別昭示全民要互勉力行「戰時生活」；[177]隨後，國民黨把「戰時生活」列入一九五五年度婦女節指導綱要中，要求各級黨部會同各機關組織舉辦「婦女厲行戰時生活宣傳週」，並應在婦女節結束後兩週，將工作成果層報核備。[178]婦工會率先響應，並反映在《婦友》上，該刊不僅在第五、六期刊載相關專論、散文和口號，[179]第十五到十七期還刊登梁雲坡的三則《勵行戰時生活》系列漫畫。〈主婦之敵：麻將〉這則，勸導婦女不要打麻將，免得傷身、傷神，又影響家庭和樂：

近來打牌之風甚盛，尤其是有些太太們，認為打牌是「消遣消遣」，「衛生麻將」……但是打牌一事，愈打愈上癮，勞神傷財，有百害而無一利！交朋友難，得罪朋友卻容易，在牌桌上最易傷和氣，贏錢的洋洋得意，輸錢的一肚皮火，小而造成敵對心理，大而宣告絕交。「財運不濟」輸了錢，影響家庭經濟，尤其是一般公務員們，大多是量入為出，一旦損失一筆，就會拮据不堪。打麻將打「長」不打「短」，一打「十六」「廿四圈」，又傷身又傷神，賭錢連帶賭氣！如果累一場病，受罪另加醫藥費，大人病小孩哭，弄得滿家愁雲慘霧。打牌是青春的一大敵！好打牌的人老得快，經年累月的打牌，虛擲了青春，就是贏了也算輸！有這四種害處，還是戒賭少打牌。[180]

另兩則都題名為〈糾正奢侈風氣〉，一則糾正婦女奇裝異服、濃妝豔抹，並提醒婦女：「想想被赤色強盜壓迫下的大陸同胞，食不能飽，衣不遮體，我們何忍過份奢侈？」、「試想我前線的英勇三軍，枕戈待旦，徹夜不寐，我們又何忍過份奢侈？」[181]另一則建議婦女應該經常勞動、注重飲食營養而不是排場、不要用公家的汽車送孩子上學，並反對樂此不疲地跳舞以及浮濫服藥。[182]

無可否認的，透過婦女移轉社會風氣，是《婦友》出版的一項目的，改善家庭生活則是夫妻兩人的責任，《勵行戰時生活》的系列漫畫明顯厚此薄彼，不僅讓婦女單獨承擔破壞家庭和樂的罪名，也要求婦女負起改善的責任。相對於一九三〇年代，當時的婦女刊物也同樣強調家庭生活的改革，並拋出家庭是兩性必須共同承擔的觀念；而一九五〇年代發行的《婦友》在追求兩性平等上，卻明顯倒退。

(三) 文藝小說中的美滿家庭

值得一提的，儘管《婦友》高唱美滿家庭的理想，但不是刊登在該刊的所有作品都呼應這個議題，還是會出現反差，特別是反映時代的文藝小說。中日戰爭期間到戰後，中國的無數家庭面臨妻離子散，許多情侶也因此勞燕分飛，就因爲這類故事發生在不少遷徙到臺灣的人們身上或周遭，即使電影或小說一再地複製相關情節，人們還是百看不厭。爲吸引讀者，《婦友》在建構幸福家庭之外，也不能免俗地刊登這類小說，特別是戰後來臺女作家的作品，小說的主人翁多半是女性，並以男女關係、婚姻與家庭生活爲故事重點。其中郭良蕙的〈容容的遭遇〉、琦君的〈龍鳳雙飛〉頗具代表性。

〈容容的遭遇〉固然以小男童容容一天所發生的事爲軸心，每個情節卻不離他的媽媽，從張媽要他不許吵醒媽媽開始，再到他和鄰居男童吵嘴，容容媽媽的面貌逐漸清楚。因爲容容的爸爸沒有來到臺灣，媽媽隻身帶著容容來臺，因此，鄰童嘲笑他沒有爸爸，也譏笑他的媽媽和其他男人同床。接著，故事帶入容容偷聽媽媽與同床男人的爭吵，男人逼迫容容的媽媽放棄音訊全無的丈夫，與他正式結婚，但容容的媽媽無法下定決心，男人憤而離開，留下抱著容容痛哭的媽媽。[183]小說中的女人因爲對性愛的飢渴，在烽火歲月中，背叛了丈夫，卻又不敢在得不到丈夫確切音訊下，接受新的婚姻，這個故事充分反映戰爭時期女性與丈夫失散後的矛盾境遇。

儘管容容的媽媽沒有立即接受新婚姻，或許是作者有意呈現傳統婦德對女性的影響，但小說中露骨地描寫容容媽媽的外遇經過，對強調「表達純潔的思想，剖析婦女問題的癥結」的《婦友》來說，該刊能容納與家庭倫理相背離的作品，是否與編輯群多爲女作家有關？因此，從創作的角度，她們能接受這類文章？還是夫妻約束的崩解是這時代的趨勢，連《婦友》都反映了時代？

〈龍鳳雙飛〉環繞著李梅芬的婚姻抉擇，梅芬是位四十歲出頭、未婚的職業婦女，隻身在臺工作；經張大嫂介紹，認識一位事業有成的胡先生，這位胡先生因爲妻小留在中國大陸，音訊全無，想在臺灣另外成立家室。初次會面時，梅芬對胡先生的「矮胖身材」、「光禿禿的腦袋」，沒有特別好感，雖然發現對方「神彩（采）奕奕中帶著慈祥」，又有一雙主富貴的「珠砂手」，但很難接受這份姻緣。返家後，回想年輕時拒絕許多追求者，而今日卻獨守空閨，梅芬忍不住百感交集，也大病一場。病中的孤寂、無助，以及表弟的勸說，梅芬的想法終於峰迴路轉，最後決定與胡先生交往。[184]這篇小說的情節雖然簡單，琦君把梅芬內心的起伏、矛盾做了極細膩的處理，展現流亡到臺灣的獨身女性，在面對年華老去與婚姻歸宿時的百般無奈。

對於《婦友》小說中，以灰黯、孤寂的手法，去詮釋不婚女性的心情，張毓芬無法認同，她認為這雖不是官方婦女論述所獨有，卻不能否認是受到父權意識的牽制。[185]不過，換一個角度來看，這其實反映離亂時代人們對婚姻的別無選擇，從梅芬和張大嫂的對話中，可以看到：

> 妳不是說他在大陸上有太太嗎？（梅芬）
> 這也沒什麼的，現在這種情形多得是。（張大嫂）[186]

張大嫂的說法，確實在一九五〇年代的臺灣社會不乏所見。立德幼稚園園長姜允中在接受訪問時便坦言，她之所以和妻子淪陷大陸的國大代表王鏡仁結婚，是無奈的選擇：

> 現在回不去大陸了，如果仍要堅持單身，又止不住人多口雜，閒言閒語。擺在眼前的幾

種選擇，唯有和王代表結婚，似乎是最可行的。但這也是無可奈何的選擇，只好結了婚。[187]

另外，父權意識對女性的婚姻抉擇，眞有如此大的張力？根據研究，傳統或近代女性結婚或不婚，不完全受制父權意識，也有出於自我選擇。[188]在琦君的筆下，梅芬雖然還是嫁給有妻室的男人，但在抉擇過程中，梅芬呈現了女性意識，當張大嫂暗示梅芬，嫁給胡先生會有用不完的錢，梅芬反駁道：

女人結婚就爲要過好日子嗎？我又不是自己養活不了自己。[189]

梅芬表弟問梅芬：「你怎麼還不想有個家呢？」梅芬回說：「一個人多自由。」但表弟表示「自由」的說法是「不得已的解釋」時，琦君以如下方式呈現梅芬的反應：

她像受辱似地把臉轉開了，半響才說：「你以爲一個女人非結婚不可嗎？」[190]

總之，《婦友》刊登這兩篇小說符合當時戰後家庭破碎、婚姻解體的臺灣社會，也讓人感同身受。然而，爲了建構新家庭而摧毀原本的婚姻或別人的婚姻，以及人們對在臺灣建立的「僞組織」[191]的認同，與《婦友》的宗旨明顯背道而馳，這似乎說明的《婦友》「理想家庭」概念，有鬆動的一面，不是父權意識或黨國思想所能操弄。

七、《婦友》宣揚的反共思想

《婦友》既然來自婦工會宣傳部門，對國民黨或婦工會政策的報導或宣傳，該刊是義不容辭。在《婦友》發行十年期間，反攻復國是國民黨治國的重要政策，幾乎每一種刊物都會報導大陸消息或傳播反共思想，《婦友》也以遍地開花的方式宣揚反共思想，作爲一本女性刊物，該刊以何種形式進行反共宣傳？

（一）論說式的反共宣傳

一九五〇到一九五八年，中國大陸實施「抗美援朝」、「土地改革」、「鎮反屠殺」、「整風鳴放」等政策，引起世界各國注意，特別是臺灣當局，對這時期中共的作爲，提出強烈指責，並認爲這是反攻復國的大好機會。《婦友》的第一期社論〈紀念四十三年國慶獻辭〉，便向婦女提出反共抗俄的呼籲：

婦女佔國民人口的半數，也就是應該負起國家一半的責任，……如果我們不曾忘記五年前大陸沉淪，國破家亡的慘痛，今天就必然的要挺起胸膛，握緊拳頭，向反共抗俄的大道上前奔。[192]

而次一期的〈祝中國國民黨建黨六十週年〉一文，更揭露中國大陸女性在中共政權下的非人道境遇：

大陸上近三億的女同胞，不但沒有政治上社會上的地位，且輾轉呻吟于血淵煉獄之中，不能自拔。新婚姻法的壓迫下，我女同胞已被驅使作禽獸作奴隸，過著非人的生活。共匪是以婦女做他搾取與宰割對象的，用組織來綑縛她們，用宣傳來煽動她們，用各種法令來迫使她們做奴工，做牛馬，犧牲她們的勞力，還要沾（玷）辱她們的身體。對于她們的哀號慘叫，我們在臺灣海峽這一岸的女同胞，安能忍心充耳不聞，熟視無覩嗎？[193]

一九五八年八月二十三日，中共砲擊金門，在「八二三炮戰」後，特別加強中央政府的反共決心。[194]一九五九年元旦的開國紀念慶典中，蔣中正昭告全國軍民同胞：

> 今年這一年……就是我們反攻復國的勝利決定年，所以我們軍民同胞，今年更要加緊推進三民主義的實施，致力於大陸人心的光復，並以三民主義的思想武器，和骨肉相連的民族情感，凝結成爲反共命運的主力，共同努力，來撲滅這萬惡的奸匪朱毛，創造我們民族獨立自由的命運，挽救世界人類的浩劫。【195】

爲響應這項呼籲，許多報刊媒體熱烈回應，做爲國民黨機關刊物的《婦友》，當然積極回應，在蔣中正發表這段文告前後，宋美齡與錢劍秋分別提出反共言論，並刊登在《婦友》上。【196】

除了社論和一般論文之外，《婦友》從第三十一期（一九五七年）到第五十三期（一九五九年）開闢「大陸悲劇」專欄，以較平實的筆法，報導中共的鎮反、整風運動，並透過實例，對中共的「婦女已經解放」、「男女基本上已經平等」的說法，提出反諷，指出婦女表面上獲得較多工作機會，但卻是超時工作，而且工作後還得做家事，甚至因爲工作而墮胎等等。【197】

（二）漫畫中的反共宣傳

除了專論之外，《婦友》也利用漫畫、插圖、文藝小說等文類，揭發中共的暴行。錢劍秋在《婦友》創刊一周年申明：

> 闡揚主義、宣導政策，是本刊重要的使命，如何加強實踐這一個要求，是今後迫需研究的問題，但如果扳起面孔來説教似的爲宣傳而宣傳的老辦法，已經不適用於今天了。因此，我們應將主義、政策、融會貫通在各項作品當中，不論散文、詩歌、小説、雜著裏面，都要以主義與政策作骨幹，然後用深入淺出爲寫法，烘托，渲染的沁入於字裏行間，不教人看起來，視爲老生常談，更不讓人嚼起來如蜡無味，而要使讀者在不知不覺中，接受了主義的啓示，政策的領導，由此便樹立了中心思想，達到了以文藝復興民族教育，以文化領導民族思想的目的，本刊的重要使命，才能實踐。[198]

錢劍秋還表示：「將防諜肅奸的辦法透過文藝來從各方面作爲啓發，比較用課本在講堂講授的效率要高得多」。[199]而前面提到的讀者小林也強調：「我們每一個都巴不得『婦友』今後的文藝欄內，能多發表一些活潑的，富於朝氣的文藝作品，以使我們每一位婦女，都轉變爲活潑的，和富於朝氣的革命女青年」。[200]因此，《婦友》的反共宣傳不是採教條方式，強迫讀者生吞活剝。

從《婦友》的第三期（一九五四年）開始，該刊的封底內幅就分別刊載蕭狄和梁雲坡繪製的「共匪對大陸婦女的暴行」眞實故事系列漫畫，一共十則：〈共匪對大陸婦女的暴行〉、〈董獻卿一家人的命運〉、〈丁素梅的遭遇〉、〈被扼殺了的愛情〉、〈共匪強迫婦女勞動慘劇〉、〈共匪「新婚姻法」下的悲劇〉、〈「家庭官司」〉、〈僑眷黃惠娟的自述〉、〈大陸女青年的悲劇〉，其中一則以僑眷爲體裁，其他都是描述大陸婦女的故事。這些故事不是敘述共匪逼迫良家婦女成婚、姦汙婦女，便是強迫婦女勞動，或是遭受匪幹勒索。

其中，蕭狄的〈共匪對大陸婦女的暴行〉，透過漫畫敘述兩則故事，一則是河南省西平縣三區蔡寨鎮的婦女丁素梅被匪幹看中，強迫他們夫妻離婚，丁素梅不肯，匪幹就把她丈夫編入民兵隊，並伺機姦汙丁素梅，

丁忿不欲生，最後懸樑自殺，而匪幹反說她因不堪丈夫虐待而自殺，判她丈夫五年徒刑。[201]另一則是匪中南新聞出版局發布科長季萬要與妻子沈才英離婚，沒有獲得法院准許，季萬便利用職權，在報紙上發動討論，並將結論送法院，最後法院還是依照他的意思判決離婚，他的妻子也因此精神失常。[202]

一九五〇年，中共頒布「婚姻法」之後，出現不少問題，梁雲坡的〈共匪「新婚姻法」下的悲劇〉，是一則描繪亂倫的悲慘故事。廣東省湖防縣水門鄉居民陳輔仁早死，遺下妻子二人，不料，妻子姚賽鳳守寡十餘年，卻因爲共匪頒布「新婚姻法」，不准寡婦守寡，水門

鄉政府的匪幹強迫姚賽鳳結婚，並指明她結婚的對象是她的兒子陳國昭。姚賽鳳不肯做這種亂倫的事，匪幹竟強迫她登報聲明脫離母子關係，還說：「這樣就不算亂倫了吧？！」姚賽鳳只好和親生子結婚，母子二人心痛欲絕，匪幹卻親自來「道賀」，並「在共匪爪牙的監視下，還得做出夫妻的型式」。這則漫畫的末尾，還特別寫著：「其實和她們一樣犧牲在匪『新婚姻法』下的人還不知道有多少呢！」【203】

最特別的是〈被扼殺了的愛情〉，繪製女匪幹橫刀奪愛所造成的悲劇：

> 河南陳留師範三年級女生普書盈和男生施進齋相愛，他倆意氣相投，誓結同心。可是校中的教導主任杜秋實——女匪幹，看見施進齋年輕英俊，百計追逐，絮絮不休。施進齋情有所鐘，當然不為所動，杜秋實轉而妒恨普書盈，誣指普書盈思想有問題，並令其坦白……。杜秋實處處給普書盈威脅，普書盈感覺坐臥不安，恐怖使她積漸羸弱，日夜杯弓蛇影。一個純潔的少女，受不住這種長期的精神迫害，她終於服砒霜自殺了。【204】

〈僑眷黃惠娟的自述〉則是來自逃離匪區僑眷的眞實故事：黃惠娟，廣東省臺山縣三圍鄉人，一九四八年與同鄉余海樂結婚，余海樂是一個美國華僑。結婚後不久，余海樂因為生意的關係，又到美國去了，留惠娟一個人在家。一年後大陸淪陷，黃惠娟被指為「華僑

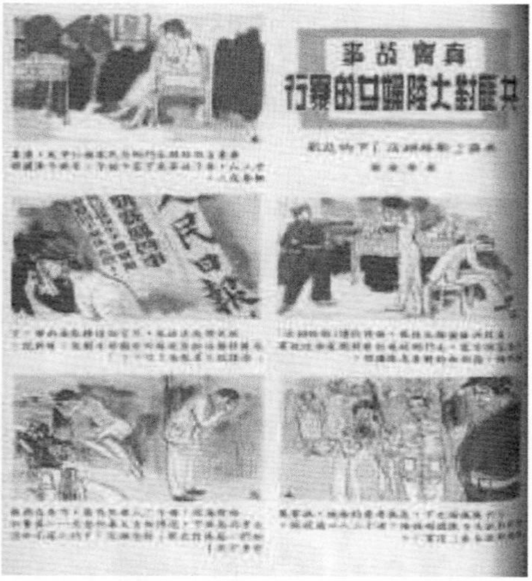

圖6-3

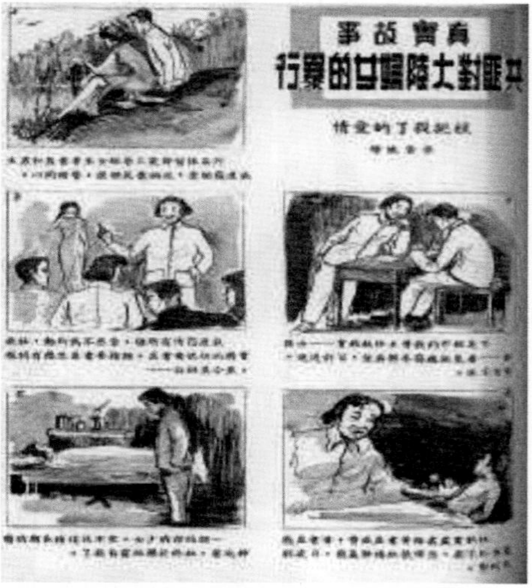

圖6-4

地主」，家中財產全被充公，她也被拘禁，而且被迫寫信給在美國的丈夫，要求匯七千萬人民幣來贖身，等到錢匯到後，她才被釋放，去做苦工。一九五一年，共匪厲行「土改」，黃惠娟又被指爲「地主」而拘禁，並用「睡釘床」、「放飛機」、「生死魚」等毒刑逼她寫信。[205]她受了無數次的毒刑，也寫了無數次的信，但信由匪幹去寄，她丈夫的回信由匪幹來拆，寄回來的錢也進了匪幹的荷包。最後她弄清楚匪幹的貪汙愛財，就設法賄賂匪幹，允許寫信給索款贖身；錢匯到後，她居然被釋出獄。一九五三年夏天，她冒險逃亡到香港，向親友們泣訴她的遭遇。[206]

除了這十則漫畫之外，前面提到梁又銘畫的〈悲慘的共匪「人民公社」〉，也是反共漫畫。其實透過漫畫手法所表現的反共語言，不只出現在《婦友》上，一九五〇年代的許多平面媒體，都不乏反共漫畫。一九五〇年代《中央日報》的「漫畫半週刊」，就有許多反共漫畫，値得注意的，反共漫畫中的婦女都是慘遭共匪欺凌，不管抵抗或屈服，最後的結局都是死亡，梁又銘的〈拍案驚奇〉就是典型例子。[207]這類漫畫敘事，說明當時的反共漫畫把共匪和婦女做了強烈對比，前者是暴力的象徵、後者是弱勢的代表，至於女匪幹也歸類爲暴力、邪惡。[208]因此，「共匪對大陸婦女的暴行」系列漫畫或是〈悲慘的共匪「人民公社」〉的敘事手法，明顯配合當時反共漫畫的風格，而且爲引起《婦友》女性讀者的共識，漫畫中遭受屈辱的主人翁都是女性。

(三)小說中的反共宣傳

漫畫之外,《婦友》也經常刊載以反共爲主題的小說,王潔心(筆名「蕭瑤」)的〈海上風暴〉就是一篇敘述匪諜反正的小說。小說中的女主人翁李宛英與父親相依爲命地來到臺灣,但卻與許下終身的男友失散八年;在一個暴風雨的晚上,她在父親看守的燈塔救起小艇翻覆的兩個男人,竟發現其中一人是他的男友何夢雄。宛英正高興能與男友異地重逢時,不料男友卻是匪諜,而男友的同伴不但想非禮宛英,還準備殺人滅口,幸而夢雄制服對方,也說出母親被扣留、自己被迫成爲匪諜的經過。[209]故事的結局,是夢雄做了明智的決定,「脫離魔掌重獲自由」,織構一個最符合代反共話語的小說。

孟浪的短篇小說〈戰地夢痕〉,描寫作者與中學到大學的好友康明、文敏的故事。抗戰時,他們三人響應「十萬青年十萬軍」的號召,加入遠征青年軍;戰爭結束,康明和文敏結爲夫妻,孟浪和他們繼續留營服役,並在同一個部隊工作。一九四七年,部隊從福建輾轉到金門,十月二十五日,康明不幸在中共炮擊金門時陣亡。之後,孟浪調到臺灣,希望文敏和她的兒子康康,一起離開金門,但文敏堅持留在金門;八二三炮戰發生時,孟浪多次寫信勸文敏到臺灣,文敏不但不肯,還加入戰地婦女隊,這篇小說更以康康哭喊著:「爸爸,我要替你報仇」作爲尾端,似乎表明要向中共復仇的,不只是女性,還包括年幼的孩童。[210]

從上述與反共有關的文藝類作品看來,爲強調共匪的暴行,無論漫畫或小說,都以婦女爲主軸，而且如出一轍地把婦女悲劇化，讓女性讀者厭惡中共的暴行。但嚴格來說，儘管反共宣傳充斥在當時的報刊雜誌中，這類宣傳是否持續不輟？效果又如何？王鼎鈞以反共文學爲例，發現當時對反共文學積極捧場的三家報紙副刊，每個月選出一兩篇樣板展示一下，但「大部分時間保持常態，文章可能與反共有關，也可能與反共無關」。[211]王鼎鈞的觀察，正說明文藝作品並不經常爲反共宣傳服務，這情形也出現在《婦友》上。在《婦友》的文學作品中，反共文學所占有限，如果進一步檢視該刊編輯群或女作家的寫作風格，明顯地告訴我們，她們既不是如男作家所說，專寫「身旁瑣事」，也不完全標榜反共文學。[212]

有意思的是，就范銘如的研究，受空間對主體的影響，戰後臺灣的外省籍女作家，她們在異鄉與故鄉的空間認同上，流露出落地生根的意願，她們書寫的重點不是弔念和重返失樂園。[213]〈容容的遭遇〉這部短篇小說似乎回應了范銘如的說法，因爲郭良蕙藉著容容呈現：「他（指容容）知道爸爸在大陸，但大陸又在哪裡呢？」[214]這短短數語，顯然告訴我們，「大陸」對已經準備在這裡定居的人來說，是個模糊的名詞。如此一來，似乎可推論《婦友》所建構的黨國意識，有很大的彈性。

以漫畫、小說或散文宣傳反共思想的形式，在一九六〇年之後，就不在《婦友》出現，至於社論或論著的反共文章，這以後也逐漸減少，顯然與當時反共文藝轉爲戰鬥文藝有關。

八、結論

綜觀前述，作爲黨營的刊物，《婦友》確實背負著宣傳黨國政策、改善社會風氣的任務，不過，爲促進婦女工作、改善並解決婦女生活，《婦友》也是一本爲婦女服務的刊物。從黨國這方面來看，《婦友》的發行單位是國民黨婦工會，編輯部門是婦工會宣傳室，清楚地呈現該刊的性質，而且該刊的發行動機或宗旨，基本上是呼應國民黨的政策。在刊物的流通上，雖然《婦友》歡迎各界訂閱，但贈閱的數量占多數，因爲《婦友》贈閱的對象，多半負有宣傳的任務，例如，婦工會把《婦友》送給義務幹事和宣傳員，是希望把上層的政策或理念，推進底層社會或各個家庭，《婦友》所刊登的文宣與各種知識，正提供了宣傳的藍本。另外，海外人士與前線軍人之所以獲得《婦友》的贈閱，也是同樣道理，在資訊還不是很發達的時代，《婦友》讓他們對臺灣正在進行的政策或活動，有較多的認識。

《婦友》的內容也不乏黨國色彩，本文探究的三組議題，多半在傳遞黨國政策以及婦工會的工作與活動。專訪婦女的報導與動員婦女的紀實，主要由婦工會幹部或宣傳員撰寫，透過她們的陳述，讀者可以了解她們如何走向基層，進行婦女工作，以及基層婦女對組訓的反應。至於《婦友》對幸福家庭的建立與反共的宣傳，其中不少內容是在回應政策，試圖培養婦女美德、建構和諧家庭，並形塑黨國理想婦女形象。

然而，從另一個角度來看，《婦友》也是以婦女為主體的刊物，並提供女性發聲的機會。首先，在該刊的生產過程中，編輯群不完全是黨工，以女作家居多；另外，該刊雖然接受男性投稿，女性作者還是占大多數，而且來自各界，因此，從編輯群到作者的對外開放，說明了《婦友》並沒有被黨國完全框架。其次，《婦友》的出版帶給不少女性創作的空間，包括女作家、學者專家、女學生、家庭主婦與婦工會的幹部，特別是《婦友》發掘了有文藝創作天分的女學生，這比《婦友》在闡揚主義、宣導政策上，顯然收獲更大，合乎了該刊「提倡婦女文藝」的目的。再者，在寫作的形式上，除了社論、論著、特寫之外，刊載在《婦友》的文章，不一定與黨國政策勾連，女青年園地、家庭或兒童專欄的文章，便有很大彈性，適合一般婦女閱讀。

從《婦友》的生產過程、刊物流通到《婦友》的內容，充分顯示該刊是一本既忠於黨國也屬於婦女的刊物。此外，在「戰鬥性第一、趣味性第二」的一九五〇年代，國民黨的政治宣傳充滿藝文氣息，因此，《婦友》不是以枯燥無味的說教方式，走向讀者，而是以綜合性質發行這本刊物，這種嚴肅中不乏輕鬆的內容，使這本刊物的讀者不限於女性，也吸引男性與兒童閱讀，沒有性別與年齡限制。

儘管《婦友》受到各界肯定，也大量流通。但該刊在經費或人力上，始終浮現問題，不但編輯人力嚴重不足，從創刊開始就面臨經費拮据的情形，這種現象雖然也出現在其他黨營出版品上，但以「促進婦女工作」爲標榜的定期刊物，似乎更應該獲得國民黨的支持，而事實顯示，《婦友》發行的八年裡，除一九五九年度沒有資料外，有六年是超支的，導致該刊必須向婦工會的其他單位挪用經費。從一九五六年度國民黨中央十二處組會核定的預算觀察，婦工會核定六十二萬四千元，僅高於四個會，占各處組會總預算的百分之二．二三。[215]回顧國民黨成立婦女組織以來，婦女工作經費不足的問題，經常出現，而一九五〇年代的國民黨婦工會仍不能避免這種窘境，這是否與國民黨偏忽婦女工作有關，值得深思。

值得一提的，《婦友》既然力圖「改善婦女生活」、「研究婦女問題」，那麼我們要以何種角度評價這本刊物？針對《婦友》記者的娼妓生活報導，張毓芬從女性主義視角認爲，這其中充滿父權意識型態，如果是在女權思潮蓬勃的一九八〇年代，《婦友》確實偏忽女性處境，但如果回到這個婦工勝過婦運、國家大於個人的時代，或許較能同情理解《婦友》的寫作風格。至於「幸福家庭運動」的推動，張毓芬也歸爲是在保障傳統父權家庭，而建構幸福家庭始終是人們的期待，這顯然不能與黨國或父權相提並論。不過，《婦友》把婦女看成共匪暴力下的犧牲者或是社會道德的破壞者，讓民國以來好不容易建立的兩性觀念，大開倒車，令人匪夷所思。但我這樣的質疑，並沒有否定《婦友》還是容納女性意識，因爲在藝文作品中，女性主體性是存在的，雖然那只是零星、片段。

總地來說，研究刊物史若只從文本著手，沒有掌握到知識生產的背景、過程與流通情形，是很難對刊物有全面認識。所幸，婦工會的年度報告、「婦指會議」與國民黨中央委員會的會議紀錄，讓本文能從廣袤的角度去探究《婦友》，也讓我確信解讀《婦友》時，必須採取多元視角，不能完全從黨國角度，去認定這本由國民黨婦工會發行的刊物，是純粹爲黨國發聲。

注釋

【1】朱雙一，《臺灣文學思潮與淵源》（臺北：海峽學術出版社，二〇〇五），頁一八四。

【2】張道藩畢業於英國倫敦大學大學院美術部，並至巴黎法國國立最高藝術專科學校研究。一九二三年加入國民黨，曾擔任南京市政府秘書長、中國國民黨中央委員、中央宣傳部長、中央文化運動委員會主委，來臺後，任國民黨中央改造委員、常務委員：一九五二－一九六一年擔任立法院院長。中華民國人事錄編纂委員會編，《中華民國人事錄》（臺北：中國科學公司，一九五三），頁二六八；劉紹唐主編，《民國人物小傳（第二冊）》（臺北：傳記文學出版社，一九七七），頁一六三。

【3】朱雙一，《臺灣文學思潮與淵源》，頁一八四。

【4】趙友培，〈道藩先生與文藝政策〉，《中國語文》，卷二七期一（一九七〇年七月），頁三九－四五；鄭明俐，〈當代臺灣文藝政策的發展、影響與檢討〉，收入鄭明俐主編，《當代臺灣政治文學論》（臺北：時報文化出版社，一九九四），頁一三－一四。

【5】劉心皇，《現代中國文學史話》（臺北：正中書局，一九七一），頁八一六－八一七。

【6】趙友培，〈道藩先生與文藝政策〉，頁三九。

【7】鄭明俐，〈當代臺灣文藝政策的發展、影響與檢討〉《當代臺灣政治文學論》，頁二四。

【8】鄭明俐，〈當代臺灣文藝政策的發展、影響與檢討〉，頁二四－二八。

【9】一九五四年七月二十六日，中國文藝協會常務理事陳紀瀅，以「某文化人士」的身分，對社會大眾發表談話，《中央日報》等報刊出談話內容，陳紀瀅語重心長的表示：「文化、教育、新聞、文藝、青年、婦女等團體，一面為響應總統號召，一面痛感當前文化事業之畸形發展，擬即展開文化清潔運動，籲請各界一致奮起，共同撲滅文化三害：『赤色的毒』『黃色之害』與『黑色的罪』。」之後，即展開長達兩年的「文化清潔運動」。陳紀瀅，《文藝運動二十五年》（臺北：重光文藝出版社，一九七八），頁

七二。

【10】中國國民黨中央第四組，《文藝政策彙編》（臺北：中國國民黨中央第四組，一九六八），頁一—二。

【11】分別是社論、論著、家庭與兒童、特寫、文藝、女青年園地、書評、專載、婦女史話、漫畫、報導、女作家動態、共匪迫害婦女傳真、特載、童話、長篇連載、專題研究、家庭小酌、美化庭園、婦友信箱、廣播文摘、時論、海外通訊、世界名著、童話音樂、專論、主婦生活漫談、兒童連環圖、床邊故事、通草造花法、大陸悲劇、讀書心得、中篇小說、廣播座談、溪邊瑣語、少女手冊、名著欣賞、治家偶得、西洋文藝講座、一月小說、家庭的幸福、窗前小品、中國文學欣賞、家政之頁、青年園地（一〇四、一〇五、一〇六、一〇七期改回「女青年園地」）、每月小說、海外來鴻。

【12】施碩佳，〈從無聲到有聲－論《婦友》雜誌中參政女性的主體性〉（臺北：國立臺灣師範大學臺灣文化及語言文學研究所碩士論文，二〇〇九）；張毓芬，〈女人與國家─臺灣婦女運動史再思考〉（臺北：國立政治大學新聞研究所碩士論文，一九九八年七月）。

【13】該會於一九八六年更名為「中華婦女反共聯合會」，一九九六年又改稱「中華婦女聯合會」。

【14】錢用和，《半世紀的追隨》（臺北：東方出版社，二〇一一），頁八六；〈婦女工作指導會議幹事委員談話會紀錄〉，手抄本，一九五四年十一月九日。

【15】〈中央委員會婦女工作指導會議暫行規則修正通過〉，〈中國國民黨第七屆中央委員會常務委員會第六十二次會議紀錄〉，一九五三年十月七日。中國國民黨黨史館藏，檔號：「會議紀錄」七、三：五。

【16】錢用和，《半世紀的追隨》，頁一一四。

【17】〈中央委員會婦女工作會暫行組織規則通過〉，〈中國國民黨第七屆中央委員會常務委員會第六十二次會議紀錄〉，一九五三年十月七日。中國國民黨黨史館藏，檔號：「會議紀錄」七、三：五。

【18】這兩個組織的職權在「婦指會議」的籌備會議與正式會議都一再說明，詳見〈中國國民黨中央委員會婦女工作指導委員會籌備委員會第一次會議紀錄〉，手抄本，一九五三年十月五日；〈中國國民黨中央委

員會婦女工作指導會議第一次幹事委員會議紀錄》，手抄本，一九五三年十一月七日。

【19】宋美齡訓詞，〈婦女工作指導委員會議的功能〉，中國國民黨中央委員會婦女工作會編，《指導長　蔣夫人對婦女訓詞》（臺北：中國國民黨中央委員會婦女工作會，一九七九），頁一六四。

【20】〈中國國民黨婦女工作指導方案〉，〈中國國民黨第七屆中央委員會常務委員會第一〇六次會議紀錄〉，一九五四年五月十七日。中國國民黨黨史館藏，檔號：「會議紀錄」七、三：九。

【21】中國國民黨中央委員會婦女工作會編，《我們的工作》（臺北：中國國民黨中央委員會婦女工作會，一九七六），頁二—三。

【22】錢劍秋，《三十年來中國婦女運動》（臺北：中國國民黨中央委員會婦女工作會，一九七六），頁一四；中國國民黨中央委員會婦女工作會編，《我們的工作》，頁一；《自由中國的婦女》（臺北：婦友社，一九五七年三版），頁一八。

【23】游鑑明，〈臺灣地區的婦運〉，收入陳三井主編，《近代中國婦女運動史》（臺北：近代中國出版社，二〇〇〇），頁四七三。

【24】《自由中國的婦女》，頁一九；中國國民黨中央委員會婦女工作會編，《四年來本黨的婦女工作》（臺北：中國國民黨中央委員會婦女工作會，一九五七），頁一六。

【25】中國國民黨中央委員會婦女工作會編，《我們的工作》，頁七。

【26】〈創刊詞〉，《婦友》，期一（一九五四年十月十日），頁二。

【27】〈創刊詞〉，頁二。

【28】〈創刊詞〉，頁二。

【29】〈創刊詞〉，頁二。

【30】〈中央婦女工作指導會議第廿四次幹事委員會議紀錄〉，手抄本，一九五六年七月二十四日。

【31】《暢流》，卷十期四（一九五四年十月一日），無頁碼。

【32】王文漪，〈百期回憶〉，《婦友》，期一〇〇（一九六三年一月十日），頁四。

【33】《婦友》，期一，無頁碼。

【34】據錢用和的說法，李秀芬與婦聯會總幹事皮以書不睦，因此，出任婦工會主任一年，便辭職。錢用和，《半世紀的追隨》，頁一一五。

【35】《婦友》，期二（一九五四年十一月十日），無頁碼。

【36】《婦友》，期四（一九五五年一月十日），頁三一。

【37】《中國國民黨中央委員會婦女工作會四十四年度工作總報告》，頁三一。

【38】〈小傳〉，收入王文漪，《王文漪自選集》（臺北：黎明文化事業股份有限公司，一九八三），頁一—二。

【39】王文漪，〈懷思梅音〉，《中央日報》，一九八四年二月十八日，第一二版。

【40】鍾梅音筆名有音、愛珈、綠詩，曾就讀廣西大學文法學院法律系，一九四九年，在《中央日報》「婦女週刊」發表第一篇散文〈雞的故事〉，開始她的寫作生涯。

【41】王文漪，〈百期回憶〉，頁四。

【42】〈小傳〉，收入王文漪，《王文漪自選集》，頁一—二。

【43】《中國國民黨中央委員會婦女工作會四十四年度工作總報告》，頁三一。

【44】王文漪，〈懷思梅音〉，《中央日報》，第一二版。

【45】陳紀瀅，〈憶梅音〉，《傳記文學》，卷四四期三（一九八四年三月），頁七四。

【46】王文漪曾極力挽留，她回憶：「梅音那時既已倦勤，就一封封信寫給我，辭職不編了！她的信寫得很動人，看上去全是落筆成章，字體尤其娟秀，我至今還將她那時寫給我的一疊信保存得好好的。我雖極力留她，但也無效。」〈懷思梅音：王文漪〉，《中央日報》，第一二版。

【47】本刊記者，〈本刊編輯委員簡介〉，《婦友》，期一〇三（一九六三年四月十日），頁七—九。

【48】王文漪，〈百期回憶〉，頁五。

【49】《中國國民黨中央委員會婦女工作會四十四年度工作總報告》，頁三二；《中國國民黨中央委員會婦女工作會四十五年度工作總報告表》，頁三三。

【50】《中華婦女》五卷一期的版權頁呈現，該刊的編委有王國秀、李秀芬、李青來、武月卿、徐鍾珮、陳香梅、莫希平、張岫嵐、張明、傅岩、錢劍秋、謝寶珠等人。《中華婦女》，卷五期一（一九五四年九月一日），無頁碼。

【51】王文漪，〈百期回憶〉，頁四－五。

【52】王文漪，〈百期回憶〉，頁五。

【53】鍾梅音，〈百尺竿頭：祝「婦友」百期紀念〉，《婦友》，期一〇〇（一九六三年一月十日），頁六。

【54】《中國國民黨中央委員會婦女工作會四十六年度工作總報告表》，頁五七。

【55】《中國國民黨中央委員會婦女工作會四十七年度工作總報告表》，頁五三。

【56】一九六〇年婦工會的工作報告表，再度反映人手太少：「婦友完全在室內處理，婦友社僅對外之名稱而已。主編由本室總幹事兼任，發行由本室同志兼理，僅一臨時人員幫助校對、製版等工作，故甚形忙碌」，《中國國民黨中央委員會婦女工作會四十九年度工作總報告表》，頁六一。

【57】王文漪曾以「十年煎熬」形容工作的艱辛：「宣傳工作，實在是極為紛繁的，固不限於編輯婦友，諸如叢書、廣播、宣傳網以及慶祝婦女節、兒童節、母親節等等，似乎都是我的事」。王文漪，〈十年煎熬〉，《十年》（臺北：文壇出版社，一九六〇），頁七二。

【58】王文漪，〈百期回憶〉，頁四－五。

【59】鍾梅音，〈百尺竿頭：祝「婦友」百期紀念〉，頁六。

【60】鍾梅音，〈百尺竿頭：祝「婦友」百期紀念〉，頁六。

【61】鍾梅音，〈百尺竿頭：祝「婦友」百期紀念〉，頁六。

【62】王文漪，〈百期回憶〉，頁四。

【63】「一年來，我們始終以有限的經費和令人難以相信的人力下，艱苦的支撐了這一卷刊滿，從創刊號以迄今，所有本刊的編輯、發行、校對以至於日常事務處理，都是編者一個人去擔負。」〈編後話〉，《中華婦女》，卷一期一一—一二（一九五一年六月一日），頁二三。

【64】〈本組編印六種彩色連環圖畫〉，《宣傳週報》，卷十二期一〇（一九五八年九月五日），頁八。

【65】「徵稿簡則」，《自由中國》，卷十期四（一九五四年二月十六日），頁一一；「稿約」，《自由青年》，卷十四期九（一九五五年十一月一日），無頁碼；「徵稿簡約」，《中華婦女》，卷一期二（一九五〇年八月十五日），頁一七；「徵稿簡約」，《中華婦女》，卷七期八（一九五七年四月十日），無頁碼。

【66】胡虛一，〈教師與窮—介紹中學教師的待遇及其生活〉，《自由中國》，卷二〇期一一（一九五九年六月一日），頁一六—一七。

【67】〈中央婦女工作指導會議第三四次幹事委員會議紀錄〉，手抄本，一九五八年二月一日。

【68】《婦友》，期二〇（一九五六年五月十日），頁三四。

【69】《婦友》，頁三四。

【70】《婦友》，頁三四。

【71】王文漪，〈百期回憶〉，頁四。

【72】王鼎鈞，《文學江湖：王鼎鈞回憶錄四部曲之四》（臺北：爾雅書店，二〇〇九），頁一七七。

【73】《中國國民黨中央委員會婦女工作會工作報告表（自五十年七月一日至五十一年六月三十日）》，頁四九；《中國國民黨中央委員會婦女工作會四十七年度工作總報告表》，頁五一。

【74】王文漪，〈懷思梅音〉，《中央日報》「副刊」，一九八四年二月十八日，頁一二。

【75】王文漪，〈懷思梅音〉，《中央日報》「副刊」，頁一二。

【76】王文漪，〈懷思梅音〉，《中央日報》「副刊」，頁一一。

【77】王文漪，〈百期回憶〉，頁四。

【78】《中央委員會婦女工作會四十三年度工作總報告表》，頁一一。

【79】《中國國民黨中央委員會婦女工作會工作報告表（自五十年七月一日至五十一年六月三十日）》，頁五三；《中國國民黨中央委員會婦女工作會五十年度工作總報告表》，頁一一三。

【80】王文漪，〈百期回憶〉，頁四。

【81】張秀亞、蓉子（王蓉芷）、艾雯（熊崑珍）、畢璞（周素珊）、琦君（潘希真）、童真、徐鍾珮、王亞（王克非）、於梨華、程觀心、劉枋、蕭綠石、林太乙、林海音（林含音）、尉素秋、鍾梅音、張漱菡（張欣禾）、潘人木（潘佛彬）、郭晉秀、葉蘋（葉霞翟）、李芳蘭、王潔心、蕭傳文、張裘麗（張鍾嫻）、孟瑤（楊宗珍）、雪茵（張雪茵）、謝冰瑩（謝鳴崗）、繁露（王韻梅）、徐薏藍（徐恩楣）、蘇雪林（蘇筱梅）、嚴友梅、王琰如（王琰）、葉曼（劉世綸）、王怡之（王志忱）、盧月化、劉咸思（劉瑢）等。

【82】《中國國民黨中央委員會婦女工作會五十年度工作總報告表》，頁一一三。

【83】《中國國民黨中央委員會婦女工作會工作報告表（自五十年七月一日至五十一年六月三十日）》，頁五二。

【84】〈編後〉，《婦友》，期五一（一九五八年十二月十日），頁一〇。

【85】王文漪，〈百期回憶〉，頁四。

【86】《中國國民黨中央委員會婦女工作會四十四年度工作總報告》，頁三一；《中國國民黨中央委員會婦女工作會五十年度工作總報告表》，頁一一〇；《中國國民黨中央委員會婦女工作會工作報告表（自五十年七月一日至五十一年六月三十日）》，頁五〇。

【87】《中國國民黨中央委員會婦女工作會五十三年度工作報告表》，頁一一八－一一九。

【88】王文漪，〈百期回憶〉，頁五。

【89】《婦友》，頁三一。

【90】《中國國民黨中央委員會婦女工作會四十五年度工作總報告表》，頁三三。

【91】《中國國民黨中央委員會婦女工作會四十五年度工作總報告表》，頁四五；《中國國民黨中央委員會婦女工作會五十三年度工作報告表》，頁一一九。

【92】《中國國民黨中央委員會婦女工作會四十六年度工作總報告表》，頁五〇。

【93】〈婦女工作指導會議第三六次幹事委員、第一六次委員聯席會議紀錄〉，手抄本，一九五八年十月十八日。

【94】《中國國民黨中央委員會婦女工作會四十九年度工作總報告表》，頁五五。

【95】《中國國民黨中央委員會婦女工作會五十三年度工作報告》，頁一〇〇。

【96】根據婦工會報告，《婦友》流通海外採如下六種方式：（一）由外交部轉寄海外各地使館；（二）直接郵寄海外僑領、學人、婦女團體、僑校圖書館；（三）委託航海黨部分贈船員，再請轉贈華僑後裔、國際人士；（四）委請空軍與海軍總部，轉送在海外受訓的軍官，作為國民外交宣傳資料；（五）送給在臺求學的僑生，再請轉送僑居地親友；（六）國際婦女團體。《中國國民黨中央委員會婦女工作會五十年度工作總報告表》，頁一一四；《中國國民黨中央委員會婦女工作會五十二年度工作報告表》，頁一二三。

【97】一九六四年度，《婦友》發行一一，〇〇〇本，由航海部帶至海外八，〇〇〇本、寄給海外婦女團體與僑領五，〇〇〇本、請駐外使館代送三，〇〇〇本。《中國國民黨中央委員會婦女工作會五十三年度工作報告》，頁九三、九九。

【98】《中國國民黨中央委員會婦女工作會工作報告表（自五十年七月一日至五十一年六月三十日）》，頁五四。

【99】《中國國民黨中央委員會婦女工作會四十九年度工作總報告表》，頁六一。

【100】《中國國民黨中央委員會婦女工作會四十六年度工作總報告表》，頁五七。

【101】《中國國民黨中央委員會婦女工作會四十九年度工作總報告表》，頁六一。

【102】一九五六到一九六四年間《婦友》的預算和支用百分比表：

年度	預算數	支用百分比
一九五六	132,000元	111%
一九五七	132,000元	102%
一九五八	132,000元	100%
一九六〇	162,000元	140%
一九六一	167,000元	100%
一九六二	167,000元	120%
一九六三	167,000元	120%
一九六四	194,500元	110%

其中缺一九五九年度資料。以上詳見《中國國民黨中央委員會婦女工作會四十五年度工作總報告表》，頁三三；《中國國民黨中央委員會婦女工作會四十六年度工作總報告表》，頁三三；《中國國民黨中央委員會婦女工作會四十七年度工作總報告表》，頁五六；《中國國民黨中央委員會婦女工作會四十九年度工作總報告表》，頁五二；《中國國民黨中央委員會婦女工作會五十年度工作總報告表》，頁六一；《中國國民黨中央委員會婦女工作會工作報告表（自五十年七月一日至五十一年六月三十日）》，頁一〇八；《中國國民黨中央委員會婦女工作會五十二年度工作報告表》，頁四八；《中國國民黨中央委員會婦女工作會五十三年度工作報告表》，頁一一六；《中國國民黨中央委員會婦女工作會五十三年度工作報告表》，頁九三。

【103】《中國國民黨中央委員會婦女工作會四十九年度工作總報告表》，頁六一。

【104】在一九五八年婦女工作指導會議第三十四次幹事委員會議中，委員羅衡以組訓專款經費太多，提議挪移一部分做擴充婦女之家之用，但因該專款已列有預算，最後決議婦女之家費用，另行籌措。〈中國國民

黨中央委員會婦女工作指導會議第三十四次幹事委員會議紀錄〉，手抄本，一九五八年二月一日。

【105】《中國國民黨中央委員會婦女工作會五十年度工作總報告表》，頁一〇八。

【106】《中國國民黨中央委員會婦女工作會五十三年度工作報告表》，頁一〇〇。

【107】《中國國民黨中央委員會婦女工作會四十五年度工作總報告表》，頁三四。

【108】《中國國民黨中央委員會婦女工作會五十二年度工作報告表》，頁一一六。

【109】《暢流》，無頁碼。

【110】《婦友》，期一（一九五四年十月十日），頁三三。

【111】《暢流》，卷十九期二（一九五九年三月一日），無頁碼。

【112】《中國國民黨中央委員會婦女工作會工作報告表（自五十年七月一日至五十一年六月三十日）》，頁五四。

【113】〈本刊增價啓事〉，《婦友》，期二六（一九五六年十月三十日），頁三〇。

【114】《自由中國》，卷二二期六（一九六〇年三月十六日），無頁碼。

【115】胡虛一，〈教師與窮—介紹中學教師的待遇及其生活〉，頁一七。

【116】《中央委員會婦女工作會四十三年度工作總報告》，頁一二。

【117】《婦友》，期一三（一九五五年十月十日），頁六。

【118】《婦友》，期二（一九五四年十一月十日），頁三一。

【119】《中國國民黨中央委員會婦女工作會四十六年度工作總報告表》，頁五六。

【120】錢劍秋講述，《本黨婦女工作》（臺北：革命實踐院，一九五九），頁二〇。

【121】臺大護校小林，〈我對於「婦友」的幾點希望〉，《婦友》，期一三（一九五五年十月十日），頁三五。

【122】臺大護校小林，〈我對於「婦友」的幾點希望〉，頁三五。

【123】臺大護校小林，〈我對於「婦友」的幾點希望〉，頁三五。

【124】《婦友》，期一三（一九五五年十月十日），頁六。

【125】《中國國民黨中央委員會婦女工作會四十七年度工作總報告表》，頁五三；《中國國民黨中央委員會婦女工作會四十九年度工作總報告表》，頁六五；《中國國民黨中央委員會婦女工作會工作報告表（自五十年七月一日至五十一年六月三十日）》，頁五三；《中央委員會婦女工作會五十年度工作總報告表》，頁一一四。

【126】王鼎鈞，《文學江湖：王鼎鈞回憶錄四部曲之四》，頁一三七—一三八。

【127】王鼎鈞，《文學江湖：王鼎鈞回憶錄四部曲之四》，頁三三〇。

【128】王文漪，〈百期回憶〉，頁四。

【129】本刊編輯委員會，〈編輯一年〉，《婦友》，期一三（一九五五年十月十日），頁六。

【130】游鑑明，〈當外省人遇到臺灣女性：戰後臺灣報刊中的女性論述（一九四五—一九四九）〉，《中央研究院近代史研究所集刊》，期四七（二〇〇五年三月），頁一八三—一九七。

【131】本刊記者，〈松山煙廠訪問記〉，《婦友》，期一（一九五四年十月十日），頁一一—一二。

【132】本刊記者，〈松山煙廠訪問記〉，頁一三。

【133】本刊記者，〈松山煙廠訪問記〉，頁一三—一四。

【134】本刊記者，〈松山煙廠訪問記〉，頁一三—一四。

【135】本刊記者，〈松山煙廠訪問記〉，頁一四。

【136】本刊記者，〈松山煙廠訪問記〉，頁一三。

【137】本刊記者，〈松山煙廠訪問記〉，頁一四。

【138】本刊記者，〈松山煙廠訪問記〉，頁一一。

【139】本刊記者，〈女司機女車掌訪問記〉，《婦友》，期四（一九五五年一月十日），頁一七。

【140】本刊記者，〈女司機女車掌訪問記〉，頁一七—一九。

【141】本刊記者，〈女司機女車掌訪問記〉，頁一八—一九。

【142】本刊記者，〈可憐酒家女天涯歸何處？特種酒家訪問記〉，《婦友》，期二（一九五四年十一月十日），頁一四。

【143】梁雲坡繪，〈罪惡的淵藪：娼妓〉，《婦友》，期一八（一九五六年三月十日），無頁碼。

【144】本刊記者，〈可憐酒家女天涯歸何處？特種酒家訪問記〉，頁一四—一九。

【145】本刊記者，〈一群墮落在火坑裡的婦女：北投公娼訪問記〉，《婦友》，期九（一九五五年六月十日），頁一二—一四。

【146】本刊記者，〈一群墮落在火坑裡的婦女：北投公娼訪問記〉，頁一四。

【147】〈中央婦工會的工作成果：黨務工作績效展覽之一部〉，《婦友》，期八七（一九六一年十二月十日），頁一一，原轉載於同年一月十九日《中華日報》。

【148】本刊記者，〈漁村訪問：基隆八斗子魚眷生活〉，《婦友》，期六（一九五五年三月十日），頁一八—一九。

【149】本刊記者，〈漁村訪問：基隆八斗子魚眷生活〉，頁一九。

【150】本刊記者，〈漁村訪問：基隆八斗子魚眷生活〉，頁一九。

【151】張毓芬，〈女人與國家——臺灣婦女運動史的再思考〉，頁一六八。

【152】宋美齡訓詞，〈婦女幹部訓練的目的〉，中國國民黨中央委員會婦女工作會編，《指導長　蔣夫人對婦女的訓詞》，頁一七八。

【153】筱鈺，〈婦女工作會議誌盛〉，《婦友》，期八四（一九六一年九月十日），頁五。

【154】筱鈺，〈農村裡的鬥士〉，《婦友》，期三五（一九五七年八月十日），頁六。

【155】筱鈺，〈農村裡的鬥士〉，頁六。

【156】楊百元，〈動員聲中的屏東婦女〉，《婦友》，期五九（一九五九年八月十日），頁一〇。

【157】楊百元，〈動員聲中的屏東婦女〉，頁一〇。

【158】本刊記者，〈可憐酒家女天涯歸何處？特種酒家訪問記〉，頁一四—一九。

【159】姚葳，〈火線上的女性〉，《婦友》，期五二（一九五九年一月十日），頁一八；劉枋，〈金門五度行〉，《婦友》，期五二（一九五九年一月十日），頁一九—二〇；謝冰瑩，〈兩個金門〉，《婦友》，期一一〇（一九六三年十月三十一日），頁七—八；林海音，〈我們到馬祖去〉，《婦友》，期一一六（一九六四年五月十日），頁六—八。

【160】《中國國民黨中央委員會婦女工作會四十六年度工作總報告表》，頁六〇。

【161】〈幸福家庭今晚開播〉，《聯合報》，一九五六年十月二十二日，第三版。

【162】一九五八年度婦工會的工作報告即記載，婦工會之所以大力倡導幸福家庭運動，是為揭發共匪在大陸推行「人民公社」，拆散家庭、分散骨肉的暴行。《中國國民黨中央委員會婦女工作會四十七年度工作總報告表》，頁五五。

【163】〈蔣夫人於全美反共大會演說全文—中華民國四七年十一月十四日〉、錢劍秋，〈展開歷史的新頁〉、鍾勳的〈「人民公社」暴政註（注）定共匪必亡〉，以上分別刊載在《婦友》，期五二（一九五八年一月十日），頁三—六、一〇、一五—一七。

【164】幸福家庭運動是向全國各地全面展開，臺北市各界婦女負責推行，其他縣市則自行計劃實施，運動項目包括巡迴廣播宣傳、舉行演講比賽、放映幻燈等。〈全國各界婦女發起推行幸福家庭運動〉，《中央日報》，一九五九年二月二十三日，第一版。

【165】〈編者綴言〉，《婦友》，期五三（一九五九年二月十日），頁三一。

【166】〈建立幸福家庭〉，《婦友》，期五三（一九五九年二月十日），頁二。〈推行幸福家庭運動紀念本年婦女節〉、〈婦女節談幸福家庭〉、菱子的〈幸福的意義〉，分別刊載在《婦友》，期五四（一九五九

年三月十日），頁二、一〇—一四、九。

【167】〈悲慘的共匪「人民公社」〉、〈我們的幸福家庭〉，《婦友》，期五四（一九五九年三月八日），無頁碼。

【168】《中國國民黨中央委員會婦女工作會四十七年度工作總報告表》，頁五八。

【169】王文漪，〈十年煎熬〉，頁七三。

【170】王文漪，〈十年煎熬〉，頁七三。

【171】《中國國民黨中央委員會婦女工作會四十七年度工作總報告表》，頁五八。

【172】王文漪，〈十年煎熬〉，頁七三。

【173】張毓芬，〈女人與國家——臺灣婦女運動史的再思考〉，頁一七六。

【174】蔡文居：〈「幸福家庭日」 高俊明牧師推動〉，《自由時報》，二〇一一年二月十六日：參考網站資料<http://news.ltn.com.tw/news/local/paper/469092>（二〇一一年十月二十日）。

【175】王文漪，〈百期回憶〉，頁四。

【176】《中央委員會婦女工作會五十二年度工作報告表》，頁一一六。

【177】〈宣傳要點〉，《宣傳週報》，卷五期三（一九五五年一月十四日），頁三。

【178】〈中華民國四十四年度慶祝婦女節指導綱要〉，《宣傳週報》，卷五期八（一九五五年二月十八日），頁四。

【179】分別有〈婦女應率先厲行戰時生活〉、〈戰時生活與婦女〉、〈一位女教員的戰時家庭生活〉、〈紀念「三八」〉、〈慶祝四十四年婦女節書告婦女同胞〉、〈三八節獻言—勤與儉小可興家大可立國〉、〈中華民國四十四年慶祝婦女節標語與口號〉，上述文章請見《婦友》，期五（一九五五年二月十日），頁二—五；《婦友》，期六（一九五五年三月十日），頁二—五、九—一〇。

【180】梁雲坡繪，〈勵行戰時生活：主婦之敵—麻將〉，《婦友》，期一五（一九五五年十月十日），無頁

碼。

【181】梁雲坡繪，〈勵行戰時生活：糾正奢侈風氣〉，《婦友》，期一六（一九五六年一月十日），無頁碼。

【182】梁雲坡繪，〈勵行戰時生活：糾正奢侈風氣〉，《婦友》，期一七（一九五六年二月十日），無頁碼。

【183】郭良蕙，〈容容的遭遇〉，《婦友》，期四（一九五五年一月十日），頁二三—二四。

【184】琦君，〈龍鳳雙飛〉，《婦友》，期五〇（一九五八年十月三十一日），頁一八—二三。

【185】張毓芬，〈女人與國家—臺灣婦女運動史的再思考〉，頁六八。

【186】琦君，〈龍鳳雙飛〉，頁二一。

【187】羅久蓉訪問、丘慧君記錄，《姜允中女士訪問紀錄》，中央研究院近代史研究所「口述歷史叢書」（八七）（臺北：中央研究院近代史研究所，二〇〇五），頁一〇四。

【188】游鑑明，〈千山我獨行？廿世紀前半期中國有關女性獨身的言論〉，《近代中國婦女史研究》，期九（二〇〇一年八月），頁一六八—一七三；胡曉真，〈酗酒、瘋癲與獨身—清代女性彈詞小說中的極端女性人物〉，收入游鑑明主編，《中國婦女史論集》（臺北：稻鄉出版社，二〇一一），第九集，頁二四六—二五五。

【189】琦君，〈龍鳳雙飛〉，頁二〇。

【190】琦君，〈龍鳳雙飛〉，頁二一。

【191】此處的「偽組織」是指戰爭期間，人們在正式婚姻之外，另外建立的家庭。這個概念引自呂芳上，〈另一種「偽組織」：抗戰時期的家庭與婚姻問題初探〉，《近代中國婦女史研究》，期三（一九九五年八月），頁九七—一二一。

【192】〈紀念四十三年國慶獻辭〉，《婦友》，期一（一九五四年十月十日），頁一。

【193】〈祝中國國民黨建黨六十週年〉，《婦友》，期二（一九五四年十一月），頁三。

【194】張淑雅，〈主義為前線，武力為後盾：八二三炮戰與「反攻大陸」宣傳的轉變〉，《中央研究院近代史

研究所集刊》，期七〇（二〇一〇年十二月），頁三〇、四〇。

【195】〈總統告軍民同胞書〉，《聯合報》，一九五九年一月一日，版二。

【196】〈蔣夫人於全美反共大會演說全文—中華民國四七年十一月十四日〉；錢劍秋，〈展開歷史的新頁〉，分別刊載在《婦友》，期五二，頁三—六、一〇。

【197】請詳見《婦友》，期三一到期五三（一九五七年四月十日—一九五九年二月十日）的「大陸悲劇」專欄。

【198】錢劍秋，〈婦友一周年〉，《婦友》，期一三（一九五五年十月十日），頁三。

【199】錢劍秋，〈婦友一周年〉，頁三。

【200】臺大護校小林，〈我對於「婦友」的幾點希望〉，頁三五。

【201】蕭狄繪，〈真實故事—共匪對大陸婦女的暴行〉，《婦友》，期三（一九五四年十二月十日），無頁碼。

【202】蕭狄繪，〈真實故事—共匪對大陸婦女的暴行〉，無頁碼。

【203】梁雲坡繪，〈真實故事—共匪對大陸婦女的暴行：共匪「新婚姻法」下的悲劇〉，《婦友》，期八（一九五五年五月十日），無頁碼。

【204】梁雲坡繪，〈真實故事—共匪對大陸婦女的暴行：被扼殺了的愛情〉，《婦友》，期六（一九五五年三月十日），無頁碼。

【205】「睡釘床」是讓人睡在釘著鐵釘（釘尖向上的）的木板上；「放飛機」是把人用繩子吊得高高的，繩子的另一端由匪幹執著，說放就放；「生死魚」是把她和槍斃了的地主與砍了頭的死屍綁在一起。

梁雲坡繪，〈真實故事—共匪對大陸婦女的暴行：僑眷黃惠娟的自述（下）〉，《婦友》，期一二（一九五五年九月十日），無頁碼。

【206】梁雲坡繪，〈真實故事—共匪對大陸婦女的暴行：僑眷黃惠娟的自述（上）〉，《婦友》，期一一

（一九五五年八月十日），無頁碼；梁雲坡繪，〈真實故事——共匪對大陸婦女的暴行：僑眷黃惠娟的自述（下）〉，無頁碼。

【207】張世瑛，〈人間煉獄——一九五〇年代中央日報漫畫半週刊反映下的大陸形象〉，《中國現代史專題研究報告（二三）——臺灣與中國大陸關係史討論會論文集》（臺北：中華民國史料研究中心，二〇〇一），頁八三一—八三二、八三五—八三六。

【208】張世瑛，〈人間煉獄——一九五〇年代中央日報漫畫半週刊反映下的大陸形象〉，頁八三一—八三二。

【209】王潔心，〈海上風暴〉，《婦友》，期四九（一九五八年十月十日），頁二三—二七。

【210】孟浪，〈戰地夢痕〉，《婦友》，期八一（一九六一年六月十日），頁二四—二七。

【211】王鼎鈞，《文學江湖：王鼎鈞回憶錄四部曲之四》，頁一三七—一三八。

【212】劉心皇、葉石濤等男性作家，認為女作家寫的作品都是身邊瑣事、缺乏時代性或社會性觀點，但范銘如認為，瑣細的描述中，女作家其實也與當時蔚為主流的「反共」與「懷鄉」文學相呼應，甚至從固有的主體性和意識形態下解套，尋求再建構的可能。范銘如，《衆裡尋她：臺灣女性小說縱論》（臺北：麥田出版社，二〇〇八年二版），頁一四—二一。

【213】范銘如，《衆裡尋她：臺灣女性小說縱論》，頁一五、二五。

【214】郭良蕙，〈容容的遭遇〉，頁二三。

【215】一九五六年度，婦工會核定的預算經費僅高於黨史史料編纂委員會、設計考核委員會、財務委員會、紀律委員會四會。〈中國國民黨第七屆中央委員會常務委員會第三六九次會議紀錄〉，一九五七年六月二十四日。中國國民黨黨史館藏，檔號：「會議紀錄」七、三：八六五。

徵引書目

一、中文書目

（一）檔案資料

〈中國國民黨第七屆中央委員會常務委員會第六十二次會議紀錄〉，一九五三年十月七日。

〈中央婦女工作指導會議第廿四次幹事委員會會議紀錄〉，手抄本，一九五六年七月二十四日。

〈中國國民黨中央委員會婦女工作指導委員會籌備委員會第一次會議紀錄〉，手抄本，一九五三年十月五日。

〈中國國民黨中央委員會婦女工作指導會議第一次幹事委員會議紀錄〉，手抄本，一九五三年十一月七日。

〈中國國民黨中央委員會婦女工作指導會議第三十四次幹事委員會議紀錄〉，手抄本，一九五八年二月一日。

〈中國國民黨婦女工作指導方案〉，〈中國國民黨第七屆中央委員會常務委員會第一〇六次會議紀錄〉，一九五四年五月十七日。

〈中國國民黨第七屆中央委員會常務委員會第三六九次會議記錄〉，一九五七年六月二十四日。

〈自治會之歷史〉，《丁丑年刊》，一九三七年。上海市檔案館藏，Q235-3-85。
〈雜俎：運動必要〉，《啓明女學校校友會雜誌》，期一，一九二〇年。蘇州市檔案館藏，檔號Q235-3-110。
〈婦女工作指導會議第三六次幹事委員、第一六次委員聯席會議紀錄〉，手抄本，一九五八年十月十八日。
〈婦女工作指導會議幹事委員談話會紀錄〉，手抄本，一九五四年十一月九日。
《中央委員會婦女工作會四十三年度工作總報告》
《中央委員會婦女工作會四十三年度工作總報告表》
《中國國民黨中央委員會婦女工作會四十四年度工作總報告》
《中國國民黨中央委員會婦女工作會四十五年度工作總報告表》
《中國國民黨中央委員會婦女工作會四十六年度工作總報告表》
《中國國民黨中央委員會婦女工作會四十七年度工作總報告表》
《中國國民黨中央委員會婦女工作會四十九年度工作總報告表》
《中央委員會婦女工作會五十年度工作總報告表》
《中國國民黨中央委員會婦女工作會五十年度工作總報告表》
《中央委員會婦女工作會五十二年度工作報告表》
《中國國民黨中央委員會婦女工作會五十二年度工作報告表》
《中國國民黨中央委員會婦女工作會五十三年度工作報告》

《中國國民黨中央委員會婦女工作會五十三年度工作報告表》

《《中國國民黨中央委員會婦女工作會工作總報告表》

《德音半月刊》，一卷一期－二卷九期，一九三二年九月－一九三三年六月。上海市檔案館藏，Q235-3-102。

中國國民黨黨史館藏，檔號：「會議紀錄」七、三：五。

中國國民黨黨史館藏，檔號：「會議紀錄」七、三：八六五。

中國國民黨黨史館藏，檔號：「會議紀錄」七、三：九。

沈愛麗，〈課外運動〉，《鳳藻》，一九三七年。上海市檔案館藏，Q235-3-140。

洪鶴齡，〈比球〉，《石珠》（蘇州振華女子校級刊），一九三一年。蘇州市檔案館藏，檔號J6-1-10。

康蓮娟，〈球類比賽報告〉，《蘇州振華女學校校刊》，一九三三年四月。蘇州市檔案館藏，甲五－一－四一九。

張嫻如，〈十年前拾零〉，《聖瑪利亞女校五十週紀念特刊》，一九三一年。上海市檔案館藏，Q135-3-138。

劉珍寶、嚴蔚雯，〈我校籃球隊小史〉，《啓秀年刊》，一九三九年。上海市檔案館藏Q235-3-108。

戴閨雄，〈師生籃球友誼賽〉，《鳳藻》，一九三六年。上海市檔案館藏，Q235-3-139。

Chang Lee Chu, 'Sports Teams'，《丁丑年刊》，一九三七年。上海市檔案館藏，Q235-3-85。

（二）古籍、史料彙編、年鑑、工具書

《辭海》，上海：中華書局，一九四八年。

卜凱（J. Lossing Buck）主編，《中國土地利用》，收入「中國史學叢書」續編，臺北：臺灣學生書局重印，一九七一年。

中國人民政治協商會議上海市委員會文史資料工作委員會編，《上海文史資料選輯》，第四二輯，上海：人民出版社，一九八三年。

中國人民政治協商會議浙江麗水縣委員會文史資料委員會編，《麗水文史資料》，麗水：中國人民政治協商會議麗水縣委員會文史資料委員會，一九九〇年。

中華民國人事錄編纂委員會編，《中華民國人事錄》，臺北：中國科學公司，一九五三年。

俞樾，《右臺仙館筆記十六卷》，卷一，收入《筆記小說大觀》，一六編，臺北：新興書局，一九七六年。

黃嫣梨編著，《張若名研究及資料輯集》，香港：香港大學亞洲研究中心，一九九七年。

賈思勰，《齊民要術》，卷九，收入《叢書集成新編》，第四七輯，臺北：新文豐出版社，一九八五年。

劉向集錄，《戰國策》，卷一一，上海：上海古籍出版社，一九七八年重印。

劉昫撰，《舊唐書》（新校本），卷五二，〈列傳第二，后妃下〉，臺北：鼎文書局，一九八九。

劉紹唐主編，《民國人物小傳》，第二冊，臺北：傳記文學出版社，一九七五年。

——，《民國人物小傳》第三冊，臺北：傳記文學出版社，一九七五年。

廣州市政協文史資料研究委員會、廣州市荔灣區政協文史資料委員會合編，《廣州文史資料》，二四輯，廣

州：廣東人民出版社，一九八一年。

蘇州市地方志編纂委員會辦公室主編，《蘇州史志資料選輯》，第二四輯，蘇州：蘇州市檔案局，一九九九年。

體育文史資料編審委員會編，《體育史料》，第五輯，北京：出人民體育出版社，一九八一年十二月。

魯明善，《農桑衣食撮要》，下卷，收入《叢書集成新編》，第四七輯，臺北：新文豐出版社，一九八五年。

(三) 學校出版品

《大夏周報》，上海：大夏大學大夏周報社，一九二九—一九四九。

《松江女中校刊》，松江：中央大學區立松江女子中學校，一九二九—一九三四。

《滬大周刊》，上海：滬江大學學生自治會出版部，一九一一—一九三三。

(四) 報紙、期刊

《人民導報》（臺北），一九四六—一九四七。

《大公報》（天津），一九〇二—一九四九。

《女青年月刊》（上海），一九二二—一九三七。

《女聲》（月刊）（上海），一九四五—一九四八。

《女聲》（半月刊）（上海），一九三二—一九三五。

《中央日報》（南京），一九二八—一九四九。
《中國語文》（上海），一九三九—一九四一。
《中華日報》（臺南），一九四六—一九四九。
《中華婦女》（臺北），一九五〇—一九六〇。
《中學生》（上海），一九三〇—一九三七，一九三九—一九五一。
《公論報》（臺北），一九四七—一九六一。
《少年中國》（上海），一九一九—一九二四。
《方舟》（天津），一九三四—一九三七。
《世界日報》（北京），一九二五—一九四九。
《民立報》（上海），一九一〇—一九一三。
《民國日報》（上海），一九一六—一九四七。
《民國日報》「覺悟版」（上海），一九一九—一九三一。
《民報》（臺北），一九四五—一九四七。
《民聲日報》（臺北），一九四六—一九八〇。
《生活週刊》（上海），一九二五—一九三三。
《申報》（上海），一九二六—一九三七。
《全民日報》（臺北），一九四七—一九五一。

《自由中國》（臺北），一九四九－一九六〇。
《自由日報》（臺北），一九四六－一九四六。
《自由青年》（臺北），一九五〇－一九九一。
《自立晚報》（臺北），一九四七－二〇〇一。
《血湯》（上海），一九三〇－一九三一。
《西風》（廣州），一九三六－一九四九。
《宇宙風》（上海），一九三五－一九三七。
《快活》（上海），一九二二－一九二三。
《京報》（北京），一九一九－一九三七。
《東方雜誌》（上海），一九〇四－一九四八。
《東臺日報》（花蓮），一九四六－一九四九。
《宣傳週報》（臺北），一九五二－一九六〇。
《星期》（上海），一九二二－一九二三。
《星期評論》（上海），一九一九－一九二〇。
《科學的中國》（南京），一九三三－一九三八。
《時報》（上海），一九〇四－一九三九。
《益友月刊》（上海），一九三三－一九三四。

《健康生活》（上海），一九三四－一九四一。
《國民體育匯刊》（上海），一九三六。
《婦女》（天津），一九四七。
《婦女月報》（上海），一九三五－一九三七。
《婦女新運》（重慶），一九三八－一九四八。
《婦女雜誌》（上海），一九一五－一九三一。
《婦友》（臺北），一九五四－一九九七。
《教育雜誌》（上海），一九〇九－一九四八。
《晨報》（北平），一九一六－一九三八。
《復旦旬刊》（上海），一九二七－一九二八。
《華報》（臺北），一九四八－一九四九。
《順天時報》（北京），一九〇五－一九三〇。
《傳記文學》（臺北），一九六二。
《新女性》（上海），一九三五－一九三七。
《新世紀》（上海），一九四五－一九四五。
《新民叢報》（橫濱），一九〇二－一九〇七。
《新青年》（上海），一九一五－一九二二。

《新潮》（北京），一九一九—一九二二。
《當代》（臺北），一九九八．〇一、二〇〇〇．〇九。
《解放與改造》（上海），一九一九—一九二二。
《路工月刊》（臺北），一九四七。
《臺北晚報》（臺北），一九四七—一九四八。
《臺旅月刊》（臺北），一九四九—一九四九。
《臺灣女性》（臺北），一九四九。
《臺灣之聲》（臺北），一九四六—一九五〇。
《臺灣內幕》（臺北），一九四九。
《臺灣文化》（臺北），一九四六—一九五〇。
《臺灣日報》（臺北），一九六四—二〇〇六。
《臺灣民報》（臺北），一九二三—一九三〇。
《臺灣春秋》（臺北），一九四八—一九四九。
《臺灣婦女》（臺北），一九四七—一九四九。
《臺灣評論》（臺北），一九四六。
《臺灣新生報》（臺北），一九四五—一九四九。
《暢流》（臺北），一九五〇—一九九一。

《閩臺日報》（臺北），一九四八—一九四九。
《墨梯》（上海），一九一七—一九四八。
《興臺日報》（臺南），一九四五—一九四六。
《聯合報》（臺北），一九五一。
《豐年》（臺北），一九五一—一九六〇。
《體育半月刊》（杭州），一九三一—一九三三。
《體育周刊》（上海），一九三三—一九三七。
《體育研究與通訊》（鎮江），一九三二—一九三七。
《體育評論》（上海），一九三二—一九三五。

（五）專書

《自由中國的婦女》，臺北：婦友社，一九五七年，三版。
上海體育志編輯委員會，《上海體育志》，上海：上海社會科學院，一九九六年。
中國國民黨中央委員會婦女工作會編，《四年來本黨的婦女工作》，臺北：中國國民黨中央委員會婦女工作會，一九五七年。
中國國民黨中央第四組，《文藝政策彙編》，臺北：中國國民黨中央第四組，一九六八年。
中國國民黨中央委員會婦女工作會編，《我們的工作》，臺北：中國國民黨中央委員會婦女工作會，一九七六年。

王天濱，《臺灣報業史》，臺北：亞太圖書出版社，二〇〇三年。
王其慧、李寧，《中外體育史》，湖北：湖北人民出版社，一九八八年。
王德瓊編，《家政學》，臺北：正中書局，一九五九年。
任海，《中國古代體育》，臺北：臺灣商務印書館，一九九五年，二版。
成都體育學院體育史研究室編，《中國近代體育史簡編》，北京：人民體育出版社，一九八一年。
朱雙一，《臺灣文學思潮與淵源》，臺北：海峽學術出版社，二〇〇五年。
吳蕙芳，《萬寶全書：明清時期的民間生活實錄》，臺北：國立政治大學歷史學系，二〇〇一年。
吳濤，《中國近代人口史》，杭州：浙江人民出版社，一九九三年。
李兆民，《中國過渡時代的家庭》，上海：廣學會，一九二五年。
周敘琪，《一九一〇～一九二〇年代都會女性生活風貌——以《婦女雜誌》爲分析實例》，臺北：國立臺灣大學出版委員會，一九九六年。
洪桂己，《臺灣報業史的研究》，臺北：臺北市文獻委員會，一九六八年，再版。
范銘如，《眾裡尋她：臺灣女性小說縱論》，臺北：麥田出版社，二〇〇八年，二版。
唐力行，《明清以來徽州區域社會經濟研究》，合肥：安徽大學出版社，一九九九年。
徐宗澤，《婦女問題雜評》，上海：土山灣印書館，一九三一年。
高希聖，《家族制度ABC》，上海：ABC叢書社，一九二九年。
國家體委體育文史工作委員會、中國體育史學會編，《中國近代體育史》，北京：北京體育學院出版社，一九八九年。
郭松義，《倫理與生活—清代的婚姻關係》，北京：商務印書館，二〇〇〇年八月。
陳千惠，《臺灣中部集集婦女的生活史：一九二〇～一九七〇》，太原：山西教育出版社，二〇一三年五月。
陳既明，《革命的婦女問題》，上海：三民書局，一九三〇年。
陳紀瀅，《文藝運動二十五年》，臺北：重光文藝出版社，一九七八年。
陳國祥、祝萍，《臺灣報業演進四十年》，臺北：自立晚報社，一九八八年，二版。
陳達著，廖寶昀譯，《現代中國人口》，天津：天津人民出版社，一九八一年。
陳衡哲，《新生活與婦女解放》，南京：正中書局，一九三四年。
陳顧遠，《中國婚姻史》，臺北：臺灣商務印書館，一九八七年六月，六版。
游鑑明，《日據時期臺灣的女子教育》，臺北：國立臺灣師範大學歷史研究所，一九八七年。
——，《她們的聲音：從近代中國女性的歷史記憶談起》，臺北：五南出版社，二〇一四年十一月增訂版。
陶希聖，《中國社會現象拾零》，上海：新生命書局，一九三一年。
陸費逵，《婦女問題雜談》，上海：中華書局，一九二六年。
麥惠庭，《中國家庭改造問題》，上海：商務印書館，一九三五年。
曾迺敦，《女學生生活素描》，上海：女子書店，一九三六年。
黃秀政等著，《臺灣史》，臺北：五南出版社，二〇〇二年。

勤奮書局編譯所，《全國女運動員名將錄》，上海：勤奮書局，一九三六年六月。
楊翠，《日據時期臺灣婦女解放運動：以《臺灣民報》爲分析場域（一九二〇—一九三二）》，臺北：時報文化出版社，一九九三年。
雷伯爾著，蔡文希、石本素譯，《臺灣目前之農村問題與其將來之展望》，臺北：中國農村復興聯合委員會，一九五四年。
裴順元、沈鎮潮編，《女運動員》，上海：上海體育書報社，一九三五年。
劉心皇，《現代中國文學史話》，臺北：正中書局，一九七一年。
劉秉果，《中國古代體育史話》，北京：文物出版社，一九八七年。
劉經菴編，《歌謠與婦女》，上海：商務印書館，一九二八年，再版。
鄭世興，《我國近代鄉村教育思想和運動》，臺北：正中書局，一九七四年。
錢劍秋，《三十年來中國婦女運動》，臺北：中國國民黨中央委員會婦女工作會，一九七六年。
薛君編，《談女人》，上海：益華書局，一九三三年。
廬壽籛、陸黃逵等撰，《婚姻訓》，上海：中華書局，一九一七年。

（六）論文

江勇振，〈男人是「人」、女人只是「他者」：《婦女雜誌》的性別論述〉，《近代中國婦女史研究》，期一二，二〇〇四年十二月，頁三九—六七。

呂芳上，〈五四時期的婦女運動〉，鮑家麟等著，《近代中國婦女運動史》，臺北：近代中國出版社，二○○○年，頁一五七—二五四。
——，〈另一種「僞組織」：抗戰時期婚姻與家庭問題初探〉，《近代中國婦女史研究》，期三，一九九五年八月，頁九七—一二一。
——，〈抗戰時期的女權論辯〉，《近代中國婦女史研究》，期二，一九九四年六月，頁八一—一一五。
何義麟，〈戰後初期臺灣報紙之保存現況與史料價值〉，《臺灣史料研究》，號八，一九九六年八月，頁八八—九七。
——，〈戰後初期臺灣出版事業發展之傳承與移植（一九四五—一九五○）：雜誌目錄初編後之考察〉，《臺灣史料研究》，號一○，一九九七年十二月，頁三—二四。
李伯重，〈墮胎、避孕與絕育：宋元明清時期江浙地區的節育方法及其運用與傳播〉，李中清等編，《婚姻家庭與人口行爲》，北京：北京大學出版社，二○○○年一月，頁七一—九九。
李筱峰，〈從《民報》看戰後初期臺灣的政經與社會〉，《臺灣史料研究》，號八，一九九六年八月，頁八八—九七。
林秋敏，〈戰後初期臺灣的婦女議題——以《臺灣婦女》週刊爲中心的探討〉，《走向近代》編輯小組編，《走向近代：國史發展與區域動向》，臺北：東華書局，二○○四年，頁四八七—五二五。
金觀濤、劉青峰，〈新文化運動的另一種圖像〉，呂芳上等主編，《五四運動八十週年學術研討會論文集》，臺北：國立政治大學文學院，一九九九年，頁八○九—八四三。

胡曉眞，〈酗酒、瘋癲與獨身─清代女性彈詞小說中的極端女性人物〉，游鑑明主編，《中國婦女史論集》，集九，臺北：稻鄉出版社，二〇一一年，頁五一─八〇。

徐建生，〈近代中國婚姻家庭變革思潮論述〉，《近代史研究》，期六三，一九九一年三月，頁一三九─一六七。

張玉法，〈新文化運動時期對中國家庭問題的討論，一九一五─一九二三〉，《近世家族與政治比較歷史論文集》，臺北：中央研究院近代史研究所，一九九二年，頁九〇九─九一九。

張世瑛，〈人間煉獄─一九五〇年代中央日報漫畫半週刊反映下的大陸形象〉，《中國現代史專題研究報告（二二）─臺灣與中國大陸關係使討論會論文集》，臺北：中華民國史料研究中心，二〇〇一年，頁八三一─八三三、八三五─八三六。

張哲嘉、黃克武，〈學術會議：「公與私：近代中國個體與群體之重建（一六〇〇迄今）」系列活動報導〉，《近代中國史研究通訊》，期二八，一九九九年九月，頁三─一二。

張淑雅，〈主義爲前線，武力爲後盾：八二三炮戰與「反攻大陸」宣傳的轉變〉，《中央研究院近代史研究所集刊》，期七〇，二〇一〇年十二月，頁一─四九。

莊惠惇，〈戰後初期臺灣的雜誌文化（一九四五‧八‧一五─一九四七‧二‧二八）〉，《臺灣風物》，卷四九期一，一九九九年三月，頁五一─八一。

陳君愷，〈師生愛與民族認同的葛藤──高木友枝、堀內次雄及其學生們〉，《輔仁歷史學報》，期一一，一九九〇年六月，頁一八九─二一九。

許俊雅，〈日據時期臺灣小說中的婦女問題〉，《臺灣文學論——從現代到當代》，臺北：南天書局，一九九七年，頁二九—六〇。

許慧琦，〈《婦女雜誌》所反映的自由離婚思想及其實踐——從性別差異談起〉，《近代中國婦女史研究》，期一二，二〇〇四年十二月，頁六九—一一四。

黃克武，〈從追求正道到認同國族：明末至清末中國公私觀念的重整〉，黃克武、張哲嘉主編，《公與私：近代中國個體與群體之重建》，臺北：中央研究院近代史研究所，二〇〇〇年六月，頁五九—一一二。

——，〈嚴復的異性情緣與思想境界〉，黃克武編，《思想、政權與社會力量：第三屆漢學會議論文集》（臺北：中央研究院近代史研究所，二〇〇二），頁九七—一三五。

游鑑明，〈千山我獨行？廿世紀前半期中國有關女性獨身的言論〉，《近代中國婦女史研究》，期九，二〇〇一年八月，頁一二一—一八七。

——，〈《婦女雜誌》（一九一五—一九三一）對近代家政知識的建構：以食衣住爲例〉，《走向近代》編輯小組編，《走向近代：國史發展與區域動向》，臺北：東華書局，二〇〇四年，頁二三三—二五一。

——，〈近代中國女子體育觀初探〉，《新史學》，卷七期四，一九九六年十二月，頁一一九—一五八。

——，〈近代華東地區的女球員（一九二七—一九三七）：以報刊雜誌爲主的討論〉，《中央研究院近代史研究所集刊》，期三二，一九九九年十二月，頁五七—一二二。

——，〈是爲黨國抑或是婦女？一九五〇年代的《婦友》月刊〉，《近代中國婦女史研究》，期一九，二〇一一年十二月，頁七五—一三〇。

——，〈當外省人遇到臺灣女性：戰後臺灣報刊中的女性論述（一九四五—一九四九）〉，《中央研究院近代史研究所集刊》，期四七，二〇〇五年三月，頁一六五—二二四。

——，〈臺灣地區的婦運〉，陳三井主編，《近代中國婦女運動史》，臺北：近代中國出版社，二〇〇四年，二版，頁四〇三—五五四。蔡錦堂，〈戰後初期（一九四九—一九五〇）臺灣社會文化變遷——以《中央日報》記事分析爲中心〉，《淡江史學》，期一五，二〇〇四年六月，頁二五三—二八八。

葉漢明，〈妥協與要求：華南特殊風俗形成假說〉，熊秉真、呂妙芬主編，《禮教與情欲：前近代中國文化中的後/現代性》，臺北：中央研究院近代史研究所，一九九九年，頁二五一—二八四。

鄭明娳，〈當代臺灣文藝政策的發展、影響與檢討〉，鄭明娳主編，《當代臺灣政治文學論》，臺北：時報文化出版社，一九九四年，頁一三—四〇。

（七）學位論文

施碩佳，〈從無聲到有聲—論《婦友》雜誌中參政女性的主體性〉，臺北：國立臺灣師範大學臺灣文化及語言文學研究所碩士論文，二〇〇九年一月。

許芳庭，〈戰後臺灣婦女運動與女性論述之研究（一九四五—一九七二）〉，臺中：私立東海大學歷史研究所碩士論文，一九九七年一月。

張毓芬，〈女人與國家—臺灣婦女運動史再思考〉，臺北：國立政治大學新聞研究所碩士論文，一九九八年七月。

游鑑明，〈日據時期臺灣的職業婦女〉，臺北：國立臺灣師範大學歷史研究所博士論文，一九九五年五月。

葉怡芯，〈一九五〇年代臺灣國民小學衛生教育之研究〉，臺北：國立臺北師範學院社會科教育學系九四級歷史組專題研究論文，二〇〇六年一月。

薛伊君，〈中國基督教婦女生活的研究（一九〇〇—一九三七）〉，嘉義：國立中正大學歷史研究所碩士論文，一九九九年七月。

藍承菊，〈五四新思潮衝擊下的婚姻觀（一九一五—一九二三）〉，臺北：國立臺灣師範大學歷史研究所碩士論文，一九九三年六月。

（八）傳記、人物誌、回憶錄、文集、日記、小說

中國國民黨中央委員會婦女工作會編，《指導長蔣夫人對婦女的訓詞》，臺北：中國國民黨中央委員會婦女工作會，一九七九年。

王文漪，《十年》，臺北：文壇出版社，一九六〇年。

王文漪，《王文漪自選集》，臺北：黎明文化事業股份有限公司，一九八三年。

王鼎鈞，《文學江湖：王鼎鈞回憶錄四部曲之四》，臺北：爾雅書店，二〇〇九年。

江亢虎，《臺游追紀》，上海：中華書局，一九三五年。

吳世全，《藍蔭鼎傳》，南投：臺灣省文獻委員會，一九九八年。

李又寧，《近代中華婦女自敘詩文選》，第一輯，臺北：聯經出版事業公司，一九八〇年。

李歐梵，《現代性的追求：李歐梵文化評論精選集》，臺北：麥田出版，一九九六年。

某夫人編，《某夫人信箱》，上海：萬象書局，一九四四年。

殷正慈編，《江學珠校長紀念集》，臺北：江素雲，一九八九年。

曾寶蓀，《曾寶蓀回憶錄》，收入張玉法、張瑞德主編，「中國現代自傳叢書」第一輯，臺北：龍文出版社，一九八九年。

錢用和，《半世紀的追隨》，北京：東方出版社，二〇一一年。

錢劍秋講述，《本黨婦女工作》，臺北：革命實踐院，一九五九年。

錢鍾書，《圍城》，臺北：書林出版公司，一九四七年，上海初版（一九九九年，重印八刷）。

謝冰瑩，《女兵自傳》，臺北：東大圖書公司，一九八五年，再版。

（九）訪問紀錄

張朋園訪問、羅久蓉記錄，《周美玉先生訪問紀錄》，臺北：中央研究院近代史研究所，一九九三年。

游鑑明訪問，黃銘明記錄，《烽火歲月下的中國婦女訪問紀錄》，臺北：中央研究院近代史研究所，二〇〇四年。

羅久蓉訪問、丘慧君記錄，《姜允中女士訪問紀錄》，臺北：中央研究院近代史研究所，二〇〇五年。

（十）網站

蔡文居：〈「幸福家庭日」 高俊明牧師推動〉，《自由時報》，二〇一一年二月十六日；參考網站資料 <http://news.ltn.com.tw/news/local/paper/469092>（二〇一一年十月二十日）。

二、英文書目

（一）專書

Grewal, Inderpal. *Home and Harem: Nation, Gender, Empire and the Cultures of Travel*. Durham, NC: Duke University Press, 1996.

Hershatter, Gail. *Dangerous Pleasures: Prostitution and Modernity in Twentieth- Century Shanghai*. Berkeley: University of California Press, 1997.

Hooks, bell. *Feminist Theory: From Margin to Center*. Cambridge, MA: South End Press, 2000.

Said, Edward. *Culture and Imperialism*. New York: Alfred A. Knopf, 1993.

——. *Inderpal Grewal, Home and Harem: Nation, Gender, Empire and the Cultures of Travel*. Durham, NC: Duke University Press, 1996.

——. *Orientalism*. New York: Random House, 1978.

Scott, James. *Domination and the Arts of Resistance: Hidden Transcripts*. New Haven: Yale University Press, 1990.

——. *Weapons of the Weak: Everyday Forms of Peasant Resistance*. New Haven: Yale University Press, 1985.

Stockard, Janice F. *Daughters of the Canton Delta: Marriage Patterns and Economic and Strategies in South China, 1860-1930*. Stanford, California: Stanford University Press, 1989.

（二）論文

Cooper, Frederick. "Conflict the Connection: Rethinking Colonial African History," *American Historical Review*, 99:5, December 1994, pp. 1516-1545.

Ortner, Sherry. "Resistance and the Problem of Ethnographic Refusal," *Comparative Studies in Society and History*, 37:1, January 1995, pp. 173-193.

Spivak, Gayatri Chakravorty. "Can the Subaltern Speak?" in Cary Nelson and Lawrence Grossberg eds. *Marxism and the Interpretation of Culture*. Urbana: University of Illinois Press, 1988, pp. 271-313.

Stoler, Ann Laura. "Rethinking Colonial Categories: European Communities and the Boundaries of Rule," *Comparative Studies in Society and History*, 31:1, January 1995, pp. 134-161.

Topley, Marjorie. "Marriage Resistance in Rural Kwangtung," Margery Wolf and Roxane Witke eds. *Women in Chinese Society*. Stanford, California: Stanford University Press, 1975, pp. 67-88.

圖像來源

圖5-1：《豐年》，卷一期三（一九五一年八月十五日），頁一一。
圖5-2：《豐年》，卷一期五（一九五一年九月十五日），頁九。
圖5-3：《豐年》，卷三期一一（一九五三年六月一日），頁一〇。
圖5-4：《豐年》，卷一期五（一九五一年九月十五日），頁九。
圖5-5：《豐年》，卷一期五（一九五一年九月十五日），頁九。
圖5-6：《豐年》，卷一期四（一九五一年九月一日），頁九。
圖5-7：《豐年》，卷三期九（一九五三年五月一日），頁一〇。
圖5-8：《豐年》，卷三期九（一九五三年五月一日），頁一〇。
圖5-9：《豐年》，卷一〇期一一（一九六〇年六月一日），頁二六。
圖5-10：《豐年》，卷三期二二（一九五三年十一月十五日），頁二二。
圖5-11：《豐年》，卷三期二三（一九五三年十二月一日），頁二二。
圖5-12：《豐年》，卷三期二四（一九五三年十二月十六日），頁二二。
圖5-13：《豐年》，卷三期二四（一九五三年十二月十六日），頁二二。
圖5-14：《豐年》，卷二期二二（一九五二年十一月十五日），頁一〇。

圖5-15：《豐年》，卷五期二（一九五五年一月十六日），頁一八。
圖5-16：《豐年》，卷五期二（一九五五年一月十六日），頁一八。
圖5-17：《豐年》，卷六期二（一九五六年一月十六日），頁二一。
圖5-18：《婦友》，期一二（一九五五年九月十日），頁一三
圖5-19：《婦友》，期二一（一九五六年六月十日），頁一七
圖5-20：《婦友》，期二一（一九五六年六月十日），頁一七
圖5-21：《豐年》，卷六期一〇（一九五六年五月十六日），頁二〇。
圖5-22：《豐年》，卷四期二三（一九五四年十二月一日），頁二三。
圖5-23：《豐年》，卷六期七（一九五六年四月一日），頁二〇。
圖5-24：《婦友》，期二四（一九五六年九月十日），頁一三。
圖5-25：《豐年》，卷六期一〇（一九五六年五月十六日），頁二一。
圖5-26：《豐年》，卷八期二三（一九五八年十一月十六日），頁二一。
圖5-27：《豐年》，卷一期一（一九五一年十二月十五日），頁九。
圖5-28：《豐年》，卷五期二二（一九五五年十一月一日），頁二二。
圖5-29：《豐年》，卷五期一一（一九五五年六月一日），頁二三。
圖5-30：《豐年》，卷一期六（一九五一年十月一日），頁一〇。

圖5-31：《豐年》，卷一期七（一九五一年十月十五日），頁一〇。
圖5-32：《豐年》，卷二期一五（一九五二年八月一日），頁一一。
圖5-33：《婦友》，期三〇（一九五七年三月八日），頁九。
圖5-34：《婦友》，期三〇（一九五七年三月八日），頁九。
圖5-35：《豐年》，卷一期六（一九五一年十月一日），頁九。
圖5-36：《豐年》，卷四期一六（一九五四年八月十六日），頁二三。
圖5-37：《豐年》，卷七期一（一九五七年一月一日），頁二〇。
圖5-38：《豐年》，卷二期二一（一九五二年十一月一日），頁一〇。
圖5-39：《豐年》，卷三期一二（一九五三年六月十五日），頁一一。
圖5-40：《豐年》，卷一期二（一九五一年八月一日），頁九。
圖5-41：《豐年》，卷七期二一（一九五七年十一月一日），頁二三。
圖5-42：《豐年》，卷二期二（一九五二年一月十五日），頁九。
圖5-43：《豐年》，卷一期二（一九五一年八月一日），頁一〇。
圖5-44：《豐年》，卷一期三（一九五一年八月十五日），頁一三。
圖5-45：《豐年》，卷二期二三（一九五二年十一月十五日），頁一一。
圖5-46：《豐年》，卷一期一一（一九五一年十二月十五日），頁九。

圖5-47：《豐年》，卷一期一一（一九五一年十二月十五日），頁九。
圖5-48：《豐年》，卷二期二（一九五二年一月十五日），頁九。
圖5-49：《豐年》，卷二期二（一九五二年一月十五日），頁九。
圖5-50：《豐年》，卷一〇期一一（一九六〇年六月一日），頁二七。
圖5-51：《豐年》，卷一〇期二〇（一九六〇年十月十六日），頁二六。
圖5-52：《豐年》，卷二期一八（一九五二年九月十五日），頁一〇。
圖5-53：《豐年》，卷三期二二（一九五三年十一月十五日），頁二三。
圖5-54：《豐年》，卷三期二三（一九六四年十二月一日），頁二三。
圖5-55：《豐年》，卷三期二三（一九六四年十二月一日），頁二三。
圖5-56：《豐年》，卷三期一八（一九五三年九月十五日），頁一〇。
圖5-57：《豐年》，卷三期一七（一九五三年九月一日），頁一〇。
圖5-58：《豐年》，卷三期一七（一九五三年九月一日），頁一〇。
圖5-59：《豐年》，卷三期一七（一九五三年九月一日），頁一〇。
圖5-60：《豐年》，卷三期一七（一九五三年九月一日），頁一〇。
圖5-61：《豐年》，卷三期一七（一九五三年九月一日），頁一一。
圖5-62：《豐年》，卷三期一七（一九五三年九月一日），頁一一。

圖5-63：《豐年》，卷一〇期五（一九六〇年三月一日），頁二六－二七。

圖6-1：《婦友》，期五四（一九五九年三月八日），無頁碼。

圖6-2：《婦友》，期五四（一九五九年三月八日），無頁碼。

圖6-3：《婦友》，期六（一九五五年三月十日），無頁碼。

圖6-4：《婦友》，期八（一九五五年五月十日），無頁碼。

索引

四劃

五劃

六劃

七劃

八劃

十六劃

國家圖書館出版品預行編目資料

當二十世紀中國女性遇到媒體／游鑑明著.
一一一版.一一臺北市：五南，2017.07
面； 公分
ISBN 978-957-11-9238-3（平裝）
1.女性 2.性別研究 3.文集 4.中國
544.59207 106009815

1WN3

當二十世紀中國女性遇到媒體

作 者— 游鑑明
發 行 人— 楊榮川
總 經 理— 楊士清
主 編— 陳姿穎
責任編輯— 許馨尹
出 版 者— 五南圖書出版股份有限公司
地 址：106台北市大安區和平東路二段339號4樓
電 話：(02)2705-5066 傳 真：(02)2706-6100
網 址：http://www.wunan.com.tw
電子郵件：wunan@wunan.com.tw
劃撥帳號：01068953
戶 名：五南圖書出版股份有限公司
法律顧問 林勝安律師事務所 林勝安律師
出版日期 2017年7月初版一刷
定 價 新臺幣620元